"博学而笃志，切问而近思。"
（《论语》）

博晓古今，可立一家之说；
学贯中西，或成经国之才。

复旦博学·复旦博学·复旦博学·复旦博学·复旦博学·复旦博学

主编简介

孙时进，教授、博士生导师，复旦大学心理学系主任、复旦大学心理研究中心主任。社会兼职：上海高校心理咨询协会理事长（法人代表）、上海市心理学会副会长。出版《社会心理学》、《心理学概论》、《管理心理学》等著作，发表论文多篇。教学领域：社会心理学、咨询心理学、管理心理学等；研究兴趣：人本主义心理学、进化心理学以及超个人心理学；掌握技术：团体心理咨询、催眠和内观疗法等。

王金丽，1969年生，东北师范大学心理学学士、硕士，吉林大学社会心理学博士，复旦大学管理学院博士后。现为中国人民解放军南京政治学院上海校区心理学系教授，著有《自励为王》、《军队管理心理学》等书籍。

心理学通用教材
教师资格考试参考用书

心理学概论
Introduction to Psychology

孙时进　王金丽 ● 主编

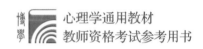复旦大学出版社

内容提要

《心理学概论》内容深入浅出，兼顾心理学多个领域的知识点。全书共分十章：第一章导论、第二章普通心理学、第三章发展心理学、第四章学习心理学、第五章教学心理学、第六章社会心理学、第七章环境心理学、第八章管理心理学、第九章咨询心理学、第十章健康心理学。每一章由本章导读、章节内容、本章小结、思考题以及阅读材料这些部分组成。

本书根据章节内容穿插小贴士及小测验，集知识性、可读性与趣味性为一体，可做心理学通用教材、教师资格考试参考用书，也适于对心理学感兴趣的广泛人群使用。

目录 Contents

第一章 导论 ······ 1
  第一节 心理学的研究领域和学科性质 ······ 1
    一、心理学的研究领域 ······ 1
    二、心理学的学科性质 ······ 5
  第二节 心理学的研究方法 ······ 6
    一、心理学研究的基本程序 ······ 6
    二、心理学研究的基本原则 ······ 7
    三、具体研究方法 ······ 7
    四、心理学研究中的伦理问题 ······ 12
  第三节 心理学的发展历史与流派 ······ 13
    一、心理学的发展历史 ······ 13
    二、心理学的主要流派 ······ 15
    三、当代心理学的理论观点 ······ 22

第二章 普通心理学 ······ 29
  第一节 脑与意识 ······ 29
    一、生理基础 ······ 29
    二、意识与注意 ······ 33
  第二节 认知过程 ······ 41
    一、感觉与知觉 ······ 41
    二、学习与记忆 ······ 57
    三、思维和语言 ······ 70

第三节 动机与情绪 ··· 75
　　一、动机 ··· 75
　　二、人类的摄食 ··· 78
　　三、情绪 ··· 81
第四节 人格 ··· 83
　　一、人格的定义 ··· 83
　　二、人格特质 ·· 85

第三章 发展心理学 ··· 92
第一节 心理发展的含义与特征 ······································ 92
　　一、心理发展的理解 ·· 92
　　二、心理发展的年龄阶段特征 ······································ 93
第二节 认知发展与语言获得 ·· 95
　　一、认知发展 ·· 95
　　二、语言的获得与机能 ·· 104
第三节 情绪与自我意识的发展 ······································ 108
　　一、情绪的发展 ·· 108
　　二、自我意识的发展 ··· 110
第四节 道德发展与行为养成 ··· 112
　　一、道德发展 ··· 112
　　二、行为养成 ··· 116

第四章 学习心理学 ··· 127
第一节 学习的概述 ·· 127
　　一、学习的概念 ·· 127
　　二、学习的分类 ·· 129
　　三、不同的学习观 ··· 132
第二节 学习策略与学习 ·· 137
　　一、学习策略概述 ··· 137
　　二、具体的学习策略 ··· 139
　　三、学习策略的训练 ··· 142

第三节　非智力因素与学习 ·· 143
　　　一、非智力因素概述 ··· 143
　　　二、主要的非智力因素 ··· 144

第五章　教学心理学 ··· 158
　　第一节　教学设计 ·· 158
　　　一、教学设计的含义 ··· 158
　　　二、教学设计的发展 ··· 160
　　　三、教学设计模式 ·· 163
　　第二节　教学策略 ·· 165
　　　一、教学策略的含义与类型 ··· 165
　　　二、有效教学 ·· 167
　　　三、教学方法 ·· 169
　　第三节　教师的职业成长 ·· 174
　　　一、教师的职业特点与专业化 ·· 174
　　　二、教师的职业发展 ··· 178
　　　三、教师的职业成长 ··· 181

第六章　社会心理学 ··· 187
　　第一节　社会心理学概述 ·· 187
　　　一、社会化与自我 ·· 187
　　　二、社会角色 ·· 190
　　　三、社会心理学基本理论 ··· 191
　　第二节　个体社会心理活动 ··· 195
　　　一、社会认知 ·· 195
　　　二、社会动机 ·· 198
　　　三、社会态度 ·· 203
　　　四、社会归因 ·· 207
　　第三节　人际社会心理活动 ··· 209
　　　一、人际关系 ·· 209
　　　二、人际沟通 ·· 211

三、人际吸引 ··· 214
　　四、亲密关系 ··· 216
　第四节　群体社会心理活动 ··· 219
　　一、群体心理 ··· 219
　　二、群体现象 ··· 221
　　三、社会影响 ··· 222
　　四、利他与侵犯 ·· 224

第七章　环境心理学 ··· 234
　第一节　环境心理学概述 ·· 234
　　一、环境心理学的含义 ··· 234
　　二、环境知觉 ··· 235
　　三、认知地图 ··· 236
　　四、个人空间与领地性 ··· 238
　第二节　环境与行为关系理论 ······································ 241
　　一、唤醒理论 ··· 241
　　二、环境应激理论 ·· 242
　　三、环境负荷理论 ·· 245
　　四、刺激不足理论 ·· 247
　　五、适应水平理论 ·· 247
　　六、行为约束理论 ·· 248
　第三节　现代城市环境心理问题研究 ······························· 249
　　一、噪声 ·· 250
　　二、拥挤 ·· 252
　　三、空气污染 ··· 254
　　四、城市问题的环境解决方案 ···································· 256

第八章　管理心理学 ··· 264
　第一节　管理心理学的人性假设 ···································· 264
　　一、经济人及其管理 ·· 264
　　二、社会人及其管理 ·· 266

三、复杂人及其管理 ·· 268
四、以人为本的管理 ·· 271

第二节 领导心理与管理艺术 ·· 274
一、管理者的权力与影响力 ·· 274
二、管理有效性理论 ·· 277
三、授权的艺术 ··· 280
四、管理者的时间管理 ·· 283

第三节 人员激励与奖惩管理 ·· 287
一、激励概述 ·· 287
二、激励的有关理论 ·· 288
三、员工激励的具体形式和措施 ······································ 290

第四节 群体心理与团队管理 ·· 293
一、群体中的人际关系 ·· 293
二、群体冲突 ·· 295
三、群体凝聚力 ··· 297
四、群体沟通的管理措施 ··· 299

第九章 咨询心理学 ·· 306

第一节 心理咨询概述 ·· 306
一、心理咨询的含义、对象和类型 ··································· 306
二、心理咨询的原则 ·· 310
三、心理咨询一般程序 ·· 311
四、心理咨询发展简史 ·· 313

第二节 心理咨询的经典理论学派 ··································· 316
一、精神分析 ·· 317
二、行为主义 ·· 321
三、求助者中心疗法 ·· 324
四、认知主义 ·· 325

第三节 心理疗法在学校教学活动中的运用 ························ 326
一、几种常用心理疗法介绍 ·· 326
二、校园心理危机干预 ·· 339

第十章　健康心理学 …… 346
第一节　应激与健康 …… 346
一、健康的含义 …… 346
二、应激及其对健康的影响 …… 349
三、应对 …… 355
第二节　心理健康 …… 357
一、心理健康的标准与分类 …… 357
二、学生常见心理问题及对策 …… 359
三、教师工作倦怠与自我调节 …… 365
第三节　心身疾病 …… 369
一、心身疾病的概念与分类 …… 369
二、常见心身疾病及其心理社会致病因素 …… 370

后记 …… 381

第一章 导　　论

本章导读

> 作为一门独立的科学，心理学有着自己完整的知识体系和学科架构。本章内容主要对心理学进行了系统和概括的介绍，包括心理学的概念、研究领域、学科性质、学科体系、研究方法以及心理学的产生与发展的过程等。其中也包括心理学的主要学派、当前现状以及未来发展趋势等内容。这些都是学习、研究心理学必须了解和掌握的。通过本章的学习，读者将对心理学的全貌有一个概括性的了解。

第一节　心理学的研究领域和学科性质

一、心理学的研究领域

　　心理学一词来源于希腊文，意思是关于灵魂的科学。它是以研究人的心理活动的规律为任务的。心理学者尽可能地按照科学的方法，间接地观察、研究或思考人的心理过程(包括感觉、知觉、注意、记忆、思维、想象和言语等过程)是怎样的，人与人有什么不同，为什么会有这样和那样的不同，即人的人格或个性，从而得出适用于人的一般性规律，继而运用这些规律，更好地服务于人的生产和实践。因此，心理学是研究心理现象及其规律的科学。心理是人脑的机能，是人脑对客观现实的主观反映。由于心理学既是揭示和认识人的心理现象及其本质和规律的基础性的理论科学，又是在社会现实生活中有着很强的应用价值的应用科学。所以，通常为了简明起见，从所进行的研究是以建立系统的理论为目的还是以实际应用为目的来区分，将心理学的研究分为理论心理学与应用心理学两大领域，前者旨在从哲学的高度对心理学的基本理论问题进行深入细致的研究，后者是研究心理学在现实社会和生活中的实际应用。

(一) 理论心理学

理论心理学是研究心理学根本性质理论的一个心理学分支,它以揭示各种心理现象之间以及心理现象与现实之间相互联系的规律为任务,不但可以解释、预测并有意识地支配人的行为和心理活动,而且可定向指导心理学各局部分支学科的研究。它是研究心理现象、探讨心理科学基本原理的一门学科。它关注心理现象的实质、机制和过程,追求普遍的解释、科学的理论和预期的指导力量。它像理论物理学那样在本学科群中处于基本理论地位。

理论心理学研究的主要内容包括心理学的对象与学科性质、心理活动范畴、心理学的任务、心理学方法论和心理学研究的具体方法、身心问题和心脑问题、意识问题、心理的能动性问题、心理的因果关系问题、心理的起源问题及知行问题等一系列为建立体系心理学所应研究的基本理论问题。理论心理学主要包括普通心理学、社会心理学、发展心理学、生理心理学、比较心理学和实验心理学等分支学科。

1. 普通心理学是心理学的主干,在心理学许多分支中,占有特殊的地位。在普通心理学中,心理学基本原理与心理现象一般规律的研究是两个重要方面。心理学基本原理的研究主要有两类:一类是以心理实质的问题为核心,涉及心理与客观现实的关系,心理与脑、心理与社会、心理与实践的关系,以及心理活动的规律性等,这些通常称为心理学的哲学问题;另一类是以心理的结构问题为核心,涉及心理活动的层次组织,心理现象的分类,如各种心理现象的联系等。这两类研究是互相联系的,有时统称为心理学的方法论问题。在普通心理学中,一般把心理现象分为心理过程与个性心理两个方面。心理过程是指认知过程、情感过程与意志过程。认知过程包括感觉、知觉、记忆、思维等;情感过程是人对现实事物的态度体验,是人的需要得到满足与否的反映;意志过程是人在改造现实时,克服困难,完成任务的心理过程。这三者相互联系又相互制约。认知过程是基础,情感和意志是将认知转化为行为的动力,而情感和意志反过来又促进认知的发展。个性心理又被分为个性倾向性和个性心理特征两部分来研究。个性倾向性包括需要、动机、兴趣、理想、信念和世界观等;个性心理特征则包括气质、性格和能力。个性心理是通过心理过程在实践的基础上逐步形成和发展起来的,而个性心理又影响心理过程的进行和发展。心理过程和个性心理有机地组成人的完整的心理面貌。

2. 社会心理学是研究个体和群体的社会心理现象的心理学分支。个体社会心理现象指受他人和群体制约的个人的思想、感情和行为,如人际知觉、人际吸引、社会促进和社会抑制、顺从等。群体社会心理现象指群体本身特有的心理特征,如群体凝聚力、社会心理气氛、群体决策等。社会心理学是心理学和社会学之间的一门边缘学科,受到来自两个学科的影响。在社会心理学内部一开始就存在着两种理论观点不同的研究方向,即所谓社会学方向的社会心理学和心理学方向的社会心理学。在解释社会心理现象上的不同理论观点,并不妨碍社会心理学作为一门独立学科应具备的基本特点。

3. 发展心理学是研究个体心理发生、发展规律的科学。按不同的年龄阶段,可进一步分为幼儿心理学、儿童心理学、少年心理学、青年心理学、成年心理学和老年心理学。

4. 生理心理学是研究心理现象和行为产生的生理过程的心理学分支,又称生物心理学、心理生物学或行为神经科学。它试图以脑内的生理事件来解释心理现象,综合各邻近学科如生理学、神经学、生物化学、内分泌学、行为遗传学等的研究成果来窥探心理现象赖以产生的脑的组织和工作的奥秘。

5. 比较心理学是研究动物行为进化的基本理论和不同进化水平的动物的各种行为特点的心理学分支。它以不同进化阶段上的动物行为作为研究对象。在研究中侧重于不同种动物行为的比较分析,而且这种比较在原则上并不把人排除在外,其目的在于更好地了解人类本身及其在自然界的地位。

6. 实验心理学是在实验室控制条件下,借用科学的实验方法,研究人及动物心理和行为的一门心理学。不过它往往不包括社会心理学、变态心理学和儿童心理学的实验,且它与专门研究某一方面的心理学,如学习心理学等略有不同,更多的是研究心理学的一种方法学。

其他如认知心理学、人格心理学、变态心理学等也都属理论心理学的范畴。

(二) 应用心理学

应用心理学是研究如何把理论心理学所揭示的基本规律应用于人类社会生活的各个方面,并进一步探索研究在各个社会实践领域中心理活动的具体现象及其规律的心理学。较之理论心理学,应用心理学更是枝繁叶茂,几乎在人类社会生活的每一个主要领域都有一专门的应用心理学门类,例如教育心理学、咨询心理学、临床心理学、工业心理学、人事心理学、管理心理学、消费心理学、商业心理学、工程心理学、环境心理学、犯罪心理学、法律心理学、运动心理学等。

1. 教育心理学是研究教育和教学过程中,教育者和受教育者心理活动现象及其产生和变化规律的心理学分支,是一门介于教育科学和心理科学之间的边缘学科。教育随着社会的发展而发展,为适应教育发展的需要,教育心理学的任务不断增加,研究对象的范围逐渐扩充。在发展初期,教育心理学偏重于学习心理的研究和学习规律的讨论,并且大多集中于智育方面的问题。随着教育对人全面发展的日益重视,也就越来越重视道德行为、道德情感以及审美情感的培养。美国《心理学年鉴》

综合各方面比较一致的意见，认为教育心理学的研究任务和对象应包括 8 个项目：教育评价和测量、儿童发展的特点、特殊儿童及其教育、有关学习心理学的教育方法、特殊学科的学习、学习辅导和心理健康、教师人事和促成学习的教师行为、教育心理学的方法。

2. 咨询心理学是研究心理咨询的过程、原则、技巧和方法的心理学分支，具有明显的实用性和多学科交叉性，不仅与教育心理学、社会心理学、发展心理学和医学心理学关系密切，而且与教育学、社会学、文化人类学、医学相互交叉。咨询心理学的目的是帮助适应不良或有心理困扰者调适和解除心理困惑，重建积极人生，为解决人们在学习、工作、生活、保健和防治疾病方面出现的心理问题（心理危机、心理负荷等）提供有关的理论指导和实践依据，使人们的认识、情感、态度与行为有所改变，以达到增进身心健康，更好地适应社会、环境与家庭的目的。

3. 管理心理学是研究管理活动中心理活动规律的科学，它以组织中的人作为特定的研究对象，重点在于对共同经营管理目标的人的系统研究，以提高效率，调动人们的积极性。当今的管理心理学都是以人本思想为前提的。如何实现对人的激励，就成为管理心理学的重要内容。管理心理学按照不同的管理领域又可进一步细分为行政管理心理学、教育管理心理学、学校管理心理学、企业管理心理学等。

4. 消费心理学是以大众的消费行为为研究对象，研究消费者购买、使用商品过程中心理和行为规律的学科，涉及商品和消费者两个方面。与商品有关的研究包括广告、商品特点、市场营销方法等；与消费者有关的研究包括消费者的态度、情感、动机、爱好、消费信息来源以及消费的决策过程等。

5. 环境心理学是研究环境与人的心理和行为之间关系的一个应用社会心理学领域，又称人类生态学或生态心理学。环境心理学之所以成为社会心理学的一个应用研究领域，是因为社会心理学研究社会环境中的人的行为，而从系统论的观点看，自然环境和社会环境是统一的，两者都对行为发生重要影响。这里所说的环境主要是指物理环境，包括噪音、拥挤、空气质量、温度、建筑设计、个人空间等。

6. 法律心理学也称法制心理学，是研究与法有关的各种人的心理活动规律的一个应用社会心理学领域。其研究内容包括立法心理、犯罪心理、普法教育心理、司法心理、劳动改造心理和民事诉讼心理等部分。

理论心理学与应用心理学并非截然分开的，而是有机联系，相互融合，相互促进的。基础理论研究往往受实践中观察到的现象与问题的启发，而其在实践中的应用可证明心理学的理论假设是否成立，并且可进一步推动心理学理论的发展。随着心理学的发展，理论心理学和应用心理学之间的联系将更加紧密，相互的影响也将进一步加大。

二、心理学的学科性质

心理学是兼有自然科学和社会科学两种属性的科学。它一方面和生物学结合，探讨心理活动的生理基础，研究人的自然属性，利用科学技术和手段，深入研究心理现象；另一方面，它又和社会科学结合，研究人的社会属性，用以解决人的心理和社会问题。

（一）自然科学的性质

心理学的自然科学属性，可从其研究对象、历史渊源与研究方法上得到说明。首先，心理是人脑的机能，在心理学研究的实践中，必须对人脑的工作原理和机制进行研究，以了解有关心理现象的产生过程及其外在行为表现，而人具有自然性的一面，是自然界长期发展的产物，属于自然界的一部分，是自然存在物、自然实体、生物实体。其次，心理学从其发展的历史渊源来说，与自然科学，尤其是生物学、生理学以及神经学的发展等有着极为密切的联系。而近代心理学之所以能够从哲学的思辨中独立出来，更是在很大程度得益于自然科学的发展。如近代心理学的生物学源头可追溯到达尔文的进化论，他的许多生物学观念如遗传与变异、环境、适应均为今天心理学研究的主题。而在生理学方面，19世纪的三位德国生理学家的研究更是为日后生理心理学的发展奠定了基础。再次，心理学的研究方法在很大程度上亦取法于自然科学。心理学之所以能成为一门科学，就是因为它引进了系统实验的方法，力求使得心理学与自然科学一样，可用实验验证与研究，从而具有客观性、可验证性与系统性这三大科学特征。

（二）社会科学的性质

人是社会历史发展的产物，是有生命力的、有意识的、能思维的存在物。人的本质规定着他的心理和意识具有社会性，也决定了以人的心理为研究对象的心理学具有社会性。而这点充分表现在心理学的分支学科中，如社会心理学、群体心理学、管理心理学、消费心理学等都强调心理对人的社会关系和社会的互动，强调对人们所处的社会环境和文化历史背景等社会状况进行研究，以求能够更加准确地把握人的心理现象和心理过程。

（三）超科学的人文性质

在研究人的心理和行为时，考虑到人的自然属性，虽也可在一定的程度和范围内采用科学的手段方法，但在很多情况下，比如在研究人的幸福感、美感、价值观等这些主观性很强的问题时,就很难将其纳入狭义的科学范畴,而是对这类问题的研究,更具超出科学的人文性。如果我们忽视了心理学的人文性,过分地强调心理学的科学性,则可能限制了心理学的研究领域和发展空间。

（四）综合交叉的性质

综上所述,心理现象的特殊性决定了心理学是一门既具有自然科学性质,又具有社会和人文科学性质的交叉学科。具体表现在：从心理现象发生的主体来说,人是自然性和社会性的统一；从心理现象产生的器官来看,人脑固有的自然属性是在人的社会生活方式的影响下变化和发展的,它的机能也是自然性和社会性的统一；从心理现象的内容上来看,人所反映的客观现象是社会存在和自然现实的统一；从心理现象的形式上看,人的心理过程具有人类的共同性,表现出更多的受自然制约与影响的特点,而人的个性心理则具有人类的个别性,表现出更多的受社会制约性的特点,所以两者也反映了自然性和社会性的统一；最后从心理现象的实质来看,心理是人脑对客观现实的主观反映这一定义亦表明了人的心理既有客观性,又有主观性；既是自然的产物,又是社会的产物。这也就决定了心理学学科性质的交叉综合性。

第二节　心理学的研究方法

心理学是伴随着研究方法的进步而进步的。它之所以成为一门独立的学科,之所以能够从哲学思辨的范畴中脱离出来,得益于其研究方法的发展。

一、心理学研究的基本程序

无论研究哪种心理现象或采用哪种具体方法,心理学研究的基本程序都大致相同。一般包括下列步骤：① 提出问题；② 查阅文献；③ 形成假设；④ 制订研究方案；⑤ 搜集数据和资料；⑥ 数据和资料的统计处理；⑦ 结果分析；⑧ 作出结论。科学研究是从问题开始的,前三个步骤是选题过程,其主要任务是提出假设和考虑选择验证假设的途径和手段,考察选题的合理性和科学性。中间两个步骤是围绕着验证假设制订研究方案,确定自变量、因变量及其操纵和记录的方法,并对无关变量加以控制,然后搜集论证假设的证据,后三个步骤主要是运用逻辑方法、统计方法和其他方法对搜集到的数据资料进行加工整理,对研究中的现象和变化规律作出解释,说明获得的结果与假设的符合程度、形成结论。最后,以论文的形式反映该项研究的成果。因此,心理学的科学研究实际上就是提出假设和验证假设的过程。心理学研究者总是根据所研究问题的性质、目的以及研究过程各阶段的要求来选择具体的研究方法。

二、心理学研究的基本原则

心理学研究首先必须要坚持辩证唯物主义和历史唯物主义的基本原理,同时在心理学研究中还必须坚持以下一些基本原则。

1. 客观性原则:就是本着实事求是的精神与态度,坚持客观标准,不带主观偏见,不做主观臆测,如实对心理现象进行观察、分析和解释,揭示心理发生、发展与变化的规律。

2. 系统性原则:就是从系统论的观点出发,把各种心理现象放在整体性的、动态的和相互联系的系统形式中进行考察与研究,反对片面地、孤立地看待问题。

3. 理论与实践相结合的原则:实践是理论的源泉,是理论发展的动力,同时还是检验真理是否正确的唯一标准。而正确的理论对实践则有重要的指导作用。所以在心理学研究中必须坚持理论联系实际、理论与实践紧密结合的原则。

4. 伦理性原则:在心理学研究中应坚持伦理和道德原则,任何可能对研究对象造成伤害的研究都必须严格禁止。

5. 发展性原则:心理现象总是处在不断的发展变化过程中。在心理学研究中,必须注意个体在不同年龄阶段相应的心理变化以及外在环境对心理发展与变化的影响。

6. 教育性原则:心理学研究要有利于教育目的的实现,有利于个体的身心健康成长。

三、具体研究方法

根据研究的目的、性质和研究对象的特点,心理学研究在具体操作过程中,可以采取不同的方法。主要有以下几种方式。

(一)观察法

观察法是社会研究也是进行心理学研究的基本方法之一。心理学研究中的观察法就是根据研究课题,观察者利用眼睛、耳朵等感觉器官和借助其他科学手段以及仪器设备,有目的、有计划地对被试的外部表现进行考察,从而研究其心理活动的一种方法。研究者根据不同的研究目的和不同的情况,往往采取不同的观察方法。观察法根据不同的划分标准可分为不同的类型,主要有以下几种类型。

根据观察者的角色,可分为参与观察与非参与观察。此种分类是根据研究人员作为一名观察者的具体身份,按观察者是否参加到被研究群体中去,是否参与被观察者的活动而划分的。参与观察是指观察者直接加入到被观察群体中,以内部成员的角色参与他们的各种活动,在共同生活中进行观察,收集资料,并进行分析。这种观察法的最大优点是收集到的资料比较深入具体和丰富生动,有利于深入分析被研究对象的心理现象和特征。但其缺陷往往是观察者长期生活在被观察群体中,难免会受后者影响,从而影响其分析问题的客观性和准确性。非参与观察是指观察者以旁观者的身份,置身于调查群体之外所进行的观察。这种观察法的优点是有利于克服主观因素的影响,获得的资料比较客观、真实,但其缺陷是由于观察时间较短,观察范围有限,常常只能获得一些表面现象或公开行为的信息。当然,无论是参与观察还是非参与观察,都要努力做到不让被观察者发现自己正在被他人所观察,以免影响被观察者的正常行为表现。

根据观察的场所,可分为自然场所的现场观察与人为场所的情景观察。前者是指在自然场所对被试也就是被观察者的日常活动进行的观察。这种观察法的最大优点是在实际操作过程中,一般不让被试察觉,保持被试心理表现的自然性,不附加人为影响,因而简便易行,更接近客观。其缺点是往往只能从表面上了解心理事实,而无法直接解释其发生原因。同时研究人员只能被动地等待心理事实的发生,而不能主动地控制其发生。人为的情景观察是指在人为控制场所对被试的活动进行的观察。其优点是研究人员在观察中具有较大的主动性,但其缺点也是显而易见,往往对被试的自然表现造成一定压力和影响。

根据观察时间的长短,可分为长期观察与短期观察。前者是指研究人员在比较长的时间内对被观察者进行观察。如儿童心理学的奠基人普莱尔(W. Preyer),根据其对儿子连续三年每天三次进行的观察,写成《儿童心理学》一书。短期观察的时间则相对较短。

此外,以观察的内容为标准,还可将观察分为全面观察与重点观察。前者是指在一定时期内观察被试的全部心理表现;后者则指对被试某一方面或某几方面的心理表现进行观察。

(二)实验法

实验法是按研究的目的控制或者创造条件,以主动引起或改变被试的心理活动,并对其进行研究的方法。人们往往会受到周围环境各种因素的影响,比如光线、声音、景物、味道、颜色等引起变化的因素称为自变量,引起的变化称为因变量。实验法就是要保持其他因素恒定的前提下研究因变量和自变量的关系和变化规律。如果研究人员要研究照明状况对被试工作效率的影响，就必须控制实验情景，使其他因素，如噪音、光线等保持不变。在这种情况下，如果被试的行为随着照明条件的变化而发生变化，则可以得出结论说，这个唯一的变量即照明条件是引起行为变化的原因。实验法可分为实验室实验法与自然实验法。

实验室实验是指研究者在特定的心理实验室，借助相关的仪器设备，严格控制各种条件来研究心理现象，广泛用于研究动物心理、心理的生理机制等问题。为了达到实验目的，研究者主要是在四个方面进行控制：一是控制实验情境，尽可能排除无关变量的影响；二是严格控制被试，进行随机抽样和随机安排；三是控制实验刺激，使之以不同水平、性质和条件，按规定的方式、时间和顺序出现；四是控制被试的反应，用指导语指导其反应的方向与反应的范围。实验室实验法的实质是在一系列严格控制的条件下探究自变量和因变量之间的关系。这种方法的优点是能主动获取所需的心理现象，探究其发生的机制与规律，获取准确可靠的信息。但其缺陷是人为的特点过于明显，易被被试意识到，从而可能降低实验结果与结论的客观性和准确性，而且对无关因素的控制也不易完全实现。

自然实验法是指在日常生活条件下，对某些条件加以适当控制或改变来研究心理。其实质是将实验室研究和日常活动相结合，一方面仍然对实验条件加以控制，但又使被试的活动在自然状态下进行，从而减少了人为性，提高了真实性，但由于对实验控制不是很严格，容易受到其他无关变量的影响。这种研究方法广泛用于发展心理学、教育心理学、社会心理学以及管理心理学等领域的研究。

（三）个案研究法

个案研究法把任何社会个体，包括个人与社会群体作为一个研究单位，以这些研究单位的某一个或几个特性为研究对象，探讨和研究相关因素及其相互关系，是对个体进行直接研究的方法。比如通过综合研究与分析个体的行为表现、家庭情况、社会地位、受教育水平、职业状况等因素，来研究个体的心理活动特点以及影响心理发展变化的因素。这种研究方法常用于教育心理学、儿童心理学、医学心理学和咨询心理学等领域。

个案研究法以往偏好于对个人或社会群体的不良问题或负面问题进行研究，如精神病患者的行为、学生的学习障碍、企业经济效益不佳、家庭分裂所引起的不良心理或心理失衡等因素并寻求相应的矫正措施。而随着社会的发展和实践的需要，个案研究法现已应用到对正常个体和社会群体的研究。个案研究法具有两个基本特点：首先是这种方法注重对跟个案有关的具体事实和细节做深入研究，以积累丰富的资料，透过现象探求问题的实质。其次是要求对问题的发生、发展过程与特征以及相关的因果关系做客观分析和正确推论,在此基础上,提出有效的补救、矫正、改进或推广建议并予以实施。

个案研究法在心理学研究中占据重要的地位,不仅在实践上应用范围极其广泛,既可以用于对特殊心理失衡个人与问题群体的治疗或矫正,也可用于对健康的个人与团体的咨询分析,以求咨询对象能够更好地发挥其应有的社会功能,或促进其整合与良性运转。而且,其发展趋势将会从最初的对从特殊现象或特殊个案的研究转向更为广阔的领域。另外,个案研究法对心理学理论的发展亦具有重要作用。对罕见现象的了解,能够说明一些例外情况,从而重新思考原有理论,形成新的假说,矫正特殊行为,解决特殊问题,总结特殊经验。此外,通过对大量个案的研究,能够揭示个案之间的异同点,得出概括性或近似性的结论,进而丰富心理学理论。如弗洛伊德的精神动力学说,在很大程度上就归功于他对个案行为做长期深入的分析。但个案研究法也有其本身所固有的缺点。在个案研究中往往要通过个案对过去经历的叙述来了解其以往的情况,在这个过程中,个案所提供的信息难免会失真,人们往往可能扭曲过去以取悦研究者或者他们比较倾向于用特定的方式去进行记忆。而研究者也可能因为本身带有一些特定的期望或设想,从而有可能以比较微妙的方式影响研究对象,使得后者所提供的信息与他们的期望或者设想相一致。

(四) 调查法

调查法一般是指抽样调查,它从某一总体中按照一定的规则抽取一定的样本,通过对样本的研究来推论总体情况,这种方法是以提出问题的形式收集研究对象各种有关资料来研究其心理的方法。其目的通常是为了确定人们对有关事物与社会现象,如对某商品、广告,或者某一总统候选人的态度和意见,从而对人们可能作出的决策或行为做出预测。在当今信息社会,这种方法正被社会团体、商业机构和政府部门越来越广泛的应用,以了解收集有关信息,了解人们的偏好、态度倾向与行为特征等。

尽管调查法的实际应用范围与具体操作方式存在较大差异,但具有这样一些共同特征:第一,调查法不是直接对研究总体的全体进行调查,而是按照一定的规则从总体中抽取一定比例的人口来收集资料,通过对部分的调查来推论总体情况,其抽样方法以及所抽取的样本的大小根据研究目的和样本特点等而定。第二,调查的样本要按照科学的抽样方法和程序从研究总体中抽取,以保证总体中的每一个人被抽到的机会相等,从而使得样本的情况能代表总体情况。第三,调查法不是为了深入了解某一个具体个体的具体情况,而是为了了解总体情况,所以调查法不是针对每一个具体的个人而采取具体的操作方式,相反,它是通过标准化的方式来收集信息和资料的。也正因为如此,很多时候调查法很强调匿名性,也就是有关调查对象的任何个人信息都常以匿名的形式出现在有关总结、报告与数据分析中。

按照调查所采取资料收集方式的不同,可分为当面访谈法、邮寄问卷法、电话调查法以及互联网调查法。当面访谈法是访问人员根据被调查者的口头回答来填写调查问卷,收集资料的方法。其优点是访问人员比较容易控制访问质量与访问环境,尤其是对于复杂问题的询问,更需访问员亲力亲为。但其缺点是访问成本高,灵活性小,且对于敏感性问题的调查不适合。邮寄问卷法的最大优点是成本低,对于敏感性问题的调查比较适合,但其缺陷在于问卷的回收率低,问卷质量没有保障。随着社会的发展,以及为了克服面访所存在的一些问题和困难,电话调查、网上调查等正被越来越广泛地加以应用。相对面访来说,这种调查方式的成本较低,且操作起来比较灵活。按照调查所提出问题的格式不同,可分为结构式调查与非结构式调查。前者是研究者事先就某一问题,拟定一定的调查框架,给出可供选择的答案,被调查的人只要根据自己的情况选出相应的答案即可,后者是指研究者不事先设定调查框架,也不设置固定的答案,仅仅根据情况灵活地提出问题,而让被调查的人自由发挥。

调查法的优点是能够在短时间内获取大量的有关研究对象的第一手资料,以便为分析问题提供依据,为进一步研究提供线索和新发现;此外数据的编码、分析和解释都比较简单,因为样本是有代表性的,可以对总体的情况作较为合理的判断。但其缺陷是被调查者可能不愿意或不能够提供所需的信息。例如关于态度或动机的问题,有时候被调查者可能不是十分明确地意识到决定其动机(例如选择某种商品、做出某种决定)的因素是哪些。因此,所提供的信息可能就不准确。如果问题涉及个人隐私或很敏感,被调查者可能也不愿意回答。其次,封闭性的问题限制被调查者选择答案的范围,有可能使某些类型的数据的有效性受损失。最后,问题的措词也很不容易确定,要设计一份好的问卷难度较大。尽管如此,抽样问卷调查仍然是收集原始数据的最常用的方法。在我国,各种各样的民意调查和市场调查基本上都是问卷调查。

(五)内省法

内省法又称自我观察法(self-observation),是依靠对自己意识经历的反省,来寻找心理学问题的答案,它是心理学家们最早采用的基本研究方法之一。一般有两种方式:一种是指个体对自己的内心世界做深入审视与思索,探究自己的思维与感觉等心理现象和活动,以认识自己。另一种是心理学研究中常用的,它要求被试把自己的心理活动用口头或书面报告出来,然后用来研究,并得出结论。早期构造主义的心理学家企图通过由个体运用内省法对感觉的本质等问题进行思考所得的信息资料来找出心理结构,建立心理学理论。心理的结构与功能至今仍是心理学家的兴趣中心,但是只用内省法来研究,有明显的局限性。后来的行为主义心理学认为心理学只应研究行为,完全否定对意识经验的研究,因而也就完全否定了内省法。因此,随着构造主义心理学的衰落,内省法也逐渐不再成为心理学研究的主要方法。但随着20世纪60年代认知心理学的兴起,人们将个体语言作为分析资料的主要来源,并且有关理论在很大程度上以此为基础而建立,内省法又重新成为人们研究心理学的方法。

四、心理学研究中的伦理问题

心理学研究的最终目的是为了通过对人类心理现象和心理机制的了解与把握,增进人类福利,促进人类的更好发展。在心理学研究中,为了个体的身心健康与心理学研究的科学性,对伦理道德问题必须要给予足够的重视,以确保在研究中不能采取有害被试或案主的研究方式或治疗手段。

在以人为实验或研究对象时,研究人员必须要在以下几方面加以注意。第一,在研究中应尽量避免对被试可能的一些伤害。其中最明显的是被试可能会遭遇一些心理压力,如害怕、焦虑、尴尬、内疚或者是自尊心受损,研究人员也应尽量将这些痛苦减少到最低限度。第二,被试应自愿参加研究,不能强迫被试参加研究或实验。有时被试不是无条件自愿参加研究,而是为了取得某种报酬的情况下尤其要注意,他们可能因为觉得有义务要参加研究,而不得不接受一些在实验中发生的痛苦经历,在尽可能的情况下,不给被试留下比来受试时更痛苦的感觉。第三,由于种种原因,有时候研究人员不得不采取一些"欺骗"手段,研究人员应在事后对被试简要阐明研究的相关情况,如研究的意义、实质、研究的结果等。第四,在研究中,被试的私人秘密必须受到严格的保护和尊重,在实验中要采取措施以保证被试的匿名性,并且在可能的情况下,被试有权选择是否该由他们自己保留有关研究数据。

在心理学研究中,人们往往以动物为实验研究对象。其可行性在于:第一,根据达尔文进化论的观点,在进化过程中,所有的物种在生物学上都是彼此联系的,所以他们的行为方式也是彼此联系的,在很多方面,人与其他动物行为的区别仅仅在于复杂程度上的差异。第二,对人的研究有诸多伦理道德的限制,使得某些研究不能以人为实验对象。比如对于不同物种之间杂交的有关心理现象的研究,就无法以人为对象。第三,对动物的研究有时更为方便可行。动物的繁殖与生长较为迅速与简单,而其生长环境容易被精确控制,同时研究者在研究中不太可能掺杂个人感情,从而使得实验结果更为客观准确。但这并不意味着在研究中就可滥用动物,研究者在实际研究中也要尽量减少对动物的伤害。美国心理学会(American Psychology Association)的原则是:只有在没有其他选择与研究所取得的成果足以证明伤害动物是正当的情况下,动物才可被伤害。

第三节 心理学的发展历史与流派

一、心理学的发展历史

人类从古代开始,历经中世纪、文艺复兴以至到19世纪中叶,对心理进行了一系列的探索和研究,但都是处于一种无明确研究目的和目标,无明确研究思想、方法的混沌状态下自发地或不自觉地进行的,以及夹杂在对哲学和神学的研究中进行的。直到一百多年前,心理学才作为一门独立的学科正式出现。

(一)孕育阶段

心理学最初的一些理念和思想,蕴涵在古代西方哲学家,尤其是古希腊的哲学家的学说中。如亚里士多德(Aristotle)、德谟克利特(E. Democritus)和柏拉图(Plato)等,他们都对人的心理现象进行了不同程度的探索与反思。亚里士多德对人类的本性、人类知识的由来、五官的运用和记忆等问题进行了讨论,他的《灵魂论》,从某种意义上可说是最古老的一本心理学专著。他探讨了灵魂和肉体的关系,他把人的灵魂分为三部分:一是植物灵魂,主要表现在营养、发育、生长等生理方面;二是动物灵魂,主要表现在本能、情感、欲望等方面;三是理性灵魂,主要表现在思维、理解、判断等方面。亚里士多德认为灵魂的这三个部分得到充分发展的最有效途径是教育和训练。同时他认为人的行为动机来源于趋乐避苦,这种观点在现代心理动力和学习理论中被广泛使用。作为朴素的唯物主义者,德谟克利特根据其原子论的思想,认为人的灵魂同物质一样也是由原子构成,人的生命现象和心理活动就是原子灵魂活动的体现。人死后灵魂原子随之分散,灵魂亦消失。他认为,人类行为来源于外在刺激,同时他是最早提出是否存在自由意志这个问题的人之一。柏拉图是神学唯心主义者,他提出有两种世界:"现象世界"与"理念世界",认为前者是不真实的、不稳定的,而后者才是真实的、永恒的。他认为人由肉体和灵魂组成,灵魂在取得人形之前,就早已存在于肉体之外的理念世界中,并熟知理念世界中的许多事情。但当灵魂和肉体结合为人的时候,由于惊恐和骚乱反而失去了对最高理念的认识和记忆。所以,柏拉图认为,认识不是对物质世界的感受,而是对理念世界的回忆。

欧洲文艺复兴之后,心理学思想逐渐摆脱唯心主义而转向科学。法国的笛卡儿(Ren'e Descartes)、英国的洛克(John Lock)等都对人类的心理现象进行了细致的观察与深入的研究,从而为心理学在欧洲的诞生起到了奠基作用。对于心理学作为一门独立的学科从哲学中脱离出来,笛卡儿具有重要作用。在笛卡儿之前,哲学家倾向于将人视为独特的、神秘的上帝意愿的产物,人的精神活动无法进行理性的解释。而笛卡儿则视人为机器,能够被研究,其活动机制能够被理解和解释。他认为人类生来就具有足以产生感官经验的心理功能,身体的一切活动均由具有理性的心理功能所控制,笛卡儿的这种观点后经德国哲学家康德(Kant)发展成为哲学思想主流之一的理性主义。洛克是17世纪英国实证主义的最重要人物。实证主义试图通过系统、客观的研究方法来了解人类心理,而不是通过推理和直觉去感知。洛克强调人类一切知识来源于后天经验,人类的本性犹如蜡版一块,纯然无色,不分善恶,之后的一切改变,完全取决于后天经验。此外,洛克认为记忆来自观念联想(association of ideas)。

在世界上的其他地方,比如古代中国、古代印度、古代阿拉伯和古埃及等,人们都对人的心理现象进行了一定的探讨,存在不少真知灼见。但总体上来说,无论是东方还是西方,人们对心理的研究,还仅仅局限在哲学、神学和其他学科的范围之内,还仅仅具有形象的类比和抽象的思辨性质,缺乏实验的论证,因而未能成为一门系统的、独立的科学。

(二) 确立阶段

19世纪中叶,由于生产力的进一步发展,自然科学取得了长足的进步,科学的威信在人们的头脑中逐步生根。而与心理学有密切关系的生物学与生理学也接近成熟,心理学开始摆脱哲学的一般讨论而转向于具体问题的研究。这种时代背景为心理学成为一门独立的科学奠定了基础。英国生物学家达尔文(Charles Darvin)于1859年发表《物种起源》一书,主张"物竞天择,适者生存"的进化论观点。其进化论中的许多观点,如遗传、变异、环境、个别差异、适应等,均成为以后科学心理学研究的主题。在生理学方面,19世纪的三位德国生理学家的研究奠定了日后生理心理学的基础,被后人视为生理心理学的先驱。柏林大学教授缪勒(Johannes Müller)在生理学上第一次提出特殊能量的说法,认为大脑的功能是分区专司的,人类之所以能够感觉与分辨外界刺激,是因为各种神经传导所发生的特殊能量所致。此外,缪勒还提出神经细胞之间由电化作用产生神经冲动的理论。他的理论后来由其弟子赫尔姆霍兹(Hermann Von Helmholtz)经实验证实。而赫尔姆霍兹所提出的色觉理论与听觉理论,至今仍是心理学上解释色觉与听觉现象的重要理论根据。费希奈(Gustav Theoder Fechner)通过实验的方法,通过物理刺激的变化对心理经验如根据感觉判断物体的形状、重量、位置等过程的影响,对长久以来争论不决的身心关系问题进行探讨。他在实验设计上,对刺激的强度及其变化,被试的反应以及两者之间的相互关系等进行精密的测量与分析。费希奈的这种以生理感官功能为基础的实验研究,为日后生理心理学的发展奠定了基础。而这类研究,因其目的在于揭示物理刺激与心理反应之间的关系,也称为心理物理学(Psychophysics)。费希奈于1860年出版《心理物理学纲要》(Elements of Psychophysics),标志着其达到事业的顶峰。

科学心理学的正式诞生,一般公认的是以1879年德国的冯特(Wilhelm Wundt)在莱比锡建立世界上第一个心理实验室为标志,冯特首先用系统实验的方法,来研究感觉、知觉等心理现象,使得心理学与自然科学一样,可由实验验证与研究,从而具有客观性、可验证性与系统性这三大科学特征。

冯特的历史功绩,是与心理学历史上出现的心理科学的独立、实验心理学的创立和心理学专业队伍的建立这三件大事分不开的。冯特使心理学从旧哲学中独立出来,从此开辟了科学的一个新领域——心理学,他在心理科学实践上的历史贡献还在于用莱比锡实验室培养了一大批学生,为心理科学的开创及发展造就了一代新人,因此被誉为近代心理第一人或心理学之父。

冯特心理学体系的形成经历了三个时期。第一时期是准备期,大约在19世纪的60年代至70年代。这一时期,冯特主要是在学校学习和在德国海德堡大学担任讲师。这期间,他主要是通过实验法从事对心理感官方面的生理研究。第二时期是初步形成期,大约在19世纪的70年代至80年代。这一时期,他在充分的实验基础上,开始大量著书立说,系统阐述早在准备时期就萌发的心理观点,其中,《生理心理学原理》(Principles of Physiological Psychology)一书,被心理学界认为是心理学的独立宣言。1879年,他在莱比锡大学建立世界上第一个心理实验室,被心理学界定为科学心理学的开始。第三时期是19世纪90年代至20世纪20年代。这一时期是他的心理理论体系进一步得到发展、充实并完全走向成熟时期。

冯特的理论明确主张,心理研究应以意识内容(直接经验)为对象,心理学的任务就是要分析意识的结构和内容,因此,冯特的心理学体系被称为内容心理学。冯特创立的如此完整的心理学体系,在当时是独一无二的。因此,这一时期的心理学界可谓是冯特一统天下。这时,在他的门下云集了众多的来自世界各国的心理学研究者,其中直接参与冯特心理课题研究的就有116人,他们在冯特严格指教下从事意识内容的研究,形成了一支强盛的内容心理学队伍。

二、心理学的主要流派

自1879年以来,整个心理学界出现了前所未有的热烈的学术研讨的繁荣局面,出现上百个各种各样、大大小小的心理学派。这些学派,有从内在的意识去研究的,有从外在的行为研究;有从意识的表层研究,有从意识的深层研究;有从静态,有从动态;还有从生物学、数理学、几何学、物理学、拓扑学、民族学、文化学等其他不同角度去研究的。所有的学派在心理研究对象、范围、性质、内容以及方法上都既有联系,又各不相同。虽然单纯的任何一个学派都不足以解释复杂的心理现象,从而最终未能形成统一的广为接受的理论派别,但每一个学派都在某一点上或某一方面为心理学的发展作出或多或少的贡献。下面我们主要对其中影响最大的几大学派做一介绍。

(一) 精神分析学派

精神分析学派产生于19世纪末20世纪初,由奥地利医生弗洛伊德在1896年创立,后来被荣格(Carl Gustav Jung)、阿德勒(Alfred Adler)等人不断修正与发展,成为现代心理学中影响最大的理论之一,因此被称为"心理学界的第一大势力"。

弗洛伊德的理论可分为两个时期。早期理论一般指他在1920年以前的精神分析理论,内容主要包括以下四点。

(1) 意识和无意识。弗洛伊德认为,人的心理可分为三个部分:意识、前意识和无意识。意识是指个人目前意识到的一切;前意识是指虽非目前意识到的但可以通过回忆而变为意识内容的一切;无意识则指被压抑而不能通过回忆再召唤到意识中的一切,这通常是不为社会规范所容的欲望。

(2) 压抑和抵抗。人的某些本能欲望常常是不被社会风俗、习惯、道德、法律等所容的。因此,欲望与规范就产生激烈的斗争,往往是欲望迁就规范受到压抑。由于压抑的无意识欲望不能闯进意识域里来,患者难以联想起自己的隐私这种现象,弗洛伊德称为抵抗或抗拒。

(3) 泛性论。一个人从出生到衰老,一切行为动机都有性的色彩,都受性本能冲动的支配。神经症的产生,就是由于性本能冲动受到压抑而得不到满足的结果。精神分析理论指出,在性的后面有一种潜力,这种潜力常驱使人去追求快感。这种潜力被叫做力比多,又称性力。力比多的发展分为:口腔期、肛门期、性器期以及生殖期等。

(4) 快乐原则和现实原则。人的行为受本能的支配,但同时又要受现实的限制。因此,人的心理也就有两种系统,每种系统各受特殊的原则支配。第一种系统受快乐原则的支配,形成于婴儿期;第二种系统除受快乐原则支配以外,还受现实原则支配,形成于婴儿期以后。

1920年以后,弗洛伊德对他的理论开始作了一些较大的修正,形成了他的后期理论,内容主要包括以下两点。

(1) 生存本能和死亡本能。弗洛伊德认为性本能和自我本能虽然各有不同的目的,但最后都是指向生命的生长和增进。因此,他把它们联成一体,称为生存本能。为了与生存本能形成两极性,于是他又假设了一个死亡本能。死亡本能不是表现为一种求死的欲望,而是表现为一种自杀的欲望。当它向外表现时,它就成为破坏、征服的动力,表现为侵略的倾向。但当向外界的侵略受到挫折时,它往往退回到自我,成为一种自杀的倾向,这种倾向的活动范围很广泛,不限于杀人和自杀,还包括自我谴责、自我惩罚、敌手之间的嫉妒以及权威的反抗等。

（2）精神结构理论。在无意识概念的基础上,他还提出了人的精神是由本我、自我和超我组成的。最原始的本我是与生俱来的,是无意识的结构部分,由先天的本能、基本欲望所组成,是同肉体联系着的。自我是意识的结构部分,它处在本我和外部之间,它与本我不同,是根据外部世界的需要来活动的。所谓超我,就是"道德化了的自我",它包括两个方面：一方面就是通常所讲的良心；另一方面就是自我理想。超我的主要职能在于指导自我去限制本我的冲动。在正常情况下,本我、自我和超我是处于一种相对平衡状态中的。如果这种平衡关系遭到破坏,即会产生精神病。弗洛伊德的精神分析理论是在1900年以后成熟起来的。他从各地吸收了一批信徒,其中最被器重的是瑞士的荣格和奥地利的阿德勒,从而构成了弗洛伊德的精神分析学派。

荣格（Carl G. Jung）是瑞士心理学家和精神分析医师,分析心理学的创立者。早年曾与弗洛伊德合作,曾被弗洛伊德任命为第一届国际精神分析学会的主席,后来由于两人观点不同而分裂。与弗洛伊德相比,荣格更强调人的精神有崇高的抱负,反对弗洛伊德的自然主义倾向。荣格用了许多特定的词汇来描述心灵的各个部分,包括意识（conscious）和潜意识（unconscious）在内。这些概念源自他大量的临床观察经验,包括他早期词语联想（word association）的实验研究,而词语联想则是日后多种波动描记器（polygraph testing,现今的测谎器）的前身,也是心理情结（psychological complex）这个概念的基础。

荣格概念中的心理图谱可划分成两个基本的区块：意识与潜意识。潜意识又可以进一步地分为个人潜意识和客体心灵。荣格之前用"集体潜意识"（collective unconscious）这个词来指称客体心灵,而集体潜意识这个词至今依然是讨论荣格心理学时使用最广泛的词汇。荣格提出客体心灵这个词,是为了避免与人类的各种群体有所混淆,因为他想特别强调的一点就是,人类心灵的深度一如外在的、"真实的"集体意识的世界一样的客观真实。心灵有四个层次：① 个人意识（personal consciousness）,或称日常的觉察,也称自我,是人有意识的心智,是心灵中关于认知、感觉、思考以及记忆的那部分。② 个人潜意识（personal unconscious）,其之于个别心灵而言是独特的,但无法被察觉,由心灵中曾经被意识到,但又被压抑或遗忘,或一开始就没有形成有意识的印象构成。它类似于弗洛伊德的前意识。③ 客体心灵（objective psyche）,或称集体潜意识（collective unconsciousness）,人格中最深、最不易碰触到的层次。在荣格看来,如同我们每个人在个人潜意识里积累并存放所有个人记忆档案那样,同样人类集体作为一个种族,也在集体潜意识里存放着人类和前人类物种的经验。④ 集体意识（collective consciousness）,其显然是人类心灵普遍存在的结构。集体意识中的世界,有共同价值与形式的文化世界。在心理图谱上的这些基本区块里,存在一般性和特殊性结构。一般性结构有两类:原型形象(archetypal image)和情结。心灵中属于个人部分(包括意识和潜意识在内)的特殊结构有四种:自我(self;rather than ego)、人格面具(persona)、阴影(shadow)以及阿尼姆斯(animus)/阿尼玛(anima)之融合体。客体心灵里充满原型和原型形象,我们很难精确指出其数目多寡,不过当中有个原型值得一提,即是本我(self)原型的最高核心。

阿德勒(Alfred Adler)是奥地利精神病学家,个体心理学的创始人,人本主义心理学的先驱,现代自我心理学之父。他反对弗洛伊德的心理学体系,主张由生物学定向的本我转向社会文化定向的自我心理学,对后来西方心理学的发展具有重要意义。

阿德勒认为每个人在幼儿时期,就渐渐形成一种生活模式,根据此生活模式而形成生活的主观目标,但每个人的生活模式不同,因此每一个人的主观目标不完全相同,研究心理过程应以每个人的特殊心理经验为对象,故阿德勒的心理学被称为"个体心理学"。他的学说以"自卑感"与"创造性自我"为中心,并强调"社会意识",主要概念是创造性自我、生活风格、假想的目的论、追求优越、自卑感、补偿和社会兴趣。

精神动力学说把无意识、梦等问题引入了心理学研究的范畴,扩大了心理学的研究范围,并在实践中对于深入探讨人的精神现象具有重要意义。它源于医疗实践,其影响波及哲学、文学、艺术、美学、社会学、教育学等多个领域。但精神动力学说也存在严重的缺陷与不足。它过分夸大了无意识的作用,把本能、欲望和性视为人类一切行为的动力来源,具有生物还原论的倾向,而忽视了社会文化对人类心理和行为的影响。

(二) 行为主义学派

行为主义于20世纪初产生于美国,是西方心理学的一个主要流派,被称为"心理学界的第二大势力"。作为传统心理学的叛逆,行为主义心理学是在18世纪以来科学的极大发展,实证主义的空前盛行,在机械唯物主义和实证主义的哲学基础上,在动物心理学和机能主义心理学的影响下而产生。行为主义理论建立的标志是1914年美国心理学家华生(J. B. Watson)《行为:比较心理学导论》的出版,而华生亦被称为行为主义的创始人。

1913～1930年是早期行为主义时期,由华生在巴甫洛夫条件反射学说的基础上创立,华生认为,心理学是一门科学,而科学的研究只限于以客观的方法处理客观的资料,所以心理学应该摒弃过于主观的东西,如意识、意向等内容,而应研究能够观察到的并能客观地加以测量的刺激和反应,无需理会中间环节,华生称之为"黑箱作业"。他认为人类的行为模式由环境所决定,各种行为均是经过后天的学习而获得,同时也可以通过后天的学习而更改、增加或消除。他认为只要掌握了环境刺激与行为反应之间的规律，就能根据刺激预知反应，或根据反应推断刺激，达到预测并控制动物和人的行为的目的。在华生的眼里，行为就是有机体用以适应环境刺激的各种躯体反应的组合，无论是人还是动物，都遵循同样的规律。

1930年以后出现了新行为主义理论，以托尔曼(E. C. Tolman)为代表的新行为主义者修正了华生的极端观点，认为在个体所受的环境刺激与行为反应之间存在着中间变量，这个中间变量是指个体当时的生理和心理状态，是行为的实际决定因子，它们包括需求变量和认知变量，前者本质上就是动机，包括性、饥饿以及面临危险时对安全的要求，而后者就是能力，包括对象知觉、运动技能等。

在新行为主义理论中另有一种以斯金纳(B. F. Skinner)为代表的激进的行为主义分支。斯金纳在巴甫洛夫经典条件反射基础上提出了操作性条件反射，他自制了一个"斯金纳箱"，在箱内装一特殊装置，压一次杠杆就会出现食物，他将一只饥饿的老鼠放入箱内，让老鼠在里面乱跑乱碰，自由探索，偶然一次压杠杆就得到食物，此后老鼠压杠杆的频率越来越多，即学会了通过压杠杆来得到食物的方法，斯金纳将其命名为操作性条件反射或工具性条件作用，其中食物是强化物，运用强化物来增加某种反应(即行为)频率的过程叫做强化。斯金纳认为强化训练是解释机体学习过程的主要机制。

在最新的行为主义理论中，班杜拉吸收了认知心理学的研究成果，把强化理论与信息加工理论结合起来，改变了传统行为主义重"刺激—反应"而轻中枢过程的思想倾向，使解释人的行为的理论参照点发生了重要转变。同时班杜拉注重社会因素对学习的影响，改变了传统学习理论重视个体轻视社会的思想倾向。

行为主义心理学派在心理学发展中的贡献主要在于其引入了更为客观和精确的研究方法，促进了心理学的客观研究，清除了长久以来唯心主义对心理学研究的不良影响，使得心理学摆脱了沿袭已久的思辨方法。其局限性在于它的机械还原论和简单化的倾向严重。而为了使心理学符合客观的科学标准，一味将心理学的研究范围限定在外显行为，这使得心理学内涵窄化。

（三）人本主义学派

人本主义心理学于20世纪五六十年代兴起于美国，被称为"心理学界的第三大势力"，其主要发起人为比较心理学家和社会心理学家马斯洛(A. H. Maslow)、精神病学家与教育改革家罗杰斯(C. R. Rogers)。

人本主义的心理学派主张以正常人、健康人为研究对象，反对将人的心理低俗化、动物化、机械化，认为行为主义只是以动物与儿童的心理现象为基础，是幼稚心理学，而精神动力学说只是以精神病患者的心理现象为基础，是病态心理学。人本主义强调人的价值、本性与尊严，认为人有高于一般动物的多种价值，认为人性本善、恶是后天环境作用的结果，教育是使人完善的有效途径。他们对"道法自然"等东方的思想很推崇。

人本主义的核心理论是自我实现理论，它包括马斯洛的自我实现论与罗杰斯的自我理论。马斯洛认为人类的需要是其行为的驱动力量。他将人的需要分为两大类，五个层次，从下到上形成一个金字塔形的结构，分别是生理需要、安全需要、爱与归属的需要、尊重的需要和自我实现的需要。这五个层次的需要存在一个先后关系，也就是说只有低层的需要满足之后，才会产生高层次的需要。在马斯洛需要理论的两大类中，第一类需要属于缺失需要，为人与动物所共有，它可以引起匮乏性动机，一旦得到满足，紧张消除，兴奋降低，便失去动机。第二类需要属于生长需要，为人类所特有，可以引起成长性动机，是一种超越了生存满足之后，发自内心的渴求发展和实现自身潜能的需要。满足了这种需要之后，个体才能进入心理的自由状态，体现人的本质和价值，产生深刻的幸福感，马斯洛将其称为"高峰体验"。马斯洛认为真、善、美、正义、欢乐等是人类共有的内在本性，具有共同的价值观和道德标准，而达到人的自我实现的关键在于改善人的"自知"或自我意识，使人认识到自我的内在潜能或价值，人本主义心理学就是促进人的自我实现。

罗杰斯的自我理论认为，儿童最初的自我概念是在其出生后与他人、环境的相互作用中逐渐形成，这种最初的自我概念形成之后，人的自我实现趋向开始激活，在这一股动力的驱使下，儿童在环境中进行各种尝试活动并产生出大量的经验。在儿童寻求如愉快满足等积极经验的过程中，为了得到他人的关怀与尊重，往往需要对自己的行为标准进行调整，使自己的行为符合他人尤其是父母的要求，从而能够得到他们的肯定。在这个过程中，儿童会不自觉地将他人的价值观念内化，变成自我结构的一部分，渐渐地，儿童被迫放弃按自身机体估价过程去评价经验，变成用自我中内化了的社会的价值规范去评价经验，这样儿童的自我和经验之间就发生了异化，当经验与自我之间存在冲突时，个体就会预感到自我受到威胁，因而产生焦虑。在这个过程中，个体会运用防御机制包括歪曲、否认、选择性知觉等对经验进行加工，使之在意识水平上与自我相一致。如果防御失败，个体就会产生心理障碍与人格混乱。罗杰斯认为人有一种内在的"机体智慧"，它能分辨出哪些是有利人成长，哪些是不利人成长和潜能实现的东西。人本主义的治疗目标就是将原本不属于自己的而是从外部内化而成的自我部分去除，找回那些属于他自己的健康思想情感和行为模式，让原本存在于人自身健康向上的潜能释放、发挥出来。让每一个人成长为自己。

很长一段时间里，心理学是不研究诸如"爱"、道德、价值等问题的。而人本主义心理学则认为这些是心理学不可回避、必须研究的问题。人本主义心理学实际上是把心理学的研究范围扩大到有关人的精神世界的许多方面。人本主义心理学主张用现象学的方法对"健康人"进行研究，企图从对个案的深入分析来总结出一般规律。其实质就是让人领悟自己的本性,让人可以自由地表达自己的思想与感情,由自己的意志来决定自己的行为,促进个性的健康发展、完善。这种关心人的价值和尊严、以人为本、以人为中心的观点,对心理学的研究无疑具有重要意义。人本主义心理学批判科学主义、重新找回失落的人文精神,代表了一种新的方向。但它的理论依然显得薄弱、空洞、太多的思辨性和猜测,缺少严格的证据;在方法上也缺少新的突破。它虽然比精神分析学派更重视社会文化因素和时代环境对人的影响。但对人的社会性的本质,依然强调不够。在处理抽象的人和社会、文化的关系上,科学与人文的关系上仍有难以解决的困难。

(四) 认知学派

认知心理学是 20 世纪 50 年代中期在西方兴起的一种心理学思潮,20 世纪 70 年代开始其成为西方心理学的一个主要研究方向。它研究人的高级心理过程,主要是认知过程,如注意、知觉、表象、记忆、思维和语言等。与行为主义心理学家相反,认知心理学家研究那些不能观察的内部机制和过程,如记忆的加工、存储、提取和记忆力的改变。以信息加工观点研究认知过程是现代认知心理学的主流,可以说认知心理学相当于信息加工心理学。它将人看作是一个信息加工的系统,认为认知就是信息加工,包括感觉输入的编码、贮存和提取的全过程。按照这一观点,认知可以分解为一系列阶段,每个阶段是一个对输入的信息进行某些特定操作的单元,而反应则是这一系列阶段和操作的产物。信息加工系统的各个组成部分之间都以某种方式相互联系着,而随着认知心理学的发展,这种序列加工观越来越受到平行加工理论和认知神经心理学的相关理论的挑战。

认知心理学家关注的是作为人类行为基础的心理机制,其核心是输入和输出之间发生的内部心理过程。但是人们不能直接观察内部心理过程,只能通过观察输入和输出的东西来加以推测。所以,认知心理学家所用的方法就是从可观察到的现象来推测观察不到的心理过程。有人把这种方法称为会聚性证明法,即把不同性质的数据会聚到一起,而得出结论。而现在,认知心理学研究通常要实验、认知神经科学、认知神经心理学和计算机模拟等多方面的证据的共同支持,而这种多方位的研究也越来越受到青睐。认知心理学家们通过研究脑本身,想来揭示认知活动的本质过程,而非仅仅推测其过程。最常用的就是研究脑损伤病人的认知与正常人的区别来证明认知加工过程的存在及具体模式。

认知心理学的兴起与发展具有一定的进步意义。人们往往把行为主义的兴起称为心理学发展史上的第一次革命,而把认知心理学的兴起称为心理学发展史上的第二次革命,因为它使心理学在其研究对象与研究方法这些基本问题上发生了转移。在研究对象上,行为主义一味地强调对外在的、可观察、测量到的行为进行研究,而认知心理学将注意力转移到了对人的内在心理过程的研究与探索。而在研究方法上,认知心理学除了利用行为主义惯用的严格的实验室实验研究外,也强调对人的主观经验报告的研究。同时,有别于行为主义以机械还原论的观点为基础对人的行为用过于简单的刺激—反应模式来进行解释,认知心理学强调人已有知识与知识结构对人的行为的决定作用,另外,与弗洛伊德的精神动力学说的生物还原论与非理性主义相对立,认知心理学强调理性与认识的作用,重视对人的内部心理过程以及各种心理过程之间的相互关系与作用的研究。

但认知心理学也存在其本身所固有的一些局限性。首先,它忽视了人的社会性与复杂性,单纯地把人脑比作计算机,过于简单地用计算机的工作原理来模拟、推论人的认知活动。其次,认知心理学过于强调人已有的知识经验与知识结构对人的认知活动的影响与作用,而没有看到当前的客观现实社会条件与人的当前的社会实践活动对人的认知活动的作用。最后,在研究范围上,认知心理学主要局限于对认识过程的研究,而对其他心理过程研究甚少。

三、当代心理学的理论观点

当代心理学的研究,融合了所有奠基者的思想精华,从某种方面说,这些思想的相互融合所产生的影响甚至比早先的思想流派更为重要。对当代心理学产生强烈影响的几种观点主要包括社会文化的观点、进化心理学、积极心理学运动和超个人心理学等。

(一) 社会文化的观点

自 20 世纪 80 年代以来,社会文化观对心理学的发展产生了重要影响。许多心理学家认识到,心理学的基础课程过于强调人类相同的一些方面,但却忽视了人类种族特征所表现出来的社会文化多样性。社会文化观认为,我们的人格、信仰、态度乃至技能都能从别人那里习得,如果不了解一个人的文化、种族认同、性别认同及其他一些社会文化因素,就不可能完全了解这个人。我们都被自己的文化所塑造,因此在这一文化背景中肯定能得到认同。文化被界定为某一群体所共有的行为方式、信仰及价值观。文化包罗万象,从语言与迷信一直到道德信仰以及食物偏好,所有的这一切都是从与我们生活在一起的人那里学到的。社会文化的观点提醒我们,我们必须以民族群体及民族认同来理解所有人。民族群体是由一群祖先的子孙所组成的群体,通常来自某一特定的国家或地区。民族认同是指个人对自己属于某一特定的种族的归属感,并共享这一群体的信仰、态度、技能、音乐、礼仪等,同一民族的成员往往拥有类似的种族特征。而一个国家的弱势种族成员,往往还都有着一段被强势种族歧视和压迫的历史。社会文化观还包括性别认同,是指个体对自己是男性或者是女性的看法。男孩、女孩与父母、兄弟姐妹、教师以及朋友相互接触后,会知道社会中男性或女性意味着什么。此外,要充分了解一个人的心理还必须考虑到另外的一些文化因素。例如,男女同性恋者认定以同性恋来塑造自己的生活。同样,也只有从一定的背景出发,方可理解持男女平等观的男人或者女人。影响人的生活的种种社会或文化的力量,在社会文化的观点看来都是重要的。

社会文化的观点不仅鼓励我们理解邻居或同事时要考虑到文化和社会因素,同时要求我们不要误用这方面的信息。第一,社会文化的观点倡导文化的相对性。社会文化观倡导不同的文化、不同的民族群体、性别以及性取向仅仅是不同而已,并无孰优孰劣之分,要把大千世界中人与人之间的差别看作新思想的丰富源泉,看作是应对人的生活中的种种要求的方式。第二,社会文化观提醒我们,某一特定的文化、民族或性别中的成员并非完全相同。例如,同一种族中的男人或女人,有的身材较高,有的较矮;有的擅长数学,有的擅长音乐或美术。人的绝大多数特征在各个群体内的差异通常要大于不同群体间的差异。近些年来,社会文化的观点在心理学界已变得日趋重要,部分原因在于全球化,为了与来自其他文化的人建立牢固的个人与商务关系,必须了解文化的差异性。

(二) 进化心理学

达尔文在《物种起源》一书中指出,目前种类繁多的动物和植物,它们都由一些共同的祖先经过多年的自然选择产生的,这一选择的过程就是"适者生存"。进化心理学家相信,理解人的心理特征的关键在于人的进化史。他们认为,人的一些最重要的特征产生于使某些人更适应、更能生存的突变。例如,尽管人类很快学会害怕蛇和昆虫,但他们却不太可能学会害怕其他一些对象(如土豆)。进化心理学家认为,在人类的史前时期,避免接触蛇是非常重要的,能避免毒蛇的人比其他易遭蛇害的人更可能生存下来繁殖后代,因此,可能使人更害怕蛇的这种突变将会被选择并传给他们的后代。进化心理学家认为,经过千百万年后,这种特质会在人类中广为存在,因为它能帮助我们生存。同样,人的许多重要的心理特征是通过自然选择进化而来的。关于心理特征的性别差异,进化心理学家认为,性别差异在人的史前时期就已经出现,因为男性和女性的进化压力不同,心理学家相信这意味着男性和女性之间的心理差异的进化是"硬件性的",即受基因的影响。性别差异进化理论假设,性别差异的出现是因为远古时期的人类必须通过狩猎和采集野生植物维持生活,因而男女祖先面临不同的进化压力,如在狩猎、支配、攻击性、竞争配偶、采摘、哺乳、抚养子女、亲子关系等方面,男性与女性的进化压力是不同的,因而会导致性别的心理差异。当然,这种观点也使进化心理学备受争议,其部分原因在于它似乎在为男性的某些行为(如对妻子的不忠)辩护,也可能被看做性歧视。

(三) 积极心理学运动

在 20 世纪后期,美国心理学会主席塞里格曼(Martin Seligman)呼唤心理学革命。他主张,心理学家不应只关注人的问题方面,如焦虑和抑郁。他们还应关注和研究人类生活的美好方面。以塞里格曼的 2000 年 1 月《积极心理学导论》为标志,越来越多的心理学家开始涉足此领域的研究,矛头直指过去近一个世纪中占主导地位的消极心理学模式,逐渐形成一场积极心理学运动。积极心理学是指利用心理学目前已比较完善和有效的实验方法与测量手段,来研究人类的力量和美德等积极方面的一个心理学思潮。积极心理学要求心理学家用一种更加开放的、欣赏性的眼光去看待人类的潜能、动机和能力等,主张研究人类积极的品质,充分挖掘人固有的、潜在的、具有建设性的力量,促进个人和社会的发展,使人类走向幸福。其研究内容包括积极的情绪和体验、积极的人格特征、积极的社会环境和积极的心理治疗等方面。积极心理学倡导探索人类的美德,如爱、宽恕、感激、智慧和乐观等,因此,许多传统的心理学研究分支,如临床心理、咨询心理、社会心理、人格心理和健康心理学等,都可以在积极心理学的范式中将注意力转向于对人性积极面的研究。2004 年年初出版的《现代心理学史》第八版中,世界著名心理学史家、美国心理学家舒尔兹把积极心理学称为当代心理学的最新进展之一。

(四) 超个人心理学

超个人心理学(transpersonal psychology)是 20 世纪 60 年代末至 70 年代初在美国兴起的一种心理学流派。它是人本心理学充分发展的结果,也可以说它是人本心理学的派生物。

超个人心理学试图将世界精神传统的智慧整合到现代心理学的知识系统中,世界精神传统和现代心理学是两种关于人自身的知识体系,前者是指世界各民族文化的传统宗教和哲学,其中包含着对人及其精神生活的理解和践行方式,但不是以现代科学的方法和系统化的表达方式存在的;后者包含着对人的身体与心理的科学研究,但这种研究在很大程度上割断了与世界精神传统的联系。超个人心理学对世界精神传统和现代心理学持同等尊重态度,试图将两者结合起来,并加以创造性的综合,进而提供一种包含身体、心理和精神的架构来全面地认识我们自己。超个人心理学已经被认为是心理学的第四势力,目前还在发展和完善中,尚未形成一个完整的系统。其理论基于人本主义,并受到几种学说或宗教的极大的影响,包括佛学理论(禅修)、中国传统哲学思想、道家思想、气功、古印度的梵、瑜伽等哲学思想以及冥想、苏菲密教等,其目的是为了人类开发潜能,通晓真理,了解自我,超越自我,回归心灵,乐于助人,得到超越性体验,甚至指明人类心灵的前进之路。

本章小结

- 心理学是研究心理现象及其规律的科学。由于心理学既是揭示和认识人的心理现象及其本质和规律的基础性的理论科学,又是在社会现实生活中有着很强的应用价值的应用科学,所以通常将心理学的研究分为理论心理学与应用心理学两大领域。理论心理学主要包括普通心理学、社会心理学、发展心理学、生理心理学、比较心理学和实验心理学等分支学科;应用心理学包括教育心理学、咨询心理学、临床心理学、工业心理学、人事心理学、管理心理学、消费者心理学、商业心理学、工程心理学、环境心理学、犯罪心理学、法律心理学以及运动心理学等。

- 心理学兼有自然科学和社会科学两种属性。一方面,其自然科学属性,可从其研究对象、历史渊源与研究方法上得到说明;另一方面,人的本质规定着他的心理和意识具有社会性,也决定了以人的心理为研究对象的心理学具有社会性。同时,关于对人的一些主观性很强的问题研究,如幸福感、美感、价值观等,很难将其纳入狭义的科学范畴,而对这类问题的研究,更具超出科学的人文性。

- 心理学的常用研究方法包括观察法、实验法、调查法、个案研究法以及内省法等。常用的研究技术和手段包括实验和研究设计法、对数据的统计处理法和逻辑思维法。在心理学的研究中还应注意一些伦理问题,主要有:在研究中应尽量避免对被试可能的一些伤害、被试应自愿参加研究、有时候研究人员不得不采取一些"欺骗"手段,但事后对被试简要阐明研究的相关情况以及被试的私人秘密必须受到严格的保护和尊重等。

- 心理学的历史发展经历了两个阶段。在早期的孕育阶段,亚里士多德、德谟克利特和柏拉图等对心理学的产生和发展有着重要的贡献,欧洲文艺复兴之后,心理学思想逐渐摆脱唯心主义而转向科学,笛卡儿、洛克等人为心理学在欧洲的诞生起到了奠基作用。在确立阶段,缪勒、赫尔姆霍兹以及费希奈的研究奠定了日后生理心理学的基础。科学心理学的正式诞生,一般公认的是以1879年德国的冯特在莱比锡建立世界上第一个心理实验室为标志,因此被誉为近代心理第一人或心理学之父。

- 100多年来,在林林总总的心理学流派中,精神分析学派、行为主义学派、人本主义学派以及认知学派在心理学的历史上占有特殊的地位,并且构成了心理学研究的主体。弗洛伊德以其潜意识理论、梦的解释、性力论以及人格理论奠定了精神分析学说的理论基础,成为精神分析学派的开创者;行为主义理论建立的标志是1914年美国心理学家华生《行为:比较心理学导论》的出版,华生亦被称为行为主义的创始人,其后的托尔曼和斯金纳等的研究促进了行为主义学说的大发展;人本主义心理学于20世纪五六十年代兴起于美国,主要发起人为心理学家马斯洛和精神病学家罗杰斯,其核心理论是自我实现理论,人本主义重新找回了人文精神,关注人的价值和尊严,对心理学的研究具有重要意义;20世纪50年代兴起于西方,到70年代成为西方心理学的主要思潮的认知心理学派以信息加工的观点来研究人类的认知过程,在批判行为主义的基础上,将注意力转移到了对人的内在心理过程的研究与探索,强调人已有知识与知识结构对人的行为的决定作用,目前认知心理学已成为当代心理学研究的主流。

● 当代心理学的发展趋势,融合了所有奠基者的思想精华,从某种方面说,这些思想的相互融合所产生的影响甚至比早先的思想流派更为重要。对当代心理学产生强烈影响的几种观点包括社会文化的观点、进化心理学、积极心理学运动和超个人心理学等。

本章思考题

1. 简述理论心理学的研究内容及学科分类。
2. 简述应用心理学的研究内容及学科分类。
3. 简述心理学研究的具体方法,并阐述实验法的操作步骤及注意事项。
4. 简述心理学的发展历史及各阶段重要人物的贡献。
5. 简述心理学的四大流派及主要理论观点。

阅读材料:

捷足先登的心理学第一人:冯特①

根据大部分权威的说法,心理学诞生于1879年12月的某一天。这以前的一切,从泰勒斯到费希纳,全都是其祖先的进化史。

心理学的诞生是件默不出声的琐事,未曾有一丝张扬。这天,在莱比锡大学一栋叫做孔维特(寄宿性的招待所)的破旧建筑物三楼的一间小屋子里,一位中年教授和两位年轻人正张罗着一些器具准备实验。他们在一张桌子上装了一台微时测定器(一种铜制的,像一座钟一样的机械装置,上面吊着一个重物,还有两块圆盘),"发声器"(一个金属架子,上面升起一只长臂,有只球会从这里落下来,掉在一个平台上)和报务员的发报键、电池及一台变阻器。然后,他们把这五件东西用线连接起来,这套电路比今天开始电气培训的初学者用的那套不会复杂到哪里去。

---

① 摘编自〔美〕墨顿·亨特著、李斯译:《心理学的故事》,海南出版社2008年版,第62—63页。

这三位是威尔汉姆·冯特教授,一位 47 岁的男人,脸长长的,一身简朴的装束,满脸浓密的胡须;他的两位年轻学生,马克斯·弗里德里奇,德国人,及 G·斯坦利·黑尔,美国人。这套摆设是为弗里德里奇做的,他要用这套东西收集博士论文所需的数据。他的博士论文题目是"知觉的长度",即受试者感知到他已经听到球落在平台上的时候,到他按动发报键之间的时间。没有记载写明那天是谁负责让球落下,谁坐在发报键跟前的,可是,随着那只球"砰"的一声落在平台上,随着发报键"喀"的一响,随着微时测定器记录下所耗费的时间,现代心理学的时代就到来了。

当然,人们可以持反对意见,说它早在 19 世纪 30 年代就已经开始了。可是,1879 年是大多数权威认可的一年,而且有充足的理由。因为在这一年,第一次实验是在孔维特的房间里进行的,而冯特从那以后管这间屋子叫他的"私人研究所"(在德国大学,正规组织起来的实验室叫作研究所)。几年之后,这个地方成了想当心理学家的人必去的"麦加圣地",而且得到了大规模的扩建,最后还被命名为这所大学正式的心理学研究院。

很大程度上是因为这间研究所,冯特才被认为不仅仅是现代心理学的奠基人之一,而且是最主要的创始人。正是在这里,他进行了自己的心理学研究,并以他的实验室方法和理论培训了许多研究生。他还从这里送出了新心理学的干部——他亲自指导了近 200 名博士的论文答辩——把他们送往欧洲和美国的大学机构。另外,他写作了一系列的学术论文和卷帙浩繁的著作,使心理学作为一个有其自己的身份的科学领域确立下来。他本人是第一位可以合适地称为心理学家,而不只是对心理学有兴趣的生理学家、物理学家或者哲学家的科学家。

也许最为重要的是,冯特把有意识的精神过程带回到心理学中来了。这些有意识的精神过程一直是心理学的核心问题,从希腊哲学家的时代起就是如此,到英国联想主义者的时代依然如此,因为这些联想主义者跟他们的前辈一样,是通过传统的内省方法探索这些问题的。可是,德国机械论者在寻找办法使心理学变成一门科学的办法时,已经排斥了内省的办法,其理由是因为这是主观的,而且只处理不可观察到的现象。他们认为,解决心理学问题的科学方法,只能是处理神经反应的生理方面,而且,按照其中一位的说法,它只能是"没有灵魂的心理学"。

千真万确,早在冯特实验室进行的第一次实验之前,费希纳和东德斯都曾利用实验方法来测量某些精神反应。可是,正是冯特完整地开发出了这些方法,并使它们为后世两代心理学家所利用,精神过程可能用实验方法进行研究这个观点最著名的倡导者也是他。

参考文献

1. 〔美〕本杰明·B·莱希著,吴庆麟等译:《心理学导论》,上海人民出版社 2010 年版。
2. 〔美〕戴维·迈尔斯著,黄希庭等译:《迈尔斯心理学》,人民邮电出版社 2011 年版。
3. 〔美〕劳伦斯·纽曼著,郝大海译:《社会研究方法》,中国人民大学出版社 2006 年版。
4. 〔美〕舒尔茨著,叶浩生译:《现代心理学史》,江苏教育出版社 2005 年版。
5. 〔美〕肖内西·泽克迈西斯特著,张明等译:《心理学研究方法》,人民邮电出版社 2010 年版。
6. 〔德〕雨果·闵斯特伯格著,邵志芳译:《基础与应用心理学》,北京大学出版社 2010 年版。
7. 〔美〕詹姆斯·古德温著,郭本禹等译:《现代心理学史》,中国人民大学出版社 2008 年 6 月版。
8. 张春兴著:《现代心理学》,上海人民出版社 2005 年版。
9. 朱宝荣主编:《应用心理学》,清华大学出版社 2009 年版。

第二章 普通心理学

本章导读

> 普通心理学是以正常的成年人为研究对象来研究人的心理过程和行为规律的一门学科。第一节脑与意识介绍了心理学的生理基础和最核心的外在表现;第二节介绍了认知过程,它包括了人的感觉、知觉、学习记忆、思维与语言等正常成年人都具备的心理活动;第三节介绍了动机与情绪这两个心理与行为活动特征;第四节则从人格的角度侧重论述了人们之间心理过程与活动的差异性。通过本章的学习,我们能对正常成年人的心理活动过程有一个详细的了解,同时这也会有助于我们了解更为复杂的心理活动。

第一节 脑与意识

一、生理基础

我们能够看到周围的景物,听到课堂上学生的琅琅书声,感觉到春天温暖的微风、冬日和煦的阳光;我们能够思念远方的亲人,想象成功的未来,思考难解的谜题,结交真诚的朋友;当自己的学生如愿升学时,我们感到由衷的喜悦,当自己的孩子忍受病痛时,我们感到无比的焦灼,当陌生人遭遇不幸时,我们感到深切的同情。这一切的心理活动,都来源于我们神经系统,尤其是脑的功能。

心理活动的生理基础是神经系统。神经系统包括了三大部分:中枢神经系统、外周神经系统,以及神经—内分泌系统。其中,与心理活动最密切相关的是中枢神经系统,从最基本的视觉、听觉等感觉活动,到最为复杂的情感冲突,都离不开中枢神经系统的参与,从某种意义上,可以把中枢神经系统比作电脑的主机箱,它负责信息的采集、处理、存储、加工。当然,外周神经系统也同样不可或缺,我们的全身都密布神经细胞,其中尤以五官最为集中,形成了专门的感觉器官,我们几乎所有的感觉,其信息输入都是来自各种感觉器官中的神经细胞。外周神经系统不仅仅负责感知外部的信息,还负责将大脑的指令传递到身体的各个部分,从而驱动身体做出各种活动。第三个部分是神经—内分泌系统,它的活动是弥散性的,由脑部特定区域和身体多处器官中的内分泌腺组成,通过调节各种激素的分泌,对我们的行为进行非常精妙地调控。比如,青春期的男生往往比较冲动,热衷于各种既有风险又具挑战性的活动,甚至有一定的攻击性,这与他们在这一时期的激素活动有关;初为人母的女性往往浑身散发出一种慈祥的光芒,这也和激素水平的变化有关;而即将步入老年的人,往往会有相当长的一段时间情绪不稳定,容易冲动、固执,甚至与身边的人发生冲突,通常称为更年期,这也与激素水平的变化有关。

(一) 神经元

神经系统的基本构造单元是神经元,这是一种专门的细胞,能够在整个神经系统中传递信息。人脑中密布着神经元。据估算,其数量达到1 000亿的数量级(大约相当于银河系天体的数目),其中的每一个都从上千个神经元那里接收信息,并将信息传递到上千个神经元那里。这比地球上和宇宙中任何已知的系统都更为复杂。每一立方英寸的大脑皮质含有大约一万英里长的神经纤维,它将神经细胞连接起来。在任一时刻都有大量的皮层神经元处于活动状态,通常认为知觉、思维、意识和记忆等认知功能,都是由于遍布这一复杂神经网络的神经元同时激发而产生的。

神经系统可能存在有上千种不同类型的神经元,每一种都执行特定的功能。如图2-1所示,神经元在形态上的主要构成部分包括:

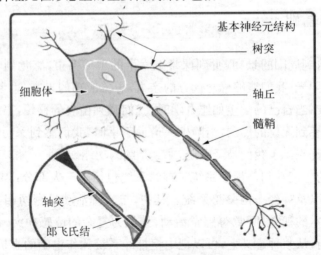

图2-1 神经元的基本结构

树突,它从其他神经元那里收集神经冲动。树突的分叉极多,就像树的枝丫。

胞体,在此处通过渗透性的细胞膜摄入营养物质并排出代谢废物。

轴突,是一根长长的管状的传递通道,来自胞体的信号由此传输,再通过称为突触的联结机构传递到其他的细胞。脑部的轴突有的极为细微,有的则长达 1 米甚至更长。长的轴突外包裹着一层脂肪物质,称为髓鞘,起到绝缘的作用。

突触前神经末梢,又称为球头,位于轴突末尾纤细分支的末端。它们位于与其他神经元的连接点,又称为突触的地方,紧邻其他神经元上具有接收功能的表面,并能够向其他神经元传递信息。

在突触之处,轴突末梢在一侧释放一种化学物质,它作用于另一个神经元树突的外膜上。这种化学性的神经递质会改变接收方树突的电位。所谓有一类神经递质具有抑制效能,能够使得下游的神经元激发的几率降低,还有一类具有易化效能,使得下游的神经元被激发的几率提高。目前,已知具有神经递质功能的化学物质以及疑似具有此类功能的物质,总共多达 60 余种。

在人出生之时,并不是所有的突触联结都已发育完全,也不是所有的神经元都已髓鞘化;然而,绝大多数神经元都已经存在了。在成年期,所有的突触都已发育完全,所有适宜的细胞都已髓鞘化。在成年人身上,突触的数目基本上不再增加了。在成年人身上平均每个胞体和树突能够接收大约一千个来自其他神经元的突触,而平均每条轴突能够向其他神经元发送大约一千个突触。

神经冲动在轴突中传导的速度和轴突的大小有关。在最细小的轴突上,神经信号以大约每秒 0.5 米的速度缓缓前行,而在最粗大的轴突上,传导速度达每秒 120 米。与计算机内部的信号传递速度相比,神经信号的传递速度慢多了。脑内总是充斥着电化学活动,而一个被激活兴奋的神经元发放神经冲动的频率能够高达每秒一千次。神经元发放的次数越多,它对突触下游细胞的影响就越大。

(二) 脑的基本结构

图 2-2 所示的是脑的一侧半球的解剖结构。脑可以被分为两个相似的构造,即左右大脑半球。脑半球的表面包覆着大脑皮层,这是一层薄薄的灰色黏稠物质,密布着神经元胞体和短而没有髓鞘的轴突。脑皮层厚约 1.5 至 5 毫米厚。因为它深深地卷曲盘绕着,其表面积比看上去大得多。褶皱之间突起的脊称为脑回,凹槽被称为脑沟。深而明显的脑沟被称为脑裂。如果将大脑皮层平铺开来,其面积将扩大三倍,达到大约 2 200 平方厘米。大脑皮层卷曲盘绕,状如核桃,增加了脑的表面积而又无需增加颅骨的大小,这是一种巧妙的生物学解决方法。正是在大脑皮层之内,人类的思维、感觉、语言加工和其他认知功能才得以发生。

脑以对侧加工的方式处理信息。也就是说,来自脊髓的关于身体左侧的感觉信息(例如触觉信息)会交叉换位,在右半球接受初步处理。同样,每一个大脑半球的运动区控制着对侧身体的运动。

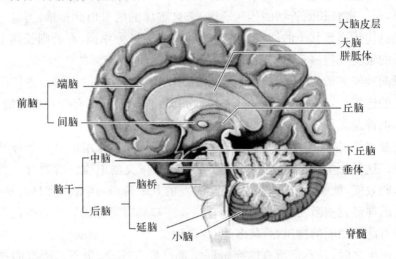

图 2-2　脑的一侧半球解剖结构

每一个大脑半球的表面被划分成四个主要的分区,其中一些是通过大的沟回来加以划分的。这四个分区分别是额叶、顶叶、颞叶和枕叶。

(三) 大脑皮层

大脑皮层是进化过程中最为晚近出现的脑结构。一方面,一些生物,如鱼类,根本没有大脑皮层;另有一些生物,例如爬行类和鸟类,大脑皮层的复杂程度较低。另一方面,哺乳动物,例如犬类、牛马、猫类,尤其是灵长类,有着发育完善、结构复杂的大脑皮层。在人类身上,大脑皮层可以从事知觉、言语、复杂动作、思维、语言加工和生成,以及其他的加工过程,这使得我们具备了认知能力。

就区域来看,大脑皮层主要分为感觉—运动脑区与联络区域。(1)感觉—运动脑区。脑的各个感觉—运动区域是脑部最早被标注出来的区域之一,诸如舌头这样感觉功能富集的感觉区域,所占用的感觉皮层就比较大。运动皮层的分配也遵循一样的规律,完成复杂运动的肢体部位,对应的皮层区域也较大。(2)联络区域。感觉—运动脑区之外的其余部分属于所谓的联络区域。大脑中这些蜿蜒迂回的区域涉及认知、记忆、语言加工等功能。

(四) 大脑的双侧分工

如果你端详一个人脑模型,你将清楚地看到人脑分为两半,即为大脑皮层的左右两半球,每一半约有拳头大小。尽管它们看似一模一样,大脑皮层的这两个半球在功能上差别很大。人类身上的这种差异并不是独有的,在绝大多数哺乳动物和许多脊椎动物身上也观察到了这种差异。

关于脑的最早记载是在公元前17世纪的古埃及象形文字中发现的。即现存于纽约医药研究院珍本书库的《艾德温·史密斯外科莎草典籍》,作者描述了两名遭受脑外伤的患者的症状、诊断和预后结果。早期的埃及人已经知道,脑的一侧损伤会导致对侧肢体运动失控。直到19世纪,随着脑外科手术的成熟,医生们注意到,左半球的脑肿瘤和脑切除,与右半球相应病变所产生的效果并不相同。左半球的损伤导致了言语功能缺损,而右半球受损的病人则难以自行穿衣打扮。

左半球与语言、概念加工、分析和归类等特定功能有关。与右半球相关联的则是艺术与音乐等跨时间的信息整合、空间处理、面孔与形状的再认,以及了解我们周遭的城市道路和穿衣打扮等日常任务。然而,这种区分也没有那么绝对化,后续的研究工作表明,与先前的看法相比,右半球能够进行更多的言语加工,尤其是对书面语言而言。此外,十二三岁以前的患者,如果一侧大脑受损,那么对侧大脑相应脑区往往会发展出补偿性的功能。总体而言,这些观察结果意味着在发育过程当中的人脑具有相当的可塑性,并且脑功能并不像人们当初认为的那样截然分开,而是由不同区域及两个半球共同承担的。

二、意识与注意

意识是指对感觉、思维以及在某一时刻的体验的觉知,是对我们周围的环境以及我们机体内部环境的主观感受,在觉醒的意识状态下,我们是清醒的,并且可以觉察到自己的思维、情绪以及知觉。所有其他意识状态都被认为是由意识状态转变而来的。在这些意识状态下,睡眠和做梦会自然地发生。相反,药物使用以及催眠则是有意改变意识状态的方法。

(一) 睡眠与梦

玛莎总是会犯困,当她三岁的儿子要小睡一下的时候,她也趁机开始休息。然而即使享受了这些珍贵的额外睡眠时间,到了下午她还是非常疲乏,几乎无法睁开眼睛。去年秋天的一个下午,当儿子在休息室里玩耍时,玛莎的眼睛变得越来越沉。醒过来的时候,她感觉到儿子的手在摸着她的脸,喊道:"妈妈,妈妈,快醒来!"这是一个转折点,她决定寻求治疗。她打通了医生的电话,并被推荐到纽约大学睡眠障碍研究中心。她在那间睡眠实验室里待了一个晚上,研究人员用电极检测她的脑电、呼吸和活动。玛莎最终了解了是什么导致她无法抗拒的疲惫感:在她以为睡着了的8个小时里,实际上醒来了245次。玛莎说:"我被这个数字吓到了,但这解释了问题的原因。"

玛莎所患的是被称作睡眠呼吸暂停综合征的睡眠障碍,其症状是在睡眠过程中出现呼吸急促,迫使患者短暂中断睡眠——有时候一个晚上会醒来几百次之多。幸运的是,玛莎能够借助一个电子仪器帮助她在睡眠时保持呼吸道畅通,使她得以休息。

 小贴士

睡 眠 测 试

尽管睡眠是我们生活中占用了相当一部分时间的活动,对于它仍然存在一些谬论与误解。为了测验你对于睡眠和梦的理解,请判断下列说法是正确还是错误。

1. 有一些人从来不做梦。
2. 大多数的梦境是由身体感觉引起的,例如胃部的不适。
3. 已证明,人们需要每天8小时的睡眠才能保持心理健康。
4. 当人们无法回忆起梦境时,可能是因为他们悄悄地刻意把它们忘记了。
5. 剥夺一个人的睡眠必然导致心理失衡。
6. 如果我们错过了一些睡眠时间,在第二天或之后某一天不需要相应的补偿。
7. 没有人可以超过48个小时不睡觉。
8. 所有人都可以在睡眠过程中自如地呼吸。
9. 睡眠可以使大脑得以休息,因为在此过程中会有一些小的脑电活动。
10. 药物对于失眠会有长期的疗效。

计分:以上的问题很容易计分,每一项表述都是错误的。但是不要因为答错了这些题就失眠——选择以上这些问题正是用来呈现对于睡眠的最普遍的误解。

1. 睡眠的过程

大多数人认为,睡眠就是一段安宁的时光,将白天的紧张抛在一边并在睡梦中度过平静的夜晚。然而,对于睡眠的进一步探索发现,在整个夜晚过程中,会出现数量可观的各种活动。而且,睡眠看起来是非常稳定不变的状态,实际上却有着很多变化。对脑电活动的检测发现,大脑在整个夜晚中都处于活跃的状态,且肌肉和眼睛也有明显的活动。

人们在夜间的休息过程中会经历一系列相对独立的睡眠阶段:从第一阶段到第四阶段再到快速眼动阶段,完成整个周期需要大约90分钟。每一个睡眠阶段的脑电波活动特征各不相同,如图2-3所示。

当人们准备好要睡觉时,他们会由放松的清醒状态进入睡眠第一阶段,这一阶段的特

点是脑电波频率较高,振幅较低。这实际上是一个过渡阶段,只持续几分钟。在这一阶段,脑中有时会出现一些图像,就好像在看静止的图片,但这并不是真正意义上的梦。

(1) 清醒—睁眼

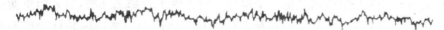

(2) 休息：脑电波比清醒时慢,但比睡眠状态时快

(3) 阶段一：轻度睡眠,大约持续10分钟

(4) 阶段二：特征为出现"睡眠锭"(睡眠锭：短暂爆发、频率高、波幅大),大约持续20分钟,个体很难唤醒

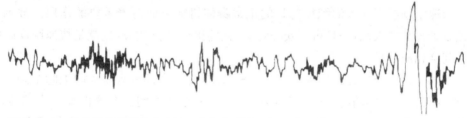

(5) 阶段三：肌肉逐渐变得更为放松,脑电波更慢,大约40分钟,出现delta波

(6) 阶段四：深度睡眠,以delta波为主,梦呓、梦游、尿床多发生在此阶段

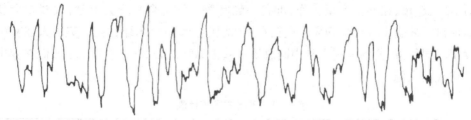

(7) 快速眼动睡眠：delta波消失,高频率、低波幅脑电出现,眼球移动,有梦境出现

图 2-3　不同的睡眠阶段的脑电波模式

人们在睡到更沉一些时,就进入了睡眠第二阶段,它的特点是脑电波更加缓慢,更加规则。在睡眠第二阶段,人们更难被叫醒。在进入睡眠第三阶段后,脑电波会变得更慢,并且振幅更大。而到了睡眠第四阶段,脑电波会进一步变慢、变规律,这也是人们对外界刺激敏感性最低的一个阶段。每天晚上有那么几次,当人们重新循环至睡眠的较低阶段时,会发生一些神奇的变化。他们的心率增加并且变得不规律,血压上升,呼吸频率加快,男性会出现勃起现象。而这一阶段最为显著的特点是眼球来回转动,就好像是在看一部动作电影。这一睡眠阶段被称为快速眼动睡眠。相对应的,从阶段一到阶段四则被统称为无快速眼动睡眠。快速眼动睡眠大约占成年人总睡眠时间的20%左右。

在快速眼动睡眠阶段,身体的主要肌肉却并未活动。另外,最为关键的是,快速眼动睡眠期通常伴随着梦境,而且无论人们是否记得,每个人都会在夜晚中的某些时间做梦。尽管在无快速眼动睡眠阶段也会出现梦,但做梦主要发生在快速眼动阶段,并且也最为逼真和容易回忆。

快速眼动睡眠在人们维持每日的正常身体机能方面有着重要的作用。被剥夺快速眼动睡眠的人们,一旦可以安心睡觉,就会出现补偿效应,也就是快速眼动睡眠的时间会相应延长。

睡眠是人们维持正常生理机能的一种需求,现在大部分人每天晚上睡7到8个小时,这要比一百年前的人们少3个小时。另外,个体之间的差异也很显著,例如有些人仅仅需要每天3小时的睡眠。睡眠需要也会随着一生的发展而变化,随着年龄增长,人们一般会睡得越来越少。睡眠不足会让我们紧张易怒,反应变慢,并影响在脑力和体力活动中的表现。另外,当我们非常疲惫时,完成一些类似开车这样的程序化的活动,不论对我们自己还是对其他人都是相当危险的。

2. 梦的功能和意义

大部分人到70岁时会做150 000次梦。这些梦的内容主要是关于每天发生的事,例如去超市、在办公室里工作、准备一顿晚餐。学生会梦到去上学;教授则会梦到做演讲。牙病患者会梦到牙齿被钻孔;牙医则会梦到给坏牙钻孔。英国人在梦中与女王一同用茶;美国人则在梦中同总统一起去酒吧。表2-1中显示了人们在梦中最常出现的主题。

表2-1 梦的主题统计表

主 题	男 性	女 性
攻击、侵犯	47%	44%
友 谊	38%	42%

续表

主　　题	男　性	女　性
性	12%	4%
不幸事件	36%	33%
成　　功	15%	8%
失　　败	15%	10%

尽管梦境往往是主观的且因人而异，但每个人的梦境中却常常体现出一些共性的主题。为什么梦境中往往是不愉快的居多，愉快的却很少？这是不是也向我们暗示着梦的功能？梦究竟有没有意义呢？

（1）潜意识愿望实现论

西格蒙德·弗洛伊德的理论认为，梦境体现了人们潜意识中想要实现的愿望。然而，由于这些愿望对人们的意识存在着威胁，因此真实的愿望便被伪装了。因此，梦境具有显义和隐义。所谓隐义，就是人们的真实愿望，而显义，则是伪装以后的梦境。

弗洛伊德认为，应当透过梦的显义表象，揭示背后的隐义。为了做到这一点，弗洛伊德尝试着让人们去讨论他们的梦，将梦里出现的象征符号与过去发生过的事联系起来。他还认为，梦里出现的一些常见的象征有着普遍的意义。表2-2列举了一些普遍的象征符号。

表2-2　梦的象征意义（弗洛伊德的观点）

符号（梦的表象内容）	意义（梦的隐藏内容）
爬楼梯，过桥，乘电梯，乘坐飞机，走在一个长走道中，进入一个房间，乘火车钻过一个隧道	性行为
苹果、桃、葡萄	乳　房
子弹、火、蛇、雨伞、枪、水龙、匕首	男性性器官
烤箱、盒子、隧道、壁橱、山洞、瓶子、船	女性性器官

许多心理学家反对弗洛伊德的观点，他们并不认为梦通常代表着潜意识的愿望，也不认为梦里特定的对象和事件是一种象征。相反，他们相信梦里直接的外显的活动就是其意义的重心。例如，梦到我们走在一个长长的过道中去参加一场没有准备的考试，这个梦也许并不意味着什么样的潜意识愿望，相反它也许仅仅说明我们在为一场迫在眉睫的考试感到担心。即使是更加复杂的梦境，通常也可以根据我们每天的担心和压力来解释。

（2）梦的求生理论

梦的求生理论认为，那些对于我们每日的生存技能至关重要的信息，在梦境中重现和再加工。做梦被认为是从我们的动物祖先那里继承下来的行为，因为动物较小的脑容量无法筛选在清醒时获得的信息。因此，做梦提供了一种机制，来处理一天所获取的信息。根据这一理论，梦境与每天的活动相一致，它不是被伪装的愿望，而是我们每天实际经历的主要思维内容的体现。有研究支持梦的求生理论，认为特定的梦境使得人们可以将记忆汇集和巩固，尤其是那些包含"如何做"的信息的梦则与运动技能相关。例如，研究者根据老鼠在睡觉时的脑电活动模式，推测它们会梦到在白天学习的迷宫。

（3）睡眠障碍

我们大多数人都曾体验过很难入睡的情况，即失眠。它可以是由一些特殊事件如失恋、考试、失业所引起。然而，有些失眠的案例并没有明显的原因。有些人就是无法入睡，或者很容易入睡却时常醒来。在所有人中，有 1/3 的人会受到失眠的困扰。

其他一些睡眠障碍并没有失眠那么普遍，但也不少见。例如，我国有上千万人受到睡眠呼吸暂停综合征的折磨，也就是本节开始的那个故事中玛莎所患的疾病。睡眠呼吸暂停综合征是指人在睡眠过程中出现的呼吸困难的病症。其表现是睡眠不稳定，因为人们会由于氧气缺乏到一定程度而引起觉醒，这种过程可能在一夜的睡眠过程中多次出现，有些人每天晚上会因为呼吸暂定而醒来 500 次之多，即使他们自己并没有意识到。不言而喻，这样的睡眠障碍会导致人们第二天非常疲乏，严重影响生活质量。

夜惊是指从无快速眼动睡眠中突然惊醒的现象，通常伴随有极度恐惧、惊吓，以及强烈的生理唤起。夜惊通常发生在睡眠第四阶段，可能会恐惧到让睡眠者醒来时伴随着尖叫。尽管夜惊会使人异常焦虑，但通常可以非常快就重新入睡。这种现象主要出现在 3 到 8 岁的儿童身上。

嗜睡发作是指当一个人清醒时无法控制地入睡，往往只持续很短的一段时间。嗜睡发作的人，不论在从事什么活动，如开车、做运动、与人热烈交谈等都会立即入睡。患有这种疾病的人会从觉醒状态直接转换为快速眼动睡眠。这一疾病的起因还不明确，不过应该与遗传有关，因为会世代相传。

我们对于梦呓和梦游这两种通常无害的睡眠障碍了解得相对较少。它们都发生在睡眠第四阶段，并且儿童比成人更为常见。梦呓者和梦游者通常对他们周围的环境有一个模糊的意识，而且梦游者还可以在一个凌乱的房间里灵活地穿过障碍物。梦游通常没有太大的危险性，除非梦游者走到了一个危险的地方。

 小贴士

获得更高质量的睡眠

你是否有睡眠问题？心理学家为我们这样在床上辗转反侧数小时的人提出了一些克服失眠的建议。

在白天的时间做些运动（睡觉前至少6小时），并且不要在白天打盹。毫无疑问，这会让你在睡前感到疲惫！另外，学习系统放松的技巧以及生理反馈的方法可以帮助你从白天的压力和紧张中放松下来。

① 选择一个固定的就寝时间，并且坚持下去。遵守一个习惯性的时间表，会帮助你内在的生物钟更有效地调节你的身体。

② 在午餐之后就不再喝含有咖啡因的饮料。像咖啡、茶和一些软饮料这样的饮品对身体的影响可以持续达8到12小时之久。

③ 在睡前喝一杯热牛奶。祖父母提供的这条建议是很有道理的：牛奶中含有色氨酸，可以帮助人们更好地入睡。

④ 不要服用安眠药品。长远来讲，安眠药造成的伤害要大于它的益处，因为它们会打乱正常的睡眠规律。

⑤ 试着不要睡着。之所以提出这个建议，是因为人们常常由于太过努力去尝试睡着而造成入睡困难。更好的策略是当你感到疲倦的时候再去睡觉。如果你无法在10分钟之内睡着，那就离开卧室去做些别的事情，直到疲倦时再回到床上。如果需要，每晚都可以这样做。但是需要在你通常的起床时间按时起来，并且白天不要打盹。经过三四周，大多数人都可以将他们的床与睡眠联系起来——晚上也就可以很快入睡了。

（二）催眠与冥想

1. 催眠

你感到放松，想要睡去了……

你感到更加想睡……

你的身体变得松软……

你的眼皮变得很沉重……

你闭着眼，无法睁开……

你完全放松了……

现在，将你的双手放在头上……

你发现它变得越来越沉重，重得垂下来了……

尽管你用尽全力，还是举不起来……

观察以上这样的情景，你会发现一个奇怪的现象：听到这些话的人们当中有很多都将手垂到了身体两侧。什么原因造成这一奇怪的行为？因为这些人都被催眠了。

被催眠的人处在一种类似昏睡的状态，他们非常容易受别人的指示。他们的某些表现像是在睡觉，但是另一些方面的表现却与睡眠状态截然不同：他们会注意到催眠师的暗示，并且可能会做出奇怪的行为（见图2-4）。

图2-4 催眠状态下的表现

尽管在催眠中人们会服从暗示，但他们并没有完全迷失自我，他们不会做出反社会的行为或者损害自己的事。他们不会泄露自己的隐私，并且也可能会说谎。另外，人们也不会在不情愿的情况下被催眠。

人们对催眠的感受性有很大的个体差异。有大约5%到20%的人根本无法被催眠，另有15%的人则非常容易，大部分人介于两者之间。易于被催眠的人同样也容易在读书或者听音乐时被吸引住，容易忽略周围正在发生的事物，他们还会花相当多的时间做白日梦。总之，他们很容易集中注意，很容易被正在做的事所吸引。

2. 冥想

当禅宗这一古老的东方宗教的练习者想要达到更高的精神洞察能力时，他们会借助一种使用了几个世纪的技术来改变他们的意识状态，这个技术被称为冥想。

冥想是一种习得的技术，用以集中注意力来将自己带入一种不同的意识状态。冥想时通常反复默念一段咒语，它可以是一种声音、一个词或者一个音节，一遍又一遍地念。在另外一些形式的冥想中，注意的焦点是一幅画、一团火焰或者身体的某个部位。先不考虑其内部特定的刺激模式，冥想过程的关键是完全集中注意，使得冥想者对任何的外界刺激都没有知觉，达到另一种意识状态。

人们在冥想过后，会感觉到完全放松。他们有时会对自己本身或者自己正在面对的事物获得新的洞察。由于冥想带来的身体变化，长期练习能提高健康水平。例如，在冥想过程中，氧气消耗减少，心率和血压降低，脑电波也会发生变化。

任何人都可以经过几个简单的步骤进入冥想状态。最基本的是，闭上眼睛，坐在一个安静的房间里，有节奏地深呼吸，不断重复一个词或者一个声音，例如说"一"这个字。每天练习两次，每次20分钟，这种技术可以有效地让人放松。

第二节 认知过程

一、感觉与知觉

理查德博士是一位受过良好教育的心理学家。不幸的是，他的大脑受到了损伤，使他的视觉功能受损，幸运的是他的语言功能基本上完好，能够表达他的视觉经验。当他看到一个人时，他会把这个人的某些部分看成是分离的，而不是属于一个单一的整体。当被看成碎片的那个人走动时，所有的部分都往同一个方向运动，这时他就能把那些碎片知觉成一个人。不过，他也常常会产生一些荒谬的视觉体验：他常常把空间上相互分离但具有相同颜色的东西看成一个整体，比如同时呈现在视野中的香蕉、柠檬、金丝雀；在人群中穿着相同颜色衣服的几个人看起来也会融合在一起。

从理查德博士的遭遇出发，我们很容易理解两个看似完全结合在一起的过程：感觉和知觉。感觉是人脑对直接作用于感觉器官的客观事物的个别属性的反映。知觉是人脑对直接作用于感觉器官的客观事物的各个部分和属性的整体的反映。值得一提的是，直觉是在感觉的基础上产生的，它是对感觉信息整合后的反映。

（一）感觉与知觉的分类

人的感觉器官的生理结构和功能存在差异，不同的感觉通道分别接受并处理不同的刺激，它们之间存在相对固定的对应关系，这种现象称为感觉通道的专门化。这样，不论是根据感觉通道的不同,还是根据刺激的不同,都可以把人的感觉进行分类。根据刺激的来源,可以把人的感觉分为外部感觉和内部感觉两大类。外部感觉由来自感知觉主体以外的刺激所引发的感觉。根据中介物的不同,外部感觉可以分为视觉(光波)、听觉(声波)、肤觉(机械接触)、嗅觉和味觉(化学微粒)。其中肤觉比较复杂,又可以细分为触压觉、温觉、冷觉和痛觉。内部感觉是由来自感知觉主体自身的躯体状态所引发的感觉。根据功能的不同,内部感觉可以分为运动觉、平衡觉和机体觉。

对知觉的分类可以从两个角度来进行:感觉通道的角度和功能的角度。

(1)根据感觉通道来分类。由于知觉和感觉有着密不可分的关系,因此可以用特定的知觉活动所凭借的感觉信息的主要来源来进行分类,如视知觉、听知觉、触知觉、嗅知觉等。

(2)根据功能来分类。由于知觉活动经常整合了来自不同感觉通道的信息,从而形成对知觉对象的整体的反应,因此有时单单根据感觉通道来进行分类不甚清楚。这样,可以根据知觉活动所反映的知觉对象的特征(即知觉的功能)进行分类,如空间知觉、时间知觉和运动知觉等,其中空间知觉又可以细分为深度知觉和方位知觉。

(二)感觉的度量

1. 感受性

感受性指的是人们对刺激物的感觉能力。对刺激的感觉能力有两个指标非常重要:一是对刺激的绝对数值的感觉能力;二是对不同刺激之间的差别的感觉能力。相应的,感受性可以分为两个方面:绝对感受性和差别感受性。感受性是感觉系统机能的活动水平的基本指标。为了衡量人们对各种外界刺激的感受性的大小,心理学中引入了感觉阈限的概念。感觉阈限可以分为绝对阈限和差别阈限两种。绝对阈限刚好引起感觉的物理刺激的强度称为绝对下限;使感觉系统无法产生正常的感觉,而开始引起痛觉的物理刺激的强度,称为绝对上限。有时候在不进行严格区分的情况下,人们往往把绝对阈限等同于绝对下限。某些主要的感觉通道的感觉绝对下限如表2-3所示。

表2-3 人的主要感觉通道的绝对感觉阈限

感 觉	感 觉 阈 限 值
视 觉	清晰无雾的夜晚近50米处看到的一支烛光
听 觉	安静条件下6米处表的滴答声
味 觉	一茶匙糖溶于8升水中
嗅 觉	一滴香水扩散到三居室的整个空间
触 觉	一只蜜蜂的翅膀从1厘米高处落到面颊上

如果刺激强度低于绝对下限,不会引起感觉,这样的刺激称为阈下刺激。如果高于绝对上限,则会损伤感觉系统。

差别阈限指的是刚刚能够引起差别感觉刺激的最小差异量。往往物理量增加的幅度超过一定的量,人才会感觉到两个物理刺激之间的差异;物理量的增幅小于所需的量时,感觉不到两个刺激之间的差异。

2. 心理物理定律

(1) 韦伯定律。不同感觉通道的差别感觉阈限各不相同,不同个体的差别阈限也存在差异。但是,对差别阈限影响最大的因素是刺激的绝对强度。在刺激不是特别强或特别弱的情况下,刺激强度和差别阈限之间存在着固定的关系:刺激强度越大,差别感觉阈限也越大,它们之间的比值接近于特定的常数。用公式表示如下:

$$\Delta I / I = K$$

这个规律最早由韦伯在19世纪提出,一般称为韦伯定律。其中 ΔI 表示特定刺激下的差别阈限,即最小可觉差;I 表示原刺激强度;K 为一个常数,又称为韦伯常数。对于不同的感觉通道,这个常数的值各不相同(见表2-4)。

表2-4 不同感觉通道的韦伯常数

感 觉 名 称	韦 伯 常 数
视觉(对亮度差异的辨别)	1/60
动觉(对重量差异的辨别)	1/50
痛觉(对皮肤灼痛刺激强度的辨别)	1/30
听觉(对声音高低差异的辨别)	1/10
触觉(对皮肤表面压力大小差异的辨别)	1/7
嗅觉(对天然橡胶气味差异的辨别)	1/4
味觉(对盐量咸度差异的辨别)	1/3

(2) 费希纳定律。在韦伯定律的基础上,每一个物理刺激的强度所对应的心理量的强度就可以通过数学方法进行计算。通过积分,可以得到如下关系式:

$$S = K \cdot \lg I + C$$

这是一个对数关系式,其中 S 表示心理量,I 表示物理量,K 和 C 为常数,K 和韦伯常数有关,C 和绝对感觉阈限有关。该公式最早由费希纳在19世纪中期提出,一般称为费希纳定律,有时又称为对数定律。

费希纳定律表明,随着刺激强度的增加,人的感觉活动(心理量)也随之增加,但增加的趋势渐渐变慢,如图2-5所示。经验研究表明,很多感觉活动确实遵循这个规律,当然,同韦伯定律一样,仅限于刺激强度中等的情况下,而且它们都是立足于对差别阈限的经验研究。

(3) 史蒂文斯定律。另一位著名的心理学家史蒂文斯提出,感觉量与物理量之间的关系不是遵循对数关系,而是

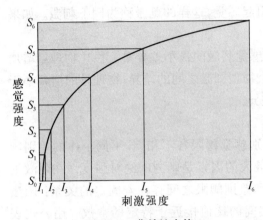

图2-5 费希纳定律

符合幂函数关系,如下式所示：

$$\Phi = K \cdot I^b$$

其中 Φ 表示心理量,I 表示物理量,系数 K 和幂指数 b 为常数,对于不同的感觉通道,K 和 b 的值不同。该定律一般称为史蒂文斯定律,有时又称为幂定律。

几种不同感觉通道的心理物理关系曲线,如图2-6所示。

从图2-6中可见,对某些感觉活动,幂指数小于1,这时的函数关系和费希纳定律相近,意味着随着外部刺激的增大,心理感觉增加的幅度逐渐减小；对另一些感觉活动,幂指数大于1,这时的函数关系和费希纳定律就不同了,表明随着外部刺激的增大,心理感觉增加的幅度迅速提高。大多数容易对人造成伤害刺激往往大体上遵循指数大于1的幂函数关系。

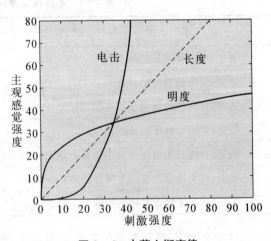

图2-6 史蒂文斯定律

(三) 视觉

视觉的适宜刺激是可见光。现代物理学认为,可见光是电磁波中的一段。全部的电磁波谱包括无线电波、红外线、可见光、紫外线、高能射线(γ射线、X射线等),如图2-7所示。在电磁波谱上,可见光的波长介于380～760毫微米之间。

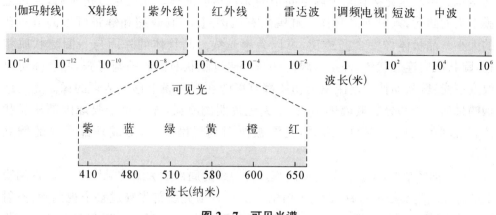

图 2-7 可见光谱

1. 视觉的生理机制

眼睛是人的视觉器官,它主要由三类结构组成:辅助结构、光路结构和神经结构,见图 2-8。

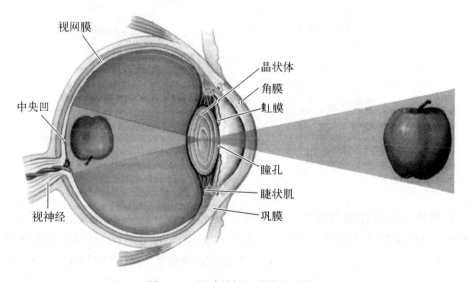

图 2-8 眼睛的解剖结构及光路图

(1) 辅助结构,主要由三部分构成:巩膜、脉络膜和眼动肌。眼球外部有一层很有韧性的膜,称为巩膜,起支撑作用。其内壁与视网膜之间有一层含有大量血管的组织,称为脉络膜,供应眼睛各组织所需的养分。在巩膜之外,附有动眼肌,用以调节眼球的方向。

(2) 光路结构,主要包括以下部分:角膜、房水、虹膜、晶状体、睫状肌、玻璃体。光线最先到达眼角膜,这是一层无色透明的角质薄膜。经过角膜的折射,到达房水。房水是充盈在角膜内空间中的无色透明液体。光线穿过房水后,通过虹膜中央的瞳孔,入射到晶状体。虹膜内有肌肉组织,其收缩和舒张可以调节瞳孔的大小。晶状体像一个凸透镜,可以会聚光线。晶状体的外周与一圈睫状肌相连,睫状肌内连晶状体,外接巩膜的外缘。通过睫状肌的收缩与舒张,晶状体可以改变屈光度,从而使不同距离的物体都有可能在视网膜上形成清晰的像。光路结构的最后一个部分是玻璃体,它也是无色透明的物质,充满整个眼球内部从晶状体到视网膜之间的空间。最后,光线被折射到视网膜上,形成外部事物的倒立的像。

(3)神经结构,主要指的是视网膜。视网膜的局部放大结构见图 2-9。视网膜上的感光细胞不是正对着入射光线的。相反,入射光线首先穿过整个视网膜,投射到眼球内壁上,再反射回来,然后才引起感光细胞的活动,通过一系列复杂的生物化学变化而把光能转换成神经活动。

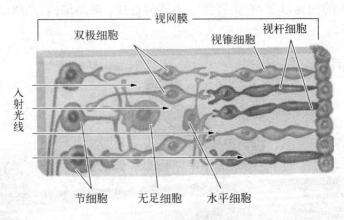

图 2-9 视网膜的结构

视网膜上的两种感受器分别称为视锥细胞和视杆细胞。视锥细胞呈锥形,短而较粗,视杆细胞则呈细长的杆形。这两种细胞的功能不同。视锥细胞分为三种,分别对不同波长的光线比较敏感。但是,光线强度过低时视锥细胞不会被激活。视杆细胞不能区分不同的波长,只对光的存在不存在起反应,但是其对光的敏感程度大大高于视锥细胞。视锥细胞和视杆细胞在视网膜上不是均匀分布的,在视网膜的中央,与瞳孔相对的地方,有一块碟形的凹陷区域,称为中央凹。又因其颜色呈黄色,称为黄斑。中央凹处几乎没有视杆细胞,而是含有密集的视锥细胞,因此人们在查看物体细节时总是正视物体,使其所成的像恰好落在中央凹上。在中央凹的周围较近的区域(大约16°~20°范围内),视锥细胞的数目锐减,而视杆细胞的分布比较集中。再向外周,视锥细胞和视杆细胞的数目都逐渐减少,以至消失。

视觉信号从视杆细胞和视锥细胞到大脑皮层视觉中枢,中间经过了多个中间传递过程,这些主要集中在两个处所:视网膜和脑部。

视网膜上除了感光细胞之外,还有几类神经细胞,见图2-9。它们分别构成了纵向和横向两类神经通路。从感光细胞到双极细胞,再到节细胞,是纵向的通路,神经冲动由此传递到脑部。水平细胞和无足细胞构成了横向通路,它可以使特定的感光细胞与邻近的感光细胞之间产生相互关系。

视网膜上的感光细胞是背对入射光方向的,因此节细胞在视网膜的内层。所有的节细胞的轴突汇聚到一起,形成视神经,在视网膜上鼻侧下方由内而外穿过视网膜和眼球外壁,传入脑部。在脑部下方,来自两只眼睛的视束各分为两部分。来自眼睛两只鼻侧的部分分别交叉到对侧,使得来自两个视网膜左侧的神经纤维都集中在左侧,来自两个视网膜右侧的神经纤维都集中在右侧,重新汇合后的神经纤维进入丘脑外侧膝状体,激活外侧膝状体上相应的神经细胞,这些神经细胞再将神经冲动传递到同侧大脑枕叶的视觉中枢,进行信息加工,从而产生视觉,见图2-10、图2-11。这样,每一侧大脑枕叶的视觉中枢只加工两个视网膜上来自同侧区域的信息。

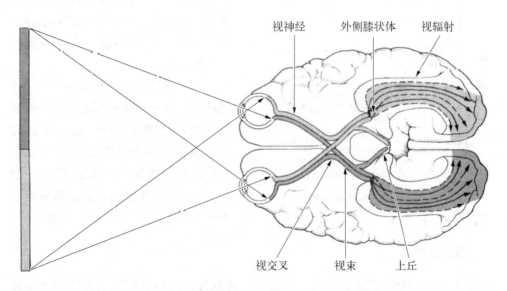

图2-10　视觉传入神经通路及视觉中枢(仰视图)

2. 视觉的适应性

(1)明适应。明适应发生在人从黑暗的环境快速转移到明亮的环境的时候。在暗处人眼的感受性较高,初到亮处人会感觉到刺眼。经过若干秒的时间,

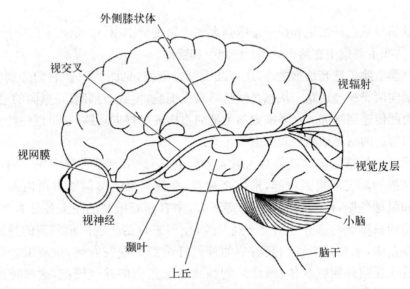

图 2-11　视觉传入神经通路及视觉中枢(侧面图)

感受性下降,人眼才能正常地处理强光。明适应进行的速度较快。在最初的 30 秒内,感受性迅速下降,称为 α 适应部分。之后感受性下降变慢,称为 β 适应部分。全部的适应完成需要约 1 分钟时间。

(2) 暗适应。与明适应相反,暗适应发生在从明亮的环境迅速转移到黑暗的环境的过程中。在这个过程中,人眼的感受性逐渐提高,绝对阈限相应降低。暗适应比明适应慢,一般约 20～30 分钟才能完成。暗适应也可分为两个阶段,如图 2-12 所示。

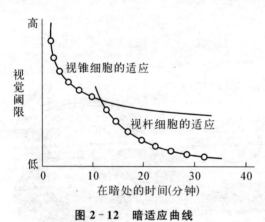

图 2-12　暗适应曲线

(四) 听觉

引起听觉的物理刺激是声波。声波是一种纵波,可以在空气、液体或固体中传播,但不能在真空中传播。人耳能产生反应的频率范围在 20～20 000 Hz 之间。不同的人能听到的范围存在差异。

听觉的器官是耳。耳分为外耳、中耳和内耳三部分,见图 2-13。听觉感受器是听毛细胞,它主要分布于内耳的耳蜗上。

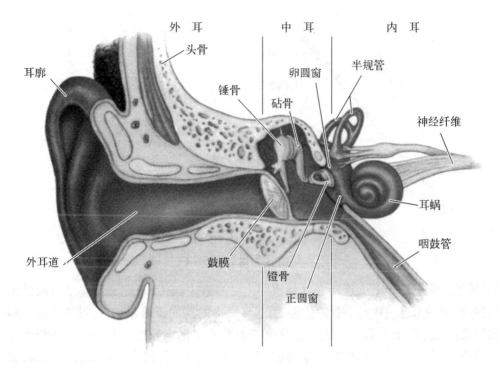

图 2-13　人耳的解剖结构

外耳包括耳廓和外耳道。耳廓可以收集并放大空气中传递的声波,声波经由外耳道到达中耳的鼓膜。在外耳道中,声音的能量仍是在空气中传播的。

鼓膜把中耳与外耳分成互不连通的两部分。中耳里除鼓膜外,还含有依次连接的三块听小骨:连着鼓膜的是锤骨,中间是砧骨,最里边的是镫骨,它向内与内耳连接。鼓膜与听小骨构成了一个整体,它们可以把外耳道传入的声波能量传递到内耳。

内耳主要由两部分组成:耳蜗和半规管。耳蜗是呈螺旋形的结构,听毛细胞主要分布于其内部,从耳蜗传出听神经到人脑。半规管呈半圆形,两端连接在前庭上,共有三条,分别处在两两垂直的三个平面内。其内部也分布有毛细胞,但其功能主要不在听,而在于感受头部运动的变化信息。

耳蜗的螺旋形是由一根管状结构(蜗管)盘旋两周半而成。蜗管被分成上中下三部分,上面称为前庭阶,下面称为鼓阶,横在两者之间的是中阶。前庭阶和中阶之间以前庭膜相隔,鼓阶和中阶之间则是基底膜。基底膜上承载的结构称作柯蒂氏器官,见图 2-14。在整个蜗管里充满着淋巴液,而且前庭阶和鼓阶在蜗管的末端相互联通。在蜗管的基端,前庭阶有一个卵圆形的开口,称为卵圆窗,它与镫骨相接,可将镫骨传来的振动通过淋巴液传入耳蜗内。

柯蒂氏器官的最下面是基底膜,上方是耳蜗覆膜。在基底膜上固定着听毛细

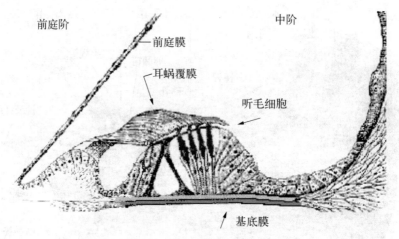

图 2-14 柯蒂氏器官的结构

胞,听毛细胞上的纤毛则连接在耳蜗覆膜上。当有声波传入耳朵时,先是引起鼓膜的振动,而后通过三块听小骨的传递,引起耳蜗内的基底膜的振动,使得基底膜耳蜗覆膜之间发生位置关系的变化。这种位置关系的变化会导致听毛细胞上的纤毛发生摆动,从而打开纤毛末端的离子通道,产生动作电位,再经过听神经传入大脑,最终产生听觉。

人能听到的声音,其频率介于 20 赫兹到 20 000 赫兹之间。在 1 000 赫兹左右,绝对感受性最高,极细微的声波就可以引起听觉。为了量化的需要,把此频率下的绝对感觉下限定为参照点,令其值为 0 分贝。当声波的强度高于 120 分贝时,会引起压痛觉,这时就接近了听觉的上限。

听觉的感受性也会随着环境的变化而变化,这称为听觉的适应。在安静的环境下,感受性较高,能听到很细微的声音;在喧闹的环境下,感受性较低,许多细微的声音往往很难引起注意,甚至有意识地听也难以听清。听觉的适应过程也需要若干分钟的时间。

长时间暴露在强烈的声刺激环境下会导致听觉感受性的显著降低,这称作听觉的疲劳。如果声刺激过于强烈,暴露的时间过长,会导致听觉感受性的不可逆变化,即使重新回到安静的环境中很长时间,感受性也无法恢复到原来的水平,这就造成了听力下降,严重的甚至会导致听力丧失。

(五) 其他感觉

1. 味觉

味觉的感受器官主要是舌。在舌表面上分布着大量的乳头状突起,又称为味蕾,相邻的味蕾之间间隔着凹槽。每一个味蕾里面又分布着大量的味觉细胞,它们是味觉感受器,当接触到溶解在水里的化学物质时会产生神经活动,神经活动经过特定的神经通路传入大脑皮层相应的味觉中枢,产生味觉。

不同的物质引起的味觉不同,但大部分的味觉都可以看作是几种基本的味觉的混合,最常见的四种基本味觉是酸、甜、苦和咸。单个的味觉细胞的活动只能产生一种相应的基本味觉,在舌的不同区域,对四种基本味觉的感受性是不同的,见图2-15所示。舌的前端对甜味比较敏感,两侧的前半部分对咸味比较敏感,两侧后半部分适于品尝酸味,而对苦味最敏感的则是舌的根部。

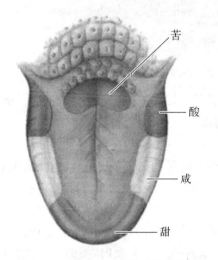

图2-15 舌的不同部位味觉的差异

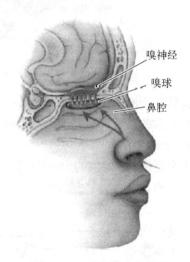

图2-16 嗅觉的感觉器官

2. 嗅觉

嗅觉的感觉器官是鼻子。在鼻腔的上部分布着黏膜状的组织,称为嗅球,嗅球上分布着大量的嗅觉细胞。当空气中的气体分子随着人的呼吸进入鼻腔时,部分气体分子溶解在湿润的嗅球上,这些分子会导致相应的嗅觉细胞产生神经活动。嗅觉细胞由轴突与颅腔内的嗅神经相联系,神经活动经过嗅神经传入大脑皮层嗅觉中枢,产生相应的嗅觉,如图2-16所示。

味觉和嗅觉的产生都需要化学分子的直接作用,因此两者又可以合称为化学感觉。

3. 肤觉

皮肤是人体的一个特殊的器官。除了其他的功能以外,皮肤还可以提供多种感觉信息,如温度觉和触压觉。在皮肤的表层以下分布着大量的感觉神经细胞,它们可以分成几类,各类的功能各不相同,有的对摩擦刺激最为敏感,有的则对持续的触压刺激比较敏感。另外,还分别有两类感受器,分别用来接收温度信息,其中一种产生凉觉,另一种产生温觉。极冷和极热的感觉是由两种细胞共同活动所引起的,见图2-17。当把手放在盛有温水的盆里,同时向手边泼洒凉水时,也会产生类似的感觉。

图2-17 温觉和凉觉混合产生冷或烫的感觉

皮肤的不同部位感觉细胞分布的密度不同,因此感觉的灵敏度也不同。例如,指尖对刺激的感觉比后背上的感觉要灵敏得多。

4. 平衡觉

平衡觉的信息主要是由内耳中的前庭和半规管处提供的。在半规管里附着大量的毛细胞,其作用机制类似于耳蜗内的听毛细胞,纤毛的摆动可以使它们产生神经活动。当人头部的方位产生变化时,或者人运动的速度、方向产生变化时,由于前庭和半规管内的液体会产生流动,这使得纤毛产生相应的摆动,从而产生神经冲动,最后产生平衡觉。三根半规管分别处在相互垂直的三个平面内,类似于三维空间坐标系,对于头部的任何一种运动方式都能用相应的神经活动来进行编码。

(六) 深度知觉

巴利先生是一位先天盲人。在他52岁那年,通过外科手术治疗了眼疾,终于获得了视觉。但是,与普通人不同,视觉却给他带来了意想不到的困扰:刚刚拆掉纱布不久的一天,他还在住院,透过病房的窗户像外望去,他发觉窗外的地面上停着好几辆小小的汽车,他竟然好奇地想要爬出去伸手抓那些小汽车。幸好医护人员及时阻拦,他才没有从窗口掉下去。要知道,他的病房可是在住院部的六楼!这表明了什么?显然,巴利先生并没有关于深度和距离的知觉能力,不能准确分辨物体的远近。

深度知觉是人对物体远近距离或深度的知觉。深度知觉对形成准确的大小知觉和方向知觉至关重要。人知觉距离的线索非常丰富,在深度知觉过程中,往往会自动地整合所有可用的线索。视觉深度知觉的线索可分为单眼线索和双眼线索两种。

1. 晶状体的调节

晶状体的工作原理类似于凸透镜成像的原理,对于距离不同的物体,人眼会自动地调节睫状肌的扩张或收缩程度,从而调节晶状体的焦距,以便视网膜上形成物体清晰的像。这样,睫状肌的紧张程度就与知觉对象距眼睛的距离形成了对应关系,因而可以用作有效的深度知觉线索。当远处物体的距离变化时,睫状肌进一步进行调节的程度极小,因此对于远处的物体,晶状体的调节对深度知觉所起的作用很微小。

2. 运动级差

当我们坐火车旅行时,我们可能会发现,距自己较近的景物飞快地向后退却,而远处的景物似乎与我们同步前进。这种现象称为运动级差。图2-18显示了知觉者快速向左运动的情形。如果注视图中的F点,会感觉到近于F点的物体快速向相反方向移动,远于F点的物体则向相同方向移动。

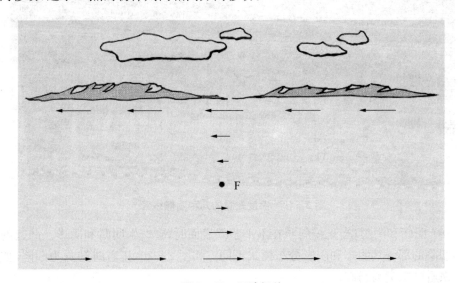

图 2-18 运动级差

3. 图像线索

图像线索是在艺术作品中用以表示深度线索的总称,它们与知觉者没有直接关联。

(1) 遮挡,当物体部分地遮挡另一物体时,人们倾向于认为遮挡物距自己近些,被遮挡物距自己远些。

(2) 线条透视,指的是相互平行的线条,在远离知觉者的方向上显得越来越靠近。

(3) 相对大小,指的是大小相同或相近的两个物体,感觉上显得较大的物体距离近,而显得较小的物体距离远。

(4) 相对高度,指的是地面上的物体距离知觉者越远,其在视野中的高度越高。

(5) 空气透视,指的是物体的清晰度与物体距离知觉者的远近有关,远的物体受空气的遮挡而显得较模糊,近的物体较清晰。当空气透明度发生变化时,会对深度知觉产生相应的干扰,造成一定的偏差。

在实际生活中,以上线索往往会若干个同时出现,人们的知觉过程也往往会自动地将他们整合在一起,见图2-19。

图2-19　深度知觉的几种图像线索

(6)明暗和阴影,当光线斜照在不平整的表面时,会产生明暗和阴影。凸起的部分和凹陷的部分其明暗和阴影分布模式不同。如图2-20,正看时知觉为凹陷,如果倒过来看则知觉为凸起。

图2-20　明暗和阴影

(7) 结构级差,是指均匀分布的表面,越向远处伸展,看上去密度越大。

4. 视轴的辐合

视轴是指由物体、瞳孔和视网膜中央凹三点连成的直线。由于仔细观察物体时往往要调节眼球的方向,使物体恰好成像在中央凹上,这就需要两眼视轴向鼻侧辐合,以使两眼同时对准物体,见图2-21。对不同距离处的物体,视轴辐合的程度不同,观察近处的物体视轴辐合程度高,观察远处物体则视轴辐合程度低。当物体距离超过30米时,两眼视轴接近平行,视轴的辐合对距离知觉的作用就很小了。

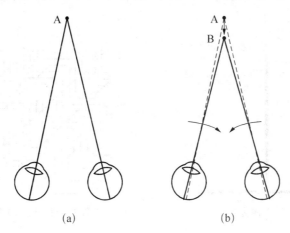

图2-21 视轴的辐合

5. 双眼视差

双眼视差是指由于人的两眼与物体之间的相对位置不同,每一只眼睛的视网膜上所形成的关于物体的像存在一定的差异,人通过整合来自两眼的信息,从而形成对于物体的深度知觉和立体知觉。双眼视差是人形成立体知觉的最重要的线索。图2-22描绘了双眼视差产生的原理。由于左眼和右眼的位置不同,观察同样两个物体时,它们在右眼视网膜上所成的像近乎重合,在左眼视网膜上所成的像却距离较远。

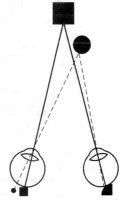

图2-22 双眼视差

(七) 错觉

错觉是指知觉经验与引起该知觉的客观刺激的特征不相符合的现象。人的知觉加工的机制决定了在特定的条件下对客观刺激必然产生一定的错觉,错觉的产生不受意识的控制和调节。

常见的错觉现象有以下几种:

1. 横竖错觉,如图2-23所示,长度相同的两根线段,竖直线看上去比垂直线更长。
2. 佐尔纳错觉,如图2-24,由于短的斜线的影响,相邻的平行线看上去不再平行。
3. 艾宾浩斯错觉,如图2-25所示,左右两边中心处的圆大小相等,但看上去左边的圆比右边的小。
4. 大小错觉,如图2-26所示,上下两个图形实际上是全等的,但看上去上面的图形显得比下面的图形大。
5. 缪勒-莱尔错觉,如图2-27所示,左右两根线段的实际长度相等,但看上去左边的线段比右边的长。

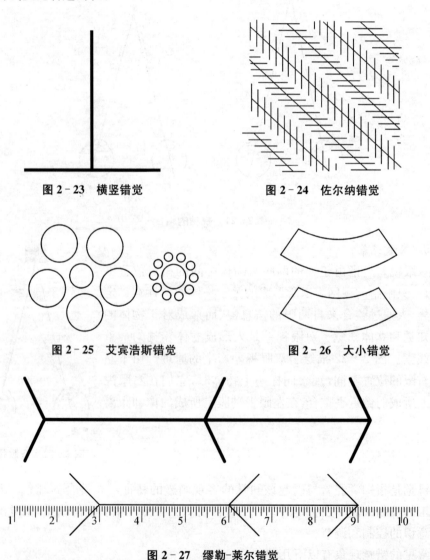

图2-23 横竖错觉　　图2-24 佐尔纳错觉

图2-25 艾宾浩斯错觉　　图2-26 大小错觉

图2-27 缪勒-莱尔错觉

错觉现象存在的意义不仅仅是向人们表明人的知觉有多么不可靠。它在一定程度上揭示了知觉活动是人通过感觉信息进行主动建构的过程。

二、学习与记忆

迪克兰安静地躺着,希望有人为它的腹部挠痒。这条8岁的黑色拉布拉多犬把前腿举在空中交叉晃动了一会,然后顺从地咬起某人的鞋。在办公室,它表现得像一只普通的宠物狗。但在工作现场,它就像是一场龙卷风,专注于寻找非法走私的毒品。迪克兰是一只为海关服务处工作的毒品侦搜犬,已经工作8年了。当迪克兰冲向人们和他们的行李时,机场的乘客好奇地看着。几分钟之内,它嗅到一个可疑的人,这个人便被带走并受到机场安检人员的讯问。像迪克兰这样的狗受到了专门的训练,侦搜大麻、冰毒与可卡因等。这些狗在侦测到可疑物品时,有两种反应模式:如果气味来自乘客,它们会坐在他们的旁边;如果气味来自行李,它们则会去撕咬。在机场,这些狗可以在10到15分钟内检查将近300人,这种效能无可替代。当然,迪克兰的专长并不是碰巧出现的,它接受了漫长而艰辛的训练。像迪克兰一样,我们每个人都必须通过学习,获得并完善我们的技能和能力。

学习是一种由经验而引发的行为上的相对持久的改变。生命伊始,我们便已开始学习。婴儿表现出一种简单的学习形式,称为习惯化。习惯化是指同样的刺激反复呈现后,对该刺激的反应减少。例如:幼小的婴儿也许会对一个新颖的、色彩鲜艳的玩具很感兴趣,但是如果他们一遍又一遍地看到同样的玩具,他们很快就会失去兴趣(成人也会表现出习惯化:新婚夫妇很快就不再注意到他们戴着的结婚戒指)。习惯化允许我们忽视那些不再提供新信息的事物。

大多数的学习要比习惯化复杂得多,而且对学习的研究一直处于心理学的核心地位。对学习的第一次系统的研究开始于20世纪,当时伊凡·巴甫洛夫发展了被称为经典性条件反射的学习体系。

(一)经典性条件反射

在20世纪早期,伊凡·巴甫洛夫是一位著名的生理学家,一直研究狗在吞下各种数量和种类的食物时的胃酸分泌以及唾液分泌。当做这些研究时,他观察到一个有趣的现象:有时在狗还没有吃到食物时,只是看到通常会带来食物的实验者,甚至是听到实验者的脚步声,就足以引起狗的胃酸分泌和唾液分泌。

巴甫洛夫的天才使他有能力认识到这一发现的意义。他看到,狗的反应不仅是对生理需求(饥饿)做出的,还是学习的结果——这种学习被称为经典性条件反射。

1. 经典性条件反射的建立

经典性条件反射是一种学习类型：中性刺激（例如实验者的脚步声）在与可以天然引发某一反应的刺激（例如食物）配对之后，逐渐可以诱发该反应。

为了证明经典性条件反射，巴甫洛夫把一根管子连接到狗的唾液腺上，这样他可以精确地测量狗的唾液分泌。然后铃声响起，几秒之后，把食物呈现在狗的面前。这样的配对反复进行，并且小心操作，使铃声的呈现与食物的呈现之间具有固定的时间间隔。起初，狗只在食物出现的时候才分泌唾液，但不久以后，一听到铃声，它便分泌唾液。即使不再呈现食物，狗仍然会在听到铃声后分泌唾液。这条狗已经在分泌唾液和铃声之间形成了经典性条件反射。

经典性条件反射的基本过程简单明了。首先看一看图2-28中的图解。在条件反射之前，有两个不相关的刺激：铃声和食物。我们知道：通常情况下，铃声并不会引起唾液分泌，但会引起一些不相关的反应，例如：竖起耳朵、左右张望。因此，铃声被称为中性刺激，因为它是这样一个刺激：在进行条件反射之前不能自然地引起我们所感兴趣的反应（分泌唾液）。食物则可以自然地引起狗的唾液分泌。在条件反射中，我们所感兴趣的反应。食物被看作是一个无条件刺激，因为放在狗嘴里的食物自动地引起唾液的分泌。食物所引起的反应（唾液分泌）被称为无条件反应一个自然的、天生的、与先前的学习无关的反射性反应。无条件反应总是由无条件刺激的呈现所引发。

图2-28说明了在条件反射期间所发生的事情。铃声在每一次的食物呈现之前响起。条件反射的目的是让狗把铃声和无条件刺激（肉）联系在一起，以使其可以像无条件刺激一样引起同样的反应。在铃声和食物进行数次配对之后，单独的铃声就可以引起狗的唾液分泌反应。

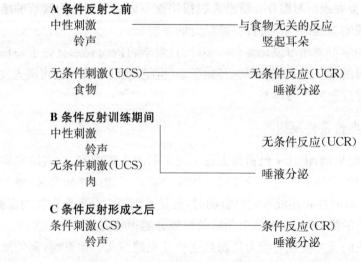

图2-28 经典性条件反射的基本过程

当条件反射完成后,铃声从一个中性刺激变成了一个条件刺激。这个时候,对条件刺激(铃声)的唾液分泌被看作是一个条件反应。图2-28描述了这一情景。条件反射之后,条件刺激引起了条件反应。

无条件刺激与条件刺激的呈现顺序与时间尤其重要。打个比方,铁路交叉口的信号灯如果在火车过后才亮起,那就丝毫不起作用,只有刚好在火车通过之前亮起,效果才最好。相似的,一个在无条件刺激之后出现的刺激不可能成为一个条件刺激,恰好无条件刺激之前出现的中性刺激最容易产生成功的条件反射。

尽管最初的条件反射实验是在动物身上进行,但人们很快发现,经典性条件反射原则可以解释日常生活中人类行为的许多方面。

情绪反应尤其可能通过条件反射过程被习得。例如,你去看牙医的次数也许要少于应该的次数,因为之前形成了牙医与疼痛的联系。另一方面,经典性条件反射也是快乐经验的原因。例如,你也许偏爱某种香水或润肤液,因为一接触到它,以前的那种爱的感觉和想法便会涌现在脑海中。经典性条件反射可以解释我们对周围世界中的刺激的许多反应。

2. 消退与恢复

如果一条狗已经形成了经典性条件反射,在铃声响起时会分泌唾液。此后,如果状况变了,当铃声响起时,不再获得食物,你认为会发生什么?答案在于一个基本的学习现象:消退。当以前的条件反应的频率逐渐减少,甚至慢慢消失时,消退便发生了。

那么,一旦一个条件反应消失了,是否意味着永远消失?未必。

在狗的条件反射行为似乎已经消退了的几天之后,巴甫洛夫再次见到了他的狗,这时他发现了这一现象:如果他发出铃声,狗会再次分泌唾液。这一效应被称为自发恢复,指消失的条件反应在经过一段时间的休息期,且没有额外的训练之后,再次出现。

自发恢复有助于解释为什么药物成瘾难以克服。例如:那些被认为已经被治愈了的吸毒者,如果随后接触到了与毒品有很强联系的刺激,如白色的粉末,他们会再次体验到无法抗拒的吸食毒品的冲动。

3. 泛化和分化

尽管颜色和形状有差异,但对于大多数人而言一朵玫瑰就是一朵玫瑰。我们在不同类型的玫瑰身上感受到的美丽、气味以及优雅是相似的。巴甫洛夫注意到了一个类似的现象:他的狗常常不仅在最初实验的铃声响起时分泌唾液,还会在蜂鸣器响起时分泌唾液。

这种行为是刺激泛化的结果。当条件反应跟随在一个与最初的条件刺激相似的刺激之后出现时,刺激泛化便出现了。两个刺激越相似,刺激泛化的可能性越大。

另一方面,如果两个刺激可以彼此区别:一个可以引起条件反应,但另一个不可以,那么刺激分化就发生了。我们区分狂吠的狗与摇动尾巴的狗之间的行为的能力会导致适应性行为:远离那条狂吠的狗,爱抚那条友善的狗。因为以前的不愉快经历,一个人今后在面对相似的情境时,也许会以相似的方式作出反应,这个过程也可以称为泛化。

(二) 操作性条件反射

非常好……多么聪明的一个想法……难以置信……我同意……谢谢你……很优秀……超级棒……完全正确……这是你写过的最好的论文;你得到了一个 A……你真的进步了……令人印象深刻……你正在进步……尝尝饼干……你看起来好极了……我爱你……

几乎没有人不愿意接受上面的任何评价。但尤其值得注意的是,这些简单的话中的每一句都可以引起行为的巨大变化,并可以用来训练最复杂的任务。这种过程就是操作性条件反射,它是人类和动物很多重要行为的学习基础。

1. 操作型条件反射的建立

操作性条件反射是一种学习过程,在此期间一种随意反应的几率会发生改变:如果行为带来有利的结果,则得到加强;反之,则会减弱。

在经典性条件反射中,对呈现的刺激(如食物、水、疼痛)的最初反应是天生的生理反应,与之不同的是,操作性条件反射使用的是随意反应,一个有机体有意这样做以获得理想结果。操作性术语强调这一点:有机体对环境进行操作以产生想要的结果。当我们学会辛勤的努力可以带来进步或者艰苦的锻炼可以导致强健的体魄时,操作性条件反射在起作用。

斯金纳是20世纪最有影响力的心理学家之一,他鼓舞了整整一代心理学家对操作性条件反射的研究。

斯金纳使用一个被称为斯金纳箱(见图 2 - 29)的装置进行他的研究,它是一个环境高度可控的封闭空间,用以研究对实验室动物的操作性条件反射。让我们看一看在一个典型的斯金纳箱中的老鼠到底发生了什么。

假设你想教会一只饥饿的老鼠按压箱子中的一个杠杆。最初,老鼠会在箱子中四处闲逛,以相对随机的方式探索周围的环境。然而,在某些时候,它会碰巧按压到杠杆,当它这样做时,就会获得一粒食丸。当这是第一次发生时,老鼠不会习得按压杠杆和获得食物之间的联系,它会继续探索箱子。老鼠或迟或早会再次按压到杠杆并获得一粒食丸,按压反应的频率会立即增加。逐渐地,老鼠会不断地按压杠杆,直到获取足够的食物,这证明老鼠已经知道食物的获得依赖于按压杠杆。

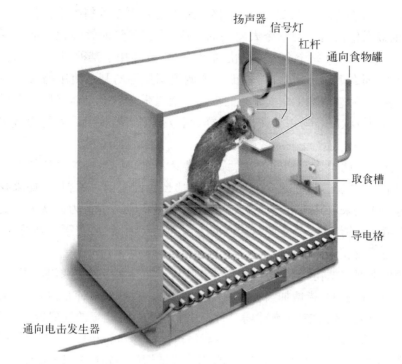

图 2-29 斯金纳箱示意图

2. 强化：操作性条件反射的核心概念

斯金纳把导致老鼠持续按压杠杆的过程称为"强化"。强化是一个过程，通过它，一个刺激增加了之前的行为重复出现的概率。换句话说，由于食物这个刺激，使得按压杠杆的行为更有可能再次出现。在这样的一个情境中，食物被称为强化物。强化物是任何一种可以增加之前的行为再次出现的概率的刺激。奖金、玩具以及好的成绩可以起到强化物的作用，如果与它们被使用之前相比，它们增加了反应发生的概率。

有两种主要类型的强化物。初级强化物满足一些生理需要，并且天生地起作用，与一个人先前的经验无关。饥饿的人需要的食物，寒冷的人需要的温暖，疼痛的人需要的缓解，所有这些都属于初级强化物。相比之下，一个次级强化物因为与初级强化物的联系而变成了一个有强化作用的刺激。例如：我们知道钱是有价值的，因为我们明白它可以让我们拥有其他令人满意的东西，包括初级强化物，如食物和住所。因此，钱是一个次级强化物。

积极强化物、消极强化物和惩罚。强化物既可以是积极的，也可以是消极的。一个积极强化物是一个加入到环境中会导致之前的反应增加的刺激。如果在一个反应之后，提供食物、水、钱或者表扬，那么这个反应在未来更有可能再次出现。例如：上次作业得到老师的表扬，该学生接下来可能花更多的精力来做作业。与之相反，一个消极强化物是一个不令人愉快的刺激，将其移除能够强化先前的反应。例如：如果你患了皮疹（一个令人不愉快的刺激），在你使用了某种牌子的药膏时，它的症状减轻了，那么下次患皮疹时，你更有可能使用那种药膏。使用药膏是一个消极强化的过程，因为它消除了令人不快的皮疹。消极强化教会个体采取行动以消除环境中存在的消极状况。与积极强化物一样，消极强化物增加了之前行为再次发生的概率。

消极强化与惩罚是不相同的。惩罚会减少之前的行为再次出现的概率。如果我们受到了一个电击，从而减少了某种行为，那么我们受到了惩罚；但如果我们已经受到了电击并且采取某些措施以避免电击，那么阻止电击的行为被认为受到了消极强化。在第一种情况中，特定的行为倾向于因为惩罚而减少；在第二种情况中，它更有可能因为消极强化而增加。

有两种类型的惩罚：积极惩罚和消极惩罚，正如有积极强化和消极强化一样（在两种情况中，"积极的"指增加某种东西，而"消极的"指移除某种东西）。积极惩罚通过使用一种令人不快的刺激来减弱一种反应。例如：打儿童的屁股以惩罚其无礼，或者用10年的刑期惩罚一个罪犯，这些都是积极的惩罚。相反，消极的惩罚在于移除令人愉快的东西。例如：一个青少年，因为成绩糟糕，被剥夺了随家人外出野餐的机会；或者当一个雇员由于工作表现不佳，不能参加本部门组织的烛光晚餐会。积极惩罚和消极惩罚都会导致之前的行为重复出现的概率的减少。

惩罚是一种有效的矫正行为的方式吗？惩罚通常会最迅速地改变那些如果允许其继续便有可能危害个体安全的行为。例如：一个父亲（母亲）也许没有第二次机会警告孩子不要跑进闹市，因此在这种行为第一次发生时对其进行惩罚，或许是明智之举。而且，使用惩罚抑制行为，即使是临时性的，也提供了一个强化一个人的行为的机会，使其行为更加令人满意。

惩罚有几个缺点，这使得其过程受到了质疑。首先，惩罚经常不起作用，如果在不理想的行为发生后，没有立刻使用，或者个体很容易离开实施惩罚的情境时则尤为如此。一个受到老板训斥的员工也许会辞职；一个不被允许使用家庭汽车的少年也许会借朋友的车来代替。在这些情况中，最初受到惩罚的行为也许会被一个甚至更令人不满的行为取代。

其次，更糟的是，体罚会向接受者传达这样一个观念：身体攻击是被允许的，甚至是令人满意的。如果一个父亲因儿子的错误行为而大声呵斥并拳脚相加，可能会让孩子觉得攻击是一种合理的成人反应。这个儿子也许会攻击其他人来模仿他的父亲的行为。此外，那些愤怒的或被激怒的人常常使用体罚。处在这样一个情绪状态中的个体，不可能仔细考虑他们的所作所为，或者小心控制他们使用的惩罚的度。

总之，研究发现很清楚：与使用惩罚相比，强化令人满意的行为是一种更合理的矫正行为的方法。

3. 塑造：强化后天的复杂行为

有很多复杂的行为，从汽车修理到动物园管理，我们不能期望它们作为我们自发行为的一部分而自然而然地出现。也许永远没有机会对这些行为进行强化（因为这些行为最初永远不会发生），对于它们，人们使用一种称为塑造的方法。塑造（Shaping）是一种训练复杂行为的程序，其方法是通过奖励，逐渐接近预期行为。在塑造过程中，一开始，你强化与你希望那个人学会的行为有一点相似的行为。之后，你仅仅强化那些与你想要最终教会的行为更接近的反应。最后，你只强化预期的反应。在塑造中，每一阶段仅仅轻微地超越前面已学会的行为，这使得那个人可以将新的阶段与之前学会的行为联系在一起。塑造甚至可以让更低等的动物学会永远不会自然发生的复杂行为，例如：狮子穿越铁环，海豚营救在海上失踪的潜水员，老鼠找到隐藏的地雷。

4. 行为分析和行为矫正

一对已经在一起生活了3年的夫妇开始频繁争吵。争执的问题从谁应该洗刷餐具到他们的爱情生活质量。这对夫妇感到很烦恼，于是向一个行为分析学家（一个擅长行为矫正技术的心理学家）求助，这对夫妇被要求详细地记录接下来两周内彼此的交往。

看记录时，他们发现了一个规律：每一个争论都刚好发生在一个人或者另一个人留下一个家务活未完成之后，例如：把脏盘子留在水池中，或把衣服扔在卧室里的唯一的一把椅子上。

行为分析学家使用夫妇收集的数据，要求他们把所有可能出现的家务列出来，并依照完成一个家务所需的时间给每一个家务分配一个点值。然后，他让夫妇俩平分家务并达成一个书面协议以完成分配给他们的家务。如果任何一方没能完成分配的家务，那么他或她将不得不每点值拿出1美元存进一个储蓄罐中供另一个人使用。他们同样同意了一个言语表扬计划，承诺相互之间对完成一项家务的行为进行言语上的鼓励。这对夫妇同意试验一个月，并且详细记录期间他们达成一致的次数。令他们惊讶的是，争吵的次数迅速减少。

这一案例提供了一个行为矫正（behavior modification）的例子，行为矫正是一种具体技术，用于提高理想行为发生的频率，并减少非理想行为出现的频率。行为矫正技术运用学习理论的基本原理，已经被证明在各种情况下是有帮助的。

行为分析学家使用的技术种类繁多，包括：强化时制、塑造、概化训练、分化训练

以及消退。然而通常情况下,行为改变计划所遵循的程序步骤是相似的,包括以下这些:

① 确定目标以及目标行为。第一步是要定义理想行为。增加学习的时间、减轻体重、减少一个儿童表现出的攻击行为的数量,目标必须用可量化的术语表达,并可以细化成具体的目标行为。例如,一个目标也许是"增加学习时间",而目标行为则是"平时每天至少学习两小时,而周末学习一小时"。

② 设计数据记录系统并记录最初的数据。为了衡量行为是否已经改变,在着手进行训练之前收集数据是有必要的,这一信息提供了一个基线水平,参照它会使未来的改变可以被测量。

③ 选择一种行为改变策略。最重要的一步是选择一种合适的策略。因为所有的学习原理都可以用来产生行为的改变,所以通常使用一个治疗方法。包括对理想行为进行系统的积极强化(言语表扬,或者一些更实际的,例如食物),以及对非理想行为的消退程序(不去关注一个发脾气的儿童)。选择正确的强化物是非常重要的,也许有必要做个小实验以确定对某个特定的个体而言什么是最重要的。

④ 实施计划。计划实施,最重要的就是坚持不懈。准确地强化目标行为也很重要。例如:假设一个母亲希望她的女儿在家庭作业上花更多的时间,但当这个孩子坐下来准备学习的时候,她却要求她休息一会。如果母亲让她休息,她可能正在强化女儿的拖延战术,而不是强化学习行为。

⑤ 计划实施后,保持详细的记录。另一个重要的任务是坚持记录。如果不对目标行为进行监测,就无法得知计划是否真的成功了。

⑥ 评估和调整实施中的计划。最后,计划的结果应该与基线水平(计划实施前的数据)进行比较,以确定效果。如果计划已经取得了成功,那么所使用的操作可以逐渐停止。

基于这些一般原则的行为改变技术已经取得了广泛的成功,是一种最有力的矫正行为的方法。显然,运用学习理论的基本观念提高我们的生活是很有可能的。

(三) 学习的认知理论

想想看,当人们学习开车时发生了什么?人们并不是只要在方向盘后面跌跌撞撞地尝试,直到偶然地把钥匙放进点火装置,然后,在经历了许多次失败的启动之后,突然成功地使车子前进,因此获得了积极强化。相反,他们已经从以前的乘客经历中知道了驾驶的一些基本要素,他们更有可能注意到了怎样把钥匙放进点火装置,怎样发动车子,以及踩油门以使车子前进。显然,并不是所有的学习都可以用操作性和经典性条件反射解释。实际上,像学习开车这样的活动暗示一些种类的学习一定涉及更高级的加工过程,在这些加工过程中,人们的思维、记忆以及加工信息的方式是他们的行为的原因。

一些心理学家用思维过程或认知这样的术语来解释学习这样一种研究取向,被称为认知学习理论。尽管持认知学习观的心理学家并不否认经典性和操作性条件反射的重要性,但他们发展了关注于学习过程中的看不见的心理过程,而非仅仅关注外在的刺激、反应和强化的研究方法。

根据这一观点,人类甚至是低等动物形成了一种预期:他们在做出一种反应后,会得到一种强化物。在两种学习中,没有明显的先前强化存在,它们是:潜伏学习和观察学习。

1. 潜伏学习

证明认知过程重要性的证据来自一系列动物实验,这些实验揭示了一种认知学习类型,被称为潜伏学习。在潜伏学习(latent learning)中,一种新的行为已经习得,但是没有显现出来,直到某种诱因出现才会显现出来。简而言之,潜伏学习在没有强化的情况下发生了。

2. 观察学习

让我们暂时回到那个关于一个人学习驾驶的例子。我们如何解释这些事情:一个人对于某种特定的行为没有直接的经验,他习得了这种行为,并做出这种行为。为了回答这一问题,心理学家关注认知学习理论的另一个方面:观察学习。

根据心理学家阿尔伯特·班杜拉及其同事的观点,人类学习的大部分是由观察学习构成,即通过观察其他人或榜样的行为而发生的学习。班杜拉在一个经典实验中形象而又直观地展示了榜样的作用。在研究中,年轻的儿童观看一个成人疯狂地击打一种被称为波波玩偶的充气玩具。之后,儿童获得了与波波玩偶独自玩耍的机会,毫无疑问,大部分人表现出同样的行为,几乎完全一致地模仿了攻击行为。并非只有消极行为可以通过观察学习获得,积极的行为同样可以。例如,害怕狗的儿童观看一个榜样,一个被称为无畏的同龄人与一只狗玩耍。观看之后,儿童更有可能接近一只陌生的狗。

观察学习在复杂技能形成过程中非常重要。例如:驾驶飞机和脑外科手术,这些几乎不可能在不付出巨大损失的情况下通过尝试错误、惩罚和强化的方式学会。并不是我们所见的所有行为都会被习得或实践。关键在于这个榜样的行为是否受到奖赏。如果我们观察到一个朋友因为花费更多的时间在学习上而获得了更高的分数,而不是导致压力和疲惫,那么我们更有可能模仿其行为。因某种行为受到奖赏的榜样要比受到惩罚的榜样更易被模仿。然而,观察到榜样受到的惩罚并不一定能阻止观察者习得行为。观察者仍然可以描述出榜样的行为,只不过相对不会表现出来而已。

 小贴士

把效率提高一倍的经理

当克里夫接任新的部门经理时,他发现现在的员工通常是工作效率低下且没有成效的。克里夫得知前任主管常常因为每一个小错误而批评责骂员工,直到许多最好的员工离开,剩下的人士气低落。克里夫决定不再批评或惩罚员工,除非必要的时候。相反,他经常在他们表现好的时候赞扬他们。他为他们设定每天的生产指标,并且每个周五的下午,他为所有完成了那周每天目标的员工购买午餐。而且,克里夫随机抽查员工的工作状态,如果他发现他们努力工作,他就会给他们小奖赏,如额外的休息时间。

在仅仅三个月内,克里夫部门的生产效率几乎翻倍。它成了公司最有效率的部门。

1. 克里夫是如何利用操作性条件反射的原则矫正他的员工的行为的?
2. 为什么克里夫前任惩罚不理想行为的策略没有起作用?即使惩罚策略和强化策略对控制行为同样有效,强化仍然是更好的选择,为什么?
3. 克里夫是如何使用部分强化法的?他使用了什么样的强化时制?

(四)记忆

1. 记忆的过程

设想你正在参加"智力大冲浪"之类的游戏,赢得游戏的关键取决于这样一个问题:孟买位于哪片海域?当你绞尽脑汁寻找答案时,记忆的基本过程便开始启动。或许你从未接触过有关孟买地理位置的信息,或者你曾接触过,但并未有效地加以注意,换句话说,你的记忆没有很好地登记这一信息。编码是记忆的第一个阶段,能够帮助记忆记录信息的最初过程。即使你曾经接触过这一信息,或者你最开始知道该海域的名字,你也有可能在游戏的时候仍然无法回想起来,因为你并未在记忆中保持这一信息。记忆研究专家称其为"存储",即材料在记忆中的保存。如果材料未被充分存储,则无法被回忆起。记忆同样依赖于最后一个过程:提取。提取是从记忆中查找已存储的信息的过程。你无法回忆起孟买的地理位置,有可能就是因为你没有成功的提取你已习得的信息。

总而言之,心理学家将记忆定义为我们编码、存储、提取信息的过程。三个部分的定义(编码、存储、提取)分别代表着不同的记忆过程。只有当三个过程都运转时,你才能成功地回忆起孟买位于的水域——阿拉伯海。对编码、存储和提取的认识,能够更好地帮助我们理解记忆这一概念。然而,记忆究竟是怎样起作用的?什么信息被编码和存储?这些信息是如何被提取的?

(1)感觉记忆

闪电的瞬间影像、细枝折断的声音以及针刺的疼痛,都代表着持续而短暂的刺

激。然而这些刺激能提供重要信息，需要作出特定的反应。这些刺激首先被短暂地存储在感觉记忆中——信息的第一个记忆存储器。信息在感觉记忆中仅能保持极为短暂的时间，如果信息没有进入短时记忆，就将永久消失。尽管感觉记忆持续时间非常短暂，但其精确性却是很高的：感觉记忆能存储感觉器官所接受的每一个刺激的精确复制品。

(2) 短时记忆

因为存储在感觉记忆中的信息是由原始感觉刺激的表征所组成，因而对我们来说是没有意义的。如果我们要赋予其意义，并有可能存储起来，那么信息就必须转换至记忆的下一个阶段：短时记忆。尽管短时记忆最大的保存长度相对而言很短，但短时记忆是信息开始变得有意义的记忆阶段。

短时记忆具有不完整的表象能力：保存在短时记忆中的特定信息量是 7 ± 2 个项目，或者说"组块"。一个组块刺激的有意义的组合，并以一个单元存储在短时记忆中。一个组块可以是单个的字母或数字，一个组块也可以由更大的项目组成，比如单词或者其他有意义的单元。如下面的 21 个字母：

PBSFOXCNNABCCBSMTVNBC

因为它们超过了 7 个组块的长度，故呈现后再回忆起来是比较困难的。但假设这些字母以下面的方式呈现：

PBS　FOX　CNN　ABC　CBS　MTV　NBC

在这种情况下，尽管还是 21 个字母，但是你却可以将它们存储在短时记忆中，因为它们代表的仅仅是 7 个组块。尽管我们有可能记住进入短时记忆的 7 个相对复杂的信息系列，但是信息并不能在短时记忆中保持多久。多数心理学家认为，短时记忆中的信息会在 15～20 秒后消失——除非它们进入了长时记忆。

材料从短时记忆进入长时记忆的转换主要依赖于复述——对已进入短时记忆的信息的重复。复述能实现两种结果：首先，只要是被复述的信息，便会被保存在短时记忆中；更重要的是，复述能帮助我们将信息转换到长时记忆中。

信息是否从短时记忆进入长时记忆中，似乎主要取决于复述的性质。如果信息只是被简单地一遍遍重复——就像我们记电话号码一样，此法能使信息保存在当前的短时记忆中，但却无法使之进入长时记忆中。相反一旦我们停止复述电话号码，电话号码就很可能会被其他信息所替代，并会被彻底地遗忘。

如果对短时记忆中的信息进行精致性复述，那么这些信息就有可能会进入长时记忆。精致性复述即信息以某种形式被考虑和组织。这种组织可能包含：扩展信息以使之切合某种逻辑框架和另一种记忆相联系，将信息转换成表象或其他形式。

(3) 长时记忆

材料从短时记忆进入长时记忆，就进入了一个几乎容量无限的存储室。这就像我们存储在硬盘上的一个新文件，长时记忆中的信息被归档和编码，由此，我们可以在需要的时候提取它们。

众多当代研究者认为，长时记忆存在不同的成分，或称记忆模块。每一模块代表着大脑中一个独立的记忆系统。

长时记忆主要分为陈述性记忆和程序性记忆。陈述性记忆是针对事实性信息的记忆：名字、人脸、日期以及事实，如"一辆自行车有两个车轮"。相反，程序性记忆（或称非陈述性记忆）针对的是技能和习惯，比如如何骑自行车或打棒球。关于"是什么"的信息存储在陈述性记忆；而关于"怎么做"的信息则存储在程序性记忆中。

陈述性记忆可分为语义记忆和情节记忆。语义记忆是关于对世界的一般性知识和事实的记忆，以及用于推论的逻辑规则的记忆。因为语义记忆，我们能记住上海的区号是021、孟买位于阿拉伯海、"老虎窗"来自老上海"洋泾浜"英语"loaf window"。因此，语义记忆从某种程度上说就像是存储在头脑中的一部大辞典。

与语义记忆相反，情节记忆是关于特定时间、地点和环境发生的事件的记忆。例如，对第一次学骑自行车、第一次约会，或者为室友安排一场21岁生日惊喜派对等事件的回忆，都依赖于情节记忆。情节记忆和特定的场景相联系。如，回忆我们何时、如何学会$2\times 2=4$即为情节记忆；而$2\times 2=4$这个事实则是语义记忆。

2. 回忆

你曾有过这样的经历吗？你确信自己知道某人的名字，但无论怎么努力就是记不起来。这一普遍的现象很好地说明了我们从那个长时记忆中提取信息是多么的困难，这一现象我们称为舌尖现象。

或许对名字及其他信息的回忆并不太容易，因为长时记忆中存储了太多的信息。我们该怎样将大量的信息分类并在需要的时候提取呢？一个办法便是运用提取线索。提取线索是使我们能更容易地从长时记忆中提取信息的刺激。它可以是一个单词、一种情绪或者一个声音；无论什么特定的线索，只要其被呈现，我们将会很快地回忆起信息来。例如，烤火鸡的香味会唤起我们对感恩节或者家庭聚会的回忆。

决定回忆水平的一个因素便是材料被知觉、加工和解释的方式。加工水平理论强调新刺激受到心理加工的程度。该理论认为，刺激被呈现时，信息加工便开始；有多少信息被最终记住，主要取决于信息加工的程度。在接触刺激的过程中，信息加工的深度（意指信息被分析和思考的程度）是关键的；最初的加工程度越深，信息被回忆的可能性越大。如果我们不过多关注所接触的信息，那么几乎就不会有心理加工的注入，因此新刺激会立马被遗忘。而我们越关注信息，信息就越被深入地加工。因此，信息就进入一个更高水平的记忆阶段——相对于低水平的阶段来讲，更不易被遗忘。

回忆依赖于信息最初被加工的程度,这一观念非常有现实意义。例如,当我们进行课程学习时,信息加工的深度就显得非常关键。为应付考试机械地背诵关键词是不大可能使信息进入到长时记忆的,因为这种加工是一种低水平的加工。而相反,思考专业术语意思,并仔细思量其与信息的关联程度,便可以使信息有效地保留在长时记忆中。

3. 记忆的建构

我们知道,尽管我们能对重大和独特的事件进行详尽地回忆,但却很难评估这些记忆的准确性。实际上,记忆在一定程度上是重新建构的过程。当我们提取信息时,所产生的记忆不仅仅受到先前直接经验的影响,还取决于我们对其意义的猜测和推论。

记忆基于建构过程,这一观点首先是由英国心理学家弗里德里克·巴特莱特提出的。他认为,人们倾向于以图式的方式记忆信息,图式即存储在记忆中的信息的有组织的结构,能够影响新信息被解释、存储和回忆的方式。我们靠图式记忆信息,这意味着记忆往往是由先前经验的整体重构组成的。简而言之,我们的期望和知识影响着我们记忆的可靠性。

自传体记忆是对我们自己生活的环境和情景的回忆。我们对自己过去经验的记忆很可能是虚构的或者至少曲解了实际发生的事实。例如,我们倾向于遗忘那些与现在的自我不相匹配的信息。一个研究发现,童年早期有情感问题但现在适应良好的成人,往往会遗忘重要但是令人困扰的童年事件,比如在收容所的日子。类似地,当要求一组48岁的被试回忆他们高一时是怎样填写一份问卷的时,其回忆的准确性差不多只处于机遇水平。举例来说,61%的问卷显示他们最热衷的娱乐是体育运动及其他体能活动,而仅有23%的人能准确回忆出来。

(五) 遗忘

所有人都会遗忘或者说经常遗忘(如不记得熟人的名字、忘记一件事或者一个测验等)。当然,遗忘并非一无是处:遗忘不重要的经历细节、人和物,有助于我们免受无意义信息的干扰。我们通过遗忘形成一般印象和回忆。例如,之所以我们的朋友在我们看来总是很熟悉,是因为我们能忘记他们的穿着、面部瑕疵以及其他随情景变化而变化的暂时特点,而恰恰相反,记忆集合的是各种关键特征——更加经济地运用我们的记忆能力。

研究遗忘的第一人当推一百多年前的德国心理学家赫尔曼·艾宾浩斯。他以自己作为研究被试,记忆由三个字母组成的无意义音节系列——前后两个为辅音字母、中间为一个元音字母,例如FIW、BOZ。通过变化学习后的时间间隔,考察再学习的节省程度,据此,艾宾浩斯发现遗忘是有规律的。图2-30说明了最快的遗忘发生在前9小时内,尤其是前4小时,9小时以后以至数天后,遗忘的速度变慢、下降得很少。

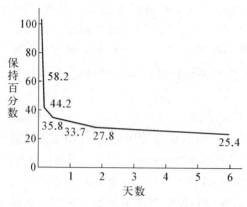

图 2-30 艾宾浩斯遗忘曲线

虽然他的研究方法还比较原始,但是艾宾浩斯的研究深刻地影响了后来的研究,他的基本结论也得到公认。记忆总是一开始就产生大幅度的衰减,接着便是逐步地下降。

我们为什么会遗忘?原因之一可能是在呈现信息时我们并未付出多少注意即没有编码。因此,记忆失败的原因在于你没有将此信息编码进长时记忆中。显然,如果信息一开始没有进入记忆,你就根本无法回忆出来。

但是有些信息经过了编码并进入到记忆中,却仍然无法被回忆出来,这又是为什么呢?这种记忆失败可以用若干过程来解释:消退、干扰以及线索依赖性遗忘。消退是不使用的信息消失的过程。当学习新材料时,大脑中所发生的物理变化就是随时间而消失。尽管有证据表明消退确定存在,但却并不足以对遗忘进行解释。一个人对信息的回忆效果好不好,往往并不取决于此人接触该信息的时间的早晚。正因为如此,记忆研究专家提出了一个补充的机制:干扰。干扰是指记忆中的信息扰乱了其他信息的回忆。

为帮助区分消退和干扰,可以将这两个过程看作是图书馆书架上的书。在消退过程中,旧书不断地被损毁并下架,为新书腾出位置。而在干扰的过程中,新书取代旧书的位置,导致在该位置上无法提取旧书。

最后,遗忘也可能是因为线索依赖性遗忘。线索性依赖性遗忘是指因线索不充分,未能提取信息而导致的遗忘。例如,你忘了在哪里落了一串钥匙,你便在脑海中回忆一天内你所到过的地方。当你想起来的时候,比如说图书馆,这一线索就能充分帮助你回忆起你将钥匙落在了图书馆的桌子上。而若没有这一线索你就无法回忆出钥匙的具体位置。多数研究发现,干扰和线索依赖性遗忘是遗忘中最关键的过程。我们遗忘的原因主要是因为新信息干扰了旧信息的提取,或者因为没有合适的提取线索,而不是因为记忆痕迹消退了。

三、思维和语言

心理学家将思维定义为一种对信息的心理表征的操作。表征采取的形式可能是词汇、声音、视觉表象,抑或是其他存储在记忆中的感觉形式。思考使信息的表征转换为另一种新的形式,并使我们能够回答问题、解决问题以及达到目标。当我们思考时,究竟思维是怎样运作的,这一点尚不明确,但是对思维的基本要素的理解却在日益完善。

(一) 思维的要素

1. 表象

请想一想无论是你最好的朋友,还是其他人,抑或是一件物品,当要求你回想时,你的脑海里会"浮现"出这些人或物的表象。认知心理学家认为,这样的心理表象是思维的主要成分。

表象是物体或事件在心理上的再现。表象不仅仅是视觉再现,脑海里"听到"某一个声音也是表象。事实上,每一种感觉形式都对应着一种表象。

一些专家将表象的产物视为提高能力的方式。例如,许多运动员在训练中运用表象。篮球运动员想象赛场上生动的场面和细节,如篮筐、篮球以及喧闹的观众。他们想象自己犯规、看着球、听到篮球飞驰而过的声音。这种方法是有效的:运用表象训练能改进运动成绩。

2. 概念

如果有人问你家的橱柜里放了什么东西,你可能会一个一个详细地列出来("一罐花生黄油、三盒意大利通心粉、六个新潮的咖啡杯"等)。而更有可能的是你会以某种更宽泛的类别来回答这个问题,如"食物"以及"餐具"。

如上分类反映了人们对概念的使用。概念即对拥有共同特质的物体、事件或者人的分类。概念促使我们将复杂的现象组织成更为简单的认知类别。

概念有助于我们根据过去的经验来归类新的事物。例如,若别人在使用掌上电脑时,即使我们从来没有见过,我们也会推测此人正在使用某种电脑或者掌上电脑。最终概念会影响行为。比如我们在判断某个动物为狗后会爱抚它,但是在判断其为狼后,我们的行为就截然相反了。

3. 原型

现实生活中,多数概念是模糊的,且很难定义。诸如"桌子"和"鸟"的概念具有笼统的、相对松散的特征,没有独特而又清晰的特征,难以区分什么是样例,什么不是。当我们想到这些更为模糊的定义时,我们通常想到的是它们的样例,即为原型。原型是一个典型的、具有高度代表性的样例,它们对应于概念的表象或者说是最佳样例。举例来说,尽管鹦鹉和鸵鸟都是鸟,但是一提到鸟,多数人更容易想到鹦鹉,因此鹦鹉便成为"鸟"这一概念的原型。与之相似,想到"桌子"一词时,我们更容易想到餐桌而不是会议桌,这使得餐桌成为桌子这一概念的原型。

(二) 推理与问题解决

● 教师决定选派哪位学生参加数学竞赛。

● 雇主在众多求职者中决定聘用谁。
● 总统认为是否有必要向别国派军。

这三种情境的共同点是什么？它们都要求做出推理。推理是使用信息得出结论并作出决策的过程。

1. 算法与启发式

当面临决策时，我们通常寻求各种认知捷径，比如算法式和启发式。算法是一种推理规则，如果运用恰当，可以保证问题得到解决。甚至在不理解算法式的原理时，我们也能运用。例如，你知道可以通过公式 $a^2+b^2=c^2$ 来求出直角三角形的第三边的长度，尽管你可能不知道此公式背后的数学原理。

然而，许多问题和决策并不能运用算法式。那么在这些情况下，我们就要用到启发式。启发式是可能得出结论的认知捷径。启发式能增加成功解决的可能性，但是和算法式不同的是，它并不能保证问题得到解决。例如，当我玩五子棋时，我运用启发式：开局时将棋子放进棋盘的中心。这一策略不能保证我会赢，但是经验告诉我这会增加我的胜算。

2. 心理定势

思考下面的问题解决测试：给你一些大头钉、蜡烛、火柴，每一样都装在一个小盒子里，要求将蜡烛放置在旁边一扇门的水平视线上，并且保证蜡烛燃烧产生的蜡不滴到地上（见图 2-31）。你怎样做？

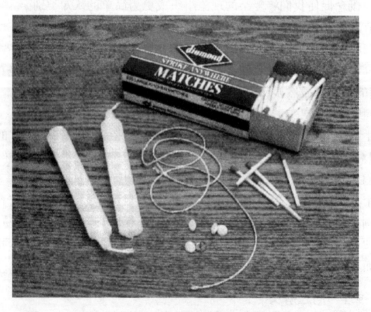

图 2-31　怎样才能把蜡烛点燃并放在门上

并不是你一个人觉得这个问题很难。当物体以图示的方式摆放于盒子中时,大多数人不能解决这一问题。然而,如果物体放在盒子外面,可能你就很容易解决这一问题了。即用大头钉将火柴盒固定在门上,然后将蜡烛放在火柴盒上(见图 2-32)。

蜡烛问题中大多数人所遇到的困难是由功能固着导致的。功能固着是指仅仅以一个事物的典型用途去思考该事物。例如,功能固着可能导致你只想到这本书是用来阅读的,而没有想到其潜在的用途。在蜡烛问题中,因为物体一开始都是放在盒子里的,所以功能固着让大多数人仅仅将盒子看作是盛放物体的容器,而不是解决方法的一个构成要件。他们没有想到盒子的另一种功能。

图 2-32　蜡烛问题可以这样解决

功能固着是一个更宽泛的现象中的一种,这一现象便是心理定势。心理定势是指先前问题解决的模式影响新问题解决。心理定势能影响知觉和问题解决的模式。它会阻碍你观察到问题解决的显性限制之外的东西。

(三) 语言

语言是一种通过符号实现信息交流的手段,其符号具有系统化的规则。语言的运用是一项重要的认知能力,是我们和他人进行交流的不可或缺的工具。语言不仅仅是交流的关键,而且与我们思考和理解世界的方式紧密相关。

1. 语言的发展

对父母来说,宝宝咿呀学语和嘀嘀咕咕的声音美如仙乐。这些声音还具有重要的功能,它们标志着语言发展的第一步。

咿呀学语类似语言但又没有意义,儿童从 3 个月到 1 岁期间都处于这一阶段。咿呀学语存在于所有语言中,甚至失聪儿童也有自己的咿呀学语,这些儿童尽管听不到,但他们从出生起就能以手势进行表达。

婴儿的咿呀学语日渐折射出婴儿的母语特点,最开始表现在音高和音调上,最终是特定的发音方式。出生 6~8 个月以后,婴儿开始在语言上向"专门化"发展,他们大脑中的神经元开始重组,只对他们经常听到的特定语音做出反应。

一些学者认为在语言发展的早期存在关键期,在这个时期儿童对语言线索特别敏感,并且最容易学习语言。事实上,如果儿童在关键期内没有接触语言,那么以后他们就很难克服这一缺陷了。

快到1岁的时候,婴儿不再发出其母语中不存在的声音。接下来便开始产生实际的词汇,容易发音的词往往是以少数几个辅音字母开头的,例如b、d、m、p以及t,这就可以解释为什么婴儿学会的第一个词汇往往是mama和baba。当然,甚至在婴儿产生第一单词之前,他们就能理解大量其所听到的语言了。也就是说,语言理解在语言产生之前就存在。

1岁以后,婴儿开始学习更复杂的语言形式。他们能够产生出两词连接、句子的组块,并且他们所能运用的词汇量开始显著增加。到2岁时,婴儿平均掌握50多个词汇。这时,婴儿开始产生短句,尽管他们运用的还只是电报式语言——句子念起来就像是电报的一个个部分,对表达信息不重要的单词被略去。婴儿不是说"我给你看这本书"、"我在画一只狗",而是说"给你书"以及"画狗"。当然,随着婴儿的成长,他们会日渐减少电报式语言的使用,产生出更为复杂的句子。

到3岁时,儿童逐渐学会数词、量词、否定词的运用。在此之前,如果大人问:"你手里有多少钱?"婴儿可能回答:"五少钱。"也就是说,对量词的使用还没有掌握。有时成人对两岁左右的儿童说:"不要踩到水坑里!"他们常常照样踩进去,这并不是恶作剧,而是还不能理解"不要"做某事到底意味着该怎么办。如果换种方式,告诉他们:"前面的水坑你要从旁边绕过去。"他们往往会很合作地绕过去。到5岁时,儿童已经获得了语言的基本规则。当然,他们并没有掌握全部的词汇,也不具备理解和使用微妙的语法规则的能力。

2. 语言对思维的影响

生活在北极冰天雪地的爱斯基摩人比生活在温暖地方的人拥有更多关于雪的词汇吗?19世纪以来,人们发现:相对于英语而言,爱斯基摩人的语言有更多关于雪的词汇。这便引出了语言相对性假设。该假设认为,语言塑造并可能决定着人类在特定文化中知觉和理解世界的方式。这一观点认为,语言使得我们能够运用分类去构建关于我们周围的人和事的观点。因此,语言塑造并产生思维。

但是,也不排除另一种可能。假设不是语言塑造了思维方式,而是思维产生语言,那么能够解释爱斯基摩人有更多关于雪的词汇的唯一原因,因为相对于其他文化而言,雪与爱斯基摩人的生活关系更为密切。

哪种观点是正确的呢?可以肯定的是思维影响着语言,思维和语言有着复杂的相互作用。

第三节 动机与情绪

一、动机

一位态度坚定的运动员,他训练多年是为了在四年一次的奥林匹克运动会去争取那渺茫的胜利,他背后到底蕴含什么样的动机呢?赢得奖牌时的兴奋是令人期待的吗?成功之后会能得到其他潜在的好处吗?是参与比赛使他很兴奋吗?是成功取得了一直追求的目标的满足吗?

为了回答这些问题,心理学家运用了动机这一概念,指导并且激发人类或者其他有机体的行为的一系列因素。动机具有生物性、认知性以及社会性。这一概念的复杂性使得心理学家用很多理论来阐释动机,都是为了试图解释在某一方面指导人们行为的能量。

(一)动机的本能论

心理学家在试图解释动机时,他们首先想到了本能。行为的内在机制,是由遗传决定的,而非后天习得的。根据动机的本能理论,人与动物天生都有一种对生存至关重要的编码。这些本能使行为向着一定方向发展而提供能量,例如性行为可能就是对繁殖本能的响应。

然而,动机的本能理论也出现了几个问题。首先,基于本能理论的阐释并不能解释出现在特定物种中为什么是这种行为而不是出现其他行为。其次,虽然我们可以明确指出许多动物行为是基于本能的,但是人类行为的多样化以及复杂性又如何解释。

(二)驱力理论

动机的驱力理论认为,一些基本生理需要的缺失会驱使人去满足这一需要。

驱力是指个体由生理需要所引起的一种紧张状态,它能激发和驱动个体行为以满足需要。许多基本的驱力,像饥饿、渴、睡眠以及性都与机体的生物需要有关系。这些被称作原始内驱力。除了原始内驱力,还有次级驱力,次级驱力中行为并不是明显地去满足生物需要。例如,一个人有强烈的需要去获得学术上以及职业上的成功,可以认为他们成就需要反映在激发行为的次级驱力中。

机体趋向于维持内部平衡,这是构成原始内驱力的基础。它的工作方式很像空调或者家中的暖气系统,空调或者家中的暖气系统可以使家中维持一种稳定的温度。遍布全身的感受器细胞持续不断的监视一些生理因素,比如体温以及营养水平。当机体与理想状态不一致时,人体会努力调节以使身体达到最优状态。许多基本的需要(食物、恒定体温以及睡眠的需要)都是通过动态平衡机制来运行的。

但是,生活中有些行为不是为了减少驱力,而是维持甚至增加兴奋水平。比如有些行为仅仅是出于好奇心,就像匆匆地去查电子邮件。同样的,许多人热衷于令人兴奋的活动,像玩过山车或者在激流中玩漂流。这些行为当然并不能表明人们这样做为了减少驱力,这就与驱力递减理论相悖。为了解释这种现象,心理学家想出了另一个解释动机的方法。

(三) 唤醒理论

唤醒理论认为行为的目标是维持或者增加兴奋。根据唤醒理论,每个人都尽力去维持一定水平的刺激以及活动水平。人们想获得唤醒最佳状态,是随着寻求高水平唤醒状态所变化的。例如,人们参加不怕死的运动、高风险的赌博以及罪犯高风险的抢劫,这些都表现出高唤醒需要。

小贴士

了解自己的动机强度

你知道在每天的生活中你周围有多少种刺激吗?完成下面问卷后,你将对此有所了解。问卷来自一个测验,该测验是为了评估你的感觉寻求倾向。在一对问题中,要么选 A,要么选 B。

1. A:我想要一份经常出差的工作
   B:我喜欢在一个固定地方的工作
2. A:寒冷的天气可以使我振奋
   B:寒冷的天气使我迫不及待地进入屋里
3. A:我讨厌看到老面孔
   B:我与熟悉的朋友在一块感觉很舒服
4. A:我喜欢住在每人都安全与快乐的社会中
   B:我更喜欢生活在历史动荡的年代
5. A:我有时喜欢做些令人害怕的事情
   B:一位明智的人会避免危险的活动
6. A:我不想被催眠
   B:我想要一次被催眠的经历
7. A:人生最重要的目标是活得充实、经历丰富
   B:人生最重要的事情是寻找和平与快乐
8. A:我想尝试跳伞
   B:我从没有想过跳出飞机无论有没有降落伞
9. A:我会渐渐地进入冷水,使自己有时间去适应
   B:我想潜入或者直接跳入大海或者冰冷的池塘

10. A：当我出去度假，我更喜欢舒服的房间及床
    B：当我出去度假，我更喜欢露营
11. A：我喜欢善于表达情绪的人，即使他们情绪有点不稳定
    B：我更喜欢冷静以及性情平和的人
12. A：一幅好画应该震撼人们的感觉
    B：一幅好画应该给人和平以及安全感
13. A：骑摩托车的人一定有一种无意伤害自己的需要
    B：我想去骑摩托车

得分：
做出以下回答得一分：1A 2A 3A 4B 5A 6B 7A 8A 9B 10B 11A 12A 13B。分数加起来就是你的总分，分数解释如下：
0~2 非常低的感觉寻求
3~5 低
6~9 中等
10~11 高
12~13 非常高

(四) 激励理论

动机的激励理论认为动机源于想得到外部目标或者刺激的愿望。想要得到的外部刺激多种多样——成绩、金钱、感情、食物或者性。尽管这个理论解释了为什么我们会屈从于刺激（像一块令人垂涎的点心），即使此时我们缺少内部线索（像饥饿），动机的激励理论并不能对动机提供一个完整的解释，因为有机体有时会在刺激不明显的情况下试图去满足需要。相应的，许多心理学家相信驱力递减理论提出的内驱力与激励理论是相呼应的，各自"推动"和"拉动"行为。因此，我们在试图满足我们饥饿需要的同时（驱力递减理论的推力），我们也会被美味可口的食物所吸引（激励理论的拉力）。两种驱力不是相互矛盾，而是一起发挥作用的。

(五) 动机的认知理论

动机的认知理论认为动机是人类思想、期望以及目标—认知的产物。例如人们为一场考试而努力学习在很大程度上是以他们的期望为基础的，他们期望着努力学习会给自己带来好成绩。动机的认知理论主要区分了内在动机和外在动机。内在动机促使我们参加一些使我们愉悦的活动而不是促使我们追求它所带来的具体、明确的回报。

恰恰相反，外在动机会驱使我们追求金钱、地位或一些具体的、明确的回报。例如，一位内科医生由于热爱医学而工作很长时间，这是内在动机促使着他这样做。如果他这样努力工作是为了赚钱，这就是外在动机在促使他这么努力。

当对一个任务的动机是内在动机而非外在动机时,我们倾向于内敛、努力工作以及做出高质量的工作。事实上,在一些情况下,对预期行为(因此增加外部动机)提高奖励很可能会减少内在动机。

(六) 马斯洛的层次需要理论

马斯洛把人类的需要按层次划分(图 2-33),并且认为只有在初级需要得到满足后,较高层次的需要才能得到满足。金字塔模型的最下面代表的是基本需要,最上面代表的是高层次需要,一个人必须首先满足低层级的基本需要,才能够激发更具体的、高层次的需要。

图 2-33 需要的层次理论

基本需要是一种初级需要:水、食物、睡眠、性之类的需要。为了满足高层次的需要,一个人首先应该满足这些基本的生理需要。安全需要排在等级的第二位;为了更有效地做事情,人们需要一个安全的环境。生理与安全的需要是人的基本需要。

只有在满足基本需要后,一个人才能够满足高层次的需要,像爱情的需要、归属的需要、自尊的需要以及自我实现的需要。爱情以及归属需要是指获得与给予爱以及成为社会或者团体中有助于组织的一员。当满足这些需要之后,一个人才会努力争取自尊。马斯洛认为,自尊与发展自我价值感的需要有很大的关系。

一旦这四种需要被满足,当然这不是一件容易的事情,一个人会努力争取更高层次的需要,即自我实现需要。自我实现是一种自我满足的状态,这种状态下,人们会用自己的独一无二的方式认识到自己的潜力,并会把自己的才能发挥到极致。

二、人类的摄食

丽莎追踪记录了一个加利福尼亚大学大二学生克鲁兹的饮食情况:早饭,她吃谷物类食物或者水果,她还会吃10片减肥药片以及50个巧克力味的轻泻药。

午饭时她吃色拉或者三明治;晚饭,她吃了鸡块与米饭。但是克鲁兹最喜欢接下来的"盛宴"。几乎每天晚上9点钟,克鲁兹将会回到她的房间去吃一块比萨和很多饼干。然后她又要等待白天吃的轻泻药起作用。"这是相当痛苦的事情"克鲁兹最近经常说:"可是我又急需要补偿我的无节制的行为,我害怕肥胖如同人们害怕狮子或者手枪一样。"

在美国,约有1 000万女性和100万男性患有饮食失调症,中国的比例也差不多,这样的失调通常会出现在青少年期,往往会导致体重急剧变化,以及身体机能恶化,更有甚者,患者有时会因此而死亡。

为什么这么多人遭受饮食失调的折磨呢?是不惜任何代价避免肥胖的动机在起作用吗?那又为什么那么多的人喜欢可以引起肥胖的过度饱食呢?

在美国,约有2/3的人是超重的,并且几乎1/4的人是肥胖症患者,在特定的身高下,一个人身体重量超出平均体重的20%就是肥胖。并且世界的其他地方也不甘落后,全球10亿人是过重或者肥胖。世界卫生组织认为全球肥胖症已经达到了流行病的疫情比例,肥胖症会导致心脏病、糖尿病、癌症以及过早死等疾病的增加。

(一) 饮食调控的生物学因素

人的下丘脑在调控食物摄入时有重要的作用。这个器官具体是怎样运行的,现在还不清楚。如果一个人的下丘脑受伤,可能会影响摄食行为,造成饮食过度或者饮食不足。

大部分情况下,下丘脑运行良好。即使不能慎重监控自己体重的人也仅仅在体重上存在小的波动,尽管他们每天锻炼以及饮食的量是变动的。

基因因素也会部分地决定体重。人们通过遗传,命中注定有一套自己特殊的新陈代谢方式,新陈代谢率是指食物转化为能力以及身体所消耗能量的比率。有较高新陈代谢率的人吃的比较多,而体重却不增加。然而新陈代谢率低的人,也许看上去吃得不到别人一半,可是体重却稳定地增加。

(二) 饮食中的社会因素

你在做客,刚刚吃完了丰盛的晚餐,感到非常饱。突然间主人骄傲地告诉大家,他要让大家尝一尝他花了一个下午才做好的特色点心及香蕉饼。即使你已经饱了,你还会尽量把点心吃光。

很明显,内部的生物因素并不能完全解释我们的饮食行为。社会规范、饮食礼仪等外部因素,也在起着重要的作用。举一个简单的例子,人们已经习惯了每天大约在同一时间吃早餐、午饭以及晚饭。所以,每当临近我们日常吃饭时间的时候,我们就会感到饿,即使之前刚刚吃了一些点心。

我们也会特别喜欢一些特殊的食物。老鼠与狗在亚洲文化中可能是美味佳肴,可是在西方文化中,即使它们有很高的营养价值,也很少有人感兴趣。

甚至我们饮食的摄入量也要符合文化的标准。例如,美国人吃的食物的量要比法国人多。相比之下,日本人吃得就比较少。在我国,同样一份菜,北方饭店里的菜量往往比南方大得多。总之,对于我们何时吃、吃什么以及吃多少,文化影响以及饮食习惯起着很重要的作用。

(三) 饮食性疾病

饮食性疾病是危害年轻女性健康重要因素之一。其中之一就是神经性厌食症,患者可能不会吃任何东西,即使自己骨瘦如柴,还是固执地认为自己太胖了。理论上讲,10%的患者会由于营养不良而死亡。尽管神经性厌食症各个年龄段的男女性都有可能发生,但是主要集中于12到14岁的女性。这种疾病常常发生在严重的节食之后。

另外一种是贪食症,患这种病的人会狂吃大量的食物。当狂吃之后,这些人就会感到内疚、压抑,并且经常呕吐或者吃泻药去清除他们体内的食物。不断地狂吃再腹泻,这种循环可能引起心脏衰竭。

是什么引起神经性厌食症与贪食症的呢? 一些研究者怀疑是在下丘脑以及腺体中的化学物质不平衡引起的,也许是基因引起的。

另一些人认为这些疾病的根源在于人们对苗条的认识。这些研究者认为具有神经性厌食症与贪食症的人太多的关注自己的重量以及坚信一个人越瘦越好。根据广泛的调查,男性和女性对自身的认识都有偏差,见图2-34所示。女性往往认为要相当苗

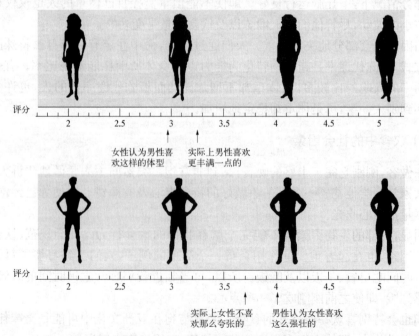

图 2-34 男性和女性心目中的理想体型

条才能得到男性的青睐，实际情况是男性往往并不喜欢太瘦的女性；相反，男性往往觉得要非常强壮才能引起女性的兴趣，而实际情况是在女性看来男性不应该太粗壮。

小贴士

成功的节食以及减肥

尽管大多数人都说他们想要减肥，最终却没有实现。许多人最终还会反弹，他们不断地尝试，却陷入了这种减了又增、增了又减的怪圈。如果你想要减肥，你应该把以下几点牢记于心：

① 体重的控制没有捷径可走。在体重没有反弹之前，你应该做一个长久的改变。最显著的策略是减少你的食量，这仅仅是你改变你的饮食习惯的第一步。

② 不断地跟踪自己所吃的食物以及自己的重量。除非你仔细的记录，要不然你就不知道自己吃了多少以及你的节食行动是否起作用。

③ 不要看电视。肥胖盛行的一个原因是由于人们花很多时间看电视。看电视不仅妨碍了人去从事其他活动（在房子周围走走也是很有帮助的），而且人们在看电视时常常贪婪地吞咽食物。

④ 锻炼身体。每周三次至少做30分钟的连续运动。当你运动时，肌肉就会消耗身体内储存的可以作为"燃料"的脂肪。当你用光了脂肪，你就会减肥了。几乎任何运动都可以帮助减肥，前提是要持续一定的时间。

⑤ 在你的饮食行为中，要减少外部、社会刺激的影响。

⑥ 给自己吃一小份食物并且在点心之类的食物出现在饭桌上之前离开饭桌。不要去买像烤玉米片以及炸薯片之类的小吃；尽量不要出现在厨房里面，这样你就不会随手乱吃。把冰箱的食物用铝箔包起来，这样你就不会时常被它们所吸引。

⑦ 远离流行餐以及减肥药片。无论它们在某一特定时期是多么的流行，不寻常的食物（包括液体食物）常常不能长期有效，并且往往有害健康。

⑧ 设定合理目标。在开始节食之前，要清楚自己到底想减多少斤。不要妄想一蹴而就，这将导致减肥最后失败。相反，哪怕一些细小的改变——比如每天走路15分钟或者每顿饭少吃一些食物——都能够阻止反弹。

三、情绪

我们大家都有强烈的感情，这种感情常常伴随着非常愉悦或者非常消极的体验。也许我们会体验到找到工作时的兴奋、恋爱的欢乐、失去某人时的伤痛以及不小心伤害别人时的懊恼。另外，我们日常也会体验到不是那么强烈的感情：友谊的愉悦、电影的精彩以及打碎从别人那借来东西的尴尬。

尽管这些感情的性质是不同的，它们都能够代表情绪。尽管每个人对情绪都有

自己的看法，但正式定义情绪是一件不容易的事情。即使是很高兴的一天，许多人也会在婚礼上哭泣。你认为这到底是为什么呢？

我们是怎么感觉到高兴的？首先，我们会体验到与其他情绪有所区别的情感。其次，我们也很有可能会体验到一种可辨别的身体上的变化：也许是心率增加或者我们会发现自己"欢呼雀跃"。最后，情绪可能包含认知元素：对所发生事情的意义评估唤起了我们的愉悦感。

然而，我们也有可能会体验到没有出现认知元素的情绪。例如，当我们遇到一种不同寻常或者新颖的情况时，我们可能会感到害怕；在我们没有认知到周围具体有什么东西令人兴奋时，我们也可能体验到兴奋的愉悦。假如我们列举语言中用于描述情绪的词汇，至少可以列举出 500 个。

心理学家面对的挑战是从列表中分出最重要的、最基础的情绪。大部分研究者认为基本情绪的目录至少应该包括高兴、愤怒、害怕、悲伤以及厌恶。

不同文化中的人，表达情绪的方式是相似的吗？

如果你对面部表情有很好的判断，你将会归纳出这些表情可以展现六种基本情绪：高兴、愤怒、悲伤、惊讶、厌恶以及恐惧。许多非言语行为的研究表明，即使是没有经过训练的观察者，这些情绪也是可以辨认的。

有趣的是，这六种情绪并不是哪种文化所独有的，它们是人类的基本情绪，无论个体在哪里长大，学习了什么经验，对基本情绪的认识与反应都是相似的。

为什么不同的文化可以表达相似的感情？著名的"面部影响程序"给了我们一个解释，我们假定"面部影响程序"是天生存在的，它类似于计算机程序，当一个人经历特殊情绪时，这个程序就会启动。当程序启动时，它就会启发一系列的神经冲动以使面部呈现适当的表情。每一种主要的程序都会产生一套独特的肌肉运动，会形成如图 2-35 所示的表情。

面部表情的重要性可以通过一个的概念来解释，这个概念就是著名的"面部反射假设"。根据这一假设，面部表情不仅反映了情绪体验，也帮助人们怎么体验以及标记情绪，一般而言，情绪体验把肌肉反馈提供给大脑，大脑产生一个与表情相一致的情绪。例如，当我们微笑时，激活的肌肉可以给大脑发送信息，预示着快乐体验，即使在环境中没有产生特定情绪的因素。一些研究者进一步的研究表明面部表情对于情绪体验是必要的。

由保罗·艾克曼所做的经典实验支持了面部表情反馈假设。在这项研究中，他们要求专业演员遵循一个关于面部肌肉运动的明确指示。你可以自己尝试以下动作："抬高你的眼眉并把它们拉在一块；抬高你的上眼皮；现在把你的舌头水平向后卷曲。"

当你做了这些指示后，你也许已经猜到这会产生恐惧表情，与此相伴出现的是心跳加快以及体温下降，这种反应就是恐惧的特征。

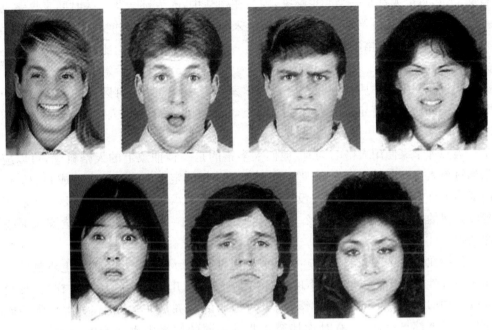

图 2-35 人类的表情

第四节 人　　格

　　理想的配偶是什么样子的？常常有人去做这类调查。通常发现，大部分人都希望他们的配偶有幽默感、漂亮，加上些许浪漫，不过人们几乎总是会优先考虑对方的人格。如果你和大多数人一样，你就会希望对方具有一个"好的人格"。

　　好的人格，这个词语对你来说意味着什么呢？如果你要描述你的一位朋友拥有好的人格，你会说些什么呢？"他拥有很棒的人格……"但是接下来呢？

　　描述一个人的人格意味着试图去抓住这个人的本质。它意味着从你对这个人的零散了解中概括一些东西出来。它意味着获取关于这个人的一大堆信息，然后将这些信息缩减为一系列的品质特征。

一、人格的定义

　　描述一个人的人格，是心理学家成长之路上的一个很重要的训练内容。从某种意义上讲,每个人都是一个心理学家,因为在生活中,人人都会花一些时间来思索别人有什么样的特征。当你思考用什么特征来描述某人,以及这些特征是怎么体现出来的,你就正在做人格心理学家们常做的一些事情,只是与他们比起来你的工作不太正式而已。

不过日常生活中所做的和人格心理学家的关注焦点还是有区别的。日常用的"人格"一词通常指特定的人所拥有的特点,在我们的文化中,"人格"一词还常常和"尊严"联系起来。

当心理学家使用人格一词时,他们大多指的是一种抽象上的人格概念,可以应用到每个人身上。长期以来,心理学家对如何确切地定义人格就没有达成共识。他们提出了许多的人格定义,但是没有一个得到广泛的承认。实际上人格是一个相当难以把握的概念。既然争议这么多,当我们使用人格一词的时候,它的含义又是怎样的呢?

其一在于一个人总是具有一致性或连贯性。你可以在一个人的身上看到跨时间的一致性(在你第一次见到小玲的时候她很健谈,几年以后她还是这样)。你也可以在相似的情境中看到一致性(老丁对饭店的服务员非常礼貌,每次你和他吃饭的时候他都是这样)。有时你甚至在非常不同的情境中也会看到一致性(老王总是对周围的人发号施令——在商店里、在工作中,甚至是在宴会上)。在每一个例子中,从一种场合到另一种场合,都可以让人感觉到这毫无疑问的是同一个人,因为这个人在不同的时间、不同的环境下都是以一致的方式在行动(或说话,或思考,或感觉)。

其二在于一个人的所做(或所思或所感)是来自人的内部。使用人格一词意味着在个人内部存在一种影响人如何行事的根本动力。

当你试图预测和理解人们的行为(甚至你自己的行为)的时候,使用人格一词的这两个原因就相互结合在一起。对行为进行预测很重要。你告诉一个习惯迟到的朋友电影在8点开始,而实际上这部电影是在8点半开始,你预测这会使她或多或少能准时到达一点。这种预测背后的一个重要信息来源就是你对他人人格的判断。

其三在于用一些有限的特征就可概括一个人,因为这些特征在此人的行为表现中非常突出。说凯琳具有热情友好的人格,意味着她在大多数时间里都看起来热情友好;说晓娅具有敌对的人格,意味着敌意影响了她的许多行为。当你试图描述某个人的时候,首先想起来的品质就是那些主要的特征。思考某人最显著的特征会让人想起人格的概念。

综合起来,我们就比较接近人格的定义了。也就是说,人格一词传达了一致性、内部决定性,以及个体的独特性。这些特性,几乎在所有的人格定义中都不可缺少。

人格是个体内部心理物理系统的一种动态组织,它塑造了个人的行为、思想和感受的独特模式。

这个定义有几个要点:

(1) 人格不仅仅是一些碎片的累加;它是有组织的。
(2) 人格并不是静态地存在着;它是活动着的,具有某些过程性的内容。
(3) 人格是一个心理概念,但是它的存在依赖于物理的身体。
(4) 人格是一种原因性的力量,它有助于决定人是怎样与世界相互作用的。
(5) 人格是在重现和一致性的模式中表现出来的。
(6) 人格的展现并不只有一种方式,它是通过行为、思想和感受等多种方式表现出来的。

二、人格特质

我想让你见见我高中的一个朋友。他为人热情。他友好但不是老跟大家在一块。你可能会说他喜欢社交,但也相当独立。

我的心理学老师行动很有规律,他聪明却古怪,他整日把自己关在办公室里。我简直不敢想象他会做什么有趣或者高兴的事。我估计他也没办法,这就是他的人格!

这些话语说明了人格心理学的核心主题。一般而言,每个人都有一组特性,这些特性仅通过一点观察就很容易地表现出来。如果你发现了人是什么样的人格,你就可以根据它来预测人们以后的行为。

人类可以被分成不同的类型或类别,这种想法至少可以回溯到古希腊的希波克拉底时代(公元前400年)。他认为人可以分成四类:胆汁质(易激惹)、抑郁质(抑郁的)、多血质(乐观的)和黏液质(平静的)。每一种人格类型都反映了四种体液的一种过剩时的状况。

19世纪,伟大的心理学家荣格认为,人不是内向就是外向。一个内向的人倾向于经常一个人独处,他可能看起来比较害羞,而且偏好独自进行的活动。当面对压力时,他们就退回内心。一个外向者一点也不害羞,喜欢和别人共度时光,而不是一人独处,当面临压力时,外向的人乐于寻求他人的帮助。

为了描述人格,心理学家更广泛采用的是人格特质。人格特质也可以称为人格维度。就像我们可以用长、宽、高三个维度来描述物体的形状,我们也可以用多个人格特质来描述所有人的人格。

通过对不同种类的数据进行大量的因素分析,卡特尔相信人格包括一组共16个维度,他将其视为人格的首要特质。他据此编制了迄今为止应用最广泛的人格问卷之一：卡特尔十六因素人格问卷，简称16PF，用每一特质维度高分者和低分者的特征来描述(见表2-5)。

表2-5 卡特尔提出的16种人格特质

特 质	低 分 特 点	高 分 特 点
1	保守	热情
2	具体—推理	抽象—推理
3	反应性	情绪稳定
4	冷漠的	控制的
5	严肃的	活泼的
6	随机应变的	坚守规则的
7	害羞	勇于社交
8	实用主义	敏感的
9	信任的	警惕的
10	实在的	想象的
11	直率的	私密的
12	自信的	忧虑的
13	传统的	接受变化
14	集体的	自我独立
15	容忍杂乱	完美主义
16	放松的	紧张的

艾森克提出，人格只有两个潜在的超级特质，分别是内外向和神经质(见表2-6)。内外向维度，高分者爱好社交、寻求刺激、有活力、活动性和控制欲强，低分则相反。神经质维度，高分者心情轻、松情绪稳定，低分者往往情绪不稳定，容易陷入焦虑和抑郁。

这些维度可以形成的变化远远超出你的预期。

内向、情绪稳定的人，倾向于在行动中细心、抑制、平静和深思熟虑。

内向、情绪不稳定的人倾向于产生一种不利于交际的抑郁心境、一种悲观和焦虑的品质。

如果外向和情绪稳定组合,结果是性情宜人,善交际。

一个外向者如果情绪不稳定的话,就会形成好攻击的特征。

表2-6 艾森克提出的两大人格特质及其组合

	情 绪 稳 定		情 绪 不 稳 定	
内向	被动 细心 体贴 平和 可控 负责 脾气温和 平静	黏液质	安静 悲观 不爱社交 有节制 严肃 抑郁 焦虑 矜持	抑郁质
外向	喜爱 社交 友好 爱交谈 反应迅速 容易相处 活泼 轻松愉快 善于领导	多血质	活跃 乐观 冲动 易变 易兴奋 攻击性 好动 暴躁	胆汁质

基本的人格特质到底有几个?到目前为止,大多数研究取得了一定的共识:人格的基本结构可能包括五个超级因素,被称为"五因素模型"或者"大五"。五因素分别是什么?

第一个因素通常称为外向性,外向通常意味着爱好社交,表达方式比较直接,具有支配性和自信心,心情愉快。

第二个因素通常叫做宜人性。这一特质与人际交往密切相关,它并不仅仅意味着热情、可爱,还意味着一种照料感和情感支持,以及抑制自己的消极情感。与此相反的特征,包括敌意、敌对,更多地选择强力来解决社会冲突,内心体验到更多的冲突。

第三个因素最常用的名称是尽责性。意味着计划性、坚持和追求目标的努力。

第四个因素含义比较统一,大多数人认为神经质,或称情绪性,它和艾森克所指的精神质基本上是一致的。这一因素的核心似乎是主观体验的焦虑感。

第五个因素是经验开放性。它和一个人的智力表现密切相关,但各有侧重。它体现出兴趣、好奇心和求知欲。

本章小结

- 普通心理学是心理学的基础,它研究了个体的最基本的心理与行为活动过程,本章依次按照脑与意识、感觉、知觉、意志、思维、表象想象、记忆、人格、气质的方面为我们将作为一个正常人的心理层面进行了详细的分析。

- 心理活动的生理基础是神经系统。神经系统包括了三大部分:中枢神经系统、外周神经系统,以及神经—内分泌系统。神经元是神经系统的基本构造单元,它起到传递信息的作用。大脑皮层从事知觉、言语、复杂动作、思维、语言加工和生成,以及其他的加工过程,这使得我们具备了认知能力。

- 意识是指对感觉、思维以及在某一时刻的体验的觉知,是对于我们周围的环境以及我们机体内部环境的主观感受,而这在别人则是无法察觉的。意识的日常状态有注意、白日梦和睡眠,异常状态有幻觉、催眠和药物致幻。人的睡眠会经历一系列相对独立的阶段,从第一阶段到第四阶段再到快速眼动阶段。与睡眠不同,虽然被催眠的人的某些表现像是在睡觉,但有些方面的表现却与睡眠状态截然不同。冥想是一种习得的技术,用以集中注意力来将自己带入一种不同的意识状态。人们在冥想过后,会感觉到完全放松。

- 感觉是人脑对直接作用于感觉器官的客观事物的个别属性的反映。根据刺激的来源,可以把人的感觉分为外部感觉(视觉、听觉、肤觉、嗅觉和味觉)和内部感觉(运动觉、平衡觉和机体觉)两大类。知觉是人脑对直接作用于感觉器官的客观事物的各个部分和属性的整体的反映。知觉根据感觉通道来分类,可以分为视知觉、听知觉、触知觉、嗅知觉等;根据功能来分类,分为空间知觉(深度知觉和方位知觉)、时间知觉和运动知觉等。知觉是在感觉的基础上产生的,它是对感觉信息整合后的反映。

- 学习是一种由经验而引发的行为上的相对持久的改变。对学习的研究一直处于心理学的核心地位。对学习的第一次系统研究始于巴甫洛夫的经典性条件反射学习体系。斯金纳提出操作性条件反射,强调强化这一核心概念。认知学习理论,关注学习过程中看不见的心理过程,提出潜伏学习和观察学习两个重要概念。

- 记忆是在头脑中积累和保存个体经验的心理过程,包括编码、存储和提取三个基本过程。根据信息保持时间的长短,可以将记忆分为感觉记忆、短时记忆和长时记忆(陈述性记忆和程序性记忆)。遗忘就是记忆的内容不能保持或者提取时有困难。对遗忘的最经典的研究还属艾宾浩斯的遗忘曲线。

- 心理学家将思维定义为一种对信息的心理表征的操作。思维的要素有表象、概念和原型。表象是物体或事件在心理上的再现,概念是对拥有共同特质的物体、事件或者人的分类,而原型是一个典型的、具有高度代表性的样例。推理是使用信息得出结论并作出决策的过程。在问题解决方面,主要有算法式与启发式两种策略。心理定势是指先前问题解决的模式影响新问题解决,会对知觉和问题解决的模式产生一定的影响。

● 语言是一种通过符号实现信息交流的手段,其符号具有系统化的规则。语言不仅仅是交流的关键,而且与我们思考和理解世界的方式紧密相关,同时,思维影响着语言,思维和语言有着复杂的相互作用。

● 动机是行为的内在动力,具有生物性、认知性以及社会性。心理学家用很多理论来阐释动机,如动机的本能论、驱力理论、唤醒理论、激励理论、动机的认知理论、需要层次理论等,都试图解释在某一方面的指导人们行为的能量。

● 情绪是人对客观事物的态度体验和相应的行为反应。高兴、愤怒、悲伤、惊讶、厌恶以及恐惧是六种基本情绪。"面部影响程序"对相异文化可以表达相似感情做出了很好的解释。"面部反射假设"认为,面部表情不仅反映了情绪体验,也帮助人们怎么体验以及标记情绪。

● 人格是个体内部心理物理系统的一种动态组织,它塑造了个人的行为、思想和感受的独特模式。为了描述人格,心理学家更广泛采用的是人格特质。人格特质也可以称为人格维度。卡特尔用因素分析的方法对人格特质进行了分析,提出了16PF 人格特质理论。艾森克提出,人格只有两个潜在的超级特质,分别是内外向和神经质。人格的大五理论认为,人格的基本结构中包括五个相对稳定的因素:外向性、宜人性、尽责性、神经质和经验开放性。

本章思考题

1. 在日常教学中如何利用艾宾浩斯的遗忘曲线来合理设计学生记忆策略?
2. 作为一名教师如何破除学生在解决问题时的功能固着,发挥学生的创造力?
3. 结合人格特质的解释,说说教学中对于师生互动的启示。

阅读材料:小测试[①]

1. 记忆类型

你的优势记忆类型是什么?你最轻易记住的是声音、场景还是对事物的感觉?请阅读以下叙述,并圈出最接近你习惯的描述。

为帮助回忆讲课内容,我……

---

① http://www.sste.com/its/xszy/xunzhao/001/new_page_2.htm

V. 阅读我在课堂上做的笔记。

A. 闭上眼睛努力回想讲课者说了什么。

K. 让自己重又回到讲课的教室中,感受当时发生的一切。

为回忆一个复杂的程序,我……

V. 写下这些程序。

A. 仔细听并重复指导者的说明。

K. 一遍又一遍的尝试。

为学习一门外语的句子,我尝试这样做到最好……

V. 把它们写下来并观察它们的写法。

A. 听后记在脑子里,直到我能大声说出它们。

K. 看见别人说了后,我学着他们的方式说和做动作。

如果我要学习跳舞,我……

V. 在尝试前看舞步分解图。

A. 有教练教我。

K. 看一遍后便试着跳。

当我回忆起一个快乐的时刻时,我……

V. 在脑海里浮现出来。

A. 仿佛听到当时的声音。

K. 感觉到当时身体的感受。

当我回忆行车路线时,我通常……

V. 在脑海里重现路线图。

A. 对自己大声重复路线。

K. 感觉到我的手正在假驾驶,车正沿着正确的路线前进。

答案:

如果你的选择以"V"居多,则你主要的记忆类型是视觉记忆;你喜欢回忆事物的样子。

如果你的选择以"A"居多,则你主要的记忆类型是听觉记忆;你喜欢回忆事物的声音。

如果你的选择以"K"居多,则你主要的记忆类型是感知记忆;你喜欢以你的触感来回忆事物。

这个问卷仅仅给出了我们通常如何运用记忆的大概方面。请记住:所有人每天都运用所有的记忆类型。

思考以下问题:你认为你的记忆类型对你回忆学术信息的方式有什么样的影响?与你的学习风格有什么关系?记忆类型如何影响你最初学习事物的方式?你怎样使你不擅长的记忆类型发挥更大的作用?

2. 改善你的记忆

抛却遗忘的好处不谈,多数人还是希望找到方法改善我们的记忆。下列有效策略可以帮助你学习和记忆课程内容:

(1) 关键词法。如果你正在学习一门外语,可以尝试此法:将外语词汇和发音与之相似的普通英语词汇进行比较。英语词汇称为关键词。例如,学习西班牙语中的"鸭子"一词("pato",读 pat-to),你将"pat"作为关键词;你可以通过想象一个鸭子正在锅里洗澡来记住单词"pato"。

(2) 组织线索。若你在第一次阅读课本内容时采用此法,你便能轻松地回忆起来。组织材料的基础是你预先对此文及其结构有所了解。组织后,你将能够在各种现象和过程之间建立起更高水平的联系,而这将会有助于你回忆。

(3) 有效地做笔记。"少即是多"或许是对记听课笔记的最好建议,且有助于回忆。最好是在听懂并思考讲课内容的条件下记下主要点,而不是无一遗漏地记。思考远比单纯的记笔记更为重要。这也就是为什么借别人笔记的做法不值得提倡的原因之一,因为你压根就不会形成用于理解的任何框架结构。

(4) 实践和练习。尽管实践并不能使回忆变得完美无缺,但是的确能帮助回忆。通过实践和练习过去已经掌握的内容包括"过度学习",个体能够更好地进行长时记忆的回忆。

(5) 别相信药物可以改善记忆的鬼话!广告宣称,每天服用一粒含有银杏叶成分的维生素片,或者其他提高心理敏锐性的产品能帮助你改善记忆。然而众多研究却发现并不是这样的。没有一个研究表明增强记忆的商业产品有效。

参考文献

1. 〔美〕格雷维特尔著:《行为科学研究方法》,陕西师范大学出版社 2005 年版。
2. 彭聃龄著:《普通心理学——面向二十一世纪课程教材》,北京师范大学出版社 2001 年版。
3. 孙时进著:《心理学概论》,华东师范大学出版社 2002 年版。
4. 杨鑫辉著:《新编心理学史》,暨南大学出版社 2003 年版。
5. 叶奕乾著:《普通心理学》,华东师范大学出版社 2008 年版。
6. 郑希付、陈娉美著:《普通心理学》,中南工业大学出版社 2002 年版。

第三章 发展心理学

 **本章导读**

> 本章以人的心理发展为主题,围绕认知发展与语言获得、情绪与自我意识的发展、道德发展与行为养成作了重点论述。第一节介绍心理发展的基本概念,主要是心理发展的定义与心理发展的年龄阶段特征;第二节介绍认知发展和语言获得,是发展心理学领域最为重要的部分之一;第三节介绍情绪与自我意识的发展,可以了解到情绪和自我意识是怎样在人的成长历程中演化的;第四节介绍儿童青少年的道德发展和行为养成,其对于教育与教学具有启发意义。

第一节 心理发展的含义与特征

一、心理发展的理解

(一) 心理发展的概念

发展心理学中核心的部分是个体发展心理学。发展心理学是研究心理的发生、发展规律的科学,其有广义和狭义之分。广义的发展心理学包括比较心理学、民族心理学和个体发展心理学。狭义的发展心理学就是个体发展心理学。本章重点论述的是狭义的发展心理学,即个体发展心理学。

心理发展是指个体从出生、成熟、衰老直至死亡的整个生命进程中所发生的一系列的心理变化,具体包括认知(感知觉、记忆、思维等)、情绪、个性和社会性等几个方面。人的一生经过婴儿期、幼儿期、童年期、青少年期、中年期和老年期各个阶段,个体的心理在不同阶段之间和各个阶段之内都不断地发展变化,并具有各自不同的特征。

(二) 心理发展的基本特征

1. 连续性与阶段性

在心理发展过程中,当某些代表新质要素的量积累到一定阶段的时候,发展就出现了质变,表现为阶段性的间断现象。但后一阶段的发展总是在前一阶段的基础上发生的,同时它又蕴含着下一阶段发展的萌芽,表现出心理发展的连续性。

2. 定向性与顺序性

在正常的情况下,发展具有一定的方向性,如先发展感知能力,而后才是运动、情绪、社会和抽象思维能力的发展。发展的顺序是不可逆的,也不能超越。

3. 不平衡性

发展的不平衡性一方面表现在个体不同系统的发展速度、成熟时间的不尽相同,另一方面还表现为同一心理机能在不同时期有不同的发展速率。

4. 差异性

虽然发展具有共性,但是不同的个体在发展速度、发展水平及发展的优势领域等方面又是千差万别的,呈现出个体发展的差异性。

二、心理发展的年龄阶段特征

(一) 心理发展与年龄的关系

1. 年龄是心理发展的一个维度

心理发展是心理在时间上的变化过程,离开时间就无从谈起心理的发展。人的成长所经的时间以年、月计算,这就是年龄。年龄是心理发展的一个时间维度。

2. 心理发展的水平同年龄之间成大致对应关系

(1) 作为心理的生理基础的机体是随年龄而成长的;个体与环境相互作用的经验也随个体年龄增长而积累。因此,心理的发展有一个随年龄的增长而上升的趋势,表现出心理发展水平同年龄之间有一个大致对应的关系。

(2) 心理发展在不同的年龄阶段都会出现本阶段所特有的典型特征,这些特征具有相对的稳定性,从而表现出与年龄阶段的大体对应关系。但是这种对应关系并不是机械的,而是相对的。

3. 心理发展与年龄的关系不是因与果的关系

心理是在时间维度上发展,主要由遗传决定的生理成熟程度,即用年龄来表示。个体与环境相互作用的经验与年龄只是大致对应关系,在不同环境和教育的影响下,儿童心理发展水平可能在一定程度上提前或推后,表现出发展中的个别差异和不平衡性。这说明心理发展与年龄的关系不是因果关系。

(二) 心理发展的年龄特征

心理发展是一个连续和统一的历程,任何心理品质和特征的出现与形成都不是一蹴而就的。因此,在考察个体心理发展时,要用发展和整体的眼光辩证地看待问题,充分注意到各个领域在发展进程中的相互影响关系。但是,对于教育者而言,在总体把握心理发展的一般特征的同时,还要根据具体教育对象的不同,采取相应的方法以促进儿童的心理发展。这就需要我们理解一些不同年龄阶段的儿童心理发展特征。

1. 幼儿期儿童身心发展的特征

幼儿期儿童的发展迅速。但是幼儿神经系统的兴奋和抑制过程还不够平衡。4岁开始,内部抑制有明显的发展。另外,第二信号系统的发展也相当迅速。两种信号系统之间复杂的诱导关系开始发生。但第一信号系统仍占优势。

言语发展方面,该时期是一生中词汇量增长最快的,因此相当关键。思维处在前运算阶段,已经开始摆脱具体的动作而借助表象思维。受教育的影响,儿童开始进行有意记忆,但受成人暗示的因素很大。

在情绪、个性和社会性方面,情绪的体验已经相当丰富,但是情绪具有外显的特征,控制也较差。幼儿与同伴活动的时间大大地增加,游戏的形式也从自顾自地平行游戏发展为联合性游戏和合作游戏。性别角色的发展也已经开始。幼儿期儿童的心理特征已初步形成。

在教育上,应积极为儿童创设合适的活动与活动环境。让儿童在活动中更好地构建知识,并且学会控制自己的情绪。通过讲故事等文化课的形式培养他们的语言能力。

2. 小学儿童身心发展与特征

小学儿童的身体发展进入了一个相对平稳的时期。神经系统兴奋与抑制过程趋向平衡。这一时期语言的发展主要体现在书面语言和内部语言的发展。书面语言远比口头语言复杂,儿童要对字的形、音、义做到统一的理解。此外,还要学会一定的句法、语法,掌握阅读的能力,最终学会写作。低年级的小学生内部语言还很不发达,尚未养成不出声思考的习惯。在具体运算的思维阶段,小学生的思维以形象思维为主。

小学生的情绪情感仍比较外露,其情感的内容得到了极大的丰富。突出的特点是十分崇拜、热爱老师。如果老师能够很好地意识并利用这一点,对儿童施加合理的期望,就能在很大程度上促进他们的发展。小学生的集体观念发展明显,因而会更加自觉地遵守集体的规则。小学生的道德观念仍旧是以外化的他律形式为主,道德行为与认识会产生脱节的现象。

3. 中学生身心发展的特征

中学生所处的青春期是身体发育的第二加速期,身高体重变化明显,第二性征也在这一时期出现。但男女在发育的时间上存在很大的差异。

中学生开始进入到形式运算的阶段,思维已从"经验型"上升为"理论性"。推理、问题解决的能力得到极大的发展,但是命题间的逻辑发展还不成熟,有待于更多、更广泛的演练。

青少年的自我意识有了突飞猛进的发展。具体表现为"成人感"和"独立感"的产生,使得他们力求摆脱对成人的依赖,反抗成人的干涉,进入所谓"心理性断乳期"。另外,随着反思能力的获得,他们开始将视线转向内部世界,更多地思考关于自身内部属性的问题。中学生对他人的评价相当敏感,自我评价还不客观。他们的道德行为更加自觉,兴趣和求知欲也更加强烈。

在教育上应充分重视青少年生理发展的重要性,帮助他们打好身体的基础。结合中学生思维发展的特点和个性发展的特殊性,着重培养他们独立思维、探索和研究的能力。充分尊重他们个性发展中独立性和自尊的需要,努力调动他们各方面的主观性和创造性,也要引导他们同样地尊重别人,控制自己的情绪和感情。

4. 大学生身心发展的特征

大学生在身体和认知方面都已经基本成熟,情绪、个性和社会性方面步入了成熟的轨道,此阶段个体的自我调节机能也相当完善。在教育上应更多地包容他们的批判精神、尊重他们的独立性。另外,通过理想教育等途径,使他们认清个人与社会的关系,建立更积极的人生观和价值观。

第二节 认知发展与语言获得

一、认知发展

认知发展是发展心理学研究最为活跃的领域之一,研究个体从出生开始,是怎样一步一步地了解和掌握有关周围世界的知识,有效地适应环境的。当代认知心理学所关心的认知过程具体包括注意、感知觉、记忆以及思维,连同构成认知活动基础的智力。

(一) 皮亚杰的认知发展理论

瑞士儿童心理学家皮亚杰(Jean Piaget,1896~1980)的认知发展论(cognitivedevelopmental theory),着重揭示了儿童认知发生、发展的规律和机制。

1. 皮亚杰认知发展论的要义

(1) 认知结构与图式(基模)

按皮亚杰的解释,婴儿出生不久,就开始主动运用他与生俱来的一些基本行为模式来对环境中的事物做出反应,从而获取知识。这种以身体感官为基础的基本行为模式,可以视为个体用以了解周围世界的认知结构(cognitive structure)。每当个体遇到某事物时,他就用他的认知结构去核对、去处理。皮亚杰将这种认知结构称为图式(或基模,schema)。个体最原始性的图式多属感觉动作式,即凭感觉与动作了解周围的世界。如婴儿凭口唇的感觉而有吸吮图式(sucking schema),凭手的触觉而有抓取图式(grasping schema)。图式将因经验增多而渐趋复杂,变为心理性的行为模式。儿童学习语言文字时,之所以对熟悉的单字能辨识其字形、字音、字义,就是因为在他的记忆中已存有这些单字的图式。同理,学生在解答数理问题时,之所以能适当运用数学符号或物理化学公式,也是由于他早已具备符号与公式的图式。因此,图式一词有时也称认知图式(cognitive schema)。皮亚杰将图式视为人类吸收知识的基本架构,因而将认知发展或智力发展,均解释为个体的图式随年龄增长而产生的改变。

(2) 组织与适应

在皮亚杰的理论里,认知发展等同于智力发展。对儿童的智力,皮亚杰从儿童智能性行为表现与行为表现背后智能性思维运作两个层面进行研究(Ginsburg & Opper,1979)。为了解释儿童内在心理历程,皮亚杰采用组织与适应两个概念来说明。所谓组织(organization),是指个体在处理其周围事物时,能统合运用身体与心智的各种功能,从而达到目的的一种身心活动历程。例如:婴儿具有听觉、视觉、触觉及抓取等能力,如果在其附近放置一个带有声响的玩具,婴儿凭着听觉和视觉先发现玩具的存在,然后凭触觉和抓取动作取得玩具。像婴儿这种由多种感觉与动作配合,而达到目的的身心活动历程,就是皮亚杰所谓的组织。显然,组织是个体生存的基本能力,人与动物都具备组织的能力。动物的组织能力只限于在环境中维持生存,而人类的组织能力却是随身心发展由简单而日趋复杂。适应(adaptation)一词,在皮亚杰认知发展理论中,不是将之解释为个体使身心活动与其环境维持和谐的状态(生活适应),也不是将之解释为个体的感觉因刺激过久而致敏感度减低的现象(感觉适应),而是指个体的认知结构或图式因环境限制主动改变的心理历程,并且个体适应时,因环境的需要而产生两种彼此互补的心理历程。一种历程为同化(assimilation),指个体运用既有图式处理所面对的问题,就是将新遇见的事物吸纳既有图式之内,也是既有知识的类推运用。如果吸纳的时候,儿童发现既有图式仍然适合,这一新事物就同化在他既有的图式之内,成为他知识的一部分。儿童经由同化历程吸收新知识的例子很多。儿童可能只根据家中的黄狗学到狗的图式，以后如遇到黑狗也会喊它为狗，那就是同化。适应的另一历程是顺应。顺应是在既有图式不能直接同化新知识时，个体为了符合环境的要求，主动修改既有图式，从而达到目的的一种心理历程。如幼儿习惯了用单手抓取物体，若遇较重物体单手无法抓取时，他将自行改变动作方式，用双手搬动该物体。由单手改变为双手的动作，是他为达到目的而主动做出的顺应。经由同化与调适两种互补的适应历程，儿童的知识在与环境事物的互动中增加，智力也随着生活经验的扩展而提高。

(3) 平衡与失衡

根据皮亚杰的解释，个体能对环境适应，就表示认知结构或图式的功能可以在同化与顺应之间维持一种波动的心理状态。皮亚杰称此种心理状态为平衡(equilibration)与失衡(disequilibrium)。当个体既有图式能够轻易同化环境中新知识经验时，在心理上会感到平衡。当个体既有图式不能同化环境中新知识经验时，在心理上就会感到失衡。对个体而言，在心理状态失衡时将形成一种内在驱力，驱使个体改变既有的图式，去容纳新的知识经验。因此，顺应历程的发生其实是心理失衡的结果。经过顺应吸纳了新的知识之后，个体的心理状态又恢复平衡。个体经认知发展而使其智力发展，而智力发展的内在动力，是由于个体对环境适应时在心理上连续不断地交替出现平衡与失衡的状态所导致。依此类推，每经过一次由失衡而又恢复平衡的经验，个体的图式就会产生一次改变。个体的图式经过改变后能吸纳更多的知识经验，结果自然使智力水平也随之上升。

2. 皮亚杰认知发展论的阶段及内容

在皮亚杰的认知发展理论中，组织与适应，在性质上具有不变的功能。也就是说，婴儿、幼儿、儿童、少年、青年以至成人，在吸收知识时都经由组织与适应的历程。图式的性质则具有可变的功能，将随环境的需要与年龄的增长而改变；由小而大与由简而繁地随时变化。图式的改变，不只是容量上的增加，而更重要的是质的改变。3 岁幼儿与 6 岁儿童思维方式不同，小学生与中学生对同一事物在认知上也有差异。皮亚杰经由多年的观察研究，发现自出生到青少年的成长期间，个体的认知发展，在连续中呈现出阶段性的特征。

在进一步说明皮亚杰认知发展各阶段的特征之前，需要补充三点：① 各时期之间并非跳跃式的改变，而是连续中呈现阶段现象；② 对不同个体而言，各阶段具有个体差异，这表示有的阶段发展较快，有的发展较慢；③ 四个时期的前后顺序是不变的，所有儿童的认知发展都是遵循四阶段的法则进行的。下面具体介绍。

(1) 感觉运动阶段

感觉运动阶段(sensormotor stage)是指从出生到 2 岁婴儿的认知发展阶段。在感觉运动阶段，婴儿赖以吸收外界知识的图式，主要是视觉、听觉、触觉等感觉与手的动作。这些感觉与动作，最初只是简单的反射，而后逐渐从学习中变得复杂，由身体的动作发展到心理的活动。尽管感觉运动阶段是四个阶段中最短的一个，但皮亚杰还是将其划分为 6 个子阶段，分别为：反射练习期（出生～1 个月）、习惯动作与知觉形成时期（1～4 个月）、有目的动作逐渐形成时期（4～8 个月）、手段与目的分化协调期（8～12 个月）、感知动作智慧时期（12～18 个月）、智慧综合时期（18～24 个月）。这并不奇怪，从出生到 2 岁，人的大脑发生了一生中最大幅度的变化。而认知能力又因为与大脑的变化有着千丝万缕的联系，在儿童最早的 2 年一定也有着很多的改变。

儿童在感觉运动阶段获得了两种最重要的东西：**客体永恒性**（object permanence）和表征。客体永恒性的概念大概是儿童在 10 个月左右的时候获得的，当客体在他的视野中消失的时候，他仍然认为该客体是客观存在的。在婴儿早期，如果用布块遮挡住他面前的玩具，他不会寻找，因为对于他而言，看不见的东西是不存在的。然而一岁左右的婴儿，对滚到床底下而看不见的皮球，仍然会继续寻找。所谓表征，是任何可以用来代表其他事物的东西。比如，一个孩子骑着一根棍子，他把这根棍子当做是一匹马，那么这根棍就象征着马的概念。婴儿思考不在眼前的事物，用其他的事物或者是言语来代表这个事物，这些能力对后来的发展都是至关重要的。

(2) 前运算阶段

儿童从 2 岁到 7 岁左右，处于前运算阶段（preoperational stage）。皮亚杰之所以称这一时期为前运算阶段，原因是这一时期的儿童遇到问题时固然会运用思维，但他在运用思维时常常是不合逻辑的。尽管儿童在 2 岁前已经得到了极大的发展，但是在前运算阶段，他们仍然还是处在刚开始理解这个世界的阶段。

在前运算阶段，在儿童持续的发展过程中，最重要的就是表征能力（即以符号和记号表征事物的能力）得到了不断的增强。皮亚杰强调，符号和记号是不同的。儿童把符号当做个人表征来使用，符号仅仅对这个孩子有意义，而对于其他的孩子或是大人是没有意义的；而记号却是被许多人所共享的，言语就是一个很好的例子，比如，"apple"这个词与我们称为苹果的东西并不相似，它仅仅是一些字母和声音的组合，但是人们同意用它来代表苹果。从符号到记号的转变，增强了儿童从别人那里获取有用信息的能力，但皮亚杰的自我中心理论却证明，这一转变既缓慢又艰难。

皮亚杰认为学龄前的儿童都是自我中心的，这并不是说他们只关心自己，而是因为他们很难理解别人的观点。著名的三山实验证明了这一观点：桌子上放着三座大小、形状、颜色、地貌各不相同的山的模型，在模型的一侧摆放着一个玩具娃娃。受试的儿童坐在模型的另一侧，并被要求在不同角度的山景图片中挑出玩具娃娃看到的山景图片。实验结果表明，处于前运算阶段早期（2～4 岁）的儿童总是选出从自己的角度看到的山景图片,6 岁大的儿童情况要稍好些,只有 7 岁或是 8 岁的儿童才能识别出正确的图片。

由于处在前运算阶段的儿童正值入学之前或是入学之初,人们特别重视在这段时期的教育,所以,无论是皮亚杰本人或是其后的学者,对这一时期儿童认知发展所从事的研究也就为数最多。

(3) 具体运算阶段

具体运算阶段发生在儿童 7 岁到 11 岁期间。这一时期的儿童,开始能够用逻辑的方式来掌握信息、推理思维,但是,这种推理思维能力只限于表现能观察到的现象。因此,我们称这一时期为具体运算阶段而不是抽象运算阶段。

具体运算阶段的儿童的思维主要有如下特征:

① 具体逻辑推理:具体运算阶段的儿童虽然缺乏抽象逻辑推理能力,但他们能凭借具体形象的支持进行逻辑推理。比如,问一个 7~8 岁的孩子这样一个问题:假定 $A>B, B>C$,问 A 与 C 哪个大?他可能难以回答。但若是换一种问法:张老师比李老师高,李老师又比王老师高,问张老师和王老师哪个高?他就可以回答了。这是因为,在后一种情形下,儿童可以借助具体表象进行推理。

② 去自我中心化:他们克服了自我中心,逐渐意识到别人持有与他不同的观念和解答,学会从别人的角度看问题,理解别人的观点。他们逐渐学会接受别人的意见,修正自己的看法。这是儿童与别人顺利交往,实现社会化的重要条件。

③ 多维思维:他们学会了根据外观、大小或者其他特征给一批物体进行分类的能力,包括一类物体可以包括另一类的观点。比如说,这一时期的儿童既可以把一个长方形物体归为长方形,也可以归为白色物体。

④ 思维的可逆性:两只形状相同的杯子盛着同样多的水,其中一只杯子中的水被倒入一只高而窄的杯子内,而另一只杯子中的水被倒入了一只粗而矮的杯子中,这个时候,若是问 6 岁以下的儿童"高、矮两个杯子中的水哪一个多?"大多数的儿童会认为窄而高的杯子中的水多。然而,具体运算阶段的儿童不仅能够考虑水从大杯倒入小杯,而且还能设想让水从小杯倒回大杯并恢复原状,因此,可以正确回答问题。这种可逆思维是运算思维的本质特征之一,同时也是守恒观念出现的关键。

⑤ 守恒性:具体运算阶段中的儿童认知发展的最重要表现就是获得了守恒性的概念。守恒性包括有质量守恒、重量守恒、对应量守恒、面积守恒、体积守恒、长度守恒等。然而,这些守恒并不是儿童同时获得的,而是他们随着年龄的增长,先是在 7~8 岁获得质量守恒概念,之后是重量守恒(9~10 岁)、体积守恒(11~12 岁)。皮亚杰认为,可以通过确定质量守恒概念达到来作为儿童具体运算阶段的开始,而将体积守恒达到作为具体运算阶段的终结或下一个运算阶段(形式运算阶段)的开始。

(4) 形式运算阶段

形式运算阶段在具体运算阶段之后,从大约12岁开始,持续到成年时期。在这个阶段,儿童的思维有了一般的逻辑结构,他们的思维能力已经超过感知具体事物,能够摆脱事物的具体内容而遵循某种"形式"进行思维。认知发展达到形式运算阶段的水平,就代表着个体的思维能力已发展到了成熟阶段,这一阶段有三种推理形式:

① 假设演绎推理(hypothetic-deductive reasoning)是逻辑思维的基本形式之一。其特点是,先对问题情境提出一系列的假设,然后根据假设进行验证,从而得到答案。皮亚杰曾以摆动吊锤做实验,要求受试者解答在吊绳长短、吊锤重量、推动力量三者中,何为影响锤摆速度的因素。实验结果发现,只有认知发展达到形式运算阶段,才会按照类似以下假设演绎推理方式寻求答案:先假设影响摆速的因素为锤重,然后保持另两个因素不变而只变化锤的重量来验证。也可先假设绳长为影响因素,然后保持另两个因素不变只变化绳长来验证。依此类推,终可得到正确答案。

② 命题推理(propositional reasoning)只凭一个说明或一个命题,即可进行推理,不必一定按现实的或具体的资料做依据。例如:问小学生和中学生:"要是你当学校校长,你怎样管理逃学的学生?"小学生也许会回答:"我不是校长,我不知道。"中学生就可能按他的想法说出一番道理。命题推理思维的特点是超越现实的一种思维方式,此种思维方式对青少年的心理成长很重要的。因为青少年喜欢从幻想中计划未来,合理的思维才是形成其合理计划的基础。

③ 组合推理(combinatorial reasoning)在面对由多项因素形成的复杂问题情境时,可以根据问题评定儿童的认知发展水平条件,提出假设,然后一方面孤立某些因素,另一方面组合另一些因素,从而在系统验证中获得正确答案。

应当承认,皮亚杰的理论在认识发展的动因、机制和阶段方面完整而系统,缺憾是太过思辨,缺少量化的实验证据。

(二) 心理测量流派的智力发展理论

1. 传统智力理论

如果说皮亚杰的认知发展理论是一种基于认识发生、发展具有普遍性的理论,那么心理测量学的智力发展理论就是一种针对个体差异性的理论。这种理论将智力看成一种相对稳定的结构,通过多元分析的方法来确定人类智慧的构成因素,然后再编制相应的测验,用测验的得分来衡量个体在各个发展阶段的状态和特点。

2. 新智力理论

传统的智力理论一般都强调先天遗传的因素,比较机械。20世纪80年代以来,新智力理论丰富了智力的内涵。

(1) 智力三元理论

20世纪80年代中期,斯腾伯格在《超越IQ：人类智力的三元理论》(1985)和《应用的智力》(1986)两部专著中提出智力结构的三元模式。斯腾伯格认为,人们通常理解的智力包括智力、解决问题的能力和实践智力三个方面的内容,而传统的智力测验只能测验前两种能力,对实践智力却往往无能为力。斯腾伯格认为传统智力测验所顾及的只是主体的内部世界,并且大多数未能很好地控制知识和经验因素的作用,另外,传统智力测验一般是限时测验,因过分强调速度而使测验结果很难真实地反映出受测者的智力状况。智力三元理论注重从主体的内部世界、现实的外部世界以及联系内、外部世界的主体的经验世界这三个维度来分析智力,既是对传统智力的批判,也是对原有智力成分理论的扩充与修正。从整体意义上对情境、经验和成分三个层面进行分析,并形成了三个亚理论——情境亚理论、经验亚理论和成分亚理论。三个亚理论结合起来能够较为公正客观地描述和解释个体之间的差异,回答"谁相对较为聪明"的问题。

基于此类问题,斯腾伯格进行了更为深度的探索,并于10年后提出了成功智力理论,成为对智力三元理论的新超越。

(2) 多元智力理论

哈佛大学的心理学家加德纳(H. Gardner)在《心理结构》一书中提出了多元智力理论。认为存在独特的且相对独立的七种智力,每种智力都是一个单独的功能系统,这些系统可以相互作用,产生外显的智力行为。这七种智力分别是:言语智力、逻辑—数学智力、空间智力、音乐智力、身体运动智力、人际智力和内部智力。人的智力具有多重属性而绝不是单一的,这一理论的提出对现代教育的影响颇为广泛。此外,梅耶、戈尔曼等提出了"情绪智力"理论,认为情绪影响着思维,如果控制不好或认识不清的话,就很可能影响个体在现实生活中的适应。戴斯等人提出了智力的PASS模型,将思维的过程与大脑的神经生理活动对应起来考察,也获得了富于启发的结论。

(三) 信息加工心理学对认知发展的研究

随着认知心理学的兴起,许多研究者开始将人的思维看成是一种信息加工的过程,并与计算机进行类比,两者最大的共同之处是它们都只具有有限的信息加工能力。伴随儿童的认知发展,个体认知结构的容量发生了很多改变,许多更为有效的技能(包括运用更为复杂的策略等)得到了掌握,这使得较大年龄的儿童进行信息加工时能够更加充分有效。

1. 注意的发展

注意是一种警觉和唤起的状态,它使个体能够将经历集中于所选择环境的某一方面。虽然不是一个具体的信息加工过程,但是注意却能够保证信息流入信息加工系统,并且规定了这一过程中心理资源的指向,因此注意具有重要的意义。研究表明,从1岁开始到6岁,儿童集中注意于某项活动或系列刺激的能力有极其迅速的发展。而之后的学龄早期到青少年时期的注意广度也有较为持续的增长。注意发展的原因大致可以从两个方面进行讨论:一是个体的成熟,尤其是中枢神经系统的发育与注意力的提高有着密切的关系;二是儿童对刺激、活动的兴趣发展,也会促进注意的发展。注意的发展着重体现在两个方面。首先,随着发展水平的提高,儿童在配置心理资源时会逐渐以一种整体系统的方式进行,注意的效果日益增加;其次,儿童逐渐具备了选择的能力。年龄较大的儿童会忽略那些与他们从事的主要活动或解决的问题无关的信息,只将注意力集中于特定信息,这意味着儿童控制自身认知加工能力的发展。

2. 记忆的发展

按照信息加工的观点,记忆是信息的输入、编码、贮存和提取的过程,它能更全面地体现信息加工系统的工作流程,所以它也是信息加工心理学研究的核心内容之一。到目前为止,有关记忆的信息加工研究集中在三方面:记忆的结构、表征和容量,主要是记忆的结构和信息表征。

(1) 关于记忆结构的研究

关于记忆结构的研究是从两种记忆说开始的。早在1890年美国心理学家詹姆士就提出初级记忆和次级记忆的概念,前者就是指短时记忆,后者就是指长时记忆。阿特金森和希夫瑞(1968)提出了记忆的三级信息加工模型。该模型认为,记忆结构是固定的,而控制过程是可变的,记忆由感觉记忆、短时记忆和长时记忆三个存贮系统组成。在信息加工过程中,外部信息首先通过感觉器官进入感觉记忆,这里对信息保持的时间非常短,只有1秒钟左右,然后受到注意的信息获得识别进入短时记忆。短时记忆是一个信息加工的缓冲器,其中的信息处在意识活动的中心,但是这里的容量有限,只能保留7 ± 2个信息组块,而且信息保留的时间也只有1分钟左右,除非不断对信息进行复述。复述可以使短时记忆中的一部分信息进入长时记忆,长时记忆的容量很大,对信息保留的时间也可以很长,它是我们的信息库,我们积累的大量知识经验都贮存在这里。长时记忆中的信息可以在激活信号的作用下回到意识状态,供认知系统应用。对于记忆的多存贮理论也有不同意见,其中有代表性的是克雷克的加工水平说。加工水平说认为,多存贮结构是不存在的,信息保持时间的长短不是由于所处系统的不同,而只是由于其受到了不同水平的加工。信息加工会留下记忆痕迹,所以记忆是信息加工的副产品。

(2) 记忆信息表征的研究

记忆信息的表征主要是长时记忆的信息表征,而长时记忆的信息也被称为知识,即个人知识。人们把知识划分为两大类:陈述性知识和程序性知识。陈述性知识的表征方式既有情景性的,也有语义性的,其中语义记忆信息的表征理论主要包括网络模型和特征分析模型两类。前者认为人脑对语义的记忆是以网络形式分层存贮的,所有的概念均按照逻辑的上下级关系分为若干层次,各层次的概念依次有连线相通,由此构成一个层次网络,概念的特征附着于网络的各个结点上;后者则认为概念的表征依赖于特征集,任何概念都包括一个定义特征集和一个描述特征集,两个概念的特征交叉越多,概念的重叠就越多,关系越密切。

3. 概念的发展

在进行信息加工时,我们必然会对外界的各种信息加以组织,其中最为普遍和基本的抽象组织方式是概念的形成。概念和分类是构建人类思维和行为的基石。儿童在概念形成和发展方面有怎样的表现呢? 总体来说,儿童最早的概念分类是基于所直觉到的对象的相似性。之后儿童对概念的理解很快拓展到主题和分类的关系方面(即将对象按照功能和抽象的关系加以组合)。最后,在中学阶段,个体能够摆脱直觉的相似性而理解刺激之间的层级关系。对于数概念而言,皮亚杰认为前运算阶段的儿童还没有形成序列之间的一一对应,而且还不能理解基数和序数这两个关于数的重要特性,故而在学龄前是不能真正掌握数的概念的。现代的一些研究却认为,年幼的儿童其实已经掌握了许多关于数的知识,认识到数可以用来描述物体间的关系。

4. 问题解决的研究

20世纪50年代中期有两种论著的发表标志着信息加工理论对问题解决研究的开始。一是 Bruner, Goodnow 和 Austin(1956)的《思维研究》,主要是研究对刺激信息进行分类的认知过程;二是纽威尔、肖和西蒙发表的研究论文,他们在这篇论文中描述了一项工程研究情况。这项工程研究的目标就是为一台数字计算机开发程序以使它能够解决问题,而在实际上,这是人工智能真正的开始。工作的第一步是尽可能收集关于人解决问题的资料,以此资料的分析为基础来编制类似于人使用的解决问题程序;第二步是收集人与计算机解决同样问题时的详细资料,在分析比较的前提下修改计算机程序,以提供更接近人的行为的计算机操作模式。一旦在某一特定任务中的模拟获得成功,研究者就可以尝试在更广泛的任务中使用同样的信息加工系列和程序。在这些研究中逐渐形成的问题解决理论,后来被完整表述在他们的长篇著作《人类问题解决》中(Newell & Simon,1972)。这本专著可以被称为是现代认知心理学关于问题解决研究的经典之作。纽威尔和西蒙认为问题解决是对问题空间不断进行启发式搜索的过程。关于问题解决的另一项主要研究是专家与新手的研究。专家与新手在问题解决方面的差异,主要表现在两个方面:问题表征和问题解决方法类型的不同。专家基于在一特定领域中的知识,他们比新手有更丰富的问题表征,这些表征可以被看成是包含有亚图式的图式。对于专家来说,图式包含的信息往往是根据基本定律而组织的信息,而不是来自问题的表面信息,专家也更可能使用问题给予的信息,采用正推策略向问题目标状态推进。新手则可能提出基于可能解决方法的假设然后检验假设,这种策略的绩效较少。通过应用策略的实践,专家在正推过程中会把各种回忆起来并容易执行的操作自动化(VanLehn,1989),通过这样的自动化和图式化,专家会把工作记忆的负担转到没有资源限制的长时记忆中去,进一步提高了问题解决的绩效和准确性。但是新手必须使用他们的工作记忆搜索问题信息和寻找多个可选的策略,他就没有了工作记忆空间来监测他们的问题解决进程和精确性。就目前来讲,信息加工心理学关于问题解决的研究还很不成熟。该领域还需要积累更多资料,或者需要更有效的研究手段。

总而言之,信息加工心理学认为,认知发展的过程包括注意、记忆、概念形成和问题解决等诸多环节的发展。发展变化主要体现在信息的输入、存储和提取运用等加工系统的每一个阶段。尤其值得关注的是,某一加工成分的改变,如记忆方面的发展,常常会对其他成分如注意、问题解决产生影响。

二、语言的获得与机能

儿童母语的产生和理解能力的具备就是儿童语言的获得与发展。所有生理正常且环境影响适当的儿童在出生后 4 到 5 年中,都能在未经训练的情况下获得听、说母语的能力。语言获得与发展的速度和普遍一致性是其他心理过程和特征所不能比拟的。语言的发展又与思维认知的发展以及社会交往的发展有着直接的关系,因此,具有特殊重要意义。

(一) 语言的获得

语言是一个非常复杂的结构系统,包括语音、语法和语义三个结构成分。此外,要使语言在交际过程中发挥工具的作用,交往双方还都必须掌握一系列的语用技能。儿童语言的活动与发展就是以上四个具体方面的发展。儿童语言的发展有其内在的规律。

1. 语言发展的阶段
(1) 从前语言到语言

婴儿从呱呱坠地的那一天开始,就有学习语言的许多前提条件,婴儿对一些重要语音的区分很早就已开始。心理语言学家用一种装有记录婴儿吮吸率的人工奶嘴对婴儿听辨语音进行实验,结果表明,1 个月的婴儿就能区别辅音的清浊:[ba]和[pa],到了 4 个月区分这两个音节就与成人完全一样了(Eimas et al.,1971)。到了

6个月,婴儿会开始注意语言中的语调和节奏。

婴儿发出语音比语音知觉发展得要晚。从出生到6周,婴儿的发声基本上属于反射性的:哭叫、打喷嚏和咳嗽。从6周至6个月,婴儿开始把这些声音与咕咕声、喀喀声这种类似语言的声音结合起来。这些声音与辅、元音有某种类似,并且常常是对着看护者说的。约4个月时,婴儿的发音系统的形状和结构已经成熟,开始发出各种类似语言的声音。6个月前后婴儿进入咿呀学语阶段(babbling stage),发出一连串的声音(典型的是由一个辅音一个元音组成),而且是有节奏地、有语调地加以重复。吴天敏和许政援(1979)的观察发现,4~8个月的婴儿开始发近似词的音,如ba-ba(爸爸)、ge-ge(哥哥)、ma-ma(妈妈)等。

(2) 单词句

儿童在一周岁左右说出了最早的词,这是真正的语言的开始。从一周岁左右到两周岁是单词句阶段(one-word stage),前后不超过几个月。这一阶段的特点是,儿童一次只会说一个词,但他常常用一个词来表达整个句子的信息,从而起着一个句子的作用。这种词的词义是过分扩展了的。例如,儿童把所有的四脚动物都叫做"狗狗",把所有男人都叫做"爸爸"。不仅如此,他们在不同的情境下伴随不同的情绪和动作,还往往用同一个词表达不同的含义:"妈妈"可以表示"这是妈妈"、"要妈妈抱"、"妈妈帮我拣东西"、"我肚子饿了"等。这种单词句也被称为全息短语(holophrastic)。

在单词句阶段初期,儿童的词汇量只有几个词,但随着年龄的增长,词汇量增加也日趋迅速。有人研究过儿童最初出现的10个词,结果表明,都是些动物、食物、玩具的名称。在他们最早习得的50个词中,范围已扩大到人体器官、衣服、家庭用具、运载工具、人物等方面,但没有出现过像"尿布"、"裤子"、"汗衫"之类父母经常使用的词。一般而言,儿童说出的词是他们直接摸到的、玩过的东西的名称。而对于那些立在那里不动的东西如家具、树木或商店,儿童是叫不出它们的名称的(Nelson, 1973)。

(3) 双词句

在单词句阶段的中后期,约18个月左右,儿童的全息短语逐渐被一种新的句子——双词句所取代,进入了双词句阶段(two-word stage)。开始时,儿童把两个单词连接起来说,中间还有停顿:"妈妈、饭饭。"再进一步发展为双词句:"妈妈饭饭。"世界上不同文化、不同语言的儿童,在语言发展的这个阶段的表现都十分相似。他们用双词句指出一个对象(如"看狗狗"),表明注意到一个对象(如"书在这里"),表达某件重要事情,如希望某种东西再次出现(如"要牛奶"),或某种重要东西的消失("饼没了"),以及指出情境的某些关系:动作者与动作的关系("奶奶开开"),动作与对象的关系(如"送送妈妈"),动作者与对象的关系(如"妈妈书"),动作与接受者的关系(如"给爸爸")。与单词句一样,儿童的双词句有时也用来表达各种不同的意思。像"妈妈饭饭"这句话可能用来表达几种不同意思之一:"饭是妈妈的"、"妈妈在吃饭"等。

在双词句之后是否有三词句阶段,心理语言学家有不同的说法。弗罗金和罗德曼(Fromkin & Rodman,1983)认为,不存在三词语阶段,因为儿童一旦越过了双词语阶段,在他们的话语中就会很快地出现较长的短语。布朗(Brown,1973)则称这一时期的语言为电报式言语(telegraphic speech)。早期电报式语言的特征是句子简短,基本上是由实词构成的简单句,通常是名词和动词。这种语言之所以称为电报式的,是因为这些句子中没有功能词,即没有动词时态词尾,没有名词复数词尾,没有前置词、连词、冠词等。随着电报式语言阶段的发展,功能词便逐渐加入句子之中。

在儿童掌握双词句后,他们就开始学习语言的句法。吴天敏和许政援(1979)的研究表明,2岁半到3岁儿童的语言中复合句(如"爸爸走,宝宝睡觉了"、"阿姨不要唱歌,宝宝睡觉了")占30.5%～42.3%。这时衡量儿童语言发展的一个指标是句子的平均长度(即句子中所用的词或词素的平均数)。随着认知和语言的复杂性的增加,儿童句子的平均长度也随之增长。这至少反映了儿童两种能力的发展变化,即产生更长的词语序列的能力和学习更加复杂的语法形式的能力。

(4) 从句子到会话

从3岁到6岁,儿童已学到了大量的会话行为。4岁儿童基本上能理解并列复句("不是……就是……"),6岁儿童基本上能理解递进复句("不但……而且……")和条件复句("只有……才……"、"如果……那么……")(缪小春、朱曼殊,1989)。他不仅懂得一句话的字面意义,而且懂得说话者的意图。例如,有人敲门问:"你妈妈在家吗?"一个3岁儿童就会去叫妈妈来开门,而不只是回答"妈妈在家"。在人际交往中,儿童懂得用语言来满足自己的物质需要(如说"爸爸,我要吃,我可以吃一块巧克力吗?"),来控制他人的行动(如说"喝你的牛奶"、"不要扯猫的尾巴"),陈述自己或自己对别人的关系(如说"我爱妈妈"),希望别人对自己作出评价(如说"我是个好孩子,是吗,妈妈?"),满足自己的好奇心或表示怀疑(如经常爱问"什么"、"为什么")等。

随着语言和社会交往的进一步发展,儿童逐步学会根据他们的听者是谁,在什么时候用什么方式来调节自己语言的内容,逐步学会以恰当的方式加以表述。绝大多数4岁儿童已经知道在一些明显的情境下应如何调节自己的语言。例如,他们在与成人谈话时,要比与2岁孩子交谈时使用的句子更长,用的语法结构更为复杂。这种语言的进一步发展,使他们能够在与成人的日常交往中进行更准确、更协调的交谈。

2. 语言获得理论

总体上讲,语言的发展有两点是值得注意的。首先,所有的婴儿从能够感知并发出声音开始,直到最后对母语的完全掌握和运用自如,语言的发展进程是按一定的顺序进行的。其次,在一定的年龄阶段,儿童学习语言非常之迅速,而且看上去是毫不费力的。不同的心理学理论给出了不同的答案。

(1) 强化说。行为主义心理学家们认为,语言也是一种行为,它的出现与发展可以用基本的学习理论来进行解释。强化和模仿是语言的机制,儿童在这一过程中只是被动地接受环境提供的各种条件,应对外部的要求。但是批评者们认为,其最大的漏洞在于行为主义所言的强化是一个渐进积累的过程,根本无法解释儿童为何能在短短几年的时间里就能迅速获得听、说母语的能力。

(2) 先天决定论。乔姆斯基在批判环境论的同时,提出了"先天语言能力说",认为语言获得装置是以与生俱来的普遍语法为依据,然后再输入本族母语的语言素材,加以调整和修正之后,建立起一套个别语法系统。整个过程是儿童自己完成而非环境或周围人强加的。然而,这种观点并没有充分的事实依据,也不能完全解释清楚语言的发展过程和特点。更主要的是,它其实走向了另一个极端:和环境论一样否认儿童在语言获得和发展过程中的主动性和创造性。

(3) 相互作用论。在解释语言获得机制时,现在更多的是采取一种相互作用论的立场,即吸收皮亚杰的思想,强调认知结构的发展才是语言发展的基础,认知结构的建构和在这一进程中儿童的主动参与才是语言发展的动因。这期间环境和先天的因素当然不能小觑,但起关键作用的还是连接两者的活动。认知与社会之间的相互作用共同促使儿童语言获得发展。

(二) 语言的机能

语言是社会交往的重要工具。除此之外,语言还能影响人的认知、自我行为调节和社会化等多个方面。

1. 语言对认知的影响

有些心理学家和人类学家认为,语言比人的认知更为原始;但也有学者持相反的观点,认为是认知的发展为语言的获得铺平了道路。现在大多数的学者则倾向于认为在语言和认知之间存在双向的联系,彼此都会对另一方产生影响。从语言影响思维的角度分析,借助语言可以有效地复述所需回忆的材料,因而对记忆有帮助。语言的掌握还直接影响到儿童概念形成中的分类。语言作为一种最为常用的符号,对问题解决思维加工的影响也是显而易见的。

2. 语言对自我调节的影响

儿童主要通过内部的语言或外显的可以听见的"自我对话"形式来对自己的行为进行调节。研究证实,儿童与成年人一样,一旦发现任务较难或犯了错误,就会使用自己才使用的一种内部语言。随着语言能力的发展与提高,语言调控行为的力度也越来越强。

3. 语言对社会文化的影响

语言对发展还有另外一方面的广泛影响,表现为借助语言儿童可以分清各种社会角色、人际关系以及他们所处文化的价值观。许多语言本身具有的特殊语法形式就已经传递了某种与性别、年龄和社会地位有关的信息。随着语言的获得与发展,儿童自然而然地获得了这些有关的知识。

第三节 情绪与自我意识的发展

一、情绪的发展

情绪发展的研究主要集中早期情绪的发展(情绪表达、情绪确认、情绪理解)、依恋关系(依恋出现、母子关系、依恋评估、影响因素)以及害怕与焦虑的克服等方面。

(一) 早期情绪的发展

许多研究表明,情绪的表达,尤其是面部表情方面受生物遗传的因素影响很大。即使是新生儿也能通过面部来传递感兴趣、苦恼、讨厌、喜欢和惊讶等情绪,心理学家常常把这些与生俱来的情绪称为基本情绪。在情绪的确认和模仿方面,也有心理学家发现婴儿在出生的最初几天里就已经开始模仿周围成人的表情了。通过"情绪化"的研究范式证实,婴儿很早就能确定不同的情绪表情。相对而言,在情绪的理解方面儿童发展要相对滞后。然而,即使儿童自己不清楚其他人面部表情的含义,但会以"社会参照"的方法,通过观察周围抚养者的反应来间接地获得了解。观察表明,在相互交往的情境中婴儿具有表达与确认情趣的能力,这使心理学家们认识到,早期情绪最重要的功能是协调人际间的社会交往。儿童的微笑或哭闹常常是在他们看到成人的反应后的一种回应,而成人语气和面部表情随之也会做出相应的调整。这种儿童与抚育者之间交互发生影响的行为就称为同步性交往。伴随成熟与认知方面的不断发展,儿童的情绪也相应发生了变化。最后,他们会像成人一样表达和确认各种复杂的情绪,并理解期间的真正内涵,这也是情绪智力的重要组成部分。

(二) 依恋

依恋是婴儿寻求并企图保持与抚养者(通常是母亲)亲密的身体联系的一种倾向,它是婴儿与抚养者之间的一种强烈的情绪上的维系,因而也是心理发展研究情绪的一个重要内容。

1. 依恋的出现

从出生到3个月左右,是对人无差别的反应阶段,婴儿对所有的人表现出相同的兴趣。3到6个月是对人选择反应阶段,婴儿对母亲和熟悉的人的反应与其他陌生人有所区别。从6个月起到3岁左右是依恋的表现阶段,儿童会积极寻求与专门抚育者的接近,对依恋对象的存在表现出极大的关注。这一时期再见到陌生人,婴儿往往会哭闹并偎缩于母亲身上,表现出"陌生人焦虑"的现象;一旦抚育者离开,则会有"分离焦虑",并表现出类似的哭闹行为。和直接抚养者身体上的接近会明显减少婴儿的烦恼。依恋的发展显然是同认知机能的发展密不可分的,只有随着婴儿记忆及认识能力的提高,他或她才能记住并认出谁是母亲,谁是陌生人。另外,生理上的成熟也是依恋发展必不可少的条件。6至8个月的婴儿大多具有爬的能力,这使得他们能够开始按照自己的意愿趋近或远离某一个人。

2. 母子联系

母亲与婴儿之间情感维系的发展似乎并不同步,有一种观点认为,受荷尔蒙分泌的影响,母亲在孩子出生不久就已有同新生儿建立情感联系的倾向。因此,在这最初敏感的几天里,母子之间皮肤的亲密接触就显得至关重要。但一些学者并不支持这种观点,认为应该慎下结论。但不管怎样,依恋是婴儿与直接抚养者之间的一种相互的情绪情感维系,抚养者对婴儿的爱与照料积极引导了依恋的发生发展,而婴儿对抚养者的依恋又触发了抚养者加倍地关心婴儿。婴儿可以在这个过程中展现并发展出最基本的情绪状态和表达技能,而且在与抚养者交往的进程中开始最初的社会化。

3. 对依恋的评估

心理学家安斯沃斯(M. D. Ainsworth)和同事首创了一种用以评估儿童依恋的方法,现已得到了该领域的普遍认可和采用。将婴儿和直接抚养者(通常是母亲)放置于一个陌生的情境中,处于依恋期的儿童会以母亲作为探索行为的安全依靠。观察儿童不同情况下(母亲离开或回来,周围出现陌生人或婴儿单独探索)的表现对他们依恋的发展状况可以作出相对客观的评估。依恋的类型大致有三种:

(1) 安全型依恋。儿童表现出明显的依恋征兆。母亲在时能够适宜地进行探索活动,母亲离开则表现为不安和焦虑。

(2) 焦虑—回避型依恋。母亲离开后再回来,儿童也没有表现出多大的热情。有回避、忽略母亲的迹象,即使母亲在场也独自玩耍。

(3) 焦虑—矛盾型依恋。这种类型的儿童与母亲之间存在一定的紧张。尽管母亲在场时他们表现出相当程度的趋近性行为,有时会缠在母亲身上,但也会对母亲发脾气,拒绝母亲,甚至打和推搡母亲。这一类型的孩子有些表现得极为被动,会哇哇大哭以引起母亲的注意和搂抱,探索游戏相当有限。

4. 依恋发展的决定因素

一般认为,发展安全依恋有以下一些影响因素:家长(父母和其他直接抚养者)对儿童发出的种种信号保持敏感,能够发现并准确地理解这些信号的含义;抚养者能够充分接受并扮演好所承担的角色;表现出与儿童的合作;等到儿童完成一项活动后才提出要求,而且态度温和,耐心地舒服地而不是强制性地命令;家长在这一时期能伴随左右,以便对儿童发出的信号(尤其是哭)作出迅速的反应。而且照顾孩子时不会心不在焉,自己干自己的事。另外,研究也证实,家长与儿童之间同步性交往的质量也是决定依恋发展的关键。

对儿童这一时期依恋的发展,家长应该给予足够的重视。它不仅关乎儿童期情绪发展的稳定和健康,还会影响到成人以后的社会交往、心理健康和儿童长大后同自己孩子的关系。如果发展成不安全的依恋类型,日后的矫治也会遇到麻烦。

(三)害怕和焦虑的发展与克服

害怕与焦虑是存在差异的两种情绪状态。一些心理学家认为,害怕一般是合乎情理的,有使个体感到威胁的事物存在,原因也会往往能够认识到;而焦虑更多的是一种内心的冲突,对其他人而言这种冲突也许并不合乎情理,而且原因不一定意识到。

害怕还有其适应的意义,因而具有本能的意味,可以使我们远离各种生理和心理的伤害。但是有些害怕则是后天习得的,所以在发展上存在变化。而焦虑则可能伴随着个体需要层次的不断提高,表现出不同的情况。如会因为安全需要、爱的需要以及尊重的需要的满足与否产生不同水平的焦虑。

原则上只有在分析儿童害怕或焦虑的具体原因之后,才可以相应地通过认知调整或行为矫治的方法来进行干预。但这两种情绪其实与依恋发展的程度和水平有一定的关系。只有在儿童时期给予他们充分的关心和爱护,尊重并满足他们合理的需要,才能使他们建立起自身真正的安全。

二、自我意识的发展

人的自我意识并不是生来就有的。自我意识是一种复杂的心理现象,它有一个萌芽、发生和发展的过程。

刚出生的新生儿,并没有意识,也没有自我意识;只有一些简单、片断的感觉、动作和本能的反射,因而和一般的小动物没有多大区别。他们认识不到自己的存在,分不清自己的身体与外界有什么区别,觉得吮吸自己的指头和吮吸母亲的乳头或奶嘴是一样的。

只是在以后的生活中,由于不断与外界事物接触,身体器官、神经系统随之不断发展、完善,到 1 岁左右,产生了自我感觉,这是自我意识最原始、最初级的形态。这时,儿童逐渐能将自己和自己的动作区别开来,将自己的动作和动作对象区别开来。例如,儿童发现咬自己的手和脚,与咬别的东西(玩具、饼干等)感觉不一样;自己推皮球,皮球就滚动了等。这就认识到自身是一个独立实体,是动作的主体,体验到了自我的存在和力量,产生了最初的自豪感和自信心,从而形成了自我感觉。

当儿童在 3 岁左右,会用人称代词"我"来表示自己,用别的词表示其他事物时,说明他开始意识到了自己心理活动的过程和内容,开始从把自己当作客体转化为把自己当作一个主体的人来认识。这是自我意识的萌芽阶段,也是自我意识发展中的一次质变和飞跃,人的自我意识从此萌生。儿童掌握人称代词比掌握名词困难得多,代词具有很大的概括性,"我"一词可与每一个人相联系,运用时必须要有一个内部转换过程。例如,母亲问孩子:"谁给你的糖?"孩子应该回答:"阿姨给我的糖。"而不能说成"阿姨给你的糖"。儿童要能完成人称代词运用中的这一内部转换,没有对自我与他人、自我与他物的一定的区别和把握,是不可能的。当然,这时的儿童还没有关于自己内心的意识,像成人一样地沉思内省还是不可能的。

儿童自我意识的发展,随着年龄的增长,身体和智力的发展,生活范围的不断扩大,也在逐渐发展着。不过,在各个不同的年龄阶段,所达到的水平也不同。小学时期(童年期),儿童自我意识的特点是模糊、不大自觉、被动的心理活动,主要指向外部世界,对自己的内心世界没有多少认识,如果问"你是一个什么样的人?"许多小学生会答不上来,说没有想过。即使回答,也往往是对自己一些外部特点的描述,如"我是一个爱画画的人"、"守纪律的人"、"爱玩猫的人"等,或者是转达教师、家长或其他成人对他的评价。他们也意识不到自己所面临的各种矛盾,因而内心世界很平静,没有忧愁,没有烦恼,是一个"从快乐到快乐的时代"。

初中时期(少年期)的自我意识发展逐渐清晰、自觉,开始意识到自己与他人、与集体的关系,意识到自己的内心活动,开始想到自己,开始"发现"了自己,比如,这时他会发现自己能想出某个主意,而别人想不出,从而感到自豪、得意;他们开始关心自己的发展,出现了理想或幻想,还有许多内心的"小秘密";他们开始对周围人们的精神世界、个性品质等感兴趣,欣赏文艺作品时,开始关注人物的内心体验、动机、想法、个性特点等,而不是像小学生那样,只注意作品的情节和人物的外部动作。但这时自我意识的水平还不高,对自己的内心世界了解也不深。

人的自我意识的全新发展和最后成熟,是从青年初期(高中阶段)开始的,并在青年期内基本完成。它的显著特征是把原来主要朝向外部的认识活动,转向自己的内心世界,探索自己的内心活动。比如,这时的青年会提出一系列的问题要自己回答:我是一个什么样的人?我要成为一个什么样的人?我的长相如何?我的脾气、性格怎样?我有什么样的特长和才能?我能成就什么样的事业?我在别人心目中的形象如何?我怎样走人生之路……这是在个体智力成熟、生理成熟、社会地位和社会化迅速发展的基础上达到的。

青年自我意识发展中的一个突出特征,是自我意识的分化与统一。自我意识的分化,就是自我意识在青年期由一个完整的自我一分为二,成为两个不同的"我",一个是"理想的我",即关于自己未来的总观点和总设想,"我希望成为怎样一个人";另一个是"现实的我",即当前的形象和实际水平,"我现在是怎样一个人"。或者说,分化成"主体的我"——我是什么,我做什么;"客体的我"——别人怎样看我,对我的态度如何等。这样,一个人就既是自我的观察者,又是被观察的对象。处在观察者地位的是"主体的我",被自己观察的是"客体的我"。这就为青年客观地评价自己和他人,合理调节自身的行为和活动奠定了基础。所以,自我意识的分化是自我意识开始走向成熟的标志。由于青年不断地进行自我观察、自我分析、自我评价,把"现实的我"与"理想的我"加以比较,而在青年时期现实的我往往总是落后于理想的我,两者之间的矛盾和距离,会使他们感到很痛苦,并产生强烈的内心体验,从此进入一个内心动荡不安、情绪体验错综复杂的时期。青年人的情绪波动有很大一部分是自我意识的矛盾所带来的。

为了摆脱这种痛苦和不安,解除自我意识分化带来的矛盾,就促使青年去寻找解决方法,求得自我意识的重新统一。这种重新统一,一般要到青年晚期才逐渐实现。当然,统一的类型是不尽如人意的。自我意识能积极统一的,即现实的自我能与正确的理想自趋于一致,则往往心情舒畅,生活如意;消极统一的,即不惜牺牲理想自我而趋同现实自我以达统一,则往往胸无大志,得过且过,悲观失望;而那些自我意识难以统一的,则往往内心苦闷,忧心忡忡,产生强烈的失落感和失败感。这些都会对个性的形成和以后个性的发展产生深远的影响。

第四节　道德发展与行为养成

一、道德发展

所谓道德认知,主要是指人对是非、善恶行为准则及其执行意义的认识。近数十年来,西方一些认知发展心理学家从发生认识论的角度对儿童和青少年的道德思维和道德判断进行了大量的实证研究,揭示出人的道德判断从认知的低级形式到高级形式的发展过程。道德心理及其发展的早期研究以皮亚杰和柯尔伯格的道德认知发展理论影响最大,从某种意义上来说,后者的理论得益于前者的开创性工作,是前者的继承和发展。

(一) 皮亚杰的道德认知发展理论

在儿童道德发展研究领域里作出开创性贡献的当推瑞士心理学家皮亚杰。在他的《儿童的道德判断》(1932)一书中,皮亚杰详尽地分析了作为不同年龄儿童道德判断基础的思维结构,然后根据其自主程度把儿童的道德判断区分为他律和自律道德两种水平,探索了儿童是怎样从服从外在法则或成人的权威发展到自我控制和自我管理,最后受自己内部观念上的法则所支配,达到道德上成熟的心理机制,从而为道德发展阶段理论的建立奠定了坚实的基础。

1. 皮亚杰的三大研究成果的具体内容

皮亚杰认为一个人道德的成熟,包括两个方面的内容:一是尊重准则;二是社会公正感。他通过观察儿童的活动,采用对偶故事法同儿童交谈,来考察儿童的道德发展问题,并得出了三大研究成果。

(1) 儿童的道德发展是人的自然天赋与相应的社会因素相互作用的结果。也就是说,儿童的道德发展,既不是与生俱来的,也不是社会规则的直接内化,而是因为受到主体与客体的相互作用影响。

(2) 儿童的道德发展不仅取决于他对道德知识的了解,更取决于儿童的道德思维发展的程度。儿童是他自己道德观点的构造者,他的道德思维的发展是一个自主过程。

(3) 儿童的道德发展是一个有明显阶段特点和顺序性的过程,它与儿童逻辑思维的发展具有极大的相关性。

2. 皮亚杰的儿童道德发展的阶段

通过大量的研究,皮亚杰发现并总结出了儿童道德认知发展的总规律,即儿童道德的发展经历了一个从他律到自律的认识、转化发展过程。在此基础上,他还提出了儿童道德发展的年龄阶段。

皮亚杰认为,10岁是儿童从他律道德向自律道德转化的分水岭。即10岁前,儿童对道德行为的思维判断主要依据他人设定的外在标准,也就是他律道德;而10岁以后,儿童对道德行为的思维判断大多依据自己的内在标准,也就是自律道德。

儿童的道德发展具体表现在以下几个阶段:

(1) 前道德阶段(1~2岁)

这一阶段的儿童处于感觉运动时期,没有真正的道德概念,行为多数和生理本能的满足有关,没有任何规则意识,更谈不上任何道德观念的发展。

(2) 他律道德阶段(2~8岁)

这一时期的儿童的道德判断是以他律的、绝对的规则及对权威的绝对服从和崇拜为特征。他们常以表面的、实际的结果来判断行为的好坏,认为服从成人就是最好的道德观念,服从成人的意志就是公正。如果违背成人的法则,不管动机是什么,都应该受到惩罚,而且认为惩罚越厉害就越公平。这又可分为两个子阶段:

① 自我中心阶段(2~5岁):这一阶段儿童处于前运算阶段。其特点是单向、不可逆的自我中心主义,片面强调个人存在及个人的意见和要求。

② 权威阶段(5~8岁):这一阶段儿童的思维正由前运算向具体运算过渡,以表象思维为主,但仍不具备可逆性和守恒性。

(3) 自律道德阶段(8~11、12岁)

这一阶段,儿童的思维已经达到具有可逆性的具体运算阶段,他们有了自律的萌芽,公正感不再是以"服从"为特征,而是以"平等"的观念为主要特征。这一阶段的儿童开始认为规则并不是绝对的,而是可以被怀疑,可以被改变的。在某些情境下,规则甚至也可以被违反。这一阶段,标志着儿童道德认识的形成。

(4) 公正道德阶段(11、12岁以后)

这一阶段的儿童的思维广度、深度及灵活性都有了质的飞跃,此时才真正到了自律阶段。他们开始出现利他主义。他们基于公正感作出的判断已经不再是平等基础上的法定关系,而是人与人之间的道德关系。同时,他们的道德推理开始超越个人的水平,开始关注社会和政治问题,如保护环境或援助无家可归者。

(二) 柯尔伯格道德认知发展模型

美国心理学家劳伦斯·柯尔伯格在皮亚杰的研究道路上继续向前,投身于理论缺陷的补救工作中。在他1958年的博士论文中,柯尔伯格用新的方法验证了皮亚杰的理论,并在此基础上提出了他自己的道德认知发展模型。

1. 柯尔伯格的研究方法

柯尔伯格主要采用两难故事来评估儿童的道德发展,这些故事讲述的都是他们会遇到的道德困境,然后让他们来解决。一个经典的困境是:一个名叫海因茨的男人有一个相爱的妻子,但是她生命垂危,如果没有一种特效药,她就会死去。一个药剂师有这种药,但是他要价很高,而且不肯低价卖给海因茨。后来,海因茨走投无路,为了救活妻子不得已撬开了药店的门偷走了药。

"海因茨应该偷药吗?为什么?""他还能做什么?""如果你身陷其境,该怎么做?""法官该不该判他的刑?"柯尔伯格通过故事后的一系列提问,关心儿童回答中的推理,以此来探讨儿童对道德判断的内在认知心理历程。

2. 柯尔伯格道德认知发展的阶段

同皮亚杰一样,柯尔伯格认为道德理性的发展存在一系列的阶段,但不同的是,他确定了涵盖 3 个道德理性水平的 6 个阶段(见表 3-1)。他发现,尽管个体能够从一个阶段向下一个阶段迈进,但是很少有人能够走到道德进步的最终阶段。

表 3-1 柯尔伯格道德认知发展的阶段模型

水平	阶 段	社会观点	道 德 内 容
水平 1 前习俗水平	阶段 1:他律道德(道德来自于权力和权威)	儿童不能考虑他人的观点;倾向于自我中心,认为别人的想法和自己一样。	相当于皮亚杰的道德现实主义阶段。道德的评价绝对化,只集中于情境的物理或客观特征。道德规则只能由权威来定义,而且必须遵守。
	阶段 2:个人主义,工具性目的和交换(道德意味着寻求自身利益)	儿童理解他人有不同的需要和观点,但还不能设身处地地站在他人的立场上看问题。他人都是为了自身的利益。	当道德符合自身利益时才是有价值的。儿童遵守规则或与同伴合作,要视能否得到回报而定。社会交往被视为是含有具体收益的事情。
水平 2 习俗水平	阶段 3:人际遵从(道德就是使得你为他人所接纳)	可以站在他人的角度上看问题。认为两人间的共识比个人利益重要。	集中于遵从大多数人认为正确的行为。遵守规则是为了让你在意的人赞赏你。人际关系的基础是金科玉律。
	阶段 4:法律和秩序(合法的就是正确的)	从维持社会系统的角度理解道德。个人需要没有维持社会秩序重要。	道德的基础是严守法律和履行责任。规则适用于每个人,规则也是解决人际冲突的正确途径。
水平 3 后习俗水平	阶段 5:社会契约(人的权利要先于法律)	人们可以采择社会系统内所有个体的观点,认识到并非每个人都与自己的观点或价值取向一致,所有人有平等的生存权利。	道德的基础是保护每个人的人权。关键在于维持一个完成此任务的社会系统。法律用来保护而不是限制人们的自由,可适时加以改变。有害社会的行为即便不是非法的,也是不对的。
	阶段 6:普遍的伦理原则(道德是关乎个人良心的事)	从个人原则公道性的角度理解道德决策。每个人都有其个人价值。从前一阶段的社会导向发展为内在导向。	在超越法律之上有普遍的道德原则,例如对人类尊严的公正和尊敬。生命的意义高于一切。

(1) 前习俗水平(0~9 岁)

儿童为了免于惩罚或获得奖励而顺从规则。这一水平包括两个阶段:第一阶段,以惩罚与顺从为规则,孩子对行为好坏的判断没有固定规则;第二阶段,以朴素的享乐主义与功利性为原则,孩子的判断带有浓厚的互利交换的实用主义色彩,判断以自身的利益出发。

(2) 习俗水平(9~15岁)

儿童为了得到赞赏、表扬或维护社会秩序而服从各种准则。这一水平也包含两个阶段:第三阶段,"好孩子"取向的准则,儿童心目中的道德判断是为了取悦于他人,获得赞赏;第四阶段,以权威和社会秩序为准则,儿童相信权威和法律维护着社会秩序。

(3) 后习俗水平(15岁以后)

这一阶段的孩子对义务感、责任感有了更加普遍的认识,道德标准已被内化为自己内部的道德命令。这一水平也包含两个阶段:第五阶段,以社会契约与法律为准则,这一阶段孩子看重契约与法律的约束力,看重个人应尽的义务和责任,同时相信契约和法律是可以改变的;第六阶段,以普遍的道德原则和良心为准则,这是道德判断发展的最高阶段。

柯尔伯格的"水平论"反映了道德发展是连续变化过程,并承认个体发展的水平差异性与发展时的差异性。

二、行为养成

(一) 亲社会行为

1. 亲社会行为概念

亲社会行为通常是指人们在社会交往中对他人有益或对社会有积极影响的行为。在发展心理学和社会心理学领域,习惯于把人们在共同社会生活中表现出来的帮助、合作、分享、安慰、谦让、捐赠及自我牺牲等作为典型的亲社会行为来进行研究。

亲社会行为有两种:一种是自主的利地行为;另一种是规范的利地行为。前者指亲社会行为的动机出于对他们的关心;而后者指亲社会行为的动机是期待个人报偿或避免批评。

儿童和青少年的亲社会行为是道德发展的一个重要方面,也是社会性发展的重要内容。他们的亲社会行为的产生和发展是同道德行为的产生和发展相一致的。亲社会行为发展成为儿童和青少年的心理品质的过程,就是儿童和青少年道德认识水平提高、道德情感日益丰富、在活动中有效地掌握帮助别人的知识、技能及锻炼意志的过程。

2. 亲社会行为发展的理论

(1) 亲社会行为的认知发展理论

亲社会行为的认知发展理论是由柯尔伯格提出的,并在20世纪80年代由艾森伯格等进行了补充和修正。认知发展理论认为：随着儿童智力的发展,他们获得了重要的认知技能,这将影响他们对亲社会问题的推理和行为的动机。

亲社会行为在学龄期有较大发展。在儿童不同发展阶段,亲社会行为也有相应的年龄特点,受到认知水平的影响,但认知水平不是充要条件。

根据柯尔伯格的理论,儿童亲社会行为发展经历了四个阶段：

① 1~2岁,婴儿开始出现分享和移情的能力,他们会用哭来对别人的伤心痛苦作出反应,开始有安慰他人的行为,如轻拍、拥抱、给物等。

② 3~6岁,相当于皮亚杰的前运算阶段,这时的儿童相对比较以自我为中心,他们关于亲社会问题的思考通常是为自我服务的。在给他人做好事时,会考虑是否能给自己带来好处。

③ 7~11岁,相当于具体运算阶段。儿童自我中心思想减少,同时学会了角色扮演技能,开始把别人的需要当作亲社会行为的主要依据。此时移情和同情也在行为中起到重要作用。

④ 12~15岁,相当于形式运算阶段。这时,他们开始理解并尊重抽象的亲社会性规则的意义,他们的行为指向亲社会行为接受者的获益。一旦违背了亲社会规则,他们就会产生负疚感和自责。

艾森伯格利用亲社会两难道德情境作为研究儿童道德判断的工具,并在此基础上归纳出关于儿童亲社会道德判断的发展阶段。具体归纳见表3-2所示。

表3-2 亲社会道德推理的水平

水 平	特 征 描 述	年龄范围
1. 享乐主义的（自我中心）	只关注自己；助人行为的前提多是对自己有益	学前儿童和小学低年级儿童
2. 以他人需要为定向的	基于他人的需要做出助人的决定；较少有移情表现和内疚	小学儿童和少数学前儿童
3. 以他人赞赏为定向的	关心利他行为是否会被他人视为是好事情或值得赞赏；关键在于行为的"好坏"或社会的恰当性	小学儿童和一些中学生
4. 移情的	道德判断包括：移情性反应,无法提供利他行为的内疚感等；对抽象原则、责任和价值的参照不明显	中学生以及一些高年龄的小学生
5. 明显内化的	利他行为的判断明显基于内化了的价值、规范、信念和责任感；违反个人的内化原则会破坏自尊	极少数中学生

(2) 其他理论对亲社会行为发展的解释

① 社会生物学理论用"族内适宜性"解释了利他行为的进化。为了种族的生存繁衍,需要牺牲个体以换取"族内适宜性"。如蚂蚁、蜜蜂的社会行为。坎贝尔认为,亲社会行为部分来自遗传。为了更可能地受到保护、避免天敌的伤害,在社会群体中,合作的、利他的个体将更可能生存下来,并将其基因传递下来。

② 精神分析理论认为,亲社会行为既是一种内心冲动的表现,也是一种对表现冲动的防御。它强调,爱本能也是人类本性的要素之一,而过分的亲社会行为是一种努力掩盖内心焦虑、罪恶感和敌意的反向防御机制。

③ 社会学习理论则重视自我强化在亲社会行为发展的作用,自我强化是指社会向个体传递某一行为标准时,当个体的行为符合甚至超过这一标准时就对自己的行为进行奖励;反之,则进行惩罚。他人具体的指导和儿童自己的观察学习,也会增加儿童亲社会行为的发生频率,其中社会经验起着重要的作用。

3. 影响儿童亲社会行为发展的因素

(1) 认知情感因素

在儿童中期(6~12岁),一方面儿童的慷慨和助人等亲社会行为显著增加;另一方面儿童的自我中心思维减少了,观点采择能力和道德推理能力则得到了相当的发展。与儿童亲社会行为相关的观点采择形式有两种:社会观点采择(识别他人的想法、意图和目的)和情感观点采择(识别他人的情感体验)。在这两个维度上有较高水平的儿童亲社会倾向更明显,而且这种相关会随着年龄的增长而增大。

(2) 父母的抚养方式

在儿童亲社会行为的发展过程中,父母的直接教育和对亲社会行为的强化起了重要作用。霍夫曼的抚养幼儿的研究表明,温和养育型的父母趋向抚养利他幼儿,由此可见,父母与幼儿的温和养育关系对幼儿亲社会行为有重要的作用。

父母如果作出了亲社会行为的榜样,同时又为儿童提供了表现这些亲社会行为的机会,则更有利于激发亲社会行为。比如,父母若是对别人的悲哀表现出积极反应,则能在很大程度上影响儿童助人、同情、抚慰等亲社会行为的发展。

(3) 社会环境

整个社会或社区的文化水平、文化氛围、文化设施等都在一定程度上影响儿童亲社会行为的发展。儿童越小越容易接受外界物质环境和精神环境的影响。丰富、和谐、安谧、优美的物质环境和健康、良好的精神环境,会促使儿童的亲社会行为发展。此外,由于儿童的社会生活范围狭窄,又具有喜爱模仿的心理,有关利他行为的电视节目、卡通片、漫画书等,也是儿童习得利他性的重要途径。

(二) 攻击行为及其发展

1. 攻击行为的概念

攻击行为是一种普遍现象,自有人类历史以来,从未消失。大到部落、民族、国家间的战争,小到个人间的口角、诽谤、抢劫、谋杀。然而,人类社会要从野蛮走向文明,就必须要求其成员学习控制侵犯行为。

攻击行为同亲社会行为一样,是儿童个体社会性发展的一个重要方面。攻击性发展状况既影响儿童人格和品德的发展,同时也是个体社会化成败的一个重要指标。

攻击行为的定义有两类,依攻击行为的后果定义和依社会判断定义。

(1) 后果定义：攻击行为的后果定义,强调将个体的行为所造成的结果是否具有伤害性作为界定标准。所谓攻击行为,就是指导致另一个体受到伤害的行为。这种定义的优点在于可以对行为的结果进行客观的观察,而不需要对行为的意图或者动机等作主观的推断。但这样也有弊端,会使攻击概念的外延扩大化,从而导致一些非攻击性行为也被归纳为攻击性行为。比如,牙医给病人拔牙。

(2) 社会判断定义：攻击行为的社会判断定义,是指人们根据行为者和行为本身的特性而对某些伤害行为作出的一种判断。班杜拉等人认为,攻击是一种社会标签。人们的判断依赖于不同的社会、个人和情境因素,如我们对攻击的观念、行为的具体情境、反应强度以及所涉及个体的特点等。比如,用右手拍别人的脸,通常被认为是一种攻击行为,但是在有些文化中却是一种亲昵的表示。

2. 攻击行为发展的理论

(1) 精神分析理论

弗洛伊德认为,人生来既具有生命本能,也具有死亡本能。所谓死亡本能,是指个体内部固有的破坏性本能力量。死亡本能指向自身内部,表现为自我惩罚、自残甚至自杀;指向他人,就是攻击、侵犯、破坏或杀戮。

(2) 生态学理论

洛伦兹认为攻击是人类和动物的一种本能,和喂食、逃跑、生殖一起共同构成四大本能系统。人和动物攻击的驱力来自内部,与外界刺激无关。个体不断积累的攻击的能量,必须借助于攻击行为或暴力活动才得以周期性地释放。在动物本种族内,大多进行的是"仪式化"的搏斗,殊死搏斗只是在维护社会等级地位、保护领地和争夺资源中才会出现。而人与动物不同,出生不久,个体的侵犯倾向就会受到人的社会经验的影响。除了成人的监控之外,儿童也开始内化成人的社会规范,控制自己的侵犯本能。

(3) 新行为主义

多拉德的挫折—攻击理论认为,攻击行为是挫折的结果,挫折总会导致某种形式的攻击,挫折和攻击行为之间存在着普遍的因果联系。因为攻击行为的产生可以在一定程度上减轻挫折的痛苦。

吉恩在1986年设计了一个实验,让被试在四种条件下玩拼板玩具。第一组是任务挫折组(任务由于本身难度大而不能完成);第二组是人为挫折组(任务由于人为破坏而不能完成);第三组是言语攻击组(任务顺利,但是遭到别人的讽刺和挖苦);第四组是控制组。实验结果表明,攻击行为并不总是由挫折引发的。

后来,贝克威茨引入情绪唤醒、对攻击线索的认知等中介变量,强调了侵犯者的经验、内部情绪状态与环境相互作用的影响,对多拉德的挫折—攻击理论进行了修正。

(4) 社会学习理论

班杜拉认为,人并非生来就有一个固定的行为模式库,一切行为方式都是通过后天学习得来的,攻击行为也是如此。个体可以通过观察学习和直接学习两种方式习得攻击行为。攻击行为之所以能够获得和保持,是因为以下三种机制:① 外部强化;② 不恰当的惩罚;③ 替代性强化。当然,攻击行为既然是习得的,就可以矫正。

(5) 社会信息加工理论

社会信息加工理论强调认知在攻击行为中的作用,认为一个人对挫折、生气或明显的挑衅作出的反应并不过多依赖于实际呈现的社会线索,而是取决于他是怎样认识和解释这一信息的。

个体从面临某一社会线索到作出攻击反应的整个信息加工过程包括五个步骤:① 译码过程;② 解释过程;③ 寻求反应过程;④ 反应决策过程;⑤ 编码过程。

道奇认为,如果儿童在社会信息加工的某个环节出现偏差或者缺陷,都有可能导致攻击行为,并使其进入恶性循环中。

3. 儿童攻击行为的发展

(1) 幼儿攻击行为的特点

攻击性行为是幼儿期孩子比较容易出现,不受欢迎却经常发生的一种问题行为。年龄越小的儿童攻击性行为越强,凡带过小班的教师都有同感,小班家长找老师告状的最多,大多数是因为孩子被咬了手指、被人推了等。

幼儿期攻击行为存在如下几个特点:

① 散乱的、无目的的发脾气行为会在幼儿期消失,而且通常在4岁以后就很难再见到。但是,幼儿的攻击性行为却日趋频繁,主要表现在为了争抢玩具和其他物品而进行直接争抢,或破坏玩具或物品。这是因为,幼儿期是社会性萌芽时期,开始喜欢友伴和团体的游戏活动,同时又是自我为中心的阶段,缺乏必要的社会交往经验,两者相互冲突矛盾,便产生了攻击性行为。

② 3岁以上的儿童对攻击的反击和由挫折引起的攻击行为明显增加。在攻击的形式上更多地依靠身体的攻击,而不是言语的攻击。比如,一旦他们要玩的玩具被其他

人拿走,他们会立刻产生敌意,并用抓、咬、打等方式来争夺,并不是用言语攻击对方。

③ 幼儿的攻击行为存在明显的性别差异。男孩比女孩更容易卷入攻击性事件中去。在受到攻击后,男孩比女孩更容易发动报复行动,如果对方是男性,那比对方是女性更容易发生攻击行为。这可能是生理因素造成的。有研究表明,攻击性行为倾向与雄性激素水平相关。

(2) 小学生攻击行为的特点

随着年龄的增长,儿童能够更熟练、友善地处理各种纠纷,小学生的身体攻击和其他形式的反社会行为都有着明显地减少,但依然存在,具有以下几个特点:

① 小学生中发生频率较高的攻击行为有报复性攻击、打抱不平的攻击、嫉妒性攻击、挫折性攻击。其中,报复性攻击在3~9岁年龄段较为稳定。比如,小学生经常对直接的挑衅采取攻击行为,而且这种反应性攻击行为的意图常常是为了伤害挑衅者,因而会很猛烈。

② 小学生的攻击行为在性别方面有显著的特点:一般来说进行身体攻击的多为男生,而进行言语攻击的多为女生。

③ 从年级特点来说,低年级学生采用的攻击表现常常是直接的身体攻击,而高年级常采用的攻击行是间接攻击。间接攻击并不是直接的面对面的攻击,而是一方借助另一方间接对被攻击者施加攻击,常表现为造谣离间和社会排斥,具有隐蔽性。

(3) 青春期攻击行为的特点

青春期是继幼儿期以后攻击行为的另一个高发年龄段。在青春期出现的攻击行为,几乎是成年人的2倍。这些行为如果不能够在年幼的时候克服,那么成年后将会构成严重的问题,比如,社会适应困难、人际交往不良或斗殴、凶杀等不良行为。具体表现在以下几个特点:

① 打击和敌意性攻击发生的频率在青春期迅速上升,大约在13~15岁时达到高峰,此后迅速下降。

② 青少年的攻击行为还有演变成反社会行为的趋势,严重的还表现为多个集团或是群伙之间的火并与械斗,此外,抢劫、谋杀等犯罪行为也时有发生。

③ 在青春期,攻击行为的还有一种特殊表现就是欺负弱小同伴和低年级儿童,如殴打、勒索他们。

(4) 攻击行为的稳定性

攻击性是一种相当稳定的特性。大部分的研究都表明,儿童的攻击行为具有很高的稳定性,儿童早期的攻击行为对后面的青春期甚至是成年期的攻击行为都有很强的预测作用。3岁时爱打架的幼儿,5岁时仍然爱打架。6~10岁时儿童的身体和言语攻击的数量能很好地预测10~14岁时他打架、嘲笑、戏弄别人以及同伴们争斗的倾向性。

心理学家们在对 600 多名受试者进行长达 22 年的追踪研究中发现,无论男性还是女性,8 岁时的攻击性记录能有效地预测成年期(30 岁)的攻击性,比如,犯罪行为、夫妻不和、自我报告的身体性攻击等。而在另一项研究中也发现,不论男孩还是女孩,10 岁时爱发脾气、攻击性强的,在长大成人后,大多与同事的关系也很紧张。

 本章小结

- 发展心理学是研究心理的发生发展规律的科学,其有广义和狭义之分。本章重点论述的是狭义的发展心理学,即个体发展心理学。心理发展是指个体从出生、成熟、衰老直至死亡的整个生命进程中所发生的一系列的心理变化,其基本特征是:连续性与阶段性、定向性与顺序性、不平衡性、差异性。

- 心理发展是心理在时间上的变化过程,随着年龄的增长有一个上升的趋势,并且在不同的年龄阶段都会出现本阶段所特有的典型特征,这些特征具有相对的稳定性。

- 认知发展是发展心理学研究最为活跃的领域之一,着重研究包括注意、感知觉、记忆以及思维,连同构成认知活动基础的智力等方面的发展问题。在皮亚杰的认知发展理论中,强调认知结构与图示、组织与适应。平衡与失衡三个重要概念,并将儿童的认知发展分为以下四个具体阶段:感觉运动阶段、前运算阶段、具体运算阶段和形式运算阶段。此外,其他流派,如心理测量流派、信息加工心理学流派也对认知发展的研究作出了巨大的贡献。

- 儿童语言的获得与发展是指母语的产生和理解能力的具备。语言获得与发展的速度和普遍一致性是其他心理过程和特征所不能比拟的,因而具有特殊重要意义。儿童语言的发展有其内在规律,具体分为以下四个阶段:从前语言到语言、单词句、双词句、从句子到会话。语言的获得方面,不同的心理学理论给出了不同的答案,主要有:强化说、先天决定论和相互作用论。此外,语言是社会交往的重要工具,能影响人的认知、自我行为调节和社会化等多个方面。

- 情绪发展的研究主要集中早期情绪的发展(情绪表达、情绪确认、情绪理解)、依恋关系(依恋出现、母子关系、依恋评估、影响因素)以及害怕与焦虑的克服等方面。

- 人的自我意识是一种复杂的心理现象,并不是与生俱来的,它有一个萌芽、发生和发展的过程。儿童自我意识的发展,随着年龄的增长,身体和智力的发展,生活范围的不断扩大逐渐发展。在各个不同的年龄阶段,所达到的水平也不同。

- 道德心理及其发展的早期研究以皮亚杰和柯尔伯格的道德认知发展理论的影响最大。皮亚杰发现儿童道德的发展经历了一个从他律到自律的认识、转化发展,提出儿童道德发展分为四个年龄阶段:前道德阶段、他律道德阶段、自律道德阶段、公正道德阶段。柯尔伯格用新的方法验证了皮亚杰的理论,并提出了道德认知发展模型,他认为道德理性的发展存在一系列的阶段,但不同的是,他确定了涵盖3个道德理性水平的6个阶段:前习俗水平(以惩罚与顺从为规则、以朴素的享乐主义与功利性为原则)、习俗水平("好孩子"取向的准则、以权威和社会秩序为准则)、后习俗水平(以社会契约与法律为准则、以普遍的道德原则和良心为准则)。

● 亲社会行为通常是指人们在社会交往中对他人有益或对社会有积极影响的行为。典型的亲社会行为有帮助、合作、分享、安慰、谦让、捐赠及自我牺牲等。儿童和青少年的亲社会行为是道德发展的一个重要方面,也是社会性发展的重要内容。亲社会行为的认知发展理论认为,随着儿童智力的发展,他们获得了重要的认知技能,这将影响他们对亲社会问题的推理和行为的动机。此外,社会生物学理论、精神分析理论、社会学习理论也对亲社会行为的发展作出了一定的解释。影响儿童亲社会行为发展的因素主要有认知情感因素、父母的抚养方式、社会环境等方面。

● 攻击行为同亲社会行为一样,也是儿童个体社会性发展的一个重要方面。攻击行为的定义有两类,依攻击行为的后果定义和依社会判断定义。精神分析理论、生态学理论、新行为主义理论、社会学习理论和社会信息加工理论分别对攻击行为发展的理论作了不同方面的阐释。儿童的攻击行为在幼儿期、小学期、青春期等不同年龄阶段有着不同的特点,而且具有很高的稳定性,儿童早期的攻击行为对后面的青春期甚至是成年期的攻击行为都有很强的预测作用。

本章思考题

1. 心理发展的年龄阶段特征是什么?
2. 联系实际阐述皮亚杰认知发展论的阶段及内容。
3. 概述柯尔伯格的道德认知发展模型。

阅读材料(一):

令人关注的校园攻击现象:欺侮[①]

欺侮是儿童之间,尤其是中小学生之间经常发生的一种特殊类型的攻击性行为。欺侮对受欺侮者通常会导致儿童情绪抑郁、注意力分散、孤独、逃学、学习成绩下降和失眠,严重的甚至会导致自杀。而对欺侮者来说可能会造成以后的暴力犯罪或行为失调。

仔细观察中小学中的欺侮行为,会发现受欺者群体是相当稳定的。也就是说,欺人者总是选择同伴中的那一小部分人作为欺负的对象。是什么原因导致受欺者

---

① 傅安球主编:《助理心理咨询师培训教程》,华东师范大学出版社2006年版,第203页。

群体长期受欺负呢？奥维斯在一项研究中让瑞典的学校教师对男学生中的受欺者与适应良好者分别进行提名，然后从教师、父母、同伴以及这些男孩自己那里获得两个群体的特征信息。对比发现，受欺者在学校和家里有慢性焦虑的情况，自尊比较低，受同伴排斥，身体比较弱小，并且不敢反抗。这些发现表明，受欺者受到更多的攻击是因为他们被认为是弱小，可能给攻击者提供"奖赏"，并且他们不会去反击，这些表现强化了攻击者的攻击行为。同时，这些受欺者早期往往属于有反抗型依恋的孩子，这也导致了他们的焦虑倾向。

受欺现象一般稳定性较强，但受攻击和受欺并不是完全相反的两极。一些研究发现，一些最极端的受欺者同样也是最极端的攻击者。他们常常挑起事端，找别人的麻烦，并且很容易被激怒。或许这些孩子愚蠢地激起了"不好惹"的对象，因此又变成了被欺者。

对受欺者最好的干预方法是改变他们消极的自我意象，并且教会他们以非强化的方式回应攻击行为，如坚决地捍卫自己的权利，对嘲讽一笑置之。

近年来，有关研究者试图从儿童"心理理论"的角度来探讨儿童欺侮发生的原因。从这一角度出发，有关研究者发现，欺侮他人的儿童在欺侮情境中知道如何去伤害对方，如何选择逃跑的机会，也就是说，这些儿童对对方的心理有较好的把握。一些欺侮他人的儿童首领在"心理理论"上得分较高，他们能较好地认识到自己行为的后果，但却喜欢给别人造成痛苦，即缺乏移情能力。经常欺侮他人的儿童的这种具有较高的认知能力但却缺乏移情的现象称为"冷认知"。该理论在一定程度上揭示了儿童欺侮产生的原因，但是并不能解释为什么有些儿童虽然能够把握对方的心理但往往缺乏移情这个问题。

阅读材料（二）：

中学生心理辅导的方法[①]

我们的教育能否培养出具有优秀心理品质、健康人格的青年一代，关系到整个教育的成败。正如联合国专家断言："从现在起到21世纪中叶，没有任何一种灾难像心理危机那样带给一代青年无与伦比的痛苦。"培养中学生的心理品质，完善中学生的人格具有十分重要的意义。

现阶段中学生由于身心发展规律的制约，呈现出特殊的年龄生理特征，思想不成熟与独立意识增强之间产生出激烈的矛盾冲突，因而当前中学生心理卫生问题相当普遍，有时还十分严重，甚至出现种种心理疾病，其心理品质养成处于盲目或滞后

---

① http://www.dyqyz.net/articleshow.php?id=4656.

状态。班主任根据这一现象,运用心理学的基本原理与技巧、方法,结合班级学生的具体情况,对全班学生进行群体与个体的心理卫生调查,对学生的心理品质的等级进行评估,然后制定正确的心理辅导方法,对学生进行心理辅导,提高学生的心理品质等级。作为教学者,对学生进行心理辅导,目的是帮助中学生正确认识自己,评价自己,学会自己教育自己,自己指导自己,从而解除心理障碍,充分发挥个人的潜能,达到人格的健康发展。我在心理辅导过程中,采用从班主任角度出发的心理辅导方法,以及从学生角度出发的心理自我调节的辅导方法,并根据具体情况灵活运用,会收到很好的效果。

1. 平等的谈话式的辅导方法

谈话教育是一门艺术。掌握好这门技巧,就会收到良好的效果。通过与学生谈话,发现学生的心理障碍,从而帮助学生克服自身的心理障碍。每次找学生谈话前,先把握好学生当时的实际心理,是揣测的、防御的、恐惧的、沮丧的或对立的,针对学生的实际心理活动,采用相应的对策,打开学生的心灵之窗。

① 放松学生的情绪。热情地对待谈话的学生,使学生产生一种亲切感。可以从学生特长、爱好,拉家常引出主题,慢慢地引入正题,消除学生的戒备心理,使谈话自然、和谐进来。

② 随时调整自己的思维,以适应学生心理的伸缩变化,随机应变,恰当处理,使学生从不平衡到平衡,从不协调到协调。

③ 巧妙启发学生开口谈话,表述自己的见解。教师不能单纯地讲理、训诫、批评,从而剥夺学生的说话机会,使学生反感,失掉辅导作用。

④ 向学生提供生活经验,促进学生的模仿认同。

⑤ 善于选择场合。对于不同类型的学生,选择不同的场合,能产生最佳的效果。

2. 形式多样、生动活泼的心理卫生讲座式的辅导方法

运用班会进行集体教育。根据学生的接受能力、理解能力,开展适当的讲座。

3. 联合式心理辅导方法

家庭是学生的又一重要课堂,家庭是学生生活、学习的重要场所,只有家庭、学校形成教育合力,形成一致的教育声音,才会取得教育的最大效果。开家长会,应该向家长渗透有关心理的调节、转化的措施,让他们弄清相关的心理学原理,掌握配合教育的有效办法,并邀请那些观察细致、教育措施得力、教育效果显著的家长走上讲台现身说法,激励其他家长一齐配合班级,做好学生的心理调适教育。

4. 学生心理自我调节式的辅导方法

心理障碍的克服,是一个渐进、转化的过程,不是立竿见影的。通过教师、班主任采用以上诸多的方法,让学生学会对自己心理进行自我调节,促进心理的健康发展。学生学会运用心理自我调节策略,是一个重要的环节,当然这一环节离不开教

师的各项辅导。

① 避开、转移：把一些不愉快的念头、感情和冲动置于一边，或把消极情绪转移到有意义的方面去，使自己在不知不觉中保持心境的宁静。

② 合理解释：搜集合乎自己内心需要的理由，减轻心中的烦恼和困扰。这种心理又称为"酸葡萄"心理。

③ 克制情绪，理智处理：在感情冲动不能冷静时，要及时反思，理智地处事，避免过激的举动或做后悔的事。如在进入初中以后，对异性初恋的处理。

④ 宣泄、松弛：将心中积压的消极情绪进行适当的释放，以松弛紧张的肌肉，缓和焦虑情绪。过度伤心时，不妨大笑一场；郁闷时，不妨找个亲人或挚友倾诉。

⑤ 模仿学习，加入集体行列之中：选择适当的学习榜样，并加入集体活动之中，弥补自己的不足，使个人与集体、个人与个人之间的关系更加协调。如不合群和孤僻性格的学生，可多参加集体活动，在集体中积极发展自己，发展良好的人际关系。

参考文献

1. 方建移,张英萍著：《学校教育与儿童社会性发展/现代教育与儿童社会性发展丛书》,浙江教育出版社 2005 年版。
2. 林崇德：《发展心理学》,人民教育出版社 2009 年版。
3. 桑标：《儿童发展心理学》,高等教育出版社 2009 年版。
4. 孙时进编著：《心理学概论》,华东师范大学出版社 2002 年版。
5. 〔美〕谢弗著,邹泓等译：《发展心理学》,中国轻工业出版社 2005 年版。

第四章 学习心理学

 **本章导读**

> 　　学习心理学是研究学生在学习活动中相关心理活动及过程的科学。第一节通过对学生学习的定义、学习的分类,以及关于学习实质的理论阐述让我们对学习有一个概括性的了解;第二节介绍了学习策略对学生学习效能的影响,使我们在教学活动中能够激发广大学生善于运用不同的学习策略来增强学习效率;第三节侧重介绍了非智力因素对学生学习的影响以及各种非智力因素的培养方法。通过本章的学习对教师全面正确的认识学习,合理地激发学生的学习动机,针对不同学生采取不同的教学方法有着十分重要的意义。

第一节 学习的概述

一、学习的概念

在科学技术迅速发展的今天,学习对于人们来说变得越来越重要,联合国教科文组织著名教育专家埃得加·富尔在《学会生存——教育界的今天和明天》一书中指出:未来世界的文盲不再是目不识丁者,而是不会学习的人。

学习是学生最重要的任务。"学生学习有何特点?学生怎样才能进行有效的学习?"这是一个有趣而复杂的问题,要回答这一问题,我们首先要弄清楚什么是学习,让我们一起来看下面的例子。

　　例一,蜘蛛每天早晨吃掉旧网,重织新网。织网过程井井有条,先织辐丝支架,后织螺旋线。例二,研究者把香蕉挂在天花板上,屋内有两只木箱,黑猩猩只有把两只木箱摞在一起才能吃到香蕉。开始时黑猩猩到处乱跑、乱跳,一会儿猩猩安静下来了,最终把两个箱子摞在一起拿到了食物。例三,婴儿的嘴巴触碰到妈妈的奶头就开始吸奶。例四,婴儿听到妈妈的脚步声露出欢快的笑容。

"学习"这一在日常生活中为人们熟知且经常使用的词汇,真的如人们想象得那么容易理解吗?我们不妨一起来分析上述的几个例子,究竟哪些是本能行为?哪些是学习行为?

第一个例子,蜘蛛织网从织网的设计、地点的选择,再到施工,堪称是一项复杂的脑力加体力的劳动,但它却是蜘蛛的本能行为,是先天的本领,并非后天的学习。

第二个例子,这是德国科学家苛勒对黑猩猩的行为进行的一项实验研究,他发现黑猩猩能把木箱摞起来去摘挂在天花板上的香蕉,而且黑猩猩在解决这类问题时是在尝试摘取香蕉几次失败之后,经过短暂的停息,突然出现正确解决问题的行为。大猩猩摘取香蕉的行为显然是一种学习行为。

第三个例子,婴儿生来就有吮吸反射,因此婴儿吃奶是一种本能行为。

第四个例子,婴儿听到妈妈的脚步声露出欢快的笑容,是因为经常伴随着妈妈脚步声的到来,他就会得到无微不至的照顾和爱抚,婴儿感到内心的安全和满足,久而久之,再听到妈妈的脚步声他就会很高兴,这是一种学习行为。

通过分析上述的例子,我们不难看出学习实质上是一个很复杂的概念,而且从古到今人们对这一概念的探索从未中断过。

在我国古代,"学"与"习"是两个分开的词汇,"学"是指获得知识、技能,"习"是指巩固知识、技能。孔子最先把这两个字联在一起,孔子说:"学而时习之,不亦说乎?"意思是说学了之后经常的温习不是一件很愉快的事情吗?时至今日,人们对学习又有了新的理解和认识。

心理学家运用多种方法和手段对学习活动进行了深入研究,从内涵和外延两个角度揭示了学习的概念。

从内涵而言,学习可以界定为个体在活动中通过经验引起的行为或心理的相对持久变化的过程。这一学习的概念包含了以下几方面的含义:第一,学习必须使个体产生行为或心理上的某种变化,比如通过学习掌握某一概念或技能;第二,学习必须是通过经验引起的,这种经验是人们通过实践活动反映客观现实的过程,体现了个体与环境的相互作用,而个体由于发育成熟、本能表现、疲劳、药物等所导致的变化都不是学习;第三,学习是相对持久的变化,而不是一时性的变化;第四,变化可以是外在行为的变化,比如学会了某一技能,也可以是内在心理的变化,比如认知结构或情感态度的改变。

从外延来看,学习可以分为三个层次:

第一个层次是广义的学习,指人类和其他动物的学习。人类和其他动物都离不开学习,学习是为了生存和发展所必需的活动,越是高等的动物,生存的环境越是复杂,生活的方式越是多样,学习显得越为重要。人类作为最高等的动物,由遗传而获得的本能行为很少,而我们又无时无刻不处于快速变化的社会环境中,一个个体从出生到成年再到老年,都需要不断地学习,只有学习个体才能获得生存和发展所需的知识和技能。因此,学习对于人类来说显得尤为重要。

第二层次是次广义的学习,指人类的学习。与其他动物的学习相比,人类的学习具有几个基本特征:(1)人类的学习具有明显的意识性,是一个自觉、能动的过程,而其他动物的学习是被动的,是为适应环境而发生的,虽然人类也有不自觉的、无目的的学习情况,但它不是人类学习的主要形式;(2)人类学习既可以通过直接经验的方式获得个体经验,也可以通过间接经验获得个体经验,而动物的学习基本局限于直接经验;(3)人类的学习是以语言为中介进行的。人类丰富的语言为个体在较短的时间内掌握大量的间接经验创造了必要的条件。虽然其他动物也有语言,比如蜜蜂以舞蹈作为语言告诉同伴花蜜的方位和距离,最高级的灵长类动物黑猩猩,经过训练还能学会一些人类的手势语和特殊的符号语言,但其语言的运用数量和水平与人类是无法相比的。

第三层次是狭义的学习,指学生的学习。学生的学习是人类学习的一种特殊形式,它也具有几个特点:(1)学生学习是一种有目的、有计划、有组织的学习。学生的学习一般是在教师的指导下,在规定的时间内需达到一定的教学目标,因此十分注重目的性和有效性;(2)学生学习是以掌握间接经验为主要任务的,以便在较短的时间内接受较多的人类社会经验,虽然学生也会从事一定的社会实践活动,取得直接经验,但毕竟比较有限;(3)学生在学习过程中会产生认知、情感、动作技能等方面的变化。

二、学习的分类

学生在学校应该学些什么?这也是诸多心理学家关注的问题,这涉及对学生的学习进行分类。有关学习分类的标准很多,这里介绍两种具有代表性的分类。

(一)依据教育目标的学习分类

美国教育心理学家布鲁姆(Bloom,1956)的教育目标分类理论具有两大特征:一是具有可测性,他认为制定教育目标不是为了表述理想的愿望,而是为便于客观的评价;二是目标有层次结构。布鲁姆用分类学分析学生的学习,从教育目标的角度分出三个领域,即三种学习类型:认知领域学习、情感领域学习和技能领域学习,并对每一类从低到高列成若干层次。

1. 对学习的认知目标分析

对认知领域的目标分成由低到高的 6 个等级:

(1) 知识：对知识的认识并记忆。知识从具体到抽象分三个水平：有关特定事物的知识，如事实、术语等；有关处理事物方法、程序的知识，如将事物按标准分类、有关概念的抽象知识，如原理、规则、理论等。比如学生记住"三角形内角和是几度"。

(2) 领会：对知识的理解。理解可按深浅程度分三个水平：转化——能对事物用不同说法表达同一意义；解释——能对事物予以说明或概述；推断——对事物所描述的趋势、倾向或条件做出估计或预测。比如学生用自己的语言表述"什么是平行线"。

(3) 应用：将习得的概念、原则、程序、方法等在适宜的情境中加以运用。比如学生用惯性定律解释"为什么汽车刹车时，人会往前倾？"

(4) 分析：将整体材料分解成各组成要素，并对组成要素的相互关系和结构予以分析。分析也分三个水平：对材料中所含要素的分析；对各要素之间的关系的分析；对组成材料的组织原则和结构的分析。比如学生通过分析大气压和高度的关系，回答"用一个气压计，如何知道一栋大楼的高度"。

(5) 综合：在分析的基础上，全面加工已分解的各要素，将各要素和组成部分组合起来，形成一个新的、更清晰的整体。综合也分三个水平：用语言表达出自己的意见；对某种事物的处理，提出自己的计划；凭抽象思维推理演绎出事物间的关系。更强调的是独特性与首创性，是高层次的要求。比如，学生根据自己的理解和想象回答"几百年后，地球上没有了石油，人类该怎么办"。

(6) 评价：在综合内在与外在的资料、信息的基础上，对事物本质作出价值判断。评价不仅是认知领域的最后一个层次，也是联系情感领域的一个环节。比如：学生在综合各种资料的基础上回答"网络上进行人肉搜索是利大还是弊大，为什么"。

2. 对学习的情感目标分析

由克拉斯沃尔（Krathwohl，1964）具体负责制定的情感领域的目标分类，对情感领域的目标按内化程度分成由低到高的5个等级：

(1) 接受：学生愿意注意特殊的现象或刺激（如课堂活动、教科书、文体活动等）。这又分三个水平：觉知有关刺激存在；有主动接受的意愿；有选择的注意。

(2) 反应：学生主动参与。这也分三个水平：默默听从（如阅读规定的材料）；自愿反应（如自愿阅读课外学习材料）；从反应中得到满足（如以愉快的心情阅读）。

(3) 评价：学生将某种对象、现象或行为与一定的价值标准相联系。这又分三个水平：价值的接受（认可）；价值的肯定（喜爱）；价值的内化（稳定的态度）。

(4) 组织：将许多不同的价值标准组合起来，解除其间的冲突，建立内在一致的价值体系。它又内分两个水平：价值概念化与组成价值系统。

(5) 价值或价值复合体的性格化：形成长时期控制自己行为并融入性格结构的价值体系，又分两个水平：概念化心向，即对同类情境表现出一般性的心向；性格化，即出现较持久的价值观念。

3. 动作技能领域的目标

动作技能包括书写技能、体育技能、实验操作技能、演奏技能、绘画技能,对技能领域行为目标分类有几种模式。这里介绍辛普森(Simpson)等1972年的分类。该分类有七级。

(1) 知觉:指学生运用感官获得线索以指导动作。其分为三个层次:刺激辨别、线索选择、动作转换。

(2) 心向:学生在某种动作技能学习之前获得稳定的心理准备。其分为三个层次:心理倾向、动作倾向、情绪倾向。

(3) 有指导的反应:学生在教师指导下做出反应。其分为两个层次:模仿、尝试错误。

(4) 机械反应:指学生的反应已成习惯,以致不需要特别注意也能自动反应。

(5) 复杂的外显反应:指学生对包含复杂动作模式的操作进行熟练反应。其分为两个层次:动作定位和自动作业。操作的熟练性以迅速、连贯、精确和轻松为指标。

(6) 适应:学生技能学习达到精练水平,指技能的高度发展水平。学生能改变自己的动作模式以配合具体情境的需要。

(7) 创新:学生能创造新的动作模式以适合具体情境,这是技能目标的最高境界。

(二) 依据学习结果的学习分类

美国教育心理学家加涅(Gagné,1970)从学习结果的角度对学习进行分类。他认为:"学习分类的主要含义是对学到的东西的系统归类,即对作为各学习事件的结果被个体获得的各种能力的归类。分类的派生含义是指学习事件本身——学习类型的归类。"加涅在《学习的条件》一书中,对学习结果进行了分类提出了五个类型的学习:

1. 言语信息的学习

言语信息的学习是指学生学会陈述所获得的语言文字知识。言语信息的学习是其他类型学习的基础,它主要涉及的心理过程是记忆。言语信息包括三种:(1) 字词知识;(2) 简单的陈述性知识;(3) 复杂的陈述性知识。

2. 智慧技能学习

智慧技能学习是指学生习得使用符号与外界环境进行互动的能力。智慧技能与言语信息不同,言语信息与知道"是什么"有关,而智力技能则与知道"怎样做"有关。智慧技能包括辨别学习、概念学习、规则学习、高级规则(问题解决)学习4个由低级到高级的不同层次。低一层级技能的学习是高一层次技能的学习的先决条件。

(1) 辨别学习是智慧技能学习的基础,指学生学会对许多不同刺激进行区分的反应。如学生学会区分三角形、正方形、长方形等几何图形。

(2) 概念学习指学生学会对事物共同属性的概括。概念学习可分为具体概念学习和定义概念学习。前者指对具体事物的共同属性的概括,例如"鸟是有羽毛的卵生动物";后者指对抽象事物的共同属性的概括,例如"由不在同一直线上的三条线段首尾顺次连接所组成的封闭图形叫做三角形",即为定义概念。

(3) 规则学习指学生学会揭示数个概念之间的关系。规则可以是定律、原理或已确定的程序,比如"平行四边形面积等于任一边的底乘以该边的高"。

(4) 高级规则(问题解决)学习指学生学会"把规则组合成比较复杂的规则。"高级规则是学习者在解决问题情境中产生的,因而这类学习也称为问题解决——学会运用规则解决问题,即学生从很不相同的领域内拿出两个或多个规则放在一起,以求形成一个高级规则来解决问题(Gagné,1977)。

3. 认知策略学习

认知策略学习是指学生学会调节自己内部注意、学习、记忆与思维过程等认知活动的技能。认知策略包括注意策略、编码策略、记忆策略、检索策略和思维策略等。认知策略起着控制执行的作用,学生可以通过认知策略指挥自己对一定的刺激物予以注意、记忆、思维等。

4. 动作技能学习

动作技能学习是指学生学会运用一套操作规则支配人的骨骼和肌肉协调活动的能力。动作技能有两个成分:一是操作规则,二是肌肉协调能力。学生从入学时就要学习书写、发音、绘画、打球等动作技能,动作技能虽然在学校课程中不处于中心地位,但对于学生日常生活和生存必不可少。

5. 态度学习

态度学习是指学生通过学习建立起一种相对稳定的影响个人选择行动的内部状态。态度包括认知、情感等成分。态度影响着学生注意何种信息,对信息进行怎样的加工,对某一事物产生何种情感体验,以及对事物进行何种反应等。虽然学生的很多态度是在家庭、社会中获得的,但学校在对于学生的态度培养上仍有非常重要的作用。

三、不同的学习观

对于学习实质和特点的理解,是教育心理学的核心问题,也是诸多教育心理学家不断努力探索的问题。从行为主义学习理论到认知主义学习理论,再到建构主义学习理论,有关学习概念和实质问题的争论从未间断过,对于学习概念的界定和学习实质的理解可谓诸说对峙、观点纷呈。在这里,我们试图通过比较各种观点来揭示学习的概念和实质,进而明晰学生学习的实质和特点。

(一)行为主义学习理论

行为主义理论认为个体所有行为的产生和改变都是刺激与反应之间的联结,学习则是由经验引起的行为的相对持久的变化,其实质就是刺激与反应之间的关系的联结,因此该学派的学习理论也称联结理论。行为主义理论强调对学习过程进行客观的研究。在行为主义学习理论学派里有不少代表人物,如桑代克、斯金纳、巴甫洛夫等。他们有关学习的观点有所不同。

1. 桑代克的联结试误说

桑代克是第一个通过动物实验系统研究学习问题的心理学家,他最著名的就是饿猫打开迷笼的实验:把一只饿猫关入迷笼(问题箱)中,笼外放有鱼和肉。笼中有一踏板用绳子和门钮连在一起,只要踏下踏板,就可以打开笼子的门闩出来吃到食物。一开始猫被放进去以后,在笼子里上蹿下跳,无意中触动了开关,于是它就出来吃到了食物。桑代克记录下猫逃出笼子所花的时间,然后又把它放进去,进行又一次尝试。猫被放回笼中,仍然经过上蹿下跳等过程才能逃到笼外,但随着实验次数的增加,猫打开笼门所需的时间逐渐减少。最后,猫一入笼内,就能打开笼门而取得食物。桑代克认为学习就是动物(包括人)通过不断地尝试形成刺激反应联结,从而不断减少错误的过程。学习的进程是一种渐进的、盲目的、尝试错误的过程。

桑代克通过大量的动物学习实验后,总结出三条重要的学习定律:

(1)准备律:指学习者有准备时给予活动就感到满意,有准备而不活动,或无准备而强制活动则感到烦恼。准备不是指学习前的知识准备或成熟方面的准备,而是指学习者在学习开始时的预备定势,即联结的强弱取决于学习者的心理调节和心理准备。

(2)练习律:指学习者的某一刺激—反应联结形成后若得到练习和应用,这个联结就会得到增强,反之,则联结会减弱。桑代克认为,练习的次数越多,动物的反应就越快,练习越少,反应速度就越慢。

(3)效果律:指学习者的某一刺激—反应联结形成时,伴随满意的效果,该联结得到增强,反之,则受到削弱。例如,迷宫是一个刺激,小猫在迷宫中会做出多种行为反应,但大多数反应都不能帮助它们逃出迷宫,而另一些行为则使它们得以逃脱并得到食物。因此,小猫就记住了这些有效的行为,将迷宫这个刺激和这些有效的行为联系起来了。以后,再次进入迷宫,它们就知道做出什么反应。桑代克后来对此规律进行了修改,认为从效果看,奖赏与惩罚的作用并不等同,奖赏比惩罚更加有效。

2. 巴甫洛夫的经典性条件反射

巴甫洛夫是获得诺贝尔奖的俄国生理学家。他最著名的实验是狗分泌唾液的实验：先给狗听一个铃声，狗没有反应，然而在给狗铃声之后紧接着呈现食物，并经反复多次结合后，单独听铃声而没有食物，狗也"学会"了分泌唾液。铃声与无条件刺激（食物）的多次结合从一个中性刺激变成了一个条件性刺激，引起了分泌唾液的条件性反应，巴甫洛夫将这一现象称作条件反射，即经典性条件反射。巴甫洛夫认为条件反射的生理机制是暂时神经联系的形成，并认为学习就是暂时神经联系的形成。

中性刺激与无条件刺激在时间上的结合称为强化，强化的次数越多，条件反射就越巩固。当条件刺激不被无条件刺激强化时，已经建立起来的条件反射就会消失，这种现象称为消退。例如，对以铃声为条件刺激而形成唾液分泌条件反射的狗，只给铃声，不用食物强化，多次以后，则铃声引起的唾液分泌量将逐渐减少，甚至完全不能引起分泌，出现条件反射的消退。

巴甫洛夫还提出了人所特有的第二信号系统，防止把人类学习等同于动物学习的生物化倾向。

3. 斯金纳的操作性条件反射

斯金纳是新行为主义的代表人物，提出了操作性条件反射学说，他最著名的研究是用特制的实验箱（斯金纳箱）研究白鼠的学习：箱内装有一个杠杆，杠杆与传递食物的机械装置相连，只要一压杠杆，食物就会掉入食盘。白鼠被放进箱内，自由活动，当它无意间踏上杠杆时，食物便掉下，于是吃到食物。经过几次尝试以后，小白鼠"发现"了踏上杠杆与吃到食物之间的关系，于是小白鼠会不断地踏上杠杆，直到吃饱为止。斯金纳将这种条件反射叫做操作性条件反射，他认为强化是操作性行为形成的重要手段。强化概念是斯金纳的学习理论的核心。

所谓强化是指能够提高个体反应频率的一切处理，产生强化作用的刺激称为强化物。根据强化的性质和目的不同，强化可分为正强化和负强化。正强化是指由于某一刺激的出现而增加个体反应频率的强化，正强化的方法包括奖学金、对成绩的认可、表扬、改善学习条件和人际关系、给予学习和成长的机会等；负强化是指由于刺激的消除而增加个体反应频率的强化，负强化主要是让个体摆脱厌恶刺激，从而增强其良好行为的出现率。比如某个学生因为爱看电视做作业总是拖拉，父母要求他在规定的时间内做完作业才可以看电视，否则不能看电视，为了能看电视，该生做作业的速度大大提高。在这里不予看电视就是负强化。根据个体操作性反应强化物是否立即呈现来划分，强化可分为立即强化、延时强化。研究表明，立即强化的效果优于延时强化。

行为主义心理学家强调学习的产物是可观察到的行为上的改变，强调外部环境对学习的塑造作用，同时认为适时的强化是学习过程中的重要环节。他们不太关注学习者本身的需求、态度或投入,更多的是关注于对行为的测量,学习者被视为被动的接受者,其行为完全由外在的强化所决定。

(二)认知主义学习理论

随着对学习现象研究的不断深入,心理学家认识到行为主义学习理论忽视学习的内在过程所存在的严重缺陷,并试图寻求新的理论取而代之,这促成了认知主义学习理论的形成。认知主义学习理论里有不少代表人物,他们关于学习的实质有各自的一些见解。

1. 格式塔学派的完形论

格式塔学派是现代认知主义学习理论的先驱,它于20世纪初由德国心理学家韦特海默、苛勒和考夫卡在研究似动现象的基础上创立。

格式塔代表人物苛勒在对黑猩猩做的各种"顿悟实验"基础上提出了他的学习理论。苛勒的一个著名实验是黑猩猩取香蕉:研究者把香蕉挂在黑猩猩取不到的天花板上,黑猩猩在试图跳着摘香蕉几次失败后,干脆不跳了,经过短暂的停息,突然把事先放在木笼内的箱子拖到放香蕉的地方,一个箱子不够,就将两个箱子叠在一起,爬上箱子取下香蕉。苛勒认为黑猩猩的行为往往是针对目的,摘到香蕉意味着黑猩猩领悟了目的物香蕉与箱子的关系,构成了目的物与箱子的完形,才发生叠箱子取香蕉的动作。格式塔学派认为学习是一个顿悟的过程,即结合当前整个情境对问题的突然解决。学习的实质是构造与组织一种完形。所谓格式塔,是德语Gestalt的译音,即"完形"。

2. 布鲁纳的发现学习论

布鲁纳认为不能以实验室内研究动物的学习现象来推论人类个体的学习过程,因此,他的认知学习理论是建立在对人类学习进行研究的基础上的。他强调学生的主动探索,从事物和现象的变化中去发现原理,才是构成学习的主要条件。因而他的学习理论被称为发现学习论。

布鲁纳在一项实验中,要求学生学习30对单词,其中要求一组学生记单词,要求另一组学生设法把每对单词造一个句子。结果发现,第一组学生的回忆量不到50%,而第二组能复述其中的95%。学生如果能亲自参与发现事物,必然会对信息进行有效的组织,从而产生更好的学习效果。布鲁纳认为,在教学过程中,学生是一个积极的探究者,教师的作用是要形成一种学生能够独立探究的情境,而不是提供现成的知识,要促使学生自己去思考,参与知识获得的过程。他指出学习过程是一种积极的认知过程。他认为学习的实质在于主动地形成认知结构。

3. 奥苏贝尔的有意义学习论

奥苏贝尔认为学生的学习,如果要有价值的话,应该尽可能有意义。奥苏贝尔认为,进行有意义学习必须具备两个基本条件:一是学习者要有在新知识和旧知识之间建立联系的心向;二是在学习者的已有认知结构中要有同化新知识的适当观念,即能与新知识相联系的适当的旧知识。有意义学习过程的实质,就是符号所代表的新知识与学习者认知结构中已有的适当观念建立非人为的和实质性的联系。

奥苏贝尔和约瑟夫在一项研究中,将被试分为两个组,两个组都是先学有关佛教的材料,后学有关禅宗佛教的材料。不同的是,实验组在学习佛教材料前,先学习一个比较性材料,该材料指出了佛教与基督教的异同;而控制组在学习佛教材料之前先学习了一个不起比较作用的历史材料。学习后进行测验,结果发现,实验组被试对于材料的学习和保持的效果好于控制组被试。大量研究的结果表明,当学习一项与旧知识相似而又不同的新知识时,采用一个比较性材料会收到较好的学习效果。因为比较性材料增强了新旧知识之间的联系,同时可以使学生形成一种学习的心向。奥苏贝尔在《教育心理学:认知取向》一书的扉页上写了这样一段话:"如果要我只用一句话说明教育心理学的要义,我认为影响学生学习的首要因素,是他的先备知识;研究并了解学生学习新知识之前具有的先备知识,进而配合设计教学,以产生有效的学习,就是教育心理学的任务。"(Ausubel,1968)。

认知主义心理学家认为学习是由经验引起的认知结构的相对持久的变化,学习的实质是学习者内部心理结构的形成和改组。认知主义学习论的各种流派在总体上也表现出三个共同特点:第一,从学习的过程来看,它们都把学习看成是复杂的内部信息加工过程;第二,从学习的结果来看,它们都主张学习的结果是形成反映事物整体联系与关系的认知结构;第三,从学习的条件来看,它们都注重学习的内部条件,强调学习者在学习过程中的主动性、积极性,注重学习者的内部动机,注重学习的认知性条件,如过去经验、背景知识、心智活动水平等,注重学习过程中信息性的反馈等(莫雷,2003)。

(三)建构主义学习理论

建构主义心理学家认为,学习是学习者主动建构知识意义的过程。建构一方面是对新信息的意义的建构,同时又包含对原有经验的改造和重组,是新旧经验之间的双向的相互作用过程,正如库宁汉姆 Cunningham(1991)所述,"学习是建构内在的心理表征的过程,学习者不是把知识从外界搬到记忆中,而是以已有的经验为基础,通过与外界的相互作用来建构新的理解"。建构主义强调学习的主动性、社会性和情境性。目前主要存在的派别有:激进建构主义、社会建构主义、社会文化建构主义和信息加工建构主义。

建构主义心理学家认为当学习者以自己的方式和经验建构对事物的理解时,他们看到的事物的意义是不同的,其理解也就不存在唯一的标准。建构主义理论对教师和学生的作用的认识对于教育改革有重要的启示作用。该理论认为教师是学生建构知识的支持者,学生是知识的积极建构者,强调了学生在教学中的主体作用,也强调教师在学生建构知识的过程中要提供一定的帮助和支持,以使学生的理解进一步加深。

建构主义理论认为学生是积极的知识建构者,因此在教学过程中要求学生:(1)在复杂的真实情境中完成任务,当学生面对复杂的真实世界情境,可能会不知所措,这时需要他们采用新的认知策略予以应对,这是一种挑战,但最终有助于形成学生自己有关知识和理解的心理模式;(2)承担更多的管理任务,如果学生缺乏管理自己学习的机会,就不可能成为自主的思考者和学习者,教师应该对学生提供一定的辅导,促使学生最终发展出控制自己学习过程的能力;(3)认识到成为一个具有自我控制能力学习者的重要性,学生要努力学习一些自我控制的技能和习惯。

从行为主义到认知主义再到建构主义的发展,这是对传统教育的一场革命,教学的中心由教师向学生转移。强调教师要尊重学生的主体地位,帮助学生主动地建构知识,尊重学生的个体差异,本质上是要充分发挥学生的主体创造性,教师在促进学生发展的过程中只是"脚手架"、"帮助者"的作用,教师要重视学生已有的知识经验背景,以此作为教学的基础。建构主义的教学观更加注重培养学生分析和解决问题的能力以及他们的创造精神,这正是当今世界教育发展的大势所趋。

第二节 学习策略与学习

一、学习策略概述

当今越来越多的教育家、心理学家都强调要让学生学会学习。我国著名的教育家叶圣陶先生早就提出了"教是为了不教"的主张,中国古人也提出了"授人以鱼不如授人以渔"的思想,让学生掌握学习策略的目的就是让学生学会学习。

(一)学习策略的概念

1956年美国心理学家布鲁纳提出了认知策略的概念,随后西蒙等人在计算机模拟研究中又提出了"学习策略"的概念,自此学习策略逐渐成为学习心理学的研究热点。有关学习策略的界定则是众说纷纭,多数学者认为学习策略是学习方法与学习调控的有机统一。如斯滕伯格(Sternberg,1983)认为,学习策略是由执行的技能和非执行的技能整合而成的,其中前者指学习的调控技能,后者指一般的方法技能。他指出,要达到高质量的学习活动,这两种技能都是必不可少的。由上可知学习策略既包括总的学习思路与方法,也包括具体的活动或技巧,既有外部行为,又有内部的心理活动。国内学者张林、张向葵(2006)总结认为,研究者普遍将学习策略看作是学习者为了提高学习效率和学习效果而有目的、有意识采用的有效学习的程序、规则、方法、技巧及调控方式等。

学习策略对学生学业成绩有着直接或间接的影响。谷生华、辛涛等(1998)比较了初中生的学习策略的水平与学业成就之间的关系后发现,学生的学习策略水平与学业成就之间成正比。研究者认为,不同水平的学生在拥有和使用策略的数量、水平和适合度上有巨大的差异。刘电芝、黄希庭(2002)认为:(1)学习困难的儿童缺乏策略,表现为他们不能抑制不必要的信息输入,不能有效地选择线索,不能适当地利用编码策略以及不能自发地产生解决问题的策略和评价使用策略的效果;(2)低水平的学习者由于缺少丰富的相关经验,难以获得及使用高级的、复杂的策略,中或高水平的学习者容易获得并容易从高水平的策略受益;(3)不同水平的学习者不仅在学习策略使用的数量与频率上有差异,而且在质量上也有差异。

(二) 学习策略的结构

关于学习策略的结构,不同研究者的划分不同,主要有二因素结构、三因素结构和多因素结构。目前,大多数研究都倾向于接受学习策略的三因素结构。根据学习策略涵盖的成分,迈克卡等人(1990)认为学习策略包括三个部分:(1)认知策略:包括复述策略、精细加工策略和组织策略;(2)元认知策略:包括计划策略、监视策略和调节策略;(3)资源管理策略:包括时间管理、学习环境管理、努力管理和寻求他人支持策略(见表4-1)。

表4-1 迈克卡的学习策略

学习策略	学习策略具体实施细项
认知策略	复述策略:如重、抄写、做笔记、划线等 精加工策略:如想象、口述、总结、做笔记、类比、答疑等 组织策略:如组块、选择要点、列提纲、画地图等
元认知策略	计划策略:如设置目标、浏览、设疑等 监视策略:如自我测查、集中注意、监控领会等 调节策略:调整阅读速度、重新阅读、复查、使用应试策略等 时间管理:如建立时间表、设置目标等
资源管理策略	学习环境管理:如寻找固定的地方、安静地方、有组织的地方 努力管理:如归因努力、调整心境、自我谈话、坚持不懈、自我强化等 寻求其他人的支持:如寻求教师帮助、伙伴帮助、使用伙伴/小组学习、获得个别指导等

二、具体的学习策略

学习策略的种类很多,有的策略适用于多个学科,而有的策略只适用于特定的学科,下面我们介绍认知策略中适用面较广的记忆策略和思维策略。

(一) 记忆策略

记忆策略是指学习者为了提高记忆效果而有目的、有意识采用的方法、技巧等。常用的记忆策略有以下几种。

1. 有意义识记策略

在学习过程中,有意义的材料比无意义的材料容易识记,也容易保持。因此,学生在识记材料时,可以运用一些方法对材料进行加工,使之变得更有意义。具体的方法可以有谐音法,比如圆周率 $\pi=3.14159$,可以记成"山巅一寺一壶酒";联想法,比如要记忆小狗、自行车、苹果三个词汇,就可以运用联想,记成"小狗骑着自行车,车上装满了苹果"等等。

2. 整理归类识记策略

如果学生将所学的知识进行整理归类,形成内在的结构组织,将便于识记。包尔等人(Bower,1969)做了一个实验,要求被试记 4 张词表。给其中一些被试提供的词是按照树状层次组织起来的。给另一些被试提供的词是随机排列的。被试识记后进行回忆的测验,结果发现,被试对有层次组织的词回忆的正确率达 65%,而对随机排列的词回忆正确率只有 19%,这个实验证明了整理归纳后的材料有助于记忆。比如学生在学习各种植物名称的过程中,对各种植物按照低等植物(藻类、菌类和地衣)和高等植物(苔藓、蕨类、裸子植物和被子植物)进行整理归类,然后进行记忆,零碎的知识形成了组织结构,记忆的效果就会大大增强。

3. 多感官协同记忆策略

学生若采用多种感官通道识记材料,将有助于提高记忆效果。前苏联心理学家沙尔达科夫做了这样一个实验:他用三种方法让三组学生记忆十张画的内容。第一组学生,老师只是告诉他们画的内容,而不给他们看画;第二组学生,老师只给他们看画的内容,而没有跟他们讲画了些什么;第三组学生,老师一边给他们看画的内容,一边给他们讲述画了些什么。几天以后,老师要求学生们回忆画的内容。结果,第一组学生只能正确回忆 60%,第二组学生能正确回忆 70%,第三组学生则能够正确回忆 86%。因此,学生在记忆时应尽可能调动各种感官,做到眼看、耳听、嘴说、手动,便能够大大提高记忆效果。

4. 过度识记策略

过度识记是指识记次数超过刚好达到回忆程度的次数。一般来说,过度识记达到150%左右最为适宜。如果一篇材料学生需识记6遍刚能背出,那么最好识记9遍左右。识记的次数如果超过150%,回忆的效果不再有大的改进,也就是说,过度识记150%左右时记忆效率最佳。

5. 分散识记策略

分散识记是相对集中识记而言的识记方法,集中识记是在一段时间内重复识记多次,而分散识记则是每隔一段时间重复识记一次或几次。心理学研究表明,分散识记的效果比集中识记好,集中识记容易产生疲劳,同时识记的材料容易产生相互干扰,不利于保持。一般来说,分散识记时开始时识记时间间隔可以短些,随着对记忆内容的巩固,识记时间间隔可以逐渐加长。

6. 阅读和试背相结合策略

阅读和试背相结合策略是指将需要识记的材料阅读几遍后就试图背诵,背诵不出来再阅读。这样的识记更加有的放矢,会节约大量的时间,提高效率。盖茨(Gate,1917)的实验结果表明,在学习时将80%的时间用于试图回忆的记忆效果最好。

7. 及时复习

德国心理学家艾宾浩斯的研究发现,遗忘是一个先快后慢的过程。因此,对于所学习的知识,学生如果能够做到及时复习,就可以大大减少遗忘。斯皮泽(Spitzer)的实验研究表明,识记后的两三天遗忘最多,词汇学习最好在24小时内进行复习。有研究者(张述祖、沈德立,1987)发现,如果按照识记后2、4、6、8、16、32天的时间间隔来安排复习,则可以保持记忆成绩基本与最初的识记成绩相同。

(二)思维策略

思维策略是指学习者为了提高问题解决的效果而有目的、有意识采用的方法、技巧等。在学生问题解决中常用的思维策略有以下几种。

1. 多种形式表征策略

为了清晰、准确理解题意,厘清各种条件之间的关系,可以用各种形式如图片、符号、图表、语词等表征问题。比如数学学习中常会运用各种图表如线段图、立柱图、流程图等,这些图表是很直观的语言,使得各种条件之间的关系简单明了。比如有这样一道数学题:长江全长6 300米,比珠江的2倍还多1 900米,问珠江全长多少米?数学老师发现,不少学生列出的计算公式是:6 300÷2-1 900,而经过用线段图来表示题意,绝大多数学生都知道正确的答案是:(6 300-1 900)÷2=2 200。

2. 简化条件策略

对问题提供的各种已知条件首先进行分析,对某些条件进行剔除、合并等,在对条件进行简化的基础上进行解题。下面来看这样一个问题：根据以下五个等式，求X和Y之间的关系式。

$$R=Z$$
$$X=R+3$$
$$2M=3L+6$$
$$Y=M+1$$
$$R=3L$$

如果先对问题的条件进行简化分析，列出"X-R-L-M-Y"的路径，就会发现给出的关系式中"R=Z"是无关条件，然后进行解题，得到"X=2Y-5"。

3. 手段—目标分析策略

解题时在问题的初始状态和目标之间设立若干子目标，通过一个个子目标的达成，最终达到问题的总目标。这一策略在问题解决中的思维操作步骤有：

(1) 认清问题的初始状态和目标状态；
(2) 分解问题的总目标为若干子目标（每个子目标就是一个中间状态）；
(3) 选择手段将初始状态向第一个子目标推进；
(4) 达到第一个子目标后，再选择手段向第二个小目标推进，以此类推；
(5) 如果某一手段行不通，就退回原来状态，重新选择手段，直至最终达到总目标。

4. 逆向思维策略

解题时从目标状态出发向初始状态反推，直至达到初始状态为止，然后再由初始状态沿反推路线一步步正向求解。在理科学习中，学生使用的反证法就是逆向思维策略。这一策略在思维中有时是很有效的。著名科学家法拉第正是运用逆向思维策略提出了著名的电磁感应定律，并根据这一定律发明了世界上第一台发电装置。1820年物理学家奥斯特发现了电流的磁效应，法拉第认为既然电能产生磁场，那么磁场也能产生电。在这一逆向思维的引导下，他经过不断的实验研究终于在1931年提出了著名的电磁感应定律。

5. 表象运用策略

利用头脑中的形象进行问题解决，有时会让一道看似十分复杂的题目变得清晰简单。爱因斯坦在解决问题时十分擅长这一策略，他在给他人的信中说道：在我的思维中，书面的或口头的文字似乎不起任何作用。作为思维元素的东西是一些记号和有一定清晰程度的表象，它们可以由我"随意地"再生与组合……下面我们不妨看一道这样的题目：

一天清晨五点，一个和尚开始沿着崎岖的山路爬行，他上山时快时慢，有时还停下来歇息，在太阳快落山的时候他到达了山顶的寺庙。第二天清晨五点，和尚又沿着同一条路从寺庙下山,下山时也是时快时慢,沿途也歇息了好几次,但下山的平均速度要比上山时快。请问和尚在上山、下山的两天中,是否存在同一时间经过同一地点的情况?

这一问题可能会令许多学生一筹莫展,甚至认为问题提供的已知条件不够,无法判断。然而如果能够利用头脑中的表象,把上述问题想象成"两个和尚在一天中的同一时间一个上山一个下山",这道问题就迎刃而解了。

三、学习策略的训练

在学校中,学习策略的训练方式主要有两种:一是开设专门的学习策略训练课,学习策略训练课主要涉及的是学习策略的一般方法与技巧,如训练复述策略、精加工策略、组织策略、思维策略等;二是结合学科进行学习策略训练,训练内容需要结合特定的学科,是特定学科的学习方法与技巧。实践证明,学习策略的学习与学科教学结合能取得最佳效果。张履祥、钱含芬(2000)等对小学生进行了语文和数学学习策略的训练研究,把学习策略总结为课堂策略、巩固记忆策略、解题思维策略,创造学习策略和总结考试策略,并得出结论:训练对学生学习能力的提高作用明显,智力中差生和成绩中差生的进步更为明显。

心理学家提出了不同的学习策略训练模式,其中奥克斯福特Oxford(1990)提出了一个含有8个步骤的策略训练模式:(1)确定学生的需要和有效的学习时间;(2)选择良好的学习的策略;(3)整体考虑策略的训练;(4)考虑动机因素;(5)实施完整的训练策略;(6)准备材料和设计活动;(7)评价策略训练;(8)矫正策略训练。

一般而言,学习策略的训练大致可以分为四个步骤:

1. 让学生了解策略如何操作

学生首先要理解和知道某个学习策略该如何去操作。比如我们前面提到的过度识记策略,首先应该让学生知道其认知操作过程的表述,即识记学习材料达到150%时,记忆的效果最佳。

2. 引导学生运用策略

教师要引导学生运用学习策略,比如上述的过度识记策略,教师可以给予学生一定的材料让其识记,识记的程度可以分别设定为50%、100%、150%、200%,并在识记后考查学生记忆的效果。这样不仅使学生知道策略如何运用,同时体会该策略的有效性。

3. 促进学习策略的迁移

学生在大量变式练习的基础上体会策略应用的各种条件,实现在新情境中的迁移。有些学习策略适用性比较强,在多数条件下都适合使用,比如过度识记策略,在识记各种材料时都可以运用,但有的策略,如有意义识记策略中的谐音法在很多情况下就未必适用,勉强使用反而会弄巧成拙,因此学习策略在新的情境中使用也要灵活多变。

4. 巩固所学策略

学习策略也会产生遗忘,学生可以运用不同的学习材料反复巩固所学的学习策略,达到熟练掌握的程度。教师也应该把各种学习策略渗透到平时的教学中去,以便使学生对学习策略的掌握达到自动化水平。

第三节 非智力因素与学习

一、非智力因素概述

20世纪30年代,美国心理学家亚历山大(Alexander)在其论文《智力:具体与抽象》中首次提出了"非智力因素"的概念,但当时没有引起人们的重视。直到1950年,韦克斯勒发表了《认知的、欲求的和非智力的智力》一文,才就非智力因素问题进行了较深入的探讨,这也成为非智力因素概念正式诞生和科学研究开始的标志。我国学者燕国材1983年在国内首先倡导重视非智力因素,促使国内越来越多的教育工作者开始注重非智力因素。

(一)非智力因素的概念

非智力因素是相对智力因素来说的,是指智力因素以外的对学习有影响的心理因素。它主要包括动机、兴趣、情感、意志、性格等。燕国材(1988)认为非智力因素具体由以下一些心理因素组成:成就动机、求知欲望、学习热情、自信心、自尊心、好胜心、责任感、义务感、荣誉感、自制性、坚持性、独立性。另外,也有学者运用因素分析的方法研究发现,学习态度、自我意识、开拓意识、人际关系、协调能力是最主要的几种非智力因素(时蓉华,1994)。

(二)非智力因素的作用

越来越多的研究发现,不是智力因素,而是非智力因素对个体的成功发挥了关键作用。19世纪20年代开始,美国心理学家对1 528名智力超常的儿童进行了长达几十年的追踪研究,结果其中一部分人取得了较高的成就,而另一部分人成就平平。分析这两部分人的心理特征,发现在完成任务的坚毅精神、自信而有进取心、谨慎、好胜心等 4 个方面,高成就者明显超出成就平平者。

虽然学术界对非智力因素的概念尚有一定的争论,但对于非智力因素的作用则基本达成共识。在同等条件下,非智力因素水平的高低决定着能力操作结果的优劣。总的说来,非智力因素的作用主要表现在以下 6 个方面(燕国材,1988):

(1) 动力作用——在学习中,非智力因素能够直接转化为内在的、持久的学习动机,成为推动学生进行各种学习活动的内在动力;

(2) 定向作用——在学习中,非智力因素可以帮助学生确定学习目标;

(3) 引导作用——在学习中,非智力因素能够帮助学生从动机走向目的;

(4) 维持作用——在学习中,非智力因素可以支持、激励学生始终如一地从动机走向目的,使学生具有锲而不舍的恒心;

(5) 调节作用——在学习中,非智力因素能够使学生支配、控制自己的行为;

(6) 强化作用——在学习中,非智力因素可以帮助学生振作精神、不断进取。

二、主要的非智力因素

下面我们就动机、兴趣、情感、意志、性格等主要的非智力因素及其对于学习的作用进行深入的探讨。

(一) 动机

1. 动机和学习动机

心理学的研究表明,一个人之所以会出现某一行为,其直接的推动力来自动机。因此,动机是直接推动一个人进行行为活动的内部动力。学习动机则是引起和维持学生学习活动,并使该活动朝着所设定的目标进行的内部动力。

刘加霞、辛涛等(2000)通过问卷对北京市一所普通中学的 7、8、10、11 四个年级的 398 名学生进行调查发现,中学生的学习动机、学业成绩之间呈显著正相关;学习动机除对学业成绩有直接影响外,还通过影响学习策略间接影响学业成绩。刘孝群、耿德英(2005)在对大学生学习动机与学习成绩的相关研究中,发现大学生的内在动机与学习成绩之间存在极其显著的相关,外在动机与学习成绩存在负相关。

2. 内在动机和外在动机

内在动机是指由活动本身产生的快乐和满足所引起的动机。具有内在动机的学生学习是自主性的。比如说,学生为了获取新的、有趣的知识而读书。外在动机是指由活动外部的因素所引起的动机。引起学生满足的不是学习活动本身,而是学习所产生的结果。如学生为了获取老师的表扬或家长的奖励而学习。

布鲁纳认为对于学习来说,最好的动机就是学生对学习材料本身感兴趣,而不是外在的奖励或者竞争等刺激。内在动机对学生的创造性具有很大的促进作用,如果学生内在动机水平高,就会主动提出任务,积极地面对困难,敢于冒风险,富有挑战性,思维新颖、独特、流畅,从而有助于创造性地解决问题;而外在动机对学生的创造性具有消极作用,外在动机易使学生忽视任务本身,而过于关注外在目标,并易使学生产生焦虑感,对认知活动产生削弱作用,使学生难以创造性地解决问题(王玲凤,2002)。

　　内在动机和外在动机是相互作用的,高度的外在动机会削弱内在动机,即使一项活动个体从内心感兴趣,但明显的外在奖励会使内在动机减退。莱伯等人(Lepper,1973)的研究表明,由于外在奖励的作用,原本对画图感兴趣的儿童变得很少画图了。蒂西(Deci,1971,1972)使用解谜任务做了一系列的研究。一般来说,解谜语是人们感兴趣的活动,被认为是由内在动机激发的。在实验中,蒂西将大学生被试分成三组解谜语。甲组被试事先被告知,他们解开谜语能得到钱;乙组被试在解完谜语之后被告知,他们因为这样做而得到钱;丙组被试得不到任何提示,也不给钱。解完一些谜语后,实验者让三组被试分别单独待一会,在这段时间里,他们可以自由地做他们想做的任何事情。结果发现,甲组被试很少会自动返回到解谜语上去,他们似乎对解谜本身已不再感兴趣,相反,丙组被试对解谜仍然很感兴趣,愿意继续解谜的人更多。有趣的是,乙组被试在解谜之后才被告知金钱奖赏,因此,他们实际上并没为钱而解谜,所以内在动机并没有因此减弱,他们仍然继续解谜。这些实验都表明,与外在动机相比,内在动机会对活动会产生更强、更持久的动力作用,同时在使用奖励等方式激发外在动机时,要注意使用的时机和方式,否则可能会减弱内在动机,效果适得其反。一般来说,在学生刚开始从事一项学习活动时,可以使用外在奖励,当学生体会到活动的乐趣、取得成功体验时,就可以逐步减少外在奖励的使用(Stipek,1993)。

　　3. 激发和培养学习动机
　　(1) 提高教师的教学水平
　　在教学活动中,丰富的教学内容、多样化的教学方式、启发式的教学提问都能够大大激发学生的学习动机。好的教师善于通过引导性材料将学生原有经验与新的教学内容之间建立联系,并通过创设问题情境使学生产生认知冲突,由此产生的矛盾、困惑、惊讶最能引起学生的好奇心和求知欲,从而激发学生的内在学习动机。

　　(2) 明确学习目标
　　心理学教授洛克认为目标是引起行为的最直接动力,设置合适的目标会使人产生想达到该目标的成就需要,因此对学生具有强烈的激励作用。学生学习的目标不仅要明确,而且要具体、适宜,只有具体而难度适宜的目标才最能激起学生为达到学习目标而努力的学习动机,最大限度调动学生学习的积极性。如果设置的学习目标太高,很难达到,学生会产生挫折感,失去信心;目标太低,达到过于容易,也会失去激励的作用。

(3) 对学业成败进行正确归因

美国心理学家维纳认为人们解释行为的原因都可以归于由内因外因、稳定不稳定、可控不可控这三个维度构成的8个类别中,根据维纳提出的归因模式,并结合学校实际,将学生可能的归因分析列表如下(表4-2,卢家楣,2004)。教师要引导学生对学业成败进行正确的归因,鼓励学生把成功归因于内部原因(如努力、能力),这样有助于学生体验到学习成功的快乐,增强自信心;同时,引导学生将失败归于内部、可控的因素(如努力),而避免归于内部、不可控的因素(如能力),如果学生认为失败是自己不努力造成的,就可能付出努力以获得成功。

表4-2 学生对学业成败的归因

	内 部 原 因		外 部 原 因	
	较稳定原因	较不稳定原因	较稳定原因	较不稳定原因
易控制原因	学习态度、兴趣、方法	努力、注意	教学质量、师生关系	教师指导、同学帮助
不易控制原因	能力、经验、习惯、体质	心境、疲劳、疾病	任务难度、学习条件	运气、偶然事件

(4) 给予学生及时和适当的反馈

教师给学生的学习结果予以及时反馈,使学生明白自己的进步和差距,可以大大增强他们学习的积极性。在布克(Book)的一项研究中,研究者让学生又快又准确地练习加减法,每次练习30秒,共练习75次。在前50次练习中,给甲组学生反馈练习结果,对所犯错误进行分析,并不断鼓励和督促他们继续努力,对乙组学生不进行反馈,结果甲组学生成绩比乙组学生好。在后25次练习中,给予乙组充分的反馈信息,而甲组学生不知道学习结果,结果乙组学生成绩优于甲组学生。这一实验说明,有关学习结果的反馈信息,对学习动机具有激发作用,有利于提高学习成绩。

(二) 兴趣

1. 兴趣和学习兴趣

兴趣是建立在需要基础上,带有积极情绪色彩的认知和活动倾向。学习兴趣是建立在学习需要基础上,学生对学习的一种积极的认识和活动倾向。美国著名的心理学家布鲁纳说:"学习的最好刺激是对学习材料的兴趣。"我国古代教育学家孔子也曾经说过:"知者不如好之者,好之者不如乐之者。"学生对学习活动的兴趣往往会发展成为学习的内在动机,对学习活动有持续的促进作用。特别是在认知活动中,当学生的某种需要得到满足后,其兴趣不但不会减弱,反而会更加丰富和深化,产生与更高的认知活动水平相应的新的兴趣。而这种兴趣又会导致新的认知活动的内在动机。

兴趣的发展一般要经过有趣—乐趣—志趣三个阶段。有趣是兴趣发展的低级水平,它往往是由好奇心引发产生的,由事物外在的新异现象所吸引而产生的直接兴趣,它的特点是随生随灭,持续时间短暂;乐趣是兴趣发展的中级水平,它是在有趣基础上发展起来的定向活动,乐趣产生的标志就是求知欲,它的特点是基本定向,持续时间较长;志趣是兴趣发展的高级水平,它与崇高的理想和远大的奋斗目标相结合,是在乐趣的基础上发展起来的,它的特点是积极自觉,持续时间长,甚至终身不变。兴趣一旦发展到志趣阶段,学生就会全身心地投入到学习活动中,大大提高学习效能。

美国心理学家拉扎勒斯研究了兴趣与智能对于学生学业成就的影响,他发现具有浓厚学习兴趣的学生更能努力地学习,勤奋钻研,乐而不倦。他还发现与智能相比,兴趣更重要,兴趣较浓的学生比智能较高的学生在学业上占优势。浓厚的学习兴趣,可以使人的感官、大脑处于活跃状态,能够最佳地接收教育信息;浓厚的学习兴趣,能有效地诱发学习动机,促使学生自觉地集中注意力,全神贯注地投入学习活动。

2. 兴趣品质与学习

兴趣的品质包括兴趣的倾向性、兴趣的广阔性、兴趣的持久性和兴趣的效能性。

兴趣的倾向性是指兴趣所指向的客观事物的具体内容和具体对象。在学习兴趣倾向性上,有的学生对于文学、艺术、教育、医学等学科感兴趣,有的学生则对数学、物理、计算机等学科更感兴趣。一般来说,学生在自己感兴趣的学习领域中更容易施展才华,获得较好的学业成绩。

兴趣的广阔性是指兴趣指向客观事物范围的大小。有的学生兴趣广阔,但往往表现的是"泛而散",即有多方面的兴趣,但缺乏中心兴趣,这样的结果可能是蜻蜓点水,样样知道一些,但样样不精通。而只有在广泛兴趣的基础上发展出中心兴趣才对学业的发展有利。有的学生兴趣过于狭窄,容易局限在自己从事活动的某些方面,这些学生则需要开阔眼界,以自身兴趣为中心发展出较为广阔的兴趣。

兴趣的持久性是指兴趣持续时间的长短。有的学生具有稳定而持久的学习兴趣,他们能在学习中深入探究问题,从而获得系统而深刻的知识。有的学生则对学习缺乏稳定的兴趣,往往容易变化,见异思迁,在任何学科中都很难取得好的成绩。

兴趣的效能性是指兴趣对活动的推动效果。有效能的学习兴趣是积极兴趣,它能促使学生为有兴趣的对象采取积极行动,而无效能的兴趣是消极兴趣,使学生处于被动状态,缺乏学习的行动力。

3. 培养学习兴趣

学习兴趣对于学习活动十分重要,正如教育家乌申斯基说:"没有丝毫兴趣的强制性学习,将会扼杀学生的探索真理的欲望。"而学生一旦对学习产生兴趣,学习效率将大大提高。培养学生的学习兴趣可以从以下几个方面入手。

(1) 做好积极的心理准备

前苏联心理学家西·索洛维契克在《学习与兴趣》一书中通过实验证明了心理准备在形成兴趣中的作用。他说,如果从心理上预先喜欢某一内容,并相信自己一定会对目前正要做的工作发生兴趣,精神昂扬的着手工作,兴趣就会被调动起来。在实验中他要求学生每天在学习开始之前做以下活动:① 面带笑容,搓着手,做出跃跃欲试的样子;② 同时,脑子里不断地想:下面的学习内容将是我能理解的,我将高兴地学习;③ 提醒自己,一定要努力去学习,要比平时更细心一些,要花更多的时间。结果,这个小小的实验改变了许多学生以前的消极学习态度,并从探索知识的过程中体验到了乐趣。参加这个实验的 3 000 多名小学生中的绝大多数获得了成功,他们开始对原来最头痛的课程产生了兴趣。

(2) 建立良性的师生关系

在学校学习中,我们经常会发现这样的情况,有的学生因喜爱某位教师而喜欢上他(她)的课,并克服困难努力地学好这门学科,而有的学生则因为不喜欢某位老师而对那位教师所教学科产生厌恶。这种情况在年龄较小的学生中表现得尤为明显。事实告诉我们,师生之间建立良性的感情对于培养学生学习兴趣至关重要。

(3) 增强学习中的成功体验

学习中的成功能够使学生产生愉悦的体验,树立对学习的信心,从而增加对于学习的兴趣。反之,如果学生在学习活动中屡遭挫折和失败,那么就会产生失望、沮丧、焦虑等消极情绪,丧失对学习的信心,失去对学习的兴趣。为了使学生达到学习目标,获得成功的体验,教师应该控制教学的进度和难度。当学生在学习上获得成功,哪怕是小小的进步,老师、家长也要予以鼓励,使学生进一步增强信心,以促使他们敢于向更高目标挑战。如果学生不断地增强成功的体验,必将会对学习产生浓厚的兴趣。

(三) 情感

1. 情感和学习情感

情感是人对客观现实的态度的体验。学习情感是指学生对于学习活动的态度的体验。心理学家研究发现,情感具有多种功能,其中一个十分突出的功能,便是情感的动力功能,即情感对个体行为活动所具有的增力或减力效能。同样,学习情感对于学习活动具有增力或减力效能。同一学生,在情绪的强度不同时,其学习活动的动力强度会有着十分明显的差别。情绪高涨时,他可能会竭尽全力,拼搏奋进地学习,不达目标誓不罢休;情绪低落时,他则可能犹豫踌躇,一遇阻力,便后退不前。当情绪的极性不同时,其学习活动的动力也会产生差别。积极的情绪,如愉快、轻松等,会使学生注意力集中、观察敏锐、记忆增强,想象丰富,思维活跃,促进认知活动的展开;反之,消极的情绪体验,如紧张、畏惧、苦恼、焦虑等,则会阻碍认知活动的展开。

心理学家泽尔勒做了这样的实验,让甲、乙两组学习能力相同的学生都学习无意义音节,同时让他们做排列方块实验,然后测验他们对所排列图形的记忆效果。当甲组做排列方块实验时,给予赞美的评价,接着再让他们继续学习无意义音节;而对乙组的学生却给予非常严厉的批评和指责,随后让他们再学习无意义音节。结果发现,乙组学生受到批评后,心情沮丧、紧张,方块实验成绩越来越差,无意义音节的学习效果也大大降低,而甲组学生却积极性高涨,学习效率大大提高。实验证明,良好的情绪和情感状态与学业成功之间存在着一种必然的联系。

2. 情感品质与学习

情感的品质包括情感的倾向性、情感的深刻性、情感的稳定性和情感的效果性。

情感的倾向性是指一个人的情感指向什么和由什么性质的事物所引起的。它是情感品质的核心,也是评价情感价值的主要方面。有些学生的情感经常指向具有社会意义的事物,经常关心的是国家、社会、集体的事情。情感的倾向性影响学生学习和工作的目的性和方向性,影响人生的方向和可能取得的成就。

情感的深刻性是指一个人的情感在思想和行动中所表现的深度。两个学生同样喜欢学习,在情感的倾向性一样,但在深度上可能存在差异,一个学生可能是热爱学习,一个学生可能仅仅有点喜欢。一个热爱学习的学生更可能会在学习中奋进拼搏、不畏惧困难,情感的深刻性影响学生学习的用心程度,对学习具有深刻的情感体验,投入的时间和精力当然就会更大,注意力等智力因素就有会更集中高效的发挥,学习效果肯定更好。

情感的稳定性是指情感表现的持久性。情感的稳定性与深刻性有着密切联系,一般来说,深刻的情感稳定持久,肤浅的情感短暂易变。情感的稳定性是受一个人的信念影响的,如果一个学生对学习抱有高尚、坚定的信念,就会表现出良好的情感稳定性。

情感的效能性是指一个人的情感对其行动所能产生的效果。情感的效能性可以分为积极效能和消极效能。积极效能的情感能产生强大的动力去推动行为,能促使学生主动地发展个性,掌握知识,提高各种能力。消极效能的情感只是停留在"体验"的层面,缺乏对行动的推动力。

3. 培养学习情感

(1) 给予积极的评价

在教学活动中,教师在对学生的学习结果进行评价时,要以正向的、鼓励性的评价为主,不仅对学生的成功要及时进行表扬、鼓励,即使学生遭遇失败,教师也应尽量让学生看到自己的成绩和进步。积极的评价可以使学生产生愉悦感,增强自信心。相反,对学生的行动结果采取漠视或负性的评价,会令学生失望、沮丧,从而减弱自信心,使他们怯于面对下一步的考验。

(2) 学会正确的认知评价

人的情感产生取决于人对情境的认知评价,正如巴尔扎克的名言:"世界上的事物永远没有绝对的,结果完全因人而异。苦难对于天才是一块垫脚石,对于能干的人是一笔财富,对于弱者却是一个万丈深渊。"当人们通过认知评价确定了事物对自己的意义不同时,就会产生不同的情感体验。心理学研究表明,认知评价会受一个人知识经验、思想方法和信念、价值观等的影响。比如一位学生在学习中遭受挫折,倘若缺乏辩证观念,他只看到失败一面,就可能产生悲观厌学的情绪,而若具有辩证观念,会从"失败是成功之母"的角度认识挫折,则可以避免消极情绪,甚至激励自己更加奋进。

(3) 引导积极的情感迁移

情感迁移是指一个人对某人或某事的情感会迁移到与其有关的对象上去。中国的成语"爱屋及乌",西方的谚语"Love me, love my dog"都生动地概括了这种情感迁移现象。如果教师能设法将学生对某人或某事的情感引导到与其有关的学习活动中,便可能使学生的学习效果大大提高。一名初一年级的英语教师曾发现自己所教的班里有一名男生不爱学英语,成绩最差。但他对航模感兴趣,上课时总在摆弄各种飞机模型。教师便跟他一起设计、制作航模,鼓励他参加航模比赛,并找一些有关的书籍让他看,其中有一本印有精美图片的英文原版航模书令他爱不释手,却看不懂。这位学生从中悟出了学好英语的价值,以后对英语学习非常用心,也开始慢慢喜欢,英语成绩有了很大的提高。

(四) 意志

1. 意志和学习意志

意志是在实现预定目的时对自己克服困难的活动和行为的自觉组织和自我调节。意志是人的意识能动性的集中表现,是人类特有的心理现象。意志对行为执行着两种功能,即激励功能和抑制功能。前者在于推动人去从事达到预定目的所必需的行动,后者在于制止不符合预定目的的行动。意志的两项功能在实际活动中是统一的。学习意志就是学生为了实现学习目的对自己克服困难的活动和行为的自觉组织和自我调节。比如当一位学生有了利用课余时间学习的决心,这种决心就一方面推动该生在课余去进行学习活动,另一方面又抑制那些可能干扰学习的其他活动。

意志的发展要经历决心—信心—恒心三个阶段。决心是意志过程的第一个阶段,下决心主要体现在两个方面:一是确定行动的目标,二是选择达到目标的行动方式、方法。信心是意志过程的第二个阶段,下定决心后要经过一系列的复杂的心理活动,才能树立信心。树立信心首先要正确认识自己,了解自己的优缺点;其次要有确信感,相信自己有能力完成任务;最后是建立坚定信念,形成远大的理想,只有理想的支撑,信心才会牢固。恒心是意志过程的第三个阶段,它在整个意志过程中具有更为本质的意义。如果光有决心和信心,缺乏持之以恒,坚持到底的恒心,决心和信心都将失去意义。恒心主要体现在两个方面:一是抵制不符合行动目的的干扰;二是坚持符合目的的行动。

2. 意志品质与学习

意志品质主要包括独立性、果断性、坚持性、自制性等。

独立性是指对自己行动目的的重要性和正确性有充分认识,并能根据主客观条件来规划自己的行动,以实现预期目的的一种意志品质。在学习中独立性高的学生在学习中遇到困难时,更愿意自己解决,在面对权威时他们更倾向于坚持自己的主张;独立性低的学生在学习中较容易受外界环境的偶然因素影响,容易受别人的暗示,在自己拿不定主意时更愿意求助别人,表现出较强的依赖性。

果断性是指善于在复杂的情境中迅速而有效的采取决定;一经采取了决定,又及时地投入行动的一种意志品质。果断性高的学生在面临选择时能够把握时机,迅速做出抉择;果断性低的学生更容易表现出优柔寡断,在面对抉择时犹豫不决,摇摆不定,动机的斗争没完没了,难以做出最终的选择;好不容易作了个决定,又迟迟不付诸行动,生怕走错步子而后悔。

坚持性是指为实现既定的目的而在行动中能够长时间地保持充沛的精力和毅力的一种意志品质。坚持性高的学生能够长久地坚持符合目的的行动,做到锲而不舍,有始有终;善于抵御不符合行动的目的的种种主客观诱因的干扰,不为所动;坚持性低的学生在学习中常表现出"三分钟的热度","三天打鱼,两天晒网",结果是虎头蛇尾。而有时所谓的坚持又容易停留于坚持的决心上,在行动中则容易表现出动摇,学习活动常着眼于短期的目标,如果要为长期的目标顽强奋斗,则不容易有效地控制自己的行动。一旦遭遇挫折,就可能知难而退,或者以某种借口原谅自己,或者甚至怀疑当初所作决定的必要性和可行性。

自制性是指能够善于控制和支配自己行动的一种意志品质。自制力表现为发动行动和抑制行动两个相互联系的方面。也就是说,一方面克服外部困难或某种内部动机的干扰,强迫抑制自己的某种行动;另一方面,是在内外干扰的条件下,发动和维持某种行动。自制性高的学生能够克服外部困难或某种内部动机的干扰,控制和支配自己的学习活动,比如即使想看电视,也会控制自己的想法,先做完老师布置的作业;自制性低的学生则不能很好地控制自己的行为,对于那些干扰学习的行动也任由兴致,随意行事。

3. 培养学习意志

(1) 树立远大的理想和健康的人生观

一个拥有远大理想和健康的人生观的人往往会具有坚定的意志。当一位学生把自己的人生同祖国、社会、集体的利益联系起来,他就有可能以巨大的动力去克服个人遭遇的种种困难和干扰。一些学生受到社会中不良思想的侵蚀,形成了贪图安逸、追求享受、相互攀比,甚至争名夺利、损人利己的不良人生观,缺乏对理想的追求,自然也难有坚强的意志。古人说:志不立,如无舵之舟,无衔之马,漂荡奔逸,终亦何所底乎! 远大的理想、健康的人生观是意志行动的力量源泉,因此,教师应该通过各种形式的主题教育引导学生从小树立远大的理想和健康的人生观。

(2) 从小事做起,培养良好习惯

培养意志应该从日常的小事做起,点滴的小事能够坚持不懈,便可形成良好的习惯,而这往往是成就大事的基石。如果不从小事做起,便期望有朝一日取得成功,那只能是一种幻想。一个人的意志力往往是在许多生活小事中磨炼而成的,诸如每天按时起床、认真完成功课、坚持锻炼身体等,看似平常小事,但如果能够天天如此,形成习惯,则能够磨炼出坚强的意志品质。

(3) 通过各种活动锻炼意志

良好的意志品质主要是在各种实践活动中形成和发展的,在学校环境中教师可以有意识地让学生开展一些有助于锻炼心理品质,尤其是意志品质的活动,比如下围棋、练书法等,这些活动都不能一蹴而就,需要学生持之以恒地练习。《孟子》中写到:"学习围棋如果不专心并致力于攻克对方,就不能领会围棋的精髓。"《左传》中提到"下围棋而举棋不定,不能战胜对方。"这些都表明,下围棋这类活动同个体的意志力品质具有非常紧密的关系。心理学研究也发现,下围棋对儿童意志的顽强性、果断性以及自信心有很积极的影响(徐平,孔克勤,2009)。此外,教师还可以通过设置一些具有困难的实践活动,让学生经受适度的挫折,使他们在面对挫折时、战胜挫折中磨砺意志。

(五) 性格

1. 性格和学习性格

性格是人在对现实的稳定的态度和习惯化的行为方式中所表现出的个性心理特征。诸如勤劳或懒惰、诚实或狡猾、自信或自卑、谦虚或骄傲等,都是对一个人的性格特征的描述。性格在个体的整个个性特征中处于重要地位,具有核心意义。这是因为性格总是与价值观、人生观、世界观相联系的,体现了一个人的本质属性,具有明显的社会评价意义。

学习性格是指学生在对学习的稳定的态度和习惯化的行为方式中表现出的个性心理特征。比如有的学生在学习中一贯自信独立、勤奋好学、有远大抱负,而有的学生则自卑依赖、敷衍马虎、懒惰逃避等。

2. 性格特征与学习

一个人的性格是有好坏之分、善恶之别的,良好的性格有助于学生取得较高的学业成就。我国著名教育家陶行知先生在教育实践中认识到性格在学生学习活动中的重要性,并指出在学习活动中,良好的性格特征主要表现在四个方面:一是努力奋斗,"奋斗是成功之父",奋斗必导致学习的成功;二是实事求是,"知之则知之,不知则不知",只有承认自己尚不知道,经过努力,才有可能知道的那一天;三是独立意识,要有"独立的意志,独立的思想,独立的生计和耐劳的筋骨",方能使学习取得成功;四是有创造精神,要做到"六个解放",将自己的创造力尽量地发挥出来。

许多研究发现,性格特征与学生学业成绩有着明显的相关。例如,美国心理学家高夫(Gough)运用《加州心理调查表》(CPI)研究了18种性格因素与中学生学业成绩的相关,结果发现,支配性、上进心、责任心、社会化、宽容性、遵循成就、独立成就、智能效率等8种性格特征与中学生的学业成绩存在着高相关。我国学者查子秀等人研究发现,非智力个性特征问卷所测量的抱负、独立性、好胜心、坚持性、求知欲和自我意识六个方面的个性特征与中学超常儿童的学科总成绩具有显著或非常显著的相关。

此外,许多研究还发现,性格特征与创造力有着密切关联。大量研究表明:在性格特征中责任心、自信心、独立性、宽容性、坚韧性和合作精神对创造是最为重要的。心理学家巴伦(Barron,1969)归纳出最富有创造性的自然科学家共有的10种性格特征:

(1) 高度的自我坚持力及情绪稳定性;
(2) 对独立和自治有强烈需要;
(3) 对冲动有高度控制;
(4) 具有超越和创新的能力;
(5) 喜欢抽象思考,求知欲强;
(6) 爱提意见;
(7) 在思考上拒绝群众压力,较少从众;
(8) 与他人关系疏远,态度较超然,喜欢处理物质与抽象问题,不喜欢与人交往;
(9) 在力所能及的范围内竭尽全力向未知领域探索;
(10) 喜欢有秩序和法则,但同时也勇于向矛盾、例外和无秩序挑战。

3. 培养学习性格

(1) 给予学生积极期望

在教学情境中,教师给予学生积极期望,将有助于学生形成良好的性格特征。期望效应又称皮格马利翁效应或罗森塔尔效应,指人们基于对某种情境的知觉而形成的期望或预言,会使该情境产生适应这一期望或预言的效应。教师如果根据对某位学生的了解而形成一定的期望,就会使该学生的学习成绩和行为表现发生符合这一期望的变化。美国心理学家罗森塔尔和雅克布森(Rosenthal & Jacobson)对这种期望效应进行了实验研究。他们先对一所小学1至6年级的学生进行一次名为"预测未来发展的测验",实际实施的是智力测验。然后,他们在这些班级中随机抽取约20%的学生,并告知教师"这些儿童是未来发展有潜力的学生",使教师对这些学生抱有积极的期望。8个月后他们进行了第二次智力测验。结果发现,被抱有积极期望的学生,特别是一二年级的学生,比其他学生在智商上有了明显的提高。这一倾向在智商为中等的学生身上表现得尤为显著。而且,从行为和性格的鉴定中发现,被抱有积极期望的学生表现出更加开朗、适应力更强、更有魅力、求知欲更强、智力更活跃等特征。实验中,研究者通过"权威性的谎言"暗示教师,使教师对20%的学生寄予了积极的期望,虽然教师并未告诉这些学生,但他们的期望通过眼神、笑容、语调等传递给了这些学生。学生潜移默化地受其影响,变得更加自信,在学习上表现得更加努力,结果就有了飞速的进步。同样,如果教师给予学生消极的期望,则可能使学生产生不良的行为和性格特征。

4. 采取民主的教育方式

教师的教育方式可以分为放任型、专制型和民主型三种。研究表明,教师采取不同的教育方式将影响学生性格的形成。教师采取放任型的教育方式,不控制学生行为,不指导学生学习,学生容易形成放任、自控力差、无组织纪律性、无团体目标等性格特征;教师采取专制型的教育方式,严格控制学生一切活动,凭借个人好恶对学生赞誉毁贬,学生容易形成紧张、退缩、冷漠、具有攻击性、自制力差等性格特征;教师采取民主型的教育方式,教师以平等的身份与学生进行交流与沟通,并能接纳学生合理的意见和想法,师生之间互相尊重,学生则容易形成情绪稳定、态度积极友好、有领导力、自信等性格特征。

5. 树立良好的榜样

榜样是学生模仿的对象,它对学生有着强大的感染力和说服力,树立良好的榜样将有助于学生形成积极的性格特征。首先,教师要不断完善自己的性格,在学校中,教师有一定的权威性,其言行常常成为学生学习的对象,因此教师要"为人师表",为学生做出良好的榜样;其次,教师应充分重视学生同伴的榜样示范作用,儿童、青少年都容易受同龄人的影响,如果教师将优秀学生作为典范,那么学生就会自觉或不自觉地模仿学习，有助于良好性格的形成；最后，教师还可以将名人如领袖、科学家、英雄人物等作为榜样，以他们的优良性格感染学生，帮助学生塑造良好性格特征。

6. 营造积极健康的校风、班风

校风、班风是师生共同努力形成的行为风尚，是学校、班级治学态度和精神风貌的综合体现。校风、班风是一种无形的教育力量，不断感染置身其中的学生，因此对学生性格的形成和发展有很大的影响。如果一所学校具有积极健康的校风、班风，学生往往会普遍表现出有组织性、纪律性、合群、友好、勇敢等优秀的性格特征，而如果一所学校的校风班风消极、不健康，学生则可能表现出缺乏责任心、随意散漫、攻击性强等不良的性格特征。

以上我们论述了动机、兴趣、情感、意志、性格等非智力因素和学习的关系，以及培养这些非智力因素的方法、手段等。可以看出，这些非智力因素不是独立、割裂的，而是一个统一的整体，它们之间相互关联、相互作用、相互制约，因此在培养学生的非智力因素时，应该综合考虑，作为一个系统工程，可以达到事半功倍的效果。

 本章小结

● 心理学家运用多种方法和手段对学习活动进行了深入研究，从内涵而言，学习可以界定为个体在活动中通过经验引起的行为或心理的相对持久变化的过程。从外延来看，学习可以分为了三个层次：广义的、次广义的和狭义的。依据教育目标，学习可分为认知领域学习、情感领域学习和技能领域学习三种类型。依据学习结果，学习可分为言语信息学习、智慧技能学习、认知策略学习、动作技能学习和态度学习。从行为主义学习理论到认知主义学习理论，再到建构主义学习理论，有关学习概念和实质问题的争论从未间断过，对于学习概念的界定和学习实质的理解可谓诸说对峙、观点纷呈。

● 有关学习策略的界定则是众说纷纭，多数学者认为学习策略是学习方法与学习调控的有机统一。学习策略对学生学业成绩有着直接或间接的影响。关于学习策略的结构，不同研究者的划分不同，主要有二因素结构、三因素结构和多因素结构。目前，大多数研究都倾向于接受学习策略的三因素结构：认知策略、元认知策略和资源管理策略。学习策略的种类很多，适用面较广的有记忆策略和思维策略。实践证明，学习策略的学习与学科教学结合能取得最佳效果。一般而言，学习策略的训练大致可以分为四个步骤：让学生了解策略如何操作、引导学生运用策略、促进学习策略的迁移和巩固所学策略。

● 非智力因素是指智力因素以外的对学习有影响的心理因素。越来越多的研究发现,不是智力因素,而是非智力因素对个体的成功发挥了关键作用。在同等条件下,非智力因素水平的高低决定着能力操作结果的优劣,其作用主要表现在以下6个方面:动力作用、定向作用、引导作用、维持作用、调节作用和强化作用。非智力因素主要包括动机、兴趣、情感、意志、性格等,都对学习产生了不同程度的影响。

本章思考题

1. 在日常的教学活动中你会怎样有效地使用榜样的力量?
2. 作为一名教师你会如何有效地激发不同学生的学习兴趣?
3. 面对一个学习意志品质差的后进生,你该如何运用心理学的方法来提高其意志品质?

阅读材料:针对个别差异的教学案例分析[①]

1. 一般情况

王某,男,14岁,初一学生

家庭情况:父母是医生,王某小时候就离开父母,小学开始住校。

与同学关系:与全班同学关系一般,但和同桌郭某关系较为融洽,常在一起行动,但也常一起犯错误。

学习情况:学习不够努力,上进心不强。作业马虎,偶有抄袭他人作业的行为。成绩在班级里属于中下水平。语文、数学、英语等学科成绩较差,体育、美术、地理等学科成绩较好。

遵守纪律情况:常不遵守纪律,上课多次迟到,常和同学发生打架等恶性事故。

2. 个性心理特点

能力:体育、美术能力发展较好;在绘画方面有一定技巧,静物写生能利用透视原理。上课注意力不集中,这与自己要求不严格有关。理解、语言表达能力尚好。

性格:自制力差,做事易冲动,易受他人暗示,犯错误也常是受同桌暗示的结果。学习很不刻苦,做作业较为粗心。在学习方面自信心不足,碰到稍有麻烦的题目就得去问别人,不愿独立去解决。生活邋遢,在集体宿舍常不洗衣服、不叠被子。

兴趣:爱好美术、体育、地理等学科。对美术有浓厚的兴趣,课外时间常用于绘画。足球踢得很好,乒乓球打得也很棒。对地理知识也有一定兴趣。厌烦语文、数学、外语等学科。

---

① 中国心理卫生协会主编:《国家职业资格培训教程心理咨询师》,民族出版社2005年版,第43页。

3. 个性心理特点形成原因分析

由于长期离开父母,缺乏家庭教育和生活上的照顾,使他不善于管理自己,养成生活上邋遢、马虎的习惯,对自己要求不严格,缺乏纪律性。由于学习上经历的失败较多,而使其缺乏自信心,从而自暴自弃、不求进取。但对自己感兴趣的学科,如美术、体育、地理等,又能学得很好,说明王某有很大的学习潜力。缺乏主见,易受暗示性,在所犯错误中很多都是受同桌暗示的结果。因而,如果将他和郭某座位分开,他所犯的错误可能会减少。

4. 教学措施

根据自信心不强、自制力差等弱点,教师可在其成绩稍有进步或有好的表现时给予较多的肯定和鼓励。帮助他看到自己的长处,尽管自己存在一些缺点,但依然有很多优点,如果自己严格要求,完全能学好任何一门学科。

教师定期检查王某的宿舍,促使其养成整洁、一丝不苟的习惯。对确有进步的表现在班级里进行表扬。对于偶有不足之处,委婉提醒。

将王某与郭某结合一起进行教育,郭某的进步也可能带动王某共同进步,减少所犯的错误。同时可将王某和郭某座位分开,让王某同一位成绩优秀、积极进取、学习刻苦的同学同桌。

和其父母通讯联系,尽可能多的将王某的长处和取得的进步告诉其父母,让他在父母面前也能得到鼓励。

参考文献

1. 黄希庭主编:《心理学》,上海教育出版社1997年版。
2. 卢家楣主编:《心理学——基础理论及其教育应用(修订本)》,上海人民出版社2004年版。
3. 莫雷:"西方两大派别学习理论发展过程的系统分析",《华南师范大学学报》(社会科学版)2003年第4期。
4. 张大均主编:《教育心理学》,人民教育出版社1999年版。
5. 张履祥、钱含芬:"小学生学习策略训练效应的实验研究",《心理科学》2000年第1期。

第五章 教学心理学

本章导读

> 　　教学心理学主要是依照心理学取向对教学设计和教法、教师的成长以及影响教学的心理因素的研究。第一节介绍教学设计的相关概念、教学设计的基本结构、教学设计的发展;第二节阐述教学策略含义、分类、有效教学及教学方法;第三节介绍教师职业发展的特点,有助于教师对其职业有一个更为清晰的认识。通过本章的学习,能够帮助我们了解教学设计、教学策略,正确认识教师的职业特点与相关的心理学理论,有助于教学活动更好地开展。

第一节 教学设计

　　教学心理学是教育心理学的一个分支,是一门研究学校教学情境中的心理现象和规律的科学,主要探讨教学情境中知识和认知技能获得的内在机制及其获得过程中对外在环境及条件的设计与安排。正如美国心理学家罗伯特·格拉塞在《教学心理学的进展》(1978)中指出:教学心理学是"研究知识和认知技能的获得以及如何设计并安排学习条件来发展这种知识和技能"的科学。

一、教学设计的含义

　　教学设计是教学的重要组成部分,是联系教学系统思想和现实教学的重要桥梁,是教学效果的重要保证。正如西尔贝曼(Silberman,1966)所指出的:"教师教学犹如医生行医。在工作上既需具备科学家精密严格的训练,又需具备艺术家创作才情的素养。惟其如此,才能将其在专业训练中获得的客观系统知识与技能,转化在实际工作经验中,针对学习者的不同需要,作出主观而切实的判断。因此,伟大的教师和伟大的医生一样,都是在工作中将科学和艺术合二为一的。"教学设计使用的设计思维和系统方法贯穿于整个教育技术的理论和实践。

(一) 教学设计的基本概念

据1989年版的《教育技术国际大百科》,教学设计有着以下五方面的含义:(1) 艺术过程,即认为教学是艺术,教师是艺术家,不同教师执行同一教学任务不尽相同,教学设计是教师的任务。比如教学设计过程中对各种媒体材料的设计,须采用艺术表现方式来引起和保持学生的注意力。教学设计是一个艺术过程是受传统教学观影响产生的。(2) 科学过程,即认为教学设计为了保证有效的教学,教师为教学设计找到科学依据。把教学设计分为宏观和微观两个层次,宏观教学设计建立在典型的经验研究基础上;微观教学设计重在知识概念、技能传授,同时还要依赖教育、心理等学科的发展与完善。(3) 系统工程方法,即认为用工程学的方法提高教学效果。找到了教学设计运行的实际操作步骤,通过系统分析和不断测试所提供的反馈信息的控制来使教学设计的效果达到预期状态。(4) 问题解决方法,即认为教学设计就是问题解决。需要关注教学是什么、问题在哪里,只有找到症结所在,才能着手有效地解决它。强调教学设计是通过选择和建立解决问题的方案,试行方案和不断评价、修改方案从而达到解决问题的目的。(5) 关注人的因素。即认为教学设计对教师素质提出的要求愈来愈高,因此,教学设计中人的因素是至关重要的。

以上五种含义从不同侧面、不同角度来描述教学设计的过程,也体现了教学设计不同阶段的特点,在教学设计发展历程中是交替和统一的关系,共同对于高质量的教学设计起作用。

(二) 教学设计的基本结构

我国学者张人均认为教学设计需要解决四个基本问题:教学目标;教学任务分析;教学内容的分析与组织;教学评价。这四个基本问题组成了教学设计的四个基本要素,在加涅的体系中,这四个基本要素如图5-1所示,共同构成了教学设计的基本结构。

教学系统的基本要素是教师、学生、信息、媒体,教学设计有利于教学的科学化、艺术化和最优化,有利于教育理论、教育技术与教育实践的有机结合,有利于教学系统的整体协调运作。美国教学设计专家肯普(J. E. Kemp)在《教学设计过程》一书中指出:"教学设计是运用系统方法与技术分析研究教学问题和需求,确立解决它们的

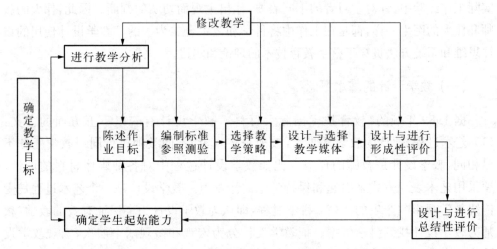

图 5-1　教学设计的基本结构

摘自：〔美〕R·M·加涅等：《教学设计原理》，华东师范大学出版社 1999 年版，第 21 页。

方法和途径，并对教学结果作出评价的系统的计划过程。"可见，教学设计是一个分析教学问题、设计解决方法、对解决方法进行试行、评价试行结果并在评价基础上修改方法，直至获得解决问题的最优方法的过程。

二、教学设计的发展

教学设计理论体系的建立和发展主要取决于两方面的因素，即学习心理学的发展和社会的需求。学习理论为教学心理学积累了丰富而多样的教学活动的建构依据，与教学心理是互补的关系。学习心理学的研究成果为教学心理学的研究提供了最为直接的理论依据。教学是对促进学生学习过程的外部事件的安排，要做到这种安排的有效性，教学就必须以学生学习过程的心理规律为基础。

20 世纪初美国教育家杜威(John Dewey)提出应发展一门"桥梁科学"，其任务是建立一套与设计教学活动有关的理论知识体系。教学设计最早发端于二战时的军队，将心理学与视听教育结合起来训练士兵掌握新式武器，随后在工业培训领域得到应用。到 20 世纪 60 年代逐渐进入到学校教育中，并作为一门独立的知识体系得到了迅速的发展。从 20 世纪 20 年代提出有效教学(effective teaching)的概念、70 年代提出有效教与学(effective teaching and learning)到 90 年代发展为有效能的学与教(effective learning and instruction)，教学设计的核心思维和核心方法走过一个由注重"教"到注重"学"再到有效能的"学与教"的历程。

表 5-1　传统与现代教学设计比较

比较	传统备课	新课程视野下的教学设计
主线	教师中心,以教代学,强调教的设计	学生中心,以学论教,强调学的设计
对象	备教材:备课基于对教材知识点的传授,教案就是教学实施的脚本	备学生:立足于学生的实际需要,着眼学生的全面发展
依据	以教师教学经验为备课依据	以科学的教育理论作指导,在分析具体教学需要的基础上设计
变通性	备课相当于课前的教学准备,它的内容是预设的、静态的,课堂教学强调教案的执行	教学设计的主体工作需要在课前完成,但需要在教学过程中不断调整,教学设计贯穿于课前、课中和课后
教材观	"权威化"的教材观,将重心放在分析教材、注重考点等方面,教师"教教材",缺少教师自己的教学创意,缺少主动的设计意识	"材料式"的教材观:教材只是教学活动的载体和媒介,是课堂教学中可供利用的一种教学工具,是与学生交往活动的载体。教师在课前的主要准备任务是策划如何有效利用这一载体、媒介和工具,课堂教学的活动设计是重要教学环节

由表 5-1 我们可以看到传统教学设计的教师中心、教材中心和教学中心导向,与现代教学设计的学生中心、学习中心、资源中心导向之间的差异。

20 世纪 60 年代后期系统论等科学方法在教育领域中的应用,促进了教学设计基本理论的形成。人们借助程序教学法探讨教学设计的各个环节,对教学目标、教学效果、各种媒体的作用及相互关系进行了系统研究和实践。由于程序教学首次实现了学习理论与教学设计的结合,所以程序教学被认为是最早的教学设计理论。在 20 世纪 70 年代,认知学习理论逐渐代替行为主义,成为教学设计的指导思想。在认知主义学习理论指导下的教学设计更注重学习者认知结构及内部心理结构的分析,关心知识技能的获得,教学就是安排外部条件,促进内部学习过程,不同的学习任务对应不同的内外学习条件。20 世纪 80、90 年代,建构主义理论对教学设计产生较大的影响。建构主义学习理论认为知识是学习者在一定的社会文化背景下,借助他人的帮助,利用必要的学习资源,通过意义建构的方式而获得的。"情境"、"协作"、"对话"和"意义建构"是学习环境中的四大要素。在学习方法方面,提倡在教师指导下的、以学习者为中心的学习,教师是意义建构的帮助者、促进者,在学习过程中,学生要主动去搜集并分析有关的信息和资料。学习者通过在学习情境中的发现过程建构自己的知识。学生学习的内容是知识与技能的整合体,教学设计与特定教学情境相联系,促进学生整体知识的获得与运用。在 20 世纪 90 年代,计算机、网络、媒体的发展介入学习之中,学习者与教学媒体、教学情境的结合是教学设计发展的一个重要特征。

总而言之,至20世纪80年代在西方,以美国教育心理学家加涅等人提出的理论为代表的"第一代教学设计理论"已较成熟。20世纪80年代末90年代初,以情境教学、建构主义心理学与计算机多媒体技术包括知识工程、人工智能相结合的"第二代教学设计理论"开始兴起。

第一代教学设计具代表性的就是肯普模型(Kemp Pattern,1977);肯普模型在教学设计过程中强调四个基本要素:教学目标、学习者特征、教学资源和教学评价。教学设计中需着重解决三个主要问题(学生必须学习到什么——确定教学目标;为达到预期的目标应如何进行教学——确定教学内容、教学资源、教学起点、教学策略、教学方法;检查和评定预期的教学效果——进行教学评价)。同时要适当安排10个教学环节如图5-2。

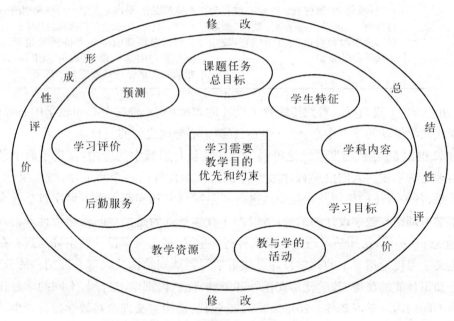

图5-2 肯普的10个教学环节

肯普以椭圆形将10项因素圈在整个系统中,并以外围的"评价"和"修改"表示这是两件整个设计过程中持续进行的工作。肯普将学习需要和教学目的置于中心正是突出了系统方法的以系统目标为导向的本质。

第二代教学设计具代表性的就是史密斯-雷根模型(Smith-Ragan Pattern,1993),以情境教学、建构主义心理学与计算机多媒体技术为依托,在第一代教学设计中有相当影响的"狄克-柯瑞模式"的基础上,吸取了加涅在"学习者特征分析"环节中注意对学习者内部心理过程进行认知分析的优点,并进一步考虑认知学习理论对教学内容组织的重要影响而发展起来的。史密斯-雷根模型的主要特点是明确指出应设计三类教学策略：教学组织策略、教学内容传递策略、教学资源管理策略。教学是实现教育目的、提高学生素质的最基本的途径,有效地教学设计是教学成功的条件。

据此,教学设计是教师根据各种学习和教学理论,依据教学对象的特点和新教学理念、风格,运用系统的观点和方法,遵循教学过程的基本规律,对教学活动进行的系统规划、安排与决策。

21世纪以后,教学设计的指导思想呈现多元化和整合化的发展趋势,行为主义、认知主义、建构主义学习理论、人本主义理论、后现代主义心理学理论等也被教学设计所吸取;新知识观、新人才观等观念也对教学设计提出了新的要求。

三、教学设计模式

教学设计由宏观到微观可以划分为四个层次：以教学系统为中心的层次——教学系统设计；以一门课程为中心的层次——课程教学设计；以一堂课为中心的层次——课堂教学设计；以教学媒体为中心的层次——教学媒体设计。基于格罗(G. Grow)对学生学习提出的依赖、产生兴趣、积极参与和自导学习四阶段的观点,教学设计模式经历四个阶段：学生依赖阶段、学生参与阶段、学生主导阶段和学生自导阶段。这四个阶段的划分,主要体现在以下几种当前课堂教学设计的模式中。

(一) 学生依赖的教学设计模式

这是我国传统的教学较多采用的设计模式(图5-2)。这一阶段的学生在学习上对于教师有较强的依赖性,由教师主控整个教学进程与学习进程,从选择学习内容、选择教学方法、确定教学目标、实施课堂教学、布置作业到学习评估全由老师实现,教师在教育中扮演权威的角色。这种设计模式的长处在于帮助学生打好知识基础,学习好基本技能,为更深入的知识学习做好准备。

因此,这种设计模式主要适用于没有基础知识和基本技能、缺少学习经验的学习者。当前,我国基础教育阶段的教学设计大多属于这种类型。传统教学采取这一教学设计模式,需要提醒的是在教师主导的框架下,不能忽视学生是学习主体的教育理念,在教学设计中适当地设计引导式、探究式的教学方法,有意识地引导、鼓励和培养学生的自主学习意识,对学习成绩有差异的学生一视同仁,不歧视成绩差的学生,理解并尊重学生学习动机、学习方法和学习能力不同或有待开发导致的成绩差异。

因教师主控易导致教师的过度消耗以及对学生学习成果的过度关注,故在比较与竞争中保持持久的工作动力与工作热情,是这一模式中教师需要成长的方面。

(二)学生参与的教学设计模式

这是目前在传统教学基础上常加入的模式。这一模式中学生开始对所学的内容产生兴趣,由兴趣引导愿意配合教师教学,主动完成教师布置的学习任务,主动就感兴趣的方面提问题,并投入精力于兴趣的课程,乐意领受教师引导和安排。在这一模式中教师是教学的引导者和指挥者,学生是参与者。这种设计模式的长处在于进一步激发学生的学习动机和学习兴趣,让学生自觉自愿、主动地参与到教学中来。

采取这一教学设计模式,对于教师来说激发学生的学习动机与学习兴趣是关键。因此,教师在教学设计上、教学方法方面需要多动脑、多学习,教学的组织形式也要灵活多样,注意调动学生参与的积极性,习惯传统教学模式的教师需要在教学观念和教学方法方面更新,以顺利完成教师由权威到引导者的过渡。

(三)学生主导的教学设计模式

这是当今教育领域倡导的教学设计模式。这一设计模式的理念基于辩证统一的教学观,这种设计模式的长处在于可以提高学生的学习的主动性,教学设计的各环节主要由学生自主完成,激发学生的自主意识,从而形成良好的自学能力和学习习惯,促进个性化学习。这种教学设计模式需要学生具有一定的知识基础和技能,学生处于学习过程中的中心,教师处于中心的中间过渡地带,起帮助和促进的作用,教师只是起点拨、解疑的作用,是指导者和促进者。这一教学设计模式对教师主导作用的要求更高了。

(四)学生自导的教学设计模式

这一教学设计模式较传统教学而言是新颖而有挑战的教学设计模式。学生控制着学习的总过程,以学生自学活动为主,学生处于学习的核心地位,知识不是由教师灌输的,而是由学习者在一定的情境下通过讨论、交流、合作、互助并借助资源主动建构的。而教师的指导和服务则始终贯穿于学生的自学活动中。这种设计模式的长处在于适合高年级的学生和自学能力强的学生。

其实,考虑上述四种教学设计模式,教师在实际教学中不应拘泥于哪一种模式,而是采用不同的变式,根据教学任务、科目、学生水平和学生自学能力综合运用四种模式。最有效的课堂教学设计模式不是固定的、静态的模式,而是一种动态的教学,只有将教学设计模式融会贯通,灵活地运用于教学中,才是教学设计追求的境界。

第二节 教学策略

一、教学策略的含义与类型

教学需要有不同的层次,加涅把教学的不同层次分为课程级、科目级、单元级和要案级四种水平。不同的教学层次要有不同的达到教学目的的手段和方法,相应的,也要有不同的教学策略。

(一) 教学策略的含义

张大均等认为,教学策略是教学设计的有机组成部分,为实现教学目标和适应学生学习的需要在特定教学情境中而采取的教学行为方式。教学策略既有观念驱动功能,更有实践操作功能,是将教学思想或模式转化为教学行为的桥梁。邵瑞珍强调教学策略的目的性和整体结构,是教师在教学过程中,为达到一定教学目标而采取的一系列相对系统的行为。李晓文等认为,教学策略的内容构成有三个层次:影响教学处理的教育理念和价值观倾向;对达到特定目标的教学方式的一般性规则的认识;具有的教学手段和方法。

综上所述,教学策略的实施是为了达成教学目标或课程目标,具有灵活性、变通性。有的教学策略是"一套特定的方式或方法";有的教学策略是"具有效率意义的特定教学方案";而有的教学策略认为"对教学活动进行调节和控制的一系列执行过程"。在此基础上,可以找出教学策略的一些特征及其基本含义:教学策略是实施教学过程的教学思想、方法模式、技术手段几方面因素的集成,是为实现特定教学目标而制定的,根据学生的学习规律和特定教学条件,在教学过程实施的整体方案,它包括合理组织教学过程,选择适合的教学内容、教学媒体、教学方法、教学材料、评价技术等,以达成有效的学与教原则、教学模式、教学方法的一种变通性的应用。

(二) 教学策略的类型

美国学者史密斯1976年提出以经验为基础的内容限制性策略和非内容限制性策略。前者注重师生与教学内容的关系,后者强调师生间的关系。加涅则把教学策略分为管理策略和指导策略两大类。我国学者施良方等提出教学过程三个阶段的策略:教学前的准备策略、教学中的实施策略和教学后的评价策略。张大均以教学过程的环节和学生的特点为指标,把教学策略分为教学准备策略、教学实施策略、因材施教策略和教学监控策略四种基本类型。黄高庆等以两重标准划将其分为一般性教学策略和特殊性教学策略、问题指向型教学策略和自我指向型教学策略。

目前,教学策略大体有以下几类划分法:

根据某个构成教学活动的主要因素来分,可将教学策略分为:(1)方法型策略:注重讲授性与发现性;(2)内容型策略:注重知识体系与问题解决;(3)方式型策略:注重教师中心与学生中心;(4)任务型策略:注重练习性策略、问题定向性策略和综合能力策略。

依据教师行为进行分类,可将教学策略分为:(1)主要教学行为策略。① 课堂呈现:讲授、板书、声音呈现、视频呈现、ppt呈现、动作呈现及其他媒体呈现。② 教学对话:问答、讨论。③ 指导策略:练习指导、记笔记指导、阅读指导、活动指导、学习协作指导。(2)辅助教学行为策略,包括强化技术、教师期望等等。(3)课堂管理行为策略,包括课堂问题行为管理、课堂时间管理、课堂教学效率管理等等。

依据教学成分进行分类,可将教学策略分为:(1)组织策略:是有关教学怎样进行,呈现什么内容以及如何呈现这些内容的策略。主要包括导言、主体、结论和评价。(2)传递策略:是有关确定恰当的教学媒介以及如何对学生进行分组的策略。(3)管理策略:课堂管理等等。

依据学习结果性质进行分类,可将教学策略分为:(1)直接教学策略,是以教师为中心的、以教授事实、规则和动作顺序为目的的教学策略,主要强调知识的获得。(2)间接教学策略,主要强调探究、发现和解决问题,鼓励形成概念及将概念连成更大的模式和抽象理论的认知过程。(3)提问策略,注重提问的序列,既有拓展性问题,又有探寻性问题,科学设置问题,根据时机提问和多个角度发问,促进学生思考与理解,激发学生学习兴趣,直接提升教学效果。

依据教学主体进行分类,可将教学策略分为:(1)学习策略。学习策略是学习者为了完成学习任务而积极进行的认知操作。学习策略是学习者制定的综合性学习计划。(2)教授策略。实质是以教师行为为主体的策略。教授策略主要有呈现技巧、内容转化策略、指导行为策略、课堂教学的管理性策略和课堂强化技术等。(3)教学策略。有:① 教学准备:(a)确定教学目标,对学生的学习准备进行诊断性的评价;(b)决定教学内容,选择重要概念和原理,为新旧知识的意义联系奠定基础;(c)选择和准备例证,注重学生对关系的理解。② 逐步分化原则:首先讲授最一般的,然后逐步分化,学习概括性较低、较具体的知识。③ 整合协调原则:对认知结构中已有的知识重新加以组合通过类推、分析、比较、综合,明确新旧知识之间的联系与区别消除混淆,使所学知识能综合贯通,构成清晰、稳定、整合的知识体系。④ 先行组织者策略:呈现学习任务本身之前,所呈现的一段引导性材料,这段材料比学习任务本身的抽象、概括和综合水平都较高,并能与已有知识和观念联系起来其目的是在新旧知识之间架设一条联系的纽带。贯彻逐步分化原则和整合协调原则,所采用的基本技术和策略就是先行组织者教学策略。

依据教学目标产生的来源进行分类,可将教学策略分为:(1)产生式教学策略。即教学目标由学生自己产生,学生对教学内容进行组织,自主安排学习活动、安排学习顺序、控制学习进程等。学生在学习过程中处于主动地位,学习效果较好;鼓励学生自主地设计、实践和改善自身的学习策略,提高学生的学习能力。激发起学生对学习任务和学习过程、学习策略的积极性,培养学习兴趣等。(2)替代式教学策略。是传统教学中比较常用的教学策略。老师给学生提出教学目标,组织、提炼教学内容,安排教学顺序,指导学生学习。替代式教学策略是老师替学生处理教学信息,直接推动知识储备有限和学习策略不佳学生的学习。比产生式教学策略效率高,它能使学生在短期内学习许多内容;但因学生被动学习,其学习兴趣和学习效果不如产生式策略好。

二、有效教学

(一) 对有效教学的理解

国外课堂教学有效性研究开始于20世纪上半叶,研究者尝试探索有效老师的个人特质及其对有效教学的影响。早在1912斯蒂文森做过一项教师课堂提问的研究,发现教师课堂所提的66%的问题属于从教科书上提取的记忆型的问题。1960年赖安等人做了一项观察研究,辨别出影响有效教学的三个主要变量(用两极形式表述):热情—理解与冷漠—无情、有组织—有效率与散漫—草率、有刺激—富于想象力与单调乏味—墨守成规,一个教师的得分越靠近每一变量肯定的一端,那么就比靠近否定一端教师的教学"更有效"。20世纪60年代以后的研究,从关注教师人格特征与教学效果关系转向到关注教师课堂教学行为与教学效果的关系。

国内有效教学研究关心的是如何促进学习而不只是描述学习,即"怎么教"的问题。教学有没有效果,并不是指教师是否完成教学任务,也不是指教师个人特征如何,而是指学生有没有吸收到什么或学生吸收得好不好,对于学生的学习产生哪些推动作用,对于学习效果产生哪些影响,因而是立足于"有效的学"基础上的"有效的教"。

所谓有效教学,其有效是指教学有效果,即经由教学活动实现预期教学目标,达成预想的教学结果。有效也指教学有效率,即教学活动讲究投入与产出之间的比率,以少量的投入换得较多的回报,教学效率=有效教学时间/实际教学时间;有效也指教学有效益,即教学活动的收益与价值,教学目标与满足社会需求及个人的教育需求的匹配程度。教学效益不取决于教师教多少内容,而是取决于单位时间内学生的学习结果与学习过程综合考虑的结果。概言之,教师在教学活动中,遵循教学的客观规律,以尽少的时间、精力和物力投入,达成教学目标,实现学生的学业成绩、人格特质、道德品质及身体健康等全面发展的教学过程。有效教学理论已成为教育学及教育心理学研究的一个重要分支,有效教学更多的是一种理念,指导教师在课堂中运用教学操作技术,实现师生互动及学生之间互动,达成教学目的。

(二) 有效教学的主要理念

1. 兼顾有效教学的两个层次,基础为先,全人导向

基础性层次是指教师清晰讲述知识,传授教学内容,完成基础教学的任务,会考虑到学生的个别差异,有效地使用教育资源。发展性层次是指教师能灵活设计、选择和编制教学计划;运用启发式教学引导学生积极参与到课堂教学中;教师充分尊重学生,包容学生,注意培养学生的自主意识与自律习惯,用科学方法管理课堂,创造性地进行教学,以学生的整体发展为导向。可见,基础性层次的有效教学完成传统意义上的教学目标与教学任务;发展性层次的有效教学完成"全人"导向的教育目标和教育使命。

2. 分析教学目标注重教学效益,实施有效教学

针对不同的教学目标,教师制订或选择不同策略,可选择与社会生活紧密联系的最新发展动态,也可选择对学习者自身发展等方面都有效的教学策略。教学目标不同,所采取的教学策略也就不同,一门学科教学之初,教学目标是提高学习者的学科兴趣和信心;教学中期的教学目标是根据知识与技能内在的逻辑关系与规律,实施相应教学策略,进行有效教学;教学后期对学习者的学习状态进行综合考虑,进而达到提高学习者兴趣,保持学习者积极性,巩固所学与扩展所学的目标。按照目标管理的教学流程,有效的教学过程划分为三个阶段:教学的准备、教学的实施和教学的评价,并据此来划分教师在每一阶段实施有效教学的策略。

3. 评估学习者的学习风格及现有水平,关注有效教学的对象

学生的水平是指学生现有的知识与技能、学习风格、心理发展水平等。学习者的水平决定着教学的定位,是制订教学策略的基础。针对学生不同的学习风格,教师在教学中可采取相应教学策略:一是采取与学习风格中的长处或学生偏爱的方式相一致的匹配策略;二是针对学习风格中的短处采取有意识的补偿策略;三是采取多种学习风格综合运用教学策略,提高学生的学习效率。学习者的学习风格及现有水平是制定有效教学策略的基础,只有适时评估,及时调整,才能推进有效教学。

4. 关注教学者自身素质,提升有效教学的效果

心理学研究表明,信息的编码方式不同,记忆的效果不同。教师表征教学信息的方式决定着学生对信息意义的理解速度、记忆保持程度,也反映了学生的知识状况、理解水平和心智能力。有效教学从教学角度来说,教师的教学效果不是由教师

单方面决定的,而是教师和学生双方相互作用的结果,有效教学必须兼顾教师的教和学生的学,影响教学策略制订有效性的主观因素主要取决于教学者自身素质,包括教学思想、知识经验、教学风格、心理素质等。合理的有效教学必须采取整体的视角,将教师的教学观与学生观、课堂生态学、教师知识体系、教师反思力、教师人格魅力、教师时间管理能力、教师课堂管理能力等教学特质综合起来。努力发挥教师的主观能动性,充分发挥教师自身特征中的积极因素在制订或选择有效教学策略中的作用。同时,教师应有意识地成长和发展适合有效教学策略的特质,有效教学并非要求教师遵循固定刻板的教学程序和教学行为,而是要求教师依据有效教学理念的指导,运用自己的职业经验在教学情境中选择恰当的教学策略,即在适当的时间、适当的地点、以适当的方式,对适当的教学对象实施教学。这需要教师具有独到的职业反思习惯和职业创新意识。因此,反思和创新应贯穿于有效教学的始终,也应成为有效教学理念的核心,不断反思、不断进步,提升有效教学的效果。

5. 创设有效教学的环境,促进学生有效的学

教学的有效性具有高度的情境相关性。有效教学的环境包括学习环境和教学环境。创建支持性的学习环境,提供高效学习所需的一切帮助,让学生切实感受到安然地提问、大胆地质疑、挑战知识局限等等自主学习的行为会得到鼓励,整个环境都在支持学生,不会因学生犯错误而受到贬损,学生可以大胆设想,动手实践,真正成为学习的主体。创建支持性的教学环境,建立利于有效教学的课堂规则和程序。组织并提供高质量的前沿的课程资源,教师精心设计,让学生学会独立学习。设计多样的教学活动,提供实验、讨论等机会,特别是应用知识解决实际问题和进行高级思维活动的机会;鼓励学生亲历活动,参与实践。创造多样化的学习机会,要不断提醒学生创造自己的学习机会,让学生在学习过程中形成个人化的学习方式。寻求与同事及其他教育专业工作者的广泛的交流与合作;提供多样化的经验分享、专业评论的机会,互为反思的参照。由于教学策略具有灵活性、综合性等特征,给予支持,创设学生自主学习、探索学习、研究学习、合作学习的环境,使学生在互动的学习活动中获得知识,形成经验,并建构其知识经验的意义和价值。创设高度情境化与高度个性化的教学环境,有益于提升有效教学的效果。

三、教学方法

(一) 教学方法的含义

对于"教学方法"的定义,一般认为,教学方法指的是为了完成一定的教学任务,师生在共同活动中采用的手段。既包括教师教的方法,也包括学生学的方法,是教的方法和学的方法的统一。这一定义包含这几层意思:首先,教学方法是完成教

学目标的手段,采用什么样的教学方法依据教学的目标和内容而定;其次,教学方法的施动者既包括教师,也包括学生;再次,教学方法是教的方法与学的方法的有机结合与统一,而不仅仅是教师教的方法。

教学方法与教学策略在不同层次上有所区分,教学方法是更为详细具体的方式、手段和途径,它是教学策略的具体化,教学方法要受制于教学策略,教学策略则包含有监控、反馈内容,在外延上要广于教学方法。教学展开过程中选择和采用什么方法,受到教学策略支配。教学策略从层次上高于教学方法,影响教学方法在具体层面的操作性。

教学方法不同于教学方式,但与教学方式联系密切。通常一种教学方法是由一系列的教学方式组成的,可分解为多种教学方式;教学方式是构成教学方法的细节要素,也可以看做是运用各种教学方法的技术。同时,教学方法是一连串有目的的活动,能独立完成某项教学任务,而教学方式只被运用于教学方法中,并为促成教学方法所要完成的教学任务服务,其本身不能完成一项教学任务。

如前所述,教学方法包括教师教的方法(教授法)和学生学的方法(学习方法)两大方面,是教授方法与学习方法的统一。教授法需要依据学习法,否则便会因缺乏针对性和可行性而不能有效地达到预期的目的。但由于教师在教学过程中处于主导地位,所以在教法与学法中,教法处于主导地位。教学方法是教师和学生为了实现共同的教学,完成共同的教学任务,在教学过程中运用的方式与手段的总称。它是指具体的教学方法,从属于教学方法论,是教学方法论的一个层面。教学方法论由教学方法指导思想、基本方法、具体方法、教学方式四个层面组成。

(二) 教学方法的分类

1. 以教为主的教学法

(1) 讲授教学法

讲授教学法是教师通过叙述、解释、描绘、推论来传递信息、传授知识、阐明概念、论证定律和公式,引导学生分析和认识问题,以口头语言向学生传授知识的方法。简言之,讲授教学法以教师为主导,容易控制教学进程,以口述语言为载体。

讲授教学法以布鲁纳、奥苏贝尔有意义言语学习理论、巴格莱要素主义教育理论为基础。讲授教学法的基本步骤是导入、讲述、总结。对教师的基本要求有:讲授要讲究语言艺术,符合学生的心理特点。教师语言生动形象、清晰、简练,说话条理清楚、通俗易懂,尽可能音量、语速适中,语调要抑扬顿挫,富有感染力。讲授教学法操作简单方便,经济省时,应具有启发性,操作注意培养学生的学科思维。讲授教学法能够使学生在较短时间内获得大量系统的科学知识,适于奠定知识基础的学习及有一定难度知识的学习。但这种方法单调,容易使学生养成被动学习的习惯,教师要注意调动学生学习的主动性、积极性,避免填鸭式教育。

(2) 练习教学法

练习教学法是学生在教师的指导下,通过重复性操作,正确掌握知识、巩固知识、形成技能技巧的方法。练习教学法一般可分为以下几种:① 语言的练习,包括口头语言和书面语言的练习,旨在培养学生的表达能力;② 解答问题的练习,包括口头和书面解答问题的练习,旨在培养学生运用知识解决问题的能力;③ 实际操作的练习,旨在形成操作技能,培养学生的实操能力。

练习教学法以桑代克的学习联结理论、斯金纳的操作性条件反射理论、加涅的信息加工理论为基础。在教学中,被各科教学广泛采用。练习教学法的基本步骤有:引起动机、练习说明、反复练习、评估练习结果。这种教学法不仅帮助学生掌握相关知识技能,而且在掌握的基础上熟练已学知识和技能,增进学生对知识的记忆,促进学生的认知发展。只是练习教学法比较费时,由于不断重复练习,易忽视学生的感受,也难以关照到每个学生,教师注意避免的是频繁布置作业及过度练习导致的学生厌倦以及难以维持学生学习动机方面。

(3) 演示教学法

演示教学法是教师在课堂上通过展示各种实物、直观教具、进行示范性实验或多媒体手段等,促使学生通过观察获得感性认识的教学方法,促进学生掌握某一操作程序或深化对某一问题的认识。

演示教学法以班杜拉的社会学习理论为基础,其基本步骤包括:提出主题、说明目标、进行演示、练习强化。演示教学法为学生提供观察学习的机会,起到学习中的标准示范作用,提高学生的感官认识,由视觉化记忆引发更为牢固的长时记忆。规范的操作演示为学生提供了动手操作的机会,加深技能的学习与巩固,大大缩短理论与实践的距离。只是学生注意力容易分散,课堂气氛及课堂控制易涣散,并且演示教学法并不适于所有内容的学习,教学环境会影响教学效果。因而演示教学法是一种辅助性教学方法,要和讲授教学法结合使用。

(4) 阅读指导法

阅读指导法又称读书指导法,指教师指导学生独立阅读教科书和参考书,以获取知识,培养学生自学能力的教学方法。

阅读指导法以行为主义的强化理论和学习理论为基础,基本步骤包括:确定教科书或参考书、指导学生阅读(布置预习、复习、根据教科书答问、编写阅读提纲等)、指导精读与略读结合、指导朗读默读和速读结合、指导记读书笔记、指导使用图书馆和使用各种工具书、教师巩固与总结知识点。阅读指导法由教师主导,学生实施,引导学生阅读,制订阅读计划,组织读书经验交流,总结阅读经验,提高阅读效果。只是阅读指导法中学生的自觉参与度需要监控,对教师的工作量和工作要求也增加了。在教学实践中,阅读指导法往往和其他教学方法结合运用,同时根据不同的年级、教材的特点,采取不同的指导方式。

2. 以学为主的教学法

(1) 自主学习教学法

自主学习教学法是以学习者为中心的教学方法,以创设条件、环境,设计教学环节激发与培养学生主动学习、独立学习为教学特征的教学法。

自主学习教学法以罗杰斯的非指导性教学理论为基础,基本步骤有:学生学习动机激发、学生自主学习计划制订、学生自主学习计划实施、学生自主学习效果评估。整个教学进程中,教师与学生保持平等互动的状态。自主学习教学法充分体现了"以生为本"的教学理念,尊重学生的个体差异,尽可能为学生提供独立学习的机会,师生关系是平等的关系,学生需要有很好的自我认知监控能力。但尽管如此,教师的工作量还是较大,课堂教学松散,不适合大规模教学,教师的指导作用不容易实现,需要准备一系列前提条件保证自主学习教学法的实施。

(2) 合作学习教学法

合作学习教学法以师生之间、生生之间互动合作学习为主要特点,学生就共同的学习目标及需要阶段性达成的学习任务为依托,以团队或小组形式,彼此配合,共同参与,开展合作学习的教学方法。

合作学习教学法以沙勒的交往教学论、伊万诺夫的合作教学论、勒温的团体动力学为理论基础,其基本步骤包括:教学前精细准备、周密的教学设计、合适的学习团队或小组分组、团队成员分工合理、团队成员分工合作学习教学法、团队成员协作完成学习任务、团队成员展示合作学习成果、教师点评。合作学习教学法充分锻炼了学生之间的合作意识,培养集体主义观念,即培养团队内部的合作意识,又激发团队间的竞争意识,学生也学会从多渠道多角度获取信息,形成了新型的师生关系,教师在整个过程中,更像导演或教练。只是学生在合作学习中的系统知识与技能难以掌握,教学效果不好保证,教学评价也较难进行,学生在团队合作学习中担当的任务分工量不同,参与程度会不均衡。

(3) 探究学习教学法

探究学习教学法是学生围绕一个研究议题展开的一系列研究探索过程的教学方法。

探究学习教学法以布鲁纳的发现学习理论、皮亚杰的建构主义学习理论为基础。其基本步骤包括:师生提出研究议题、敲定研究方向、组织学生制定研究计划、收集资料、调查整理研究结论。探究学习教学法激发学生对问题、对事物好奇探究的能力以及对意义的追寻,提高学生调查研究的能力,激发学生的内在学习动机,提升学生的直觉力及洞察力。探究学习教学法中教师的作用在于激发探究并努力使探究阶段向前推进,而学生根据他们的能力对探究本身负重要责任,探究的规范要求人们平等地展开自由开放的讨论。只是学生花费时间较多,调查及选取研究材料有难度,同时,教师课堂管理有挑战,为教学评价也带来一定的难度。

(4)实践式教学方法

通过课内外的训练、实验、实习、社会实践等以学生为主体的实践性活动,使学生巩固、丰富和完善所学知识,培养学生解决实际问题的能力和多方面的实践能力。

实践式教学方法基本步骤包括:课前教学设计、选择实践基地、观摩实践过程、动手体验学习、学习效果反馈,教师总结。实践式教学方法包含了前述练习法的成分,不同的是在以教为中心的教学方法中,练习任务来自教师分配和布置的作业习题等,学生处于被动地位;而在以学为中心的教学过程中,练习或训练来自于学生的自觉与主动;在实验、实习、社会实践过程中,学生通过亲自体验与动手,在实践中感悟与成长。只是这种教学方法对于学校和教师的组织与管理工作提出了新的要求,教学效果评价也有难度。

3. 教与学并重的教学法

(1)角色扮演教学法

角色扮演教学法是在教师指导下,根据教材内容要求,让学生扮演书中相应角色,通过角色扮演使学生深刻理解教材内容及知识点的教学法。

角色扮演教学法以社会角色理论和符号互动论为理论基础,其基本步骤包括:明确教学目标、准备场景、分配任务、教学扮演、分析总结。角色扮演教学法使学生在扮演角色中理解知识、成长自己,促进学生间的相互了解和交流。只是学生扮演失当时,对教师随机应变的现场处理能力提出要求。同时,也要关注扮演与知识点之间的联系。

(2)讨论教学法

讨论教学法是在教师的指导下,学生围绕教材的中心问题,通过讨论或辩论的形式进行语言交流,达到预设教学目标的一种教学法。

讨论教学法以需要层次论、对话理论为理论基础。其基本步骤包括:确定教学目标、确定教学内容、确定讨论形式、组织进行讨论、总结提升。讨论教学法能够调动学生学习的主动性和积极性,知识点掌握得较好,讨论中促进接纳他人和开放自己。同时,讨论的问题要具有吸引力,讨论前教师应提出具体要求,指导学生准备素材,认真写好发言提纲。教师要善于启发引导学生围绕讨论中心自由发表意见。只是这种教学法对教师课堂管理要求较高,课程用时也多。

(3)问题解决教学法

问题解决教学法是指教师把教学目标化作问题,引导学生通过解决问题掌握知识,形成能力的教学法。

问题解决教学法以问题教学理论、提问式教育理论、建构主义教学理论为基础。其基本步骤包括：课前准备、教师讲授、提出问题、回答问题或解决问题、总结。问题解决教学法激发学生的学习热情，为学生提供更多参与学习的机会，增强学生问题解决的能力。只是问题设计与排序有些难度，并且对于教师课堂管理能力的要求更高。

第三节 教师的职业成长

我国1994年开始实施《教师法》，第一次从法律角度确认了教师的专业地位。随后国务院颁布《教师资格条例》，2000年教育部颁布《教师资格条例实施办法》，同年《中华人民共和国职业分类大典》首次将教师归入"专业技术人员"一类。2001年起，国家开始实施教师资格认定工作，进入21世纪，正式引入教师教育与职业发展的概念。

一、教师的职业特点与专业化

（一）教师的职业特点

教师职业从经验化、随意化到专业化，经历了一个发展的过程。教师作为专业的职业人员，要经历一个由相对不成熟到相对成熟的职业发展历程。1966年联合国教科文组织和国际劳工组织提出《关于教师地位的建议》，对教师专业化作出了明确说明，提出"应把教育工作视为专门的职业，这种职业要求教师经过严格地、持续地学习，获得并保持专门的知识和特别的技术"。日本20世纪70年代通过关于教育综合调整的基本措施，加强教师的专业化。在英国，随着教师聘任制和教师证书制度的实施，教师专业化进程不断加快，20世纪80年代末建立促进教师专业化的校本培训模式，90年代年教育与就业部颁布了新的教师教育专业性认可标准。我国的香港和台湾分别从20世纪80年代后期开始加大教师专业化教育制度的改革，教师专业化的观念成为社会的共识。

教师是从事教育事业的主体，同时也是立德、立言、立行的主体，教师在教书的同时，也承担着育人的职责。因此，教师这一职业有着不同于其他职业的独特的承载国家使命、塑造民族未来的重任。从这一意义出发，教师的职业特点需包括：

1. 教师职业的人文素养要求

在教师行业里需要更多地把教育当做一种事业，而不仅仅是职业的人。传授知识固然重要，但教师的人文素养显得更为重要，一方面学生的人生观、价值观、世界观处于形成时期,教师的言传身教起到难以估量的作用;另一方面"十年树木,百年树人",教育是个长期的过程,教师需要有长远眼光,以发展的视角看待每一个学生。再者,教师的知识体系渊博,博览群书,有内在情趣等因素会潜移默化地影响学生看问题的角度与视野。另外,教师的爱心、责任心、进取心等素养直接影响教育教学效果。教育行业更需要愿意投身教育、对职业充满热情与动力的教师。很多时候,不是能否胜任的能力问题,而是能否对职业认同产生积极的态度。

2. 教师职业的道德素养要求

教师对学生的影响通过多种渠道起作用,一个孩子从上幼儿园开始,进入与教师的教育互动过程,在长达十几年的学习生活中,教师职业的道德典范作用凸显出来,这主要体现在两方面:一是教师的职业行为,在上课、批改作业、表扬或批评学生、管理班级等教育环节中表现出来,直接影响学生。二是教师的言谈举止,不经意间流露出教师的道德观影响学生。有"红烛"、"园丁"、"人类灵魂的工程师"、"阳光下最灿烂的职业"等称呼教师的职业道德特质。这些称呼包含奉献精神、积极向上、正向引导、示范作用等道德元素。因此,教师职业的具有道德典范特点。

3. 教师职业的知识传授主体要求

教师职业是以传授系统知识为主要工作特质的职业,这使得教师自身首先成为系统知识的吸纳者,然后以合乎教育规律的方式将知识传播出去。所以,教师需要了解教育教学规律、学生学习特点以及班级管理技巧,创设学生喜欢的、利于学习的教育情境,推动学生的学习。

4. 教师职业的专门化素质要求

教师是学校教学活动的组织者、管理者和实施者,随着知识的细化,教师的知识也越来越细化,传授知识也变得更加讲究科学性、系统性,教师职业日益成为专门化的职业。同时教师需要肩负起教育教学管理的职责,组织班级活动、协调人际关系并对教育教学活动进行控制、检查和评价师生关系常常是教育活动的中介环节,与学生交朋友,师生关系良好对教育教学具有促进作用,对于学生在学习、生活、人生等多方面进行指导,与学生一起分担,与学生做朋友,也是教师职业的专门化特点之一。在某种程度上,教师的职业生涯发展有其自身的周期和特点,教师的职业成长轨迹同样体现出教师职业的专门化特点。

5. 教师职业的应对与传承要求

教师的职业承载着文化传承、知识传承、道德传承及规范传承的使命,故而教师理所应当担起传道者角色、授业解惑者角色、示范者角色、管理者角色、伙伴角色以及研究者角色。教师是追着知识赛跑的职业,教师传授的内容是不断发展变化着的人文和科学知识,教师的工作对象是千差万别的学生,同时教育领域的课程改革与考试导向变化频繁,这就决定了教师要以一种不断学习、不断改革、不断创新的方式工作。此外,伴随着教育体制改革的深入,教师与学生互动模式由传统意义上的师道尊严向多元化的角色转变,根据课程内容和学生掌握知识的程度不同有教师主导、教师引导、教师促进及教师服务等多重角色,教师与家长的互动模式也在向教师主导、教师指导、家长主导、教师服务、合作指导等多重角色转变。因此,变化的工作内容、变化发展的工作对象、变化的工作方式、变化的考核体系,这些教师职业的角色特点,决定了教师的传承角色随着时代变迁而变化。教师这一职业的传承特质,其所承载的传承内容、传承方式也处于持续发展之中,需要教师不断提高自身素质以应对变化与挑战。

6. 教师职业的心理素质要求

我国教育目前正从应试教育向素质教育转变、从传递性教育向创新型教育转变,以往传统意义上的经验型、技术型和半专业化的教师难以跟上时代进步的节拍,这就要改变传统的教师教育模式,明确教师专业化的要求。素质教育对教师的心理素质提出更高要求,素质教育要求教师具备较高的人文素养,健全的人格特质,良好的自我情绪管理能力,避免迁怒于学生、体罚学生,或用长时间忽视、歧视的方式惩罚学生,或言语尖刻地对待学生,心罚与体罚同样对学生造成伤害。所以,教师需要宽容的心态、积极向上的精神、富有教学激情、灵活的师生互动技巧,具有个人魅力等心理素质,这些对于教育教学的高质量实施具有至关重要的作用。因此,教师要经常调节自己的心态,平衡家庭与事业的关系,不把工作压力及负性情绪带回家,保持良好的情绪状态,学会压力的自我缓解技巧以及阶段性的自我激励方法。

(二) 教师的专业化

教师职业的专业发展培训制度始于法国创办世界上第一所教师培训机构,此后在英、美、日等国家将这发展成为大学教育制度的一个组成部分。1986年霍姆斯在《明天的教师》一书中指出,教师的专业教育包括把"个人知识"转化为"人际知识"的教学能力、学科教育的知识、研究教学和学校教育、课堂教学技能、教学专业独有的素质、教师价值观和责任感等。

我国自实施《教师法》以来,教师是不可替代的专门职业的观点,人们逐渐达成共识。需要澄清的是由于中小学教师这一专业在我国发育不够成熟,专业性不够强,中小学教师整体素质不高,专业上或人文素养方面不称职的老师依然存在,需要从发展的角度看待这一发展中的问题,相信随着时间的推移、制度的完善,教师的专业性也相应提升。

1. 教师专业化的含义

教师专业化是指教师职业独有的职业要求和职业条件，有专门的训练培养制度和管理制度。换言之，教师专业化是使教师这个职业发展为专业的过程。从这个意义上说，教师专业化包含如下几方面含义：一是教师专业既包括学科专业性，也包括教育专业性，经过较长的专业训练，国家对教师任职有规定的学历标准，也有教学知识、教学能力和职业道德的要求；二是国家有教师教育的专门机构、专门教育内容和措施，国家有对教师资格和教师教育机构的认定制度和管理制度；三是教师专业有较高自主权，组织教学，创设学习环境，评价学生的学习情况；四是终身学习，教师的职业是一种专业，需要持续学习，不断更新专业知识和技能。教师的专业成熟是一个长期的、持续的发展过程。

立足发展，未来教师的专业素养应纳入教师专业化视野，对于教师的培养应考虑如下几个方面：一是具有与时俱进的教育理念；二是具有多层次复合型的知识结构；三是具有与未来教师专业相适应的交往能力、管理能力和研究能力；四是具有与教师职业相称的整体的人文素养，并以此作为教师专业行为的支点，在认识到基础教育的未来性、生命性和社会性的基础上，形成新的教育观、学生观和教学活动观。

2. 教师专业的基本特征

教师专业化的基本特征一直是各方学者讨论的焦点。在美国，教师的专业化标准为具有相应的实际教学能力、具有教学设计的独创性和有效地组织课堂教学的能力、具有在教学实践中不断总结、反思和开展教学研究的能力。其他国外学者的观点我们列举出部分如下表5-2所示。

表5-2 教师专业的基本特征

学　　者	主　要　观　点
美国教育学会 （1948）	基本的心智活动；专业化的知识体系；需要长时间的专门训练；需要持续的在职成长；提供终身从事的职业生涯和永久的成员资格；置服务于个人利益之上；拥有强大、严格的专业团体；建立自身的专业标准
利伯曼 （M. Lieberman, 1958）	范围明确，垄断地从事于社会不可缺少的工作；运用高度的理智性技术；需要长期的专业教育；从事者无论个人、集体，均具有广泛的自律性；在专业的自律性范围内，直接负有做出判断、采取行为的责任；非营利，以服务为动机；形成了综合性的自治组织；拥有应用方式具体化了的伦理纲领
大卫 （David, 2000）	提供重要的社会服务；具有专业理论知识；个体在本领域的实践活动中具有高度的自主权；进入该领域需要经过组织化和程序化过程；对从事该项活动有典型的伦理规范

续 表

学　者	主　要　观　点
威斯特比·吉布森 (Westerby Gibson)	为社会公众提供重要的服务；具有系统的科学知识和独特的专门技术；必须经过正式的专门训练；有专业人员制定的进入其工作领域的专业标准；由从业人员组成专业团体，维护较高的行为标准，遵守其伦理纲领
班克斯(Banks)	长期的专门训练；明确的知识体系；系统的伦理纲领；进入专业团体的条件；相当程度的自主权
弗莱克斯纳 (A·Flexnen)	有知识并且有社会责任感；把重点放在非常识的学习上；实用性；通过专业教育获得专业技术；组织权；优先为社会服务
舒尔曼 (Lee S. Shulman)	对学术与理论知识有充分的掌握；服务的理念和职业道德；能在一定的专业范围内进行熟练操作和实践；运用理论对实际情况做出判断；从经验中学习；形成一个专业学习和人员管理的团体

　　1965 年，金钟哲年提出教师的专业化特征包括高智商要求的精神活动、需要严格的资格标准、具备学术理论及其应用的特质、优先具有利他性的服务活动、需要高度的社会责任感、遵从伦理纲领做事、有自主的组织权。曾荣光于 1984 年认为教师为社会提供不可或缺的服务；教师理当享有专业服务的专业权；教师需要接受长时间训练和入职辅导，不断接受在职培训和从事科研活动；教师应当具有一套"圈内知识"和确立一套专业守则；教师有专业自主权并能够组成对成员有制约力的专业团体；教师需要获得社会当事人信任；教师应当享有相当社会地位和职业报酬。刘捷在 2001 年提出教师专业的特征包含运用专门的知识与技能；经过长期的培养与训练；强调服务的理念和职业道德；享有有效的专业自治；形成专业团体组织；需要不断学习进修；2003 年，宋吉缮认为教师专业特征包括高度的知识和专业技术；长期的专业教育；社会服务；使命感；自主性；专业化教育。

　　学者们从不同的角度提出教师专业的标准，这些专业标准都强调这样几个方面：严格的职业资质标准；系统知识和专业教学技术；专业的机构和组织；专业服务的不可替代性；长期、持续的专门训练；职业道德规范要求；专业服务的自主权。

二、教师的职业发展

　　在教师专业化的进程中，从追求教师职业的专业地位和权利到重心转向教师的职业发展，教师的职业发展贯穿教师整个职业生涯过程，甚至可以说贯穿整个生命全程，教师职业发展是一个不断深化的历程。

(一) 富勒的教师职业发展论

20世纪60年代末,美国学者富勒(Fuller)编制《教师关注问卷》,开始研究教师专业发展问题。富勒发现教师专业成长过程中存在如下阶段模式。

第一阶段为执教之前的关注阶段。当教师还未走上工作岗位,他在心中预演成为一个教师角色的状态,也是职业预期社会化的一部分,这是一个人成为一名教师的心理准备阶段。

第二阶段为关注生存阶段。处于这一阶段的教师刚刚接触教学工作,他们一般是新教师,非常关注自己的生存适应性方面,经常会问:"我的课上得怎么样?""同学们喜欢我吗?""同事们接受我吗?""领导认可我吗?"等等。这一阶段的教师最关注自己的生存问题,由于这种生存忧虑,一些新教师倾向于把大量的精力和时间都花在与学生相处方面,而不是如何教他们,另一些新教师则倾向于想方设法控制学生,他们对课堂控制的情况更用心,对课堂控制是否能被学生认可、同事认可、领导认可更加在意,而不是集中注意于让学生获得学习上的进步。由于注意力多关注于与生存相关的问题,导致处在这一阶段教师的心理压力较大。

第三阶段是关注教学情境阶段。当教师感到自己完全能生存时,他们关注的焦点就从生存转向了教学以及在各种教学情境中如何完成教学任务,比如如何教好每一堂课的内容、班级大小对教课的影响、备课材料准备与难度、备课及批改作业的时间压力、教学环境的条件等等。在这一阶段,教师关心的问题是与教学情境有关的问题。

第四阶段为关注学生阶段。当教师渡过并适应了前两个阶段后,就进入关注学生阶段。许多教师往往要到自己能适应教学的角色和教学任务之后,才能真正地做到关注学生。在这一阶段,教师开始对学生的学习、品德乃至情绪的需求表示关心,并且有能力真正地适应或满足学生的需要。教学中,教师将考虑学生的个别差异,理解不同发展水平的学生有着不同的学习需求,同样的教学素材不一定适合所有学生,因此教师要因"人"施教、因材施教。在教学实践中,有少部分教师很少进入第四阶段,不只是新教师容易忽视学生的个体需要,一些有经验的教师也如此。能否自觉关注学生是衡量一个教师是否成熟的重要标志之一。

富勒开创了教师专业发展过程新的研究领域,同时也为后继研究奠定了基础。

(二) 伯顿的教师职业发展论

伯顿(Burden)于20世纪70年代末提出了教师教学生涯发展的三阶段理论。

第一是求生存阶段。即成为教师的第一、二年,这一阶段的教师是新教师,刚进入一个新工作环境,进入教师角色,没有实际教学经验与教师体验,对于教学工作、教学环境及教学对象理解有限,心理状态处于适应之中,这决定了他们所关注的是做好眼前工作，想办法尽快由新手变为有经验者。此阶段心情相比其他阶段略微紧张，压力大些。

第二是调整阶段。在成为教师的第二年至第四年之间，已经累积了教师角色的教学经验与知识储备，心情稍微放松。教师开始有精力了解学生的状态，包括学生的各自特点及其复杂性，有更多余力与经验用于关注学生，同时也会探索新的教学技巧，寻找解决问题的新方法，以满足学生的不同需求。这属职业认同阶段。

第三是成熟阶段。在成为教师第五年或五年以上的时间，这一阶段的教师教学经验更加丰富，对教学工作、课堂管理及学生活动驾轻就熟，并且对教学环境的各种规章制度、考核评比、晋升晋级有充分的了解。因而这一时期的教师可以相对成熟而专业地处理教学事件，驾驭课堂与工作，还能够不断创新，尝试新的教学方法，尝试新的与学生互动的方式。相比前面阶段，教师更能关心学生和满足学生需要。

伯顿的理论建立在量化研究基础上，通过对数据的处理与分析，归纳出研究结论，所以该理论的科学性较强。

（三）伯林纳和司德菲的教师职业发展阶段论

20世纪80年代末，伯林纳（Berliner）和司德菲（Steffy）等人通过研究提出了教师专业发展的五阶段论。

第一，新手阶段。这主要指教龄一至二年的教师。这是职业进入时期，新手水平的教师主要是获取教师角色所需教学知识和技能。在这一阶段，新手水平的教师要学习一些系统的教学流程与教学知识，还要学习一些教学情境下的应对规则与应对技巧，学习调节自己状态的方法，学习进入教师角色的一些策略。说的、行的、做的像一个教师的样子。熟悉教学步骤、适应各类教学情景、积累课堂管理经验，是师范生或刚进入教学领域教师的必修课。教师的显而易见的工作任务是完成教学计划，在这方面，新手教师要靠踏踏实实地亲身实践、设身处地地亲自体验来实现教师角色入门阶段的关键性成长。

第二，提高中的新手阶段。这主要指教龄二到三年的教师多处于这一时期。这一阶段的教师在教学实践中不断扩展所学的知识，已经从教学活动中积累了一定的经验，把过去所学的知识与现在所遇到的问题相联系，生成新的处理问题的经验，并且已经能够觉察到不同教学情境的相似性，会灵活运用一些教学策略来调节和控制自己的行为。随着教学实践经验的逐步增加，作为教师的角色行为越来越职业化。

第三，胜任阶段。这主要指教龄三至五年的教师。在经历了几年的教学历练之后，这一阶段的教师拥有了更多的教学经验，也体会到教师角色所带来的教学成功的喜悦，大多数的教师会在这一时期进入胜任阶段。处于这一阶段的教师，能按个人想法处理与解决教学事件，也能依据自己的计划对教学情境做出反应，并对事情承担更多的责任。

第四,熟练阶段。这主要指教龄五年和五年以上的教师。教师职业生涯进入熟练水平的发展阶段。这一阶段的教师成为熟练教师,有一定教学经验。在熟练阶段的教师对教学情境的变化具有灵敏的反应能力,对学生的需求具有敏锐的直觉力,同时还具有从不同的教学事件中总结共性、形成模式识别(发现规律与解释规律)的能力和对自己教学过程的反省能力。这种模式识别能力和反省能力,使得熟练水平的教师能根据课堂教学的进程及学生的反馈及时调整教学计划,调节教学进程,调控教学活动。

第五,专家阶段。这主要指教龄八到十五年的教师,但只是虚指,不意味着教龄足够长就是专家阶段的教师了。教龄长度能够起到的作用在于有一定教学经验的教师可以发展到熟练阶段,而熟练阶段的教师发展到专家阶段就要看教师的智慧及研究特质,因而发展到这一阶段的教师数量有限。专家型教师自如、流畅地表达专业思考,对教育教学有自己独到的见解,不刻意、不拘泥,自有章法。教龄并不作为衡量专家型教师的唯一指标,但是一定的教龄长度对于积累经验成为熟练教师并成长为专家型教师是必要条件。特有的专业智慧、复合型的知识结构、良好的人文素养、钻研教育教学的特质、灵活多样的教学方法、理智而适度的反应等与一定长度的教龄共同成为孕育专家型教师的铺垫条件。

伯林纳等人提出的教师专业发展的五阶段论是根据教师对教育专业知识与教学技能的学习和掌握情况而定的,各个阶段特点划分得较清楚,对于以后教师职业发展进一步研究具有贡献意义。

三、教师的职业成长

从新教师入职开始,教师专业发展轨迹经历职业适应、职业认同、职业发展、职业高原几个心理历程,这些构成教师的职业生命周期。教师的职业生涯发展贯穿于教师职业生涯全过程。

(一) 职业适应与职业认同

以刚入职的新教师为起点,成为适应教师角色的新教师为第一阶段。教师需要完成职业角色的转换:

(1) 适应并完成常规的教学工作和管理工作;

(2) 了解和掌握课程体系、学科内容、教学方法、课堂管理技巧;

(3) 承受被同事、家长和学生评价的压力;

(4) 尝试与家长沟通并取得家长的支持配合;

(5) 在短时间内向以前的老师学、向现在的同事学如何做老师；
(6) 学会在与同事之间各种形式的竞争中保持适当的合作关系；
(7) 面对身份转换之后心理上的不舒服和职业上的陌生感；
(8) 感受理想与平淡的生存现实之间的反差和失落；
(9) 体验高付出与低回报所导致的身心疲劳并自行恢复；
(10) 接受偶尔出现的挫败感、逃避心理、工作热情降低状态。

这是职业发展中一段充满好奇、激情、探索的时期，同时也是不断改变自己，习惯学校制度与环境的阶段。完成职业适应，一个教师才会在教育教学岗位上安下心来工作，但这仅仅是开始，进一步形成职业认同，觉得自己就是老师，老师就是自己，才完成一个新教师真正意义上教师角色的融入。职业认同的教师会自觉遵从规章制度，主动了解与工作能力提升相关的资讯，积极投身工作之中。因此对新教师的入职心理辅导和职业生涯规划要明晰而到位，推动与促进新教师的职业适应与职业认同。

(二) 职业停滞、职业倦怠与职业枯竭

教师工作量大、工作时间长、管理学生消耗精力多、社会评价与要求高、竞争激烈，所有这些使得教师成为职业压力较大的职业之一。教师工作三到五年时间，初为人师的快乐和成就开始消退，有的教师工作热情会慢慢地趋于平淡甚至出现冷漠和厌倦，早期的职业倦怠现象出现。早期职业倦怠没有顺利度过的教师要么工作状态低迷，要么选择离职。职业倦怠持续一段时间随着工作成就、工作意义感的增加，多数人会顺利度过。还有一部分教师对职业的喜悦感进一步加强，工作动力稳定，教学经验日渐丰富，教学技能迅速提高。完成职业适应与职业认同的教师专业发展进入快速提升期，但与此同时，工作量也随之骤增，职业压力持续一段时间，经过压力应对的警戒期和抵抗期，体力、能力、心力过度消耗的老师进入压力应对的枯竭期。还有的教师停在职业发展的某个阶梯上，如中级教师晋高级教师。一些教师职级晋升会相对顺畅，而总有教师在这一环节上遇到"停滞"现象。停滞不是停止，停滞意味着在职业生涯的某个阶段发展速度慢于自己的预期，或者慢于周围同等级别的同事，而产生的职业发展心理滞后感。处于职业停滞阶段的教师，同样会出现上述的职业倦怠及职业枯竭现象。

(三) 突破停滞与职业发展

刚入职的新教师摆脱了初期的陌生状态，接近成熟教师，但又面临着更高的专业发展要求。周围同事不再以一种包容的眼光来对待他们，转而要求他们的教学技巧、教学能力和教学效果。大多数教师会有意花时间和精力提高自己的教学技能，

积累成功的教学经验,全面发展自己的专业技能,成长为一个具有相当水平的经验型教师、知识型教师和混合型教师,教师的发展进入一个相对稳定阶段。在这个阶段,尽管教师们都有进一步发展的意愿,但工作任务重,工作压力大,精力容易分散,表现出发展速度不快、水平提高缓慢、专业发展不如意的现象,教师对专业发展的态度也出现了分歧:有的满足于现状,转向寻求舒适的生活;有的向上发展停滞,工作进入应付状态;有的希望在专业发展上有更大的突破,但在发展路径的选择上,进入困惑的状态。教师开始出现程度不同的职业倦怠现象。突破停滞、寻求发展的新增长点是教师在这一状态需要完善的。突破停滞需要一段时间和自己的情绪在一起,充分体会那一段时期的无力和低落,同时,在心里完成一个重整的过程,去发现新的工作意义和新的教学智慧和教学能力增长点,甚至于发现新的生命意义,这是一段在困惑中成长的历程。穿越职业停滞的阻碍,创造出突破停滞的工作乐趣。重新诠释自己的工作与发展,就实现了更为广阔的职业发展状态,生成新的职业发展动力。职业晋升会是教师职业发展的助力,但是突破停滞的教师有心理弹性应对这一瓶颈时期,也有教师顺利晋级后放松自己,努力程度递减,发展缓慢下来。所以在进入高职后的职业高原状态,要依然保持努力、智慧与创造的状态,也是教师职业发展需要突破的瓶颈。

因此,教师职业规划中的停滞突破、智慧再生、价值扩展、自我超越、教育信仰等等方面的提升,在教师由经验型、知识型、混合型迈入学者型、智慧型、创造型的进程中,起到化解关键节点的作用。

本章小结

● 教学设计有着以下五方面的含义:(1)艺术过程;(2)科学过程;(3)系统工程方法;(4)问题解决方法;(5)关注人的因素。这五种含义从不同侧面、不同角度来描述教学设计的过程,也体现了教学设计不同阶段的特点,在教学设计发展历程中是交替和统一的关系,共同对高质量的教学起作用。

● 教学设计的核心思维和方法是走过一个由注重"教"到注重"学"再到有效能的"学与教"的历程。

● 在西方至20世纪80年代,以美国教育心理学家加涅等人提出的理论为代表的"第一代教学设计理论"已较成熟。20世纪80年代末90年代初,以情境教学、建构主义心理学与计算机多媒体技术包括知识工程、人工智能相结合的"第二代教学设计理论"开始兴起。

● 教学设计由宏观到微观可以划分为四个层次:以教学系统为中心的层次——教学系统设计;以一门课程为中心的层次——课程教学设计;以一堂课为中

心的层次——课堂教学设计；以教学媒体为中心的层次——教学媒体设计。

● 教学策略是实施教学过程的教学思想、方法模式、技术手段几方面因素的集成，是为实现特定教学目标而制定的，根据学生的学习规律和特定教学条件，在教学过程实施的整体方案，它包括合理组织教学过程，选择适合的教学内容、教学媒体、教学方法、教学材料、评价技术等，以达成有效的学与教原则、教学模式、教学方法的一种变通性的应用。

● 对有效教学的理解。有效教学关心的是如何促进学习而不只是描述学习，即"怎么教"的问题。教学有没有效果，并不是指教师是否完成教学任务，也不是指教师个人特征如何，而是指学生有没有吸收到什么或学生吸收得好不好，对学生的学习产生哪些推动作用，对学习效果产生哪些影响，因而是立足于"有效的学"基础上的"有效的教"。

● 教学方法不同于教学策略，也不同于教学方式。

● 教师职业的人文素养、道德素养、知识传授主体特性、专门化素质要求、职业应对与传承要求、心理素质要求等构成教师职业的特点。

● 教师的专业标准强调：严格的职业资质标准；系统知识和专业教学技术；专业的机构和组织；专业服务的不可替代性；长期、持续的专门训练；职业道德规范要求；专业服务的自主权。

● 教师的职业发展论有富勒的理论、伯顿的理论、伯林纳和司德菲的理论。每种理论都有其特定的贡献。

● 新入职教师经过职业适应与职业认同，突破职业停滞、职业倦怠与职业枯竭，在职业进程中，发展为经验型教师、知识型教师、混合型教师，进而成为富有智慧与创意的学者型、专家型教师。

 本章思考题

1. 如何理解教学设计第一代和第二代理论的区别与联系。
2. 说说教学策略在各学科中的具体运用。
3. 从教师的职业发展阶段怎样辩证地看教师职业的倦怠与工作动力的激发。

阅读材料：教学方法的分类①

一、巴班斯基的教学方法分类

依据人的活动的认识，认为教学活动包括了这样的三种成分，即知识信息活动

---

① http://baike.baidu.com/view/424858.htm

的组织、个人活动的调整、活动过程的随机检查。把教学划分为三大类：

第一大类："组织和自我组织学习认识活动的方法"；

第二大类："激发学习和形成学习动机的方法"；

第三大类："检查和自我检查教学效果的方法"。

二、拉斯卡的教学方法分类

分类的依据是新行为主义的学习理论，即刺激—反应联结理论（教学方法—学习刺激—预期的学习结果）。

依据在实现预期学习结果中的作用，学习刺激可分为 A、B、C、D 四种，据此相应地归类为四种基本的或普通的教学方法：

第一种方法：呈现方法；

第二种方法：实践方法；

第三种方法：发现方法；

第四种方法：强化方法。

三、威斯顿和格兰顿的教学方法分类

依据教师与学生交流的媒介和手段，把教学方法分为四大类：

教师中心的方法，主要包括讲授、提问、论证等方法；

相互作用的方法，包括全班讨论、小组讨论、同伴教学、小组设计等方法；

个体化的方法，如程序教学、单元教学、独立设计、计算机教学等；

实践的方法，包括现场和临床教学、实验室学习、角色扮演、模拟和游戏、练习等方法。

四、当今教学理念的分类基于现代信息技术的教学方法

现代教学媒体根据人接受信息的感官不同，可以分为视觉媒体、听觉媒体、视听媒体和交互媒体等。

现代信息技术可以实现多方面的教学功能，其中主要的方面体现在：

一是再现功能；

二是集成功能；

三是交互功能；

四是虚拟功能。

参考文献

1. 陈向明："实践性知识：教师发展的知识基础"，《北京大学教育评论》2003 年第 1 期。
2. 代蕊华：《课堂设计与教学策略》，北京师范大学出版社 2005 年版。
3. 范牡丹："美国 PDS 与教师专业化发展及其对我国的启示"，《延安教育学院学报》2003 年第 12 期。

4. 郭成主编,张大均、吕达总主编:《课堂教学设计》,人民教育出版社2011年版。

5. 和学新:"教学策略的含义、结构及其类型",《教学与管理》2005年2月。

6. 〔美〕M·希尔伯曼著,陆怡如译:《积极学习:101种有效教学策略》,华东师范大学出版社2005年版。

7. 李斌:"国内外教师专业发展过程研究述评",《江苏教育学院学报(社会科学版)》2003年第7期。

8. 邵瑞珍:《教育心理学》,教育出版社1997年版。

9. 沈建民:"课堂教学设计要关注并渗透学习策略",《课程·教材·教法》2002年第3期。

10. 〔美〕瓦恩布雷纳著,刘颂,刘巧云译:《学习困难学生的教学策略》,中国轻工业出版社2005年版。

11. 肖立萍:"国内外教师专业发展研究述评",《中国教育学刊》2002年第10期。

12. 张大均:《教学心理学》,西南师范大学出版社1997年版。

13. 张大均:《教与学的策略》,人民教育出版社2003年版。

14. 张大均:《教育心理学》,人民教育出版社2005年版。

15. 张大均、吕达总主编,张大均、王映学主编:《教育心理学新视点》,人民教育出版社2005年版。

16. 周军:《教学策略》,教育科学出版社2003年版。

第六章 社会心理学

本章导读

> 人的心理活动具有社会性,社会心理学就是对人的社会心理和社会行为进行系统研究的科学。第一节主要讲述个体的社会化以及与此相关的自我概念、社会意识等,简要介绍了社会心理学基本理论;第二节主要介绍了社会认知、社会动机、社会态度和社会归因等个体社会心理活动;第三节从人际社会心理活动的角度,介绍了人际关系、人际沟通、人际吸引和亲密关系的基本内容;第四节从群体社会心理活动的角度,介绍了群体心理、群体现象、社会影响和利他侵犯行为的基本内容。通过本章的学习,可以开启我们的视野,从社会心理学家的角度去观察和思考问题,同时,也能帮助我们运用社会心理学的原理去更好地理解、解释、处理社会问题。

第一节 社会心理学概述

人具有社会性,人类很早之前就对自身的社会行为和心理活动产生了极大的兴趣。人们在不断探索着人与人、人与群体、人与社会互动关系,以及由此产生的爱与恨、性别角色差异、不同群体行为差异问题。随着人类的不断探索,直到一百多年前,社会心理学才作为一门独立的学科诞生,作为一门年轻的学科,随着心理学和社会学的发展,该学科在社会实际生活中的应用价值越来越大。

一、社会化与自我

(一) 社会化

1. 社会化的概念

社会化是个体在与社会的相互作用中,接受社会影响,掌握社会行为规范、价值观念，成为符合社会要求的社会人的过程。简单来说就是个体由自然人成长、发展为社会人的过程。

个体的社会化包括两个方面：一方面，个体在社会环境及社会有意识施加的教育影响下，不断适应社会环境，使自己由自然人转变为能适应社会环境、参与社会生活、履行一定社会角色的社会人的过程；另一方面社会化又是通过自身对社会环境、教育及其影响所做出的能动反应与选择，积极参与社会生活与实践，创造新的社会文化，影响社会和他人的过程。

2. 社会化历程

个体的社会化是一个持续终生的过程。根据人的发展周期以及各个发展阶段的特点，可把这一历程分为儿童期、青年期和成人期。

一是儿童期的社会化。从婴儿出生和母亲接触，个体的社会化就开始了。由于婴儿的高级神经系统发育不健全，心理活动处于萌芽状态。但随着婴儿的成长，其逐渐能够用简单的声音和肢体动作表达需求，能辨认出不同的人，学会发出和接收各种不同的信息，但这些都是婴儿对自我内在需求的关注。大约1岁开始，婴儿开始对外部世界有选择地关注，自我概念开始发展，这是对自我社会化很重要的一步；3—6岁阶段，儿童开始形成最初的人格倾向；到了学龄初期，儿童社会化发生了质的转变，学校教育使得儿童社会化更加有目的、有系统，儿童的心理向更加抽象的逻辑思维过渡。

二是青年期的社会化。在青春期，个体的生理和心理都在不断发生着变化，他们要去适应许多方面。这个时期的个体更多地受到学校与同学、朋友团体的影响，更加关注个体的形象，他人对自己的评价，逐渐学会自觉地评价自己的人格，自我意识得到进一步的发展。在整个青年期，个体的生理日趋成熟，世界观初步形成，人格不断健全，各方面的知识技能也日趋完善，个体生活的范围不断扩大。此时个体主要是为未来适应各种社会角色做知识和技能上的准备。

三是成年期社会化。进入成人期，个体的初级社会化已经完成。成人的自我已经发展起来，他们不断地选择、学习与尝试各种社会角色，对现行角色进行重新定义与再创造，生活与事业趋于稳定，心理上更加成熟。而到了成人晚期，个体必须调整自己，以面对声望的降低、身体的衰老以及失败与死亡。这一时期的老年个体必须调适自己与他人的关系，完善自己的人格，适应新的社会角色，重新回归社会，度过生命的维持期。

四是继续社会化与再社会化。成人期个体的人格也在不断地发展变化。为了适应不断发展的社会环境，个体要继续学习新知识、新的观念与行为规范，这一过程就是继续社会化。再社会化是指个体将随环境与自身状况的变化而学习新的行为模式，承担新的社会角色。个体重新学习社会所要求的社会规范与行为的过程。它是青少年与成人都有可能经历的一个过程。一般来讲,再社会化有两种不同性质的基本形式:一是强制性的,个体被动地接受社会规范和要求,如监狱中对罪犯的教育改造;二是非强制性的,个体为适应社会文化与生活方式的急剧变迁而主动进行的改变,如不断学习新媒体技术、主动参加教育培训等。

3. 影响社会化因素

影响个体社会化的因素是指在个体社会化进程中影响与作用于个体的思想观念、心理特征和行为方式的全部社会因素,主要包括家庭、学校、同伴群体、工作单位与大众传媒等。这些不同的因素之间相互作用、相互影响,根据自身的特点与功能,在一起或平行或独立地发挥着作用:

一是家庭。家庭是社会结构的基本单元,在个体社会化过程中,家庭的地位独特,作用突出。童年期是社会化的关键时期,家庭中的亲子关系,家长的言传身教,对儿童的语言、情感、角色、经验、知识、技能与规范方面的习得均起潜移默化的作用。

二是学校。学校作为专门化的教育机构,有组织、有计划、有目的地向学生系统传授社会规范、价值观念、知识与技能。学校教育能使学生掌握知识,激发其成就动机,并为学生提供更多的社会互动的机会。学校还具有独特的亚文化、价值标准、礼仪与传统等。在早期社会化中,学校是不可替代的社会化载体。

三是同伴群体。同伴群体是指那些由年龄、兴趣、爱好、家庭背景相似的人们自发结成的非正式群体。它对个人具有强烈的吸引力,其成员之间在价值规范、行为方式、道德观念等方面相互影响、相互作用,从而对个体的社会化发生作用。美国心理学家米德更认为,在现代社会,同辈群体的影响甚至达到改变传统文化传递方式的地步。

四大众传媒。大众传媒对现代社会个体社会化有着深远的影响。影视、音像、广播、报纸、杂志,特别是国际互联网迅速向人们提供各种大量信息,使人开阔视野,学到新的知识与规范,其倡导的价值观念与行为方式对公众具有潜移默化的影响与作用。

(二) 自我、身份与自尊

1. 自我

自我,亦称自我意识(或自我概念),是个体对自己存在状态的认知,包括对自己生理状态、心理状态、人际关系及社会角色的认知。自我意识包括"主我"与"客我"两个部分,前者是指主观的"我",即个体是自己的觉察者;后者是指客观的"我",即被觉察到的自己的身心活动。自我的结构分为五个层面:一是生理自我,是其他自我的载体,是个体如何看自己身体的层面,如美丑、胖瘦、高矮等;二是心理自我,是个体态度、信念、价值观念及人格特征的总和,是个体如何看自己心理世界的层面,如内外相、消极与积极、情绪高涨或低落等;三是社会自我,处于社会关系、社会地位中的自我,即个体扮演的社会角色,是自我概念的核心,是社会如何看待个体(又被其意识到)的层面;四是理想自我,个体期待自己是怎样的人,即在其理想中,我该是怎样的人(理想自我与现实自我的差距往往是个体行动的原因);五是反思自我,即个体如何评价他人和社会对自己的看法,这是自我概念反馈的层面。

2. 身份

身份是由个体的社会地位及处境决定的自我认同。社会地位所决定的身份是地位身份,它是相对稳定的,是身份的主体;处境地位所决定的身份是处境身份,它是易变的。身份是由角色构成的,在地位身份中,角色就是由身份决定的行为期待。例如老师是一种地位身份,老师角色就是家长、教师和公众对他行为的要求和期待。

身份具有客观性、稳定性、多重性和契约型特点。如个体在社会中往往具有许多身份,而且某些身份如出身、民族、性别等是终生不变的,其他社会身份在一定时期也是相对稳定的。当你处于一种身份地位时,你就能享受相应的权利,同时必须承担起相应的义务。

3. 自尊

自尊是个体对其社会角色进行自我评价的结果。自尊水平是个体对每一角色进行单独评价的总和。如果个体对其予以积极评价的角色看得比较重要,他就有高水平的自尊。在马斯洛需要层次论中,自尊是一种高级需要。自尊需要包括两方面:一是对成就、优势与自信等的欲望;二是对名誉、地位支配、赞赏的欲望。自尊需要的满足提高自信,觉得自我有价值、有力量、有地位。如果自尊遇到挫折,个体可能会感到无能、弱小和自卑,以致丧失自信心。

自尊受个体的家庭、行为选择和行为表现的影响。研究发现,对孩子表现出慈爱、有兴趣,对孩子的要求前后一致、双亲一致,尊重孩子,给予一定的自由等,有助于提高孩子的自尊;对个体成功行为的积极反馈有助于提高个体自尊水平;个体选择适合自己,能取得成就或成功的活动,有益于增加自尊。

二、社会角色

社会是一个大舞台,每个个体都在此舞台上扮演一定的角色。人们在社会互动中表现自己,把握自我形象,达到一定目的。比如在学生面前你是老师,在父母面前你是孩子,在孩子面前你是父母,在领导面前你是下属,即使同一个人,在不同的场合我们也扮演着不同的社会角色。社会角色是个体与其社会地位、身份相一致的行为方式及相应的心理状态。它是对在特定地位的个体行为的期待,是社会群体得以形成的基础。角色理论按照人们所处的社会地位与身份解释个体行为并研究其中的规律。

(一) 角色扮演

角色扮演过程包括角色期待、角色领悟和角色实践。

1. 角色期待,即在某一情境中社会公众对个体行为方式的要求和期待。比如作为老师,公众的要求是为人师表,传道授业解惑,如果偏离了角色期待,就会招致非议或反对。

2. 角色领悟,即个体按照他人的期待来认识和理解自身角色,并不断调整自己的行为来塑造个体角色。如一个刚毕业到学校任教的老师,他就需要了解社会对老师的期待和要求,积极自我改变,将自己塑造成一个学生和家长满意的老师。

3. 角色实践,指个体做出角色期待与角色领悟的实际行为的过程。

(二) 角色失调

个体在角色扮演中出现矛盾和障碍,甚至遭遇失败。常见的角色失调有四种:角色冲突、角色不清、角色中断及角色失败。

1. 角色冲突。个体在不同条件下往往有不同的地位、身份与角色。如果它们互不相容,出现矛盾,个体在心理上感到的冲突是角色冲突。既有角色间的冲突,也有角色内冲突。

2. 角色不清。个体对其扮演的角色认识不清楚,或者公众对社会变化中出现的新角色认识不清,还未能形成对这一新角色的社会期待,也会造成角色不清。个体在角色不清时,往往会产生应激与不适应感。

3. 角色中断,即由于各种原因使个体的角色扮演发生中途间断的现象。

4. 角色失败。这是最严重的角色失调,角色承担者不得不退出舞台,放弃原有角色,如老师被解聘、学生被开除、领导被解职等。

三、社会心理学基本理论

(一) 生物理论

我们可以和朋友谈笑风生,可以推理出复杂的数学公式,可以记住儿时很多美好的故事,能够看到美丽的风景,但是我们自己却不能像鸟儿一样飞翔,不能像蝙蝠一样在漆黑的夜间自由行动。男人比女人更有力量,女人比男人更有柔韧性。这一系列差别都来自我们各自的生物差异。

按照生物理论的观点,人的许多生物特质是与生俱来的,这些特质在决定行为方面扮演着重要的角色。生物因素限制了人类能力的极限以及人所能接收到的刺激范围。因此生物理论认为本能特质影响着人类的社会行为。生物理论强调两个方面的因素对人类行为的决定作用。

1. 本能：劳伦斯在研究刚出生的小鸭的依恋行为时发现，刚会走路的小鸭会追随它看到的第一个客体（所有能活动的），和它建立起依恋关系。后来人们用"关键期"这个概念说明本能的影响，即人类一些机能的发展必须到达一定的时期才能够成熟，如人类口语发展的关键期是2～3岁，书面语言发展的关键期是4～5岁，而儿童建立数的概念的关键期是5～5.5岁。这些相关研究说明了本能对个体行为的影响。

2. 遗传：心理学家研究发现，具有某种遗传基因的人比其他人更具有攻击性。他们发现，与具有正常染色体的人相比，具有XYY染色体的人容易犯罪。另一种相关的生物理论则以其他生理因素，如用荷尔蒙失去平衡或脑损伤解释攻击行为，认为激素分布不平衡以及大脑生理机制方面的原因造成了一些人侵犯行为的增加。

(二) 社会学习理论

当见到老师时，我们会习惯性叫"老师好"；当我们见到别人伸出双手时，我们会习惯性迎上去握手；当我们遇到危险时，我们会习惯性选择逃避，这是为什么呢？因为这是我们在生活中学会了应该如此反映，并养成了习惯。这就是学习理论，它认为，在任何情境下，每个人都会学到某种行为，在多次学习之后就会成为习惯。以后当相同或类似的情境再次出现时，个体将会采取惯用的方式做反应。学习理论在1900年开始流行，并在那时成为行为主义的基础。后来霍尔、斯金纳以及米勒和多纳德等人将行为理论的原理运用到社会心理学上。20世纪70年代以来，著名的社会心理学家班杜拉更是将其应用范围扩大，提出了社会学习论，在解释人类社会行为方面取得了极大的成功。

学习理论认为，人类的学习主要有三种机制。

1. 联结，又称经典条件作用。巴甫洛夫在他的条件反射研究中发现：狗之所以学会一听到铃声便分泌唾液的反应，是因为每次铃声都与食物同时出现。经过一段时间的学习后，狗会将铃声与食物联结在一起，这时即使没有食物一起出现，狗也会对单独的铃声产生分泌唾液的反应。对人类来说，态度的形成也要经过联结过程，例如"日本鬼子"一词常与可怕的大屠杀罪行联结在一起。

2. 强化，这是学习论的核心。它是指人们学会一种特别的行为是因为这种行为经常伴随着愉快情绪，能满足某种需要，或者可以避免某种不愉快的后果。例如一个学生可能会出口成脏，因为当他攻击别人时得到了父母的肯定。而另一个学生可能不敢和老师争辩问题，因为这样做总是换来老师的批评甚至惩罚。

3. 模仿，人们会通过观察他人的态度及行为以便学习到社会态度与行为。一个小男孩可能学会怎样做风筝,因为他曾看到哥哥、姐姐这样做。模仿的发生并不需外界的强化,只需观察他人的行为便可以。

班杜拉还提出了观察学习理论。它指个体通过对他人行为学习观察并强化,获得新的行为反应,或对已有的行为进行修正。观察学习包括四个过程:注意过程、保持过程、动作再现过程、动机过程。动机过程又包括外部强化、间接强化与自我强化。现在研究常用间接强化和自我强化解释许多社会行为的习得。

(三) 诱因理论

诱因理论认为,行为决定于个体对各种行动的可能结果所做的利益分析,认为人们以行为后果的有利或不利为判断基础而决定采取何种行为。例如一个学生考试作弊被抓,他可能认为如果不作弊,考不出好成绩将会遭到父母和老师的批评责备,这是负性诱因;如果作弊被抓,他可能受到严厉的惩罚,这也是负性诱因;但是如果不被抓,他不仅能考出好的成绩,而且还可以得到老师和父母的表扬,这是很强的正性诱因。所以诱因分析只是很简单地考虑某一行为的正性与负性效果,并依此预测人们将采取的行为方式。社会心理学中有三种重要的诱因理论。

1. 理性决策论

理性决策论是经济学家对人类行为的基本看法,这种理论假设:人们从事行为选择时,会根据不同行为的利益和代价做出理性的选择,也就是以最低成本获得最大利益。其中代表性理论是爱德华兹的预期价值论,该理论认为,人们在进行决策时,会以对下列两因素的判断结果为基础:一是某一决策各种可能结果的重要性;二是决策结果得以实现的可能性。这种理性的模型能很清楚地预测我们如何决策,所以是极有用的标准化模型。

2. 交换理论

将理性选择扩大到两个人之间的互动时,便是交换论,这一理论将人际互动视为彼此所做的一连串理性决策。也就是说,人们之间的互动取决于彼此对各种结果的代价及利益所做的评估。以学生和老师关于考试的互动为例,学生如果遵守考试纪律,能够得到老师的肯定,而老师也能够从维护良好的考场秩序中获得领导的好评。社会交换理论的重点在于强调相对代价及利益,该理论在分析协商情境时很有价值。协商实际上就是两个人或两个团体通过交换达成利益的一致。

3. 需求满足论

需求满足论认为,每个人都有某种需求或动机,一个人之所以有某种行为,是因为这些行为能满足这些需求或动机。例如有 2 名女孩同时追求一位男士,你推测男士会爱上其中的哪一个呢?我们又怎样解释这位男士的选择呢?从诱因论出发,我们要找出他的需要,以及这两个女孩所能给予的满足,并通过这些来预测他的选择。

同样我们可以运用需求满足理论解释学生的作弊行为,也许他很多次考试没考好或者自卑心理严重,非常需要以好的成绩来证明自己或者需要来自老师和父母的肯定,他之所以选择作弊而不惜被抓,就是因为这可以满足他自尊的需要,而假如他不作弊,这些需求就无法得到满足。

(四)认知理论

认知理论是社会心理学中最重要的理论之一。按照认知理论的观点,人的行为决定于他对社会情境的知觉与加工过程。社会认知的范围极为广泛,它不仅包括我们对他人外在特征的认识,也包括我们对他人内在特征(如人格、情绪)以及人际关系的认识。

1. 认知理论的两个基本原则

一是分类。我们知觉事物的时候,往往先根据一些简单的原则将事物加以分类。例如我们看到一个人的时候,最先常常是依据性别的相似性把他或她归入男性或女性;我们也可能根据地域的接近性把这个人归为山东人或是陕西人;也可能根据过去与其交往的经验把这个人归结为可信任或不可信任的人。

二是聚焦。这是指将注意力集中到主题之上,忽略背景的影响。比如我们看到某个场景时,立即就能知觉出什么是主题、什么是背景。一般来说,色彩鲜艳、移动、独特及近处的刺激是主题,而灰暗、静止、形状相同及远处的刺激是背景。比如一个高大的外国人站在一群幼儿园儿童中间,我们很容易就把注意力集中在这个外国人身上。

这两项原则不仅适用于对物体的知觉,也适用于对社会情境的知觉。

2. 两个重要的认知理论

一是归因理论,这个理论又包括海德、凯利以及韦纳等人提出的归因理论,这种理论主要是想说明我们如何解释事件的原因。例如我们怎样知道一位推销员奉承你是因为他真的喜欢你,还是因为他想让你买他的东西?当一个人喊救命时,我们会对他喊叫的原因做怎样的猜测?这种猜测影响我们决定是否要帮助他。

二是认知失调理论,这个理论是由费斯廷格提出来的,该理论主要解释当人们的态度与行为不一致的时候,人们如何改变自己的态度或行为,以使两者协调一致。认知失调理论在解释态度改变等方面相当成功,因此在过去的几十年中备受推崇,成为社会心理学理论影响人们社会生活的典范。

(五)角色理论

角色理论是与社会学紧密联系的一种理论,它强调个体的行为是由其社会角色提供的,角色理论最早由比德尔和托马斯提出。角色是指一套与个体在社会中所处地位有关的思想、信念与行为方式。角色理论没有强调行为的某一种单一决定因素,如态度、人格或动机等,而是从角色、角色期望、角色技能等方面的相互关系中去解释行为的原因,角色理论有助于我们了解为什么人们的行为会随着个体在社会系统中的位置的变化而变化。

第二节 个体社会心理活动

一、社会认知

(一) 社会认知概述

社会认知也叫社会知觉,即个体对自己、他人和群体的认知。它是社会个体根据认知对象的外部特征和外显行为,依据自己的经验,对认知对象心理状态、人格特征和行为意向进行分析判断的过程。它是其他社会活动的基础。

1. 社会认知范围

一是对他人情感表征的认知。我们知道他人愤怒,是因为我们看到他双眼圆睁、鼻孔张大;我们知道他紧张是因为他双手发抖,语速很快;我们知道他说谎是因为他在不由自主地眨眼、挑眉或者撇嘴巴。这就是我们根据个体的外部特征结合自己的经验做出的认知。

人具有复杂的情绪状态,其喜怒哀乐等心理状态都会呈现在个体的表情、动作和语音语调上。实际生活中,人们往往根据他人的外部表情来判断他人的情绪状态。一般来说,人们关注的重点主要是面部表情,如脸部肌肉变化、目光接触等;言语表情,主要是说话时的音量、语调、节奏等特征;肢体动作,主要是个体的姿势和体态,特别是双手的姿势等。

人们的外部情绪表征是其情绪状态的反映,但生活中也常有人通过掩饰性的外在表现来隐藏其真实的情感,如有人用大笑掩盖内心的痛苦和脆弱,有人用不间断的动作掩饰内心的不安。因此,要想真正了解一个人的心理状态,对他人的情绪状态做出正确的认知,还必须根据生活经验和言语线索,做出由表及里、去伪存真的正确判断。

二是对他人人格的认知。人格是一个复杂的系统,它是一个人在社会化过程中形成和发展的思想、情感及行为模式的综合体,其形成与发展受遗传等生物因素影响,也受到社会因素影响。和情绪情感相比,它处于人的内在状态,因此,仅靠外部特征进行认知是远远不够的。

由于缺乏客观、科学的标准,认知者在对他人的人格进行认知时往往缺乏准确性。认知者本身所具有的智力水平以及他本人的心理特点都会影响其对他人人格的判断。人们经常倾向于对他人做出与自己相似的假设。要对他人的人格做出真正的认知,认知者必须在长期的交往与接触中对他人的生活情况、过去经历、家庭情况进行详细了解,运用专业的人格测评工具多维度进行评估和分析。

三是对人际关系的认知。对人际关系的认知是指认知者对自己与他人以及他人与他人之间社会关系的知觉。人具有社会性,在个体互动中人与人建立起关系。良好的人际关系对个体的工作、生活和学习有着重要的促进作用。准确认知人际关系,是处理调节好人与人关系的前提和基础。

对人际关系双方的认知,首先要知道自己是什么样的人,知道别人是那种类型的人,知道你们人际互动中哪些是积极的,哪些是需要进一步改进的。通过对自我和他人的正确认知,个体可以采取不同的策略建立起良好的人际关系。如,培养平等、宽容、坦诚、互信的品质,培养相同的兴趣爱好。同时个体还应该知觉哪些人际关系是良性的,哪些关系是不良的,具备明辨是非的能力。只有在深入了解和认识自己的基础上,才能更好地认识和处理人际关系。

2. 社会知觉的影响因素

一是认知者。

认知者影响因素主要表现在认知者个体的经验、动机和需要、情绪状态等。个体差异的不同,其关注事物的侧重点就不同。

认知者经验通常用"图式"进行解释。所谓图式,是人脑中已有的知识经验网络。面对知觉对象,个体的"图式"不同,其看到的东西就会不同,关注的问题也会不同,进入脑海并形成记忆的东西也会不同。比如,面对学生,老师可能更多从教育学角度思考学习问题,心理咨询师则可能从心理的角度关注学生心理健康问题。

认知者的动机和需要不同,其关注知觉对象的重点也就不同。认知者会根据个体的需要和知觉动机,选择其感兴趣的方面进行了解。那些能满足认知者需要的东西,很自然能迅速成为认知者注意的中心,而其他信息可能就会被忽略掉。比如喜欢篮球赛的人,可能会对NBA联赛信息特别关注。

认知者的情绪会影响个体的认知结果。情绪状态好的人,就会积极地看待周围的人和事,觉得这个世界很美好;而情绪不好的人,则看待事物消极被动,认为世界一片灰暗。

二是被认知者。

被认知者又叫认知对象。认知对象不同,其对认知者来说意义和价值也就不同。一般来说,那些与其他对象不同的地方往往成为认知者关注的对象。如果认知对象是人,他的外部表情、言语声调、行为表现等都是影响社会认知的具体信息。如果是一个陌生人,那么其外貌、体型等往往成为被关注的重点,而如果是熟悉的人,那么这些可能就变得不重要了。

三是认知情境。

社会认知总是在一定的具体环境中进行的,认知对象所处的环境背景与现实状况对认知者的认知结果有很大影响。人们特定的行为也受到特定的情境制约,一定的社会情境规定了人们的行为必须有一定的标准。长此以往,人们就会倾向于根据情境来推断人的行为。如人们往往感觉参加婚礼的人是喜气洋洋的,而参加葬礼的人则是悲伤忧愁的。

(二) 印象与印象形成

初次接触一个男生,你会评价他乐观、幽默、帅气;认识一个女生,我们会说这个人漂亮、温柔、积极,这就是印象。印象是指存留在个体头脑中的认知客体的形象。印象形成是指认知者以自己过去经验为基础,对认知对象的属性进行分析、判断后对其总体特征做出的主观理解。它是社会个体适应新的社会情境的一种方式。一个人对另外一个人的最初印象,直接影响了他们之间关系的发展方向。

1. 印象形成的效应

两个素不相识的人第一次见面形成的印象称为第一印象。受认知主体与认知客体及环境因素的影响,人们的印象形成具有一定的社会心理规律性,主要体现在以下几点。

(1) 首因效应与近因效应。在印象形成过程中,信息出现的顺序对印象形成有重要作用。最初出现的信息影响最大,称为首因效应;最新获得的信息影响也较大,因为它在时间上离认知者最近故称近因效应。首因效应是第一印象的机制。第一印象一经建立,对其后的信息的理解、组织有较强的定向作用。个体对后续信息的解释往往是根据第一印象完成的。

(2) 光环效应。晕轮效应又称光环效应,当认知对象有某些好的品质时,我们可能将其他一些他并不具有的好品质也赋予他。由于晕轮效应的作用,人们在社会认知中,往往根据他人的外貌、衣着与动作等外在特征进行认知,比如我们认为一个漂亮的孩子,可能也很聪明、善良。而这些主观推断容易产生一定的认知偏差,导致对他人的认知出现以偏概全。

(3) 刻板印象。人们通过自己的经验形成对某类人或某类事较为固定的看法叫刻板印象,这是社会认知偏好。如果刻板印象是针对某一群体成员则称定势。对某一群体成员特征的认知,带有价值倾向的概括化印象即是定势。刻板印象与定势的积极作用是使社会知觉过程简化。其消极作用是容易形成偏见。在有限经验基础上形成的定型往往具有负面性质,会对某些群体的成员产生偏见,甚至歧视,比如认为清洁工比较脏、地摊货一定质量差等。

2. 印象管理

一个顽皮的孩子可能在老师面前变得很乖巧听话,一个原本性格内向的人在应聘推销员工作时表现得异常活跃,一个本来不注重衣着的人会变得精心打扮自己。为了给别人留下一个好的印象,或者使自己的形象符合他人的期望,个体会对自己的形象进行控制,影响他人对自己的形象,这就是印象管理。它是个体适应社会生活的一种方式,在正确理解他人和情境的基础上,选择恰当的言辞和表情等技巧,有助于给人留下良好的印象。其策略大致有以下四种。

一是按社会常态管理行为。当你不确定自己该如何表现的时候,你可以选择和大多数人保持一致,这是一种相对保守但有效的方法,特别面对新环境时比较适用。

二是按社会期望管理行为。了解社会公众对该角色的期望,使自己的行为符合角色的社会规范。例如,教师在学生面前作出符合教师这一社会角色的行动。

三是按不同的情境和对象管理行为。对有些人可以投其所好,比如爱打球的人一起打球,爱玩游戏的一起玩游戏等。也要做到入乡随俗,适应团体的环境氛围和规则。

四是恰当的自我表露。对可信赖的好朋友私下多暴露些隐私,而对一般人多公开一些别人不了解的自我。

二、社会动机

(一) 社会动机概述

社会动机是指由社会需要产生的,引起、推动、维持与调节个体行为,使之趋向一定目标的心理过程。个体的需要形成一定的心理紧张,从而产生改变这种不适感的想法,这就是动机,在动机支配下进行行为改变,努力满足需求,使心理紧张缓解。当再有需求时,就会产生新的动机,这就是动机产生和形成的过程。

1. 社会动机的作用

一是激活功能。社会活动由社会动机引起,并推动社会活动的继续。比如高中生想上好的大学,他就得努力学习。

二是指向功能。个体行为总是指向一定目标,因而具有目的性。在达到目标之前,行为不会停止。比如学生为了考取好的学校,就会努力学习,不达目的不罢休。

三是调节功能。个体行为在达到目标前,动机起维持作用。如果行为受阻,某一动机可能被其他动机所置换,这是动机的调节作用。一学生在复习考试中遇到困难和问题,或者坚持不住的时候,想要上好学校的动机就会激发他的动力,保持勤奋学习的状态。如果实在无法达到目标,他可能选择一个具有良好前景的专业,确保未来有更多的发展机会。

2. 社会动机与工作效率

社会动机引发并维持活动,但是动机的强度与活动效率并非是一种线性关系。从总体来说,动机越强,工作效率越高。就具体活动来说,动机强度与工作效率之间是一种倒 U 形曲线关系,即中等强度的动机水平,活动效率最高,动机水平过低与过高,均导致活动效率下降(见图 6-1)。根据研究,每种活动都存在动机的最佳水平,动机的最佳水平取决于所要完成的任务的性质。在比较容易的任务中,工作效率随动机的提高而上升,动机的最佳水平较高。如果任务越是困难和复杂,最佳动机点就越低。动机水平超过最佳动机点后,工作效率随动机水平的提高反而有所下降,这个原理通常称为耶克斯—多德森定律。

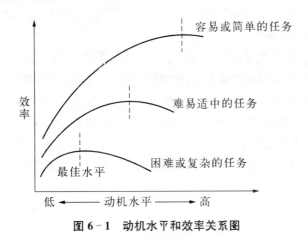

图 6-1 动机水平和效率关系图

(二) 马斯诺需要层次理论

美国心理学家马斯洛认为人类动机具有层次性,它们构成了一个等级体系,一种需要满足后,另一个更高的需要就会立刻产生,成为引导人行为的动力,因此人们很难得到完全的满足,总是处在追求中。

1. 生理需要

生理需要是人类赖以生存和发展的基础,是最基本、最低级、最强烈的需要,包括人类对食物、居所、健康、性等的需要。它是其他一些需要产生的基础,在需要中最优先得到满足。但生理需要是有限度的,当被满足后就不能作为行动的动力了。例如一个刚毕业大学生,吃饭、买房、结婚等就成为他必须努力奋斗的动力,当满足后,这些就不再有吸引力了。

2. 安全的需要

安全的需要包括生理和心理的安全。它是一个人得以生存的需要,主要指安全稳定,避免遭受恐吓、伤害、焦虑的折磨,对体制、秩序、法律、界限的需要等。如希望社会井然有序，不要有动荡、战争、犯罪等。

3. 归属与爱的需要

归属与爱的需要，指人们渴望与他人有一种充满深情的关系，渴望自己的所属群体和家庭中有地位，能被社会群体所接纳，每个人都愿意为达到这个目标而努力。爱的需要包括能获得他人的爱护、关心，也包括为他人付出自己的爱。

4. 尊重的需要

这是一种自尊、自重和来自他人的尊重的需要，包括获得信心、能力、成就、独立和自由等的愿望。这种需要可以分为两类：一个是对实力、成就、优秀、胜任、自信、独立和自由的欲望；另一个是对名誉、威信和来自他人对自己的尊重的欲望，即要求自己有名誉、威望和地位。这些需要的满足可以增加自信，觉得自己生活在这个世界上有价值。

5. 自我实现的需要

自我实现的需要是指寻求自我成就和实现个人潜能，要求实现个人的聪明、才智、理想与抱负。这是最高层次的需要，是促使他的潜力得到实现的趋势，这种趋势可以说是希望自己越来越成为自己所期望的人物，完成与自己的能力相称的一切事情。

马斯洛认为，人的需要是呈梯形层级排列的，而且需要的满足也是按一定顺序进行的，这一顺序表现为波状起伏的递进曲线。一种需要一旦在相当的程度上被满足后，其对个体所具有的重要性就开始逐渐减少，个体对这种需要所持有的满足强度也开始不断减弱，其动力性就逐渐减弱。

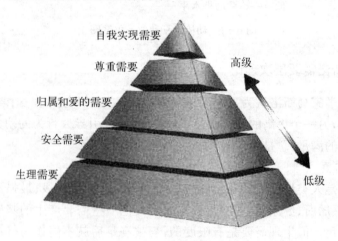

图 6-2　马斯诺需要层次理论

（三）主要社会动机

1. 亲和动机

亲和动机即个体害怕孤独，希望和他人在一起建立友好关系的心理倾向。亲和动机起源于儿童对父母的依恋,它可以满足个体某些社会性需要,能获得对其生存与发展有意义的信息,减轻心理压力,能使个体避免无人作伴的窘境。影响亲和动机的主要因素有:

(1)情境因素。群体在面临压力情境时,压力越大,群体成员的亲和动机越强;悲惨情境也能刺激人们的亲和动机。对社会隔离者(如单独关押的犯人、遇难船只的幸存者、探险家)的研究表明,他们由于较长时间的独处,缺乏亲和力,往往产生某些心理障碍和精神症状。如,刚入伍的新兵,在一个封闭的环境中,隔断了和原有父母、亲朋好友的联系,当不适应时,就会主动寻求建立亲密的战友关系。

(2)情绪因素。从亲和产生的心理背景看,亲和与人的情绪状态有密切关系。恐惧是现实危险引起的情绪体验,恐惧情绪越强烈,亲和倾向越明显。焦虑是非现实危险引起的情绪体验。高焦虑者亲和倾向较低,这是因为在焦虑状况下,与他人在一起不但不能减少焦虑,反而可能增加焦虑。美国心理学家沙赫特设计了一个实验:要求被试逐个进入实验室,并分别被告知"要进行有关电流刺激对人体影响的实验"。半数被告知这种电流刺激非常难受,很痛苦(高度不安条件)。另外半数被告知这种电流刺激极轻微,有一些发痒或震颤的感觉(低度不安条件)。在恐惧和不安被唤醒之后,再问被试:"距实验还有10分钟,这期间您打算怎么度过?"通过问卷调查显示:高恐惧的人比低恐惧的人更倾向于选择合群。

(3)出生顺序。沙赫特等人的研究还发现,出生顺序与人的亲和动机的强度也有关。长子、长女、独生子女的亲和动机较强,在恐惧情境中更多地亲近他人;排行老二及以后者,其亲和动机不如老大强烈。这可能是因为在多子女家庭中,双亲对第一个孩子关心照料更多,其对父母的依赖性较大的缘故。

2. 成就动机

它是指人们力求获得成功的内在动力。一个人对自认为重要的、有价值的事情,会努力克服困难,取得成功,获得成就。成就动机是一种后天习得的动机,决定着个体的努力程度,是一种基本的社会动机。它可以促使个体不断追求新的目标,克服困难,对事情精益求精。影响成就动机的因素主要有:

(1)目标的吸引力大小。吸引力越大,个体主观能动性发挥程度越大,动机就越大。

(2)承担风险的大小。达到目标所承受风险影响着个体的成就动机,很有把握的事与无获胜机会的事均不会激发高的成就动机,只有那些有一定风险和挑战的事情才会激发个体较大的动机。

(3)成败的主观概率高低。如果个体成功的主观概率低,达到的目标风险小的价值也小,此时成就动机的激励作用就小。如果个体感觉没有实现的可能,个体就不会付出努力。

(4)展现自我机会的多少。个体为实现目标施展自己才干的机会越多,成就动机就越强。

以上因素中,个体的成功与失败的主观概率起的作用较大。

3. 权利动机

它指个体对权利的欲望,有影响他人、控制他人,获得支配地位的需要。1973年,戴维·温特指出,人的权力动机可分为积极的权力动机和消极的权力动机。前者常常表现为竭力去谋取领导职位或"组织社会的权力";后者则通常表现为"害怕失去权力",为自己的声望忧虑等,并可能通过酗酒、斗殴和展示已有的威望等行为来表达他的这方面的欲求,这是一种害怕失去权力,害怕自己无能的过度补偿心理。研究发现,凡是对社会事务有浓厚兴趣,而且极愿以其作为影响大众的人,其行为背后均存有强烈的权力动机。

4. 社会赞许动机

个体的许多行为是为了获得他人赞许,即取悦于人。如果个体做的事能获得别人的好评和称赞,他会有满足感。这类动机称为社会赞许动机。社会赞许动机对个体社会行为的发展非常重要,往往产生积极的作用。由于看到他人和公众赞许某些行为方式,也看到他人不赞成的行为方式,于是个体知道了该做什么,不该做什么,以及该如何做,从而学到了社会规范,对自己行为有所选择和约束。

(四) 动机受挫和行为反应

1. 挫折及产生原因

所谓挫折,是指个体在从事有目的的活动过程中,遭遇到障碍或干扰,致使其动机不能获得满足时产生的一种情绪状态。挫折理论主要揭示人的动机行为受阻而未能满足需要时的心理状态,并由此而导致的行为表现,力求采取措施将消极性行为转化为积极性、建设性行为。引起挫折的原因既有主观的,也有客观的。主观原因主要是个人因素,如心理素质缺陷、认知偏差、个人能力有限等;客观原因主要是社会因素,如人际关系不协调、社会环境约束等。总之,挫折的形成是由于人的认知与外界刺激因素相互作用失调所致。

2. 受挫后的行为反应

(1) 退化:个体在遭受无数次挫折后,会出现一种比自己的年龄阶段要幼稚许多,像孩子般的行为方式。

(2) 补偿:个体在某一活动中失利或遭受挫折时,它可能会改变方向,以其他可能达到成功的活动来代替,从而弥补由失败所丢失的内心平衡,称为补偿。

(3) 压抑:也称选择性遗忘,即个体将因挫折而产生的不快和痛苦情绪竭力排除在记忆之外,从而解除焦虑,个体意识不到。

(4) 合理化:个体不自觉运用扭曲或者否定现实的方法,来暂时维持内心的平衡,意识层面往往并不知。如体育不好的人说参加体育锻炼的人都是头脑简单、四肢发达,失之东隅、收之桑榆,塞翁失马、焉知非福等心态就是如此。

(5) 升华:升华与补偿类似,即将因失败而产生的动力引向于己于人都更有益更有价值的活动中,但只限于自身的发展方面。如恋爱失败后发奋学习,婚姻失败后全身投于事业等。

三、社会态度

态度指个体自身对社会存在所持有的一种具有一定结构和比较稳定的内在心理状态。态度具有内隐性,即态度是内在的心理倾向,是尚未显现于外的内心历程或状态;结构性,即态度有多种成分构成;对象性,即态度总是指向一定的对象,没有无对象的态度;稳定性,即态度一旦形成就会持续一段时间、不易随便改变。

(一)态度的构成

态度是由认知、情感、意向三种成分所构成的比较持久的个人内在系统。

1. 认知成分

态度的认知成分是指个体对态度对象的知识、概念和意向,以及由此形成的具有倾向性的思维方式。态度的对象可以是具体的人、物,也可以是抽象的概念或制度。对态度对象充分的认知是形成态度的前提,如果了解得不清晰,就会形成模糊的认知,态度的形成也就会模糊。比如,对于一种教学法,你要想尝试使用,你必须首先了解这是教学法的内容、适用对象、操作方法等,态度的认知成分具有结构性和倾向性,这会促使个体形成一定的思维模式或刻板印象,因此有时会出现偏见。

2. 情感成分

态度的情感成分是指个体对态度对象形成的一种情绪反应,比如喜爱或者讨厌、高兴或者悲伤等。态度的情感成分和态度的认知成分紧密相关,是以认知成分为基础的。在个体对事物全面认知的基础上,个体会对对象形成一定的情绪反应。但是,态度的情感反应并不是孤立的,总是伴随着认知因素而出现,比如喜欢一个人,其背后可能是该人漂亮、积极、随和,而讨厌的背后可能是该人丑陋、消极、尖刻。一切态度的反应即便看起来是情感的反应,其也必定有认知成分的积极参与,如肯定或否定、赞成或反对、接受或拒绝等,都是兼具有认知和情感因素的综合性的态度反应。

3. 意向成分

意向是由认知、情感要素决定的,对态度对象所持有的一种内在反应倾向,是个体做出行为之前所保持的一种思想准备状态。

态度的三个成分相互作用、相互协调。理论上来说,三者协调一致是最佳状态。

但从现实生活来看,三者的不协调是经常的,如果出现了矛盾和不协调,则个体会采用一定的方法进行调整,重新恢复其间的协调一致。三者互动中,有时候认知成分起的作用较大,比如知道酗酒对内脏器官不好,所以就拒绝酗酒;有时候情感成分又会起决定作用,比如玩网络游戏的感觉很好,很喜欢,虽然明明知道沉迷于网络游戏对自己的身心和学业不好,但还是戒不掉。

(二)态度的形成

1. 态度的经验积累学说

美国社会心理学家奥尔波特认为,态度是由经验积累而成的。态度的形成有四种方式:

一是社会经验的累积和整合。个体把一些零散的社会经验综合起来,形成相同类型的特殊反应。比如,喜欢一个人,可能开始发现这个人有礼貌,再通过接触发现这个人知识渊博,后来又发现他会唱歌,综合起来就会形成"喜欢"这个态度。

二是经验的分化。将态度对象笼统概括或模糊的态度分解为特殊的、具体的态度,形成个别的、特殊的反应倾向。

三是剧烈的体验。有些经验,特别是一些强度大、对个体影响大的创伤性体验,就会形成永久性的态度。如,经历过汶川地震后,个体就会对地震产生深深的恐惧感等。

四是对已有社会态度的模仿及语言的学习。

2. 态度形成的三阶段理论

一个新毕业大学生从事教师职业,从最初的第一次对教学工作的接触到最后喜欢上教学工作,这种态度的转变要经历怎样的历程呢?美国学者科尔曼于1961年提出了态度转变的三阶段理论,即态度的形成要经过服从、认同和内化三个阶段。

一是服从,即个体为了获得某种物质和精神的满足或者为了逃避惩罚而做出符合社会期望、他人意志或团体规范的行为。比如孩子为了避免父母惩罚而不沉迷于游戏,学生为了获得老师表扬在课堂积极提问,驾驶员为避免惩罚遵守交通规则等。服从是态度形成的开始,它并非是个体内心的真实意愿,是受外部因素强迫的,是表面且短暂的。

二是认同,即个体自觉自愿地接受他人的观点、信念、态度和制度规范,模仿他人的行为做法,使自己的态度和外显行为与他人保持一致。如学生认为在学校就应该遵守校纪校规、公民就应该遵守法律法规等。此时,个体已经摆脱外在奖励或惩罚的控制,开始接受此种信念,主动向对象靠齐。一般来说,当个体处于新环境或者获得新的社会角色时,为避免角色冲突,就会采纳新的态度或遵守新的规范。

三是内化,即个体真正从内心相信并接受他人观点,主动将他人观点纳入自己的价值体系中,成为人格的重要组成部分。此时的个体不再需要外在的参照系或者规范要求，自认为自己就应该坚持这样的做法或观点。如我就是一个遵纪守法的人，我就是一个孝顺的人，此时遵纪守法和孝顺已经成为其个体价值的一部分，并在举手投足之间展现出来。

内化是个体原有态度与所认同的态度协调过程，其中情感成分是中介因素，认同基于情感上的喜欢。而内化过程是以理智，即认知成分为基础的。个体态度的形成，从服从到认同，再到内化成为稳定性的心理倾向，不易改变。

3. 态度的学习论

美国学者霍夫兰德提出了一个态度的学习论假设，认为态度与其他习惯一样，都是后天习得的。联想、强化、模仿是态度学习的主要机制。

根据巴甫洛夫的经典条件反射理论，个体的很多态度是联想学习的结果。把一种刺激与某种具有强烈情感色彩或情绪体验的刺激联系在一起，个体就会逐渐对这一刺激产生相同的情感体验。操作性条件反射理论认为，个体的很多态度是通过强化而习得的。个体偶尔表现出了某种态度，如果受到了强化，就会固定下来；如果没有受到强化，就会逐渐消退掉。如，某不爱学习的学生，偶尔表现出爱学习，老师及时给予表扬和鼓励，学生就变得爱学习了。

观察学习理论认为，个体的很多态度都是通过观察学习而获得的，是在观察的基础上进行模仿的结果。模仿得如何首先取决于观察得如何，同时还要受到强化的影响，包括直接强化、替代强化和自我强化。如小孩子喜欢吸烟，通常都是看到父母或者同伴吸烟，感觉很酷，很成熟，就会模仿学习，最后喜欢上吸烟。

(三) 态度的改变论

1. 海德的平衡理论

美国社会心理学家弗里兹·海德认为，人的心理活动是人与社会因素相互作用中保持动态平衡的过程。个人处于不平衡态，就会体验到不愉快，其所引起的动力将驱使人将不平衡态转化成平衡态，从而引起某一方面或几个方面态度的改变。一般来说，当个体处于不平衡状态时，就会将不平衡态中某两个因素转变为无关联或者将不平衡三角中某两个因素之间的关系作新的归因或解释。海德指出，人们在改变态度时，往往遵循"费力最小原则"，即个体尽可能少地改变情感因素而维持态度平衡。比如，A 为学生，B 为足球，C 为 A 喜欢的体育老师。如果 A 非常喜欢足球，当听说体育老师 C 也喜欢足球，则其认知体系处于平衡状态。如果 A 非常喜欢足球，但他喜欢的体育老师不喜欢足球，则其认知体系处于不平衡状态。

2. 认知失调论

费斯廷格认为，态度改变是为了维持态度三因素的一致。如果两种认知不一致，就会造成认知失调。如果失调认知的成分多于协调认知的成分，则会引起更大的失调；认知失调给个人造成心理压力使之处于不愉快的紧张状态。此时，个体就会产生清除失调、缓解紧张的动机，通过改变态度的某些认知成分，达到认知协调的平衡状态。有一项试验，要求被试将盘中12个汤勺一把一把拿出，然后再一把一把放回去，持续一个小时。结束后，研究者要求被试出门告诉在外的实验者说："工作非常有趣。"并按两种标准付给被试报酬：一半人付给美金1元，另一半人付给美金20元，但是被试彼此之间并不知道报酬有差异。此时，他们认识到工作是单调乏味的，同时认为自己说工作非常有趣是因为我接受了别人给的报酬。但私底下，另一名实验者询问每一被试，要他们坦白表示工作是否有趣。按照常理推断，接受高额报酬的人应该说假话才是。但是结果现实，接受20元的被试多数表示对工作无兴趣，承认他告诉别人的话是假的；接受1元报酬的被试，多数仍表示对工作有兴趣，维持他们出门后告诉别人的他对工作的态度。

3. 社会交换论

社会交换论认为决定个体采取何种态度以及转变态度的关键是诱因的强度。态度主体不是被动接受环境的影响，而是主动根据态度客体的诱因强度做出判断和选择，个体选择何种态度取决于这种态度能使其获得什么，失去什么，总收益如何。

(四) 影响态度转变的因素

美国学者霍夫兰德等人提出一个态度转变模型，绘出了影响态度转变的因素。

1. 传递者

影响态度的传递者因素包括信息传递者的威信、与接受者的相似性、说服的意图、说服者的吸引力等。一般来说，威信越高，与接受者的相似性越大，说服的效果越好；如果接受者认为传递者刻意影响他们则不易改变态度，而如果认为没有操纵自己的意图，心理上没有阻抗，对信息的接受较好，易于转变态度；接受者对高吸引力的传递者有较高的认同，因而容易接受他的说服。比如，广告中我们常常喜欢明星的宣传，电视中我们常常相信专家的观点等。

2. 沟通信息

影响态度的沟通信息因素包括沟通者和接受者的信息差异、信息的畏惧程度、信息的倾向性等。一般来说，如果传递者的威信较高，这种差异越大，引发的态度转变就越大；如传递者威信低，这种差异适中，引发的态度改变也较大；如果信息使接受者产生的畏惧太强烈，引起接受者心理防御，态度转变较少。研究发现，中等强度的畏惧信息能达到较好的说服效果。对一般公众，单一倾向信息说服效果较好；对文化水平高的信息接受者，提供正反两方面的信息，说服效果较好。

3. 接受者

影响态度的接受者因素包括接受者原有的态度与信念、接受者人格因素、个体态度改变压力等。一般来说,已经内化为接受者信念的一部分或者成为既定事实的态度,一般不会轻易改变;依赖性强、高社会赞许动机的接受者暗示性高,容易接受说服,而自尊和自我评价较高的接受者不易改变态度;如果个体改变态度面临着巨大的压力,则这种消极的情绪或逆反心理、心理惯性会促使他保持原有的态度。

4. 情境

态度转变是在一定背景下进行的。信息是否预先警告、环境是否容易使接受者分心、信息的重复频率以及由情境带来的情绪体验等因素对说服接受者态度有着一定的影响。一般来说,接受者原有态度不够坚定,预先警告可促使其态度改变,但预告与接受者的利益有关时,则可能有抵制说服的作用;如果环境分散了接受者对信息的注意力,则有助于减轻接受者的防御和阻抗,如果干扰了说服过程,接收不到信息,则态度转变效果不佳;沟通信息重复频率与说服效果呈倒 U 型曲线关系,即中等频率的重复,效果较好,重复频率过低或过高,说服的效果均不好;当处于令人愉悦的情境时,会促使态度改变,反之则降低说服效果。

四、社会归因

(一) 归因的概念

个体根据外在的信息和线索来对自己或他人的内在状态或行为原因进行解释与推测的过程,叫做归因。心理学研究发现,日常生活中,几乎所有的人都对自己或周围人群进行归因,这一心理特点,使得人们对事物有一定的预见性,使得人们对他人、对自己有一个相对稳定的、一致的看法与观点,使得人们能够比较好地适应外部世界。

(二) 海德的归因理论

海德认为,人们都相信一个人某种行为的发生,必有其原因,这种原因有可能来自外部环境,也有可能来自内在的主观因素。把个人行为的根本原因归于外界力量的方式称为情境归因,如社会条件、社会舆论、工作的难度、运气的好坏等;而把个人行为的根本原因归结于个人本身的特点的归因方式称为个人倾向归因,如个人的性格、兴趣、态度、能力、努力程度等。可以认为,个体行为的发生是内在原因与外在原因两方面因素共同作用的结果。海德归因理论的核心是在对个体的行为进行分析与解释时,首先要弄清某种行为发生的根本原因是内在力量作用的结果还是外部因素作用的结果。

(三) 维纳的两维度成败归因理论

维纳的成败归因论把人行为的成败归为以下四类原因:稳定的内在原因,如能力;不稳定的内在原因,如努力;稳定的外在原因,如任务的难度;不稳定的外在原因,如运气。如果一个人常把自己成功的原因归因为内在的稳定原因,他将来更可能取得成功。如果他常把自己成功的原因归因为外在的不稳定的原因,说明他对自己没信心,将来更可能失败。

(四)凯利的归因理论

凯利认为在个体对他人的行为进行归因时,无论是做情境归因,还是做个人倾向归因,往往都先设定一定的参照点。首先是个体会根据他人行为的特殊性、连续性与一致性原则进行归因。所谓特殊性原则,是指根据他人某一方面的具体行为与其他相关行为相比是否特殊。如一个外语老师发现一个学生的外语不及格,在分析原因时,需了解这个学生的其他科目的成绩是好还是不好。如果仅仅是外语不好,则可将学生考试不及格的原因归于缺乏兴趣或是教师的教学方法有问题。所谓连续性原则,是分析他人某一特殊行为的发生是一贯的还是偶然的。而一致性原则是指他人某一具体行为的发生是否与其他人一致。以上面提到的一个学生某次外语考试不及格为例。如果其他学生的成绩也都不很理想,则主要原因在于教师身上,而如果仅仅只有少数几个学生不及格,则可将原因归于学生方面。其次,归因的第二个参照点是他人的其他条件。也就是在分析他人行为的原因时,不能只看到他某一方面的行为表现,还要结合其他方面的情况与行为进行分析。此外,如果认知者本人与他人之间存在着不同的利害关系,也会对他人的行为做出不同的归因。有关实验发现,如果认知者与认知对象存在着密切的利害相关关系,则认知者对他人行为失败的原因往往倾向于个人倾向归因,而如果双方不存在利害关系,则认知者对他人行为失败的原因倾向于做情境归因。

归因理论除有理论意义外,在实际生活、学习和工作中,也具有一定的指导意义。教师在对学生的行为表现,尤其是学习成绩表现进行分析时,应综合考虑各方面的因素与关系,努力找出正确的原因和措施,从而改进自己的教学方法与教学质量。还可以通过改变学生错误的归因方式,提高学生的学习成绩和自信心。

(五)归因的偏差

由于动机和认知局限等种种原因,人们在归因时也常出现偏差。心理学研究发现,生活中有以下三种常见的归因偏差。

1. 基本归因错误

这是指人们常常低估情境的作用,而高估行为者个人的作用。比如人们常高估地位高的人的能力,忽视了这些能力恰恰是高地位赋予的。

2. 行动者和观察者偏差

这是指行动者常过高地估计外因对自己行为的影响,而观察者则过高估计行动者本身的作用。比如一个路人滑到了,观看的人常归结为滑倒的人走路太不小心,而滑倒者则认为是路太滑的缘故。

3. 防御性归因偏差

这是指人们出于保护自己自尊心的动机等原因而产生的归因偏差。比如把成功的原因归为自己,失败的原因归为外在原因。但有时也会出现相反的自我挫败或自我贬损的情况,比如一个担心自己考不及格的人,偏偏不好好复习,这样当他考试不及格时,他可以归结为是自己不用功,而不是自己笨。他以这种方式保护了自己的自尊心。

第三节 人际社会心理活动

一、人际关系

人从出生到死亡,关系一直是生命历程中的核心部分。人们的大多数时间都是和他人一起度过的,一份1982年的实验表明一个人几乎3/4的非睡眠时间是和其他人度过的。社会心理学家试图透过人际关系的各种内在变化,揭示出隐藏在关系背后的规律。人际关系是人的一种基本社会需求,通过对它的检验可助人自我了解,达到自我实践与肯定,甚至考察个人的社会心理是否健康。

(一) 人际关系的定义

人际关系是人们在社会生活中,人与人之间彼此为寻求满足各种需要而建立起来的相互间的心理关系,它表现为个体之间带有浓厚的感情色彩的心理上的亲疏远近。人际关系也被叫做人际交往,包括亲属关系、朋友关系、学友(同学)关系、师生关系、雇佣关系、战友关系、同事及领导与被领导关系等。人们在社会生活与社会交往中,彼此之间如果能够满足对方的社会需要,则相互之间能够保持接近的心理关系,表示为相互友好、相互喜爱的感情;反之,彼此之间在心理距离上就会疏远,在感情上则是彼此厌恶甚至憎恨。

(二) 人际关系的发展阶段

奥尔特曼和泰勒(1973)认为,良好的人际关系的建立和发展,从交往由浅入深的角度来看,一般需要经过定向、情感探索、感情交流和稳定交往四个阶段。

1. 定向阶段

定向阶段包含对交往对象的注意、抉择和初步沟通等多方面的心理活动。在通常情况下,只有那些具有某种特征会激起我们兴趣的人,才会引起我们的特别注意。与注意不同,抉择是理性的决策。只有那些在我们的价值观念上具有重要意义的人,我们才会选择交往和建立人际关系。初步沟通是我们在选定一定的交往对象之后,试图与这一对象建立某种联系的实际行动。由于初步沟通实际上是试图建立更深刻关系的尝试,因此,尽管我们所暴露的有关自我的信息是最表面的,但我们都希望在初步沟通过程中给对方留下良好的第一印象,以便使以后关系的发展获得一个积极的定向。

2. 情感探索阶段

这一阶段的目的,是彼此探索双方在哪些方面可以建立真实的情感联系,而不是仅仅停留在一般的正式交往模式。随着双方共同情感领域的发现,双方的沟通也会越来越广泛,自我暴露的深度与广度也逐渐增加。但在这一阶段,人们的话题仍避免触及别人私密性的领域,自我暴露也不涉及自己根本的方面。

3. 感情交流阶段

人际关系发展到感情交流阶段,双方关系的性质开始出现实质性变化。此时双方在人际关系安全感已经得到确立,因而谈话也开始广泛涉及自我的许多方面,并有较深的情感卷入。如果关系在这一阶段破裂,将会给人带来相当大的心理压力。此时,人们会相互提供真实的评价性的反馈信息,提供建议,彼此进行真诚的赞赏和批评。

4. 稳定交往阶段

在这一阶段,人们心理上的相容性会进一步增加,自我暴露也更广泛深刻。此时,人们已经可以允许对方进入自己高度私密性的个人领域,分享自己的生活空间和财产。但在实际生活中,很少有人达到这一情感层次的友谊关系。许多人同别人的关系并没有在第三阶段的基础上进一步发展,而是仅仅在第三阶段的同一水平上简单重复。

(三)人际关系的基本原则

1. 相互性原则

人际关系的基础是彼此间的相互重视与支持。任何个体都不会无缘无故地接纳他人。喜欢是有前提的,相互性就是前提,我们喜欢那些也喜欢我们的人。人际交往中的接近与疏远、喜欢与不喜欢是相互的。

2. 交换性原则

人际交往是一个社会交换过程。交换的原则是:个体期待人际交往对自己是有价值的,即在交往过程中的得大于失,至少等于失。人际交往是双方根据自己的价值观进行选择的结果。

3. 自我价值保护原则

自我价值是个体对自身价值的意识与评价,自我价值保护是一种自我支持倾向的心理活动,其目的是防止自我价值受到否定和贬低。对肯定自我价值的他人,个体对其认同和接纳,并反投以肯定与支持;而对否定自我价值的他人则予以疏离,此时可能激活个体的自我价值保护动机。

4. 平等原则

在人际交往中总要有一定的付出或投入,交往的两个方面的需要和这种需要的满足程度必须是平等的,平等是建立人际关系的前提。人际交往作为人们之间的心理沟通,是主动的、相互的、有来有往的。人都有友爱和受人尊敬的需要,都希望得到别人的平等对待,人的这种需要,就是平等的需要。

5. 相容原则

相容是指人际交往中的心理相容,即指人与人之间的融洽关系,与人相处时的容纳、包涵、宽容及忍让。要做到心理相容,应注意增加交往频率、寻找共同点、谦虚和宽容。要体谅他人,遇事多为别人着想,即使别人犯了错误,或冒犯了自己,也不要斤斤计较,以免因小失大,伤害相互之间的感情。

6. 信用原则

信用即指一个人诚实、不欺骗、遵守诺言,从而取得他人的信任。人离不开交往,交往离不开信用。要做到说话算数,不轻许诺言,与人交往时要热情友好,以诚相待,不卑不亢,端庄而不过于矜持,谦逊而不矫饰作伪。

上述这些人际交往的基本原则,是处理人际关系不可分割的几个方面。运用和掌握这些原则,是处理好人际关系的基本条件。

二、人际沟通

人际沟通是指人与人之间的互动历程,在每一个沟通的历程里,都会产生意义和行为。当我们在与人沟通时,如何借助言语、表情、手势、体态以及社会距离等来清楚地表达是接下来要探讨的主要内容。

(一) 沟通的基本要素

人与人的沟通过程可以简单分为四大类,即输出者、接受者、信息、渠道四个主要因素。

1. 输出者

信息的输出者就是信息的来源,他必须充分了解接受者的情况,以选择合适的沟通渠道以利于接受者的理解。

2. 接受者

接受者是指获得信息的人。接受者需要将信息转化为他所能了解的想法和感受,这一过程要受到接受者的经验、知识、才能、个人素质以及对信息输出者的期望等因素的影响。

3. 信息

信息是指在沟通过程中传给接受者(包括口语和非口语)的消息,同样的信息,输出者和接受者可能有着不同的理解,这可能是输出者和接受者的差异造成的,也可能是由于输出者传送了过多的不必要信息。

4. 沟通渠道

沟通渠道是信息得以传送的载体,可以分为正式或非正式的沟通渠道、向下沟通渠道、向上沟通渠道、水平沟通渠道等。随着社会的发展,电脑、手机等新媒介的涌现,人们的沟通渠道日益丰富。

(二) 沟通线索

在日常沟通中,人们获取信息的线索基本来源于言语沟通和非言语沟通,两种方式都对人际之间的沟通有着重要意义。

1. 言语沟通

利用言语交流信息时,只要参与交流的各方对情境的理解高度一致,所交流的意义就损失得最少。特别是言语沟通伴随着其他非言语手段时更能完美地传达信息。社会心理学家研究言语沟通的重点放在说者和听者是怎样合作以及对信息的理解是怎样依赖于沟通情境和社会背景的。

2. 非言语沟通

非言语符号系统主要包括副言语和视觉符号两大类。视觉符号主要包括面部表情、身体运动和姿势、目光接触、人际距离、衣着等,身体接触也是人们常用的一种非言语符号。

(1) 副言语

人们说话的音调、响度、速度、停顿、升调、降调的位置等都有一定的意义,可以成为人们理解言语表达内容的线索,这些伴随言语的线索称为副言语。同一句话加上不同的副言语,就可能有不同的含义。研究表明,嗓门高可能意味着兴奋,也可能意味着说谎。副言语的特定意义依赖于交谈情境以及个人的习惯和特性。

(2) 面部表情

面部表情可以清楚地表明一个人的情绪,一般是非随意的、自发的,但也是可以控制的。在人际沟通中,有时人们有意控制自己的面部表情,以加强沟通效果。研究表明,人类的面部表情基本上是遗传决定的,与文化的关系不大。同一种表情可以有不同的含义。微笑可以是幸福和喜悦的表示,也可以是友好的表示,有时甚至可以表达歉意。某种表情的具体含义在很大程度上依赖沟通情境和沟通者的习惯特征。

(3) 身体运动和姿势

身体运动和姿势在人际沟通中也可用来传达信息或强调所说的话,被称为体态语言。摊开双手向房间里摆动,表示邀请。体育比赛中裁判用手势表示他的判决。体态语言的含义依赖于多种因素,主要有沟通情境、沟通者的习惯以及沟通者所处的文化等。

(4) 目光接触

目光接触可能是非言语沟通的主要信息来源,至少可以表明交谈的双方对交谈感兴趣。有些人在向别人报告坏消息或者说一些痛苦的事情时往往避开对方的眼睛。有时沟通者由于害羞、恐惧或说谎而避免目光接触。长时间的目光接触能引起生理和情绪的紧张。但无论如何,频繁的和长时间的目光接触总是表明沟通者的卷入程度很高,情绪比较强烈。阿盖尔1972年的研究表明,在各种注视情况中,相互对视约占31%,总的注视约占61%,注视的平均时间约为3秒,但相互注视的时间仅为1秒。

(5) 人际距离

在人际沟通过程中,双方之间的距离有一定的含义。一般说来,关系越密切,距离越近。人际距离与文化、地位、居住环境等多种因素有关。

人类学家E·霍尔(1966)把人际距离分为亲密的、个人的、社会的和公众的四种。

① 亲密距离:约0.45米,主要是父母与子女之间、爱人之间、夫妻之间,可以感觉到对方的体温、气味、呼吸。

② 个人距离:约0.45~1.2米,指朋友之间的距离。

③ 社会距离:一般是1.2~3.6米,是认识的人之间的距离,多数交往发生在这个距离内。

④ 公众距离:一般是3.6~4.5米,指陌生人之间、上下级之间的距离。

(6) 衣着

衣着服饰也可以作为非言语沟通的手段。一个姑娘在和情人约会时如果精心打扮,很可能表明她想取悦对方。瑟尔伯(1978)认为衣着至少可以给别人传递10种信息:经济水平、教育水平、是否值得信任、社会地位、是否庸俗、经济背景、社会背景、教育背景、成功水平和道德品质。

(7) 身体接触

拍肩膀、握手、拥抱等身体接触也有沟通信息的作用。亲密的人之间有较多的身体接触,而陌生人之间过分亲密的接触可能意味深长。握手的次序、时间、力量,可能标志着沟通者之间不同的关系水平。

言语沟通和非言语沟通各有其作用,在人际沟通中往往是相互依存和补充的。但近些年,社会心理学家越来越强调非言语线索的作用。例如,R·L·伯德威斯特(1970)说,言语在交谈中只表达不超过30%~35%的信息。有研究表明,当言语和副言语不一致时,对方主要依赖于副言语信息;当副言语和面部表情不一致时,则主要依赖于面部表情。

三、人际吸引

在社会交往中,人们不仅相互知觉、相互认识,而且也形成一定的情感联系。这种情感联系集中表现在人际吸引上。人际吸引是在合群需要的基础上发展起来的,是人际关系中的一种肯定形式。按吸引的程度,人际吸引可分为亲近、喜欢和爱情。亲近是较低层次的人际吸引,喜欢是中等程度的吸引,爱情是最强烈的人际吸引形式。在研究中,心理学家发现有一些因素对人际吸引起着重要作用。

(一)熟悉性和临近性

在一般情况下相互间越熟悉、相互越临近、交往频繁越高越相互喜欢。这种人际吸引的因素在人际交往的最初阶段具有非常重要的作用。以巴黎人对埃菲尔铁塔为例,开始建造时人们非常愤怒,认为它很讨厌,就好像在这美丽的城市拴上一颗大螺丝,破坏了原来的景色。可是今天,它变成了令人喜爱的纪念塔,甚至成为巴黎的象征,是熟悉培养了人们对他的喜欢。而临近性能增加熟悉性,越熟悉,喜欢的可能性越大。但交往频率与喜欢程度的关系呈倒 U 形曲线,过低与过高的交往频率都不会使彼此喜欢的程度提高,中等交往频率时,彼此喜欢程度较高。

(二)相似性与互补性

人们倾向于喜欢在态度、价值观、兴趣、背景及人格等方面与自己相似的人。对人际吸引有重要影响的相似性来自以下几个方面:一是人口特征的相似性,它包括性别、种族背景、宗教、社会阶层以及年龄。二是态度的相似性。此外,个体之间的互补性也是影响人际吸引的主要因素。心理学家认为,人都有一种自我完善的趋向,在人际交往中,当一方所具有的品质和表现出的行为正好是另一方所没有的,但却是另一方所期望的,可以满足另一方的心理需要的时候,前者对后者就会产生吸引力。弗里德曼(Friedman)认为,在通常情况下,彼此之间的相似性在人际吸引中起重要作用,但是当双方的角色作用不同时,互补性因素则起重要作用。由于双方的角色不同,他们的行为是互补的,所以能够各取所需、各得其所,彼此之间的吸引力大,相处容易。

(三)外表

个人的长相、衣着打扮、姿态等都会对彼此之间的相互吸引产生一定的影响,尤其是在双方第一次接触的时候,由于第一印象的作用,人的外表对以后双方关系的发展具有很大的作用。例如,心理学家在一项"电脑约会"的实验中发现不论男性与女性,漂亮的人更受欢迎。外表之所以有如此强烈的影响力,一是因为晕轮效应的存在。另一个因素是所谓的"漂亮的辐射效应":人们认为让别人看到自己和特别漂亮的人在一起,能提高他们的大众形象,就像对方的光环笼罩着自己一样。但有研究发现,如果一个人利用自己的外貌去犯欺诈罪,漂亮者反而会带来更重的处罚。

(四) 对等性和互惠性

人们总是希望自己能被他人所接受,因此在人际交往中,人们容易喜欢那些喜欢自己、欣赏自己的人,讨厌那些不喜欢自己、讨厌自己的人。喜欢一个人与被人喜欢是互为因果的。有研究表明,男人的高地位和女性的漂亮外表就是互惠对等的一种体现。

(五) 能力

人们往往比较喜欢有能力的人,能力所涉及的范围很广,比如智力、社交技巧等。在社会交往中,聪明的人较受欢迎,但有时候过于完美反而引起他人不舒服。同时心理学家还发现,高能力者犯了一点小小的疏忽或失态时,比他毫无失误时更受欢迎。

(六) 人格品质

人格品质是影响吸引力的最稳定因素,也是个体吸引力最重要的因素之一。美国学者安德森(1968)研究了影响人际关系的人格品质(见表6-1)。我们可以看出,排在序列最前面的六个人格品质是:真诚、诚实、理解、忠诚、真实、可信;排在系列最后受喜爱水平最低的几个品质如说谎、假装、不老实。安德森认为,真诚受人欢迎,不真诚则令人厌恶。注:沿着箭头方向,品质受欢迎的程度逐渐递减。

表6-1 影响人际吸引的主要人格品质[①]

最积极品质	中间品质	最消极品质
真诚	固执	古怪
诚实	刻板	不友好

[①] 引自 J. L. Freedman, David O. Sears, Letitia Anne Peplau: *Social Psychology*, Prentice-Hall, 1985, p. 212.

续表

最积极品质	中间品质	最消极品质
理解	大胆	敌意
忠诚	谨慎	饶舌
真实	易激动	自私
可信	文静	粗鲁
智慧	冲动	自负
可信赖	好斗	贪婪
有思想	腼腆	不真诚
体贴	易动情	不善良
热情	羞怯	不可信
善良	天真	恶毒
友好	不明朗	虚假
快乐	好动	令人讨厌
不自私	空想	不老实
幽默	追求物欲	冷酷
负责	反叛	邪恶
开朗	孤独	装假
信任	依赖别人	说谎

以上是影响人际吸引的主要因素，此外，还存在其他一些因素，如双方的默契程度、地位等，都会影响个体之间的相互吸引程度。需要注意的是，社会心理学研究的多是人际吸引的一般情况，具体到现实生活中，远比这里的描述得复杂。

四、亲密关系

人际吸引是人际关系发展的前提和重要基础，在人际吸引的基础上，人们之间的关系会从一般性的关系发展到亲密关系。亲密关系的特点有三个：一是两人有长时间频繁互动；二是在这种关系中包含着许多不同种类的活动或事件，共享很多共同的活动及兴趣；三是两个人相互影响力很大。朋友、恋人、夫妻以及家庭等关系都可以成为亲密关系。

(一) 亲密关系中的重要因素

1. 依附

人类最初的亲密关系表现为父母与孩子之间的依附,它是婴儿和关怀父母之间的一种强烈的情绪联系。许多心理学家把依附看成是人类的本能行为。艾斯沃斯(1989)对人类的依附关系做了进一步的研究,并把依附关系分为三种类型:一是安全型,父母对孩子的欢乐、悲伤以及要求等方面的信息很敏感,孩子在母亲离开时会紧张,但当母亲重新出现时,他们会跑向母亲,这种信任的依恋能够形成一种亲密的运作方式,安全型的人容易和别人接近,而且不会对别人太过依赖或怕被抛弃而苦恼。二是逃避型,逃避型的婴儿在和母亲分离或重逢时,会有内部的情绪波动,却极少表现出悲伤。这种类型的成人会表现出对亲密关系的回避,既害怕别人太过接近,又强调独立自主。三是焦虑/矛盾型,这种婴儿在母亲离开时会哭泣,母亲回来时,则会表现出冷漠或敌意。成年人会对他人不够信任,因此有较强的占有欲和嫉妒心。

2. 自我表露

尽管有许多方法可以用来与他人发展亲密关系,但在心理学家看来自我表露无疑是最常用也是最有效的方法。自我表露是指个体把有关自己个人的信息告诉给他人,与他人共享自己内心的感受和信息。在许多心理学家看来,如果一个人在与他人交往时缺乏这种自我表露,他便难以与他人建立起有意义的联系,他也会感受到更多的寂寞。人们之间亲密关系的发展与人际交往中沟通的水平有关,随着话题由浅入深,人们之间的关系也由一般向亲密转化。除了对增进人际亲密关系有用,自我表露也有疏远与他人关系的作用。心理学家发现,当亲密关系出现问题的时候,一些人可以通过控制个人表露的深度和广度而从这种关系中退出。也有一些人会通过减少讨论的话题,增加自我表露的深度来达到退出的目的。在后一种情况下,人们表露的往往是责备和伤害他人的负性情感和信念。

3. 公平

公平是亲密关系维持的重要条件之一,按照公平理论,在任何形式的人际关系中,人们的付出应该与其收益成正比例。也有研究表明,在亲密关系中更多的是一种长期公平,也就是说不斤斤计较眼前的利益,而实际上从总体来讲,双方的付出和回报能大致相当,比如爱情与婚姻等亲密关系中,人们并不是以最小的付出换取最大的收益,而是追求一种大致的平等,付出多少,得到多少。

(二) 亲密关系的主要形式

1. 友谊

伴随着成长,人们的社会关系范围也在不断地扩大,从家庭延伸到了社会,朋友成了亲密关系中不可缺少的一部分。友谊以亲密为核心成分,亲密性也就成为衡量友谊程度的一个重要指标。罗杰斯对亲密性作了三点概括:(1)能够向朋友表露自己的思想感情和内心秘密;(2)对朋友充分信任,确信其"自我表白"将为朋友所尊重,不会被轻易外泄或用以反对自己;(3)限于被特殊评价的友谊关系中,即限于少数的密友和知己之间。

友谊的维持与发展有赖于人们之间在互动过程中共同遵循一些规则。这些规则涉及双方行为的一致性,涉及对待他人,包括对待新朋友与老朋友、好朋友与熟人的方式等的差别。而如果这些规则不能得到遵循的话,则会导致友谊的破裂。人际关系的发展过程一般分为互不相识、注意到对方存在、双方的表面接触、双方建立友谊到最后是形成亲密朋友关系五个阶段。

2. 爱情

爱情是比友谊更为强烈地存在于男女双方之间的彼此吸引、彼此仰慕、彼此依赖的一种感情。爱情包含亲近、激情和承诺三种基本的成分。亲近是双方间的一种亲密的私人关系的感觉,激情是双方间包含有性吸引的高涨的情感状态,承诺是双方愿对对方承担的责任。亲近和激情结合的爱被视作浪漫的爱,以亲近和承诺为特征的爱是友情的爱,三种成分都有的爱是理想中的圆满的爱。

爱情的罗密欧与朱丽叶效应是指如果在两人的恋爱过程中,出现外在的干扰力量,恋爱双方的感情和关系反而会得到加强。研究发现,父母对子女婚姻干涉的程度,与他们之间的相爱程度呈显著正相关。也即父母干涉越大,恋人的感情越深。

(三) 亲密关系的破裂

尽管人们喜欢与他人建立并维持亲密关系,但实际上并非所有的亲密关系都以圆满结束,在我们的周围有许多亲密关系在发展的不同阶段出现破裂。当人们之间的亲密关系失去其价值的时候,人们往往采取四种不同的对待方式,这四种对策与人们对这种关系的满意与承诺水平有关,满意感越高、承诺越大则这种关系越难以终止。

1. 被动等待

表现为被动地去弥合双方出现的裂痕,采用这种策略的人由于害怕对方的拒绝行为,所以很少说话,往往是耐心地等待、祈求,希望自己的真诚能使对方回心转意。

2. 忽视

这是许多男性经常采用的一种消极策略,他们会故意忽略对方,与对方在一起的时候经常在一些与所探讨问题无关的话题上挑剔对方的缺点,这种策略经常被那些不知如何处理自己的消极情绪,或不想改善但也不想终止这种关系的人使用。

3. 退出

当人们认为没有必要挽回这种关系的时候,人们常常用这种方式。它是一种主动的、破坏性的策略。

4. 表达

双方讨论所遇到的问题,寻求妥协并尽力维持亲密关系,这是一种主动的、建设性的方式。

亲密关系的破裂往往会给双方造成情感上的伤害,心理学家发现在这种情况出现的时候,女性比男性更可能希望赶快终止与异性的关系。对男女双方来说,当爱与友情一旦成为往事的时候,他们都要经历情感上的伤痛。为了应付这种伤害,男性和女性经常用自我安慰的话语来平息自己的伤痛,比如他们经常说"我总算摆脱那个恶魔了"等。有时候人们还会借助于体力活动来分散自己的注意,女性经常还会通过哭、把事情告诉朋友、读书以及咨询等方式缓解由此带来的压力。

第四节 群体社会心理活动

一、群体心理

群体是人们以一定方式的共同活动为中介而组合成的人群集合体。人作为社会性动物,除了生物属性外,还有各种各样的社会属性。社会是由各种各样的群体组成的,人的一生,总是生活在各种群体之中,比如学校、班级、政党、宗教团体等。群体与人们的生活紧密相连,群体不仅给个人提供了归属感和支持,还间接影响着个人的生活方式和价值观念,因此,群体心理一直是社会心理学研究的重点之一。

(一)群体心理的研究内容

群体作为社会心理学的研究客体,一般的研究内容包括:群体的组成,即组成群体的成员情况;群体的结构,包括沟通结构、权力结构、倾向结构、情绪结构、人际关系结构等;群体的过程,包括群体中所发生的各种过程,也就是群体中人际关系的动态方面;群体的价值和规范,即群体及其成员认为应当遵守的行为标准、准则;群体的发展水平,即群体的产生及发展建设等。在社会发展过程中,对群体心理的研究内容还在不断扩展。

(二)群体心理的理论概述

社会心理学研究群体心理问题已有长久历史。法国社会学家勒邦在其著作《群众》(1896)中考察群体行为问题,他认为群众是冲动的、无理性的、没有责任感的、愚蠢的,个体一旦参加到群众之中,由于匿名、感染、暗示等因素,会丧失理性和责任感,表现出冲动的、凶残的反社会行为;麦独孤的《社会心理学导论》(1908)中,认为人类具有"结群本能",即一种寻找伙伴并与他人结群的先天倾向。在西方社会心理学的群体理论中,有较大影响的是奥尔波特提出的事相结构论。他认为,人类的群体都是个体通过一系列的社会活动、相互发生关系而形成的。另一种较有影响的群体理论观点是勒温提出的团体动力学理论,他把格式塔心理学的原理搬用于群体行为上,认为群体不是人们的简单集合,而是一个动力整体,是一个系统,其中某一部分的变化也会导致其他部分的状态发生变化,并主张应当把群体看成一种动力整体,不可能通过分析群体中的个体情况来达到对一个群体的分析。

(三)群体心理特征

群体心理是群体成员共有的价值、态度和行为方式的总和,是群体成员之间相互作用相互影响下形成的心理活动。群体心理对群体和个体都有促进和干扰作用,其特征主要体现在其内部意识上。

1. 认同意识

不管是正式群体的成员还是非正式群体的成员,他们都有认同该群体的心理特征。他们对自己群体的目标有一致的认识,认同群体的规范,并在此基础上产生自觉自愿的行动,并且对重大事件和原则问题保持共同的认识和评价。当然,每个群体内部的认同程度是不一样的,一般来说大群体内部的认同程度要相对低一些,而小群体内部的认同程度相对要高一些。

2. 归属意识

不管是正式群体的成员还是非正式群体的成员,他们都有归属于群体的心理特征,也即具有依赖群体的要求。但是,归属意识里面有个自愿感和被迫感的问题。非正式群体成员的归属意识是自愿的归属意识,而正式群体成员的归属意识则不确定,可能是自愿的,也可能是被迫的。个人的优势在正式群体中得不到充分的发挥,就可能对归属于该群体产生被迫感。在这种情况下,该成员首先考虑的不是我应该为群体做些什么,而是考虑我归属于这个群体了,群体应该为我负责。

3. 整体意识

不管是正式群体的成员还是非正式群体的成员都有或深、或浅、或强、或弱的整体意识,即意识到群体有其群体的整体性。一般说来,整体意识越强,维护群体的意识也越强,行为具有和群体其他成员的一致性;反之,整体意识越弱,维护群体的意识也越弱,行为具有或强或弱的独立性。

4. 排外意识

所谓排外意识,是指排斥其他群体的意识。群体具有相对独立性,群体成员具有整体意识,这就必然在不同程度上产生排外意识。排外意识是和群体成员把自己看做哪一个群体的成员,或者说更倾向于把自己看做哪一个群体的成员相联系的。越是把自己看做小群体的成员,排外的意识就越是强烈。因此,"外人"也就更难进入小群体。这反过来也说明,人们往往更重视小群体的利益。

二、群体现象

个体在群体中会表现出一些与单独活动时不一样的行为,这种现象统称为群体现象,主要包括社会促进与抑制、群体极化、群体领导、群体思维等。

(一) 社会促进与抑制

社会促进作用又称社会助长作用,指由他人的意识(包括他人在场或与他人共同活动)所带来的个人行为效率的提高。心理学家认为,有些人当有他人在场时比他们单独一人时表现得更好。人们在一起工作或有他人在场时,速度更快,工作的效率更高,这叫做"观众效应"。

与社会促进作用相反,如果个人由于意识到他人在场或与他人一起活动而使得行为的效率降低则是社会抑制作用。社会促进与社会抑制作用都是在社会活动中普遍存在的心理现象。心理学家伦吉尔曼发现,拔河时队员越多,每个队员拉绳子时用力越少,其他人的作用好像是阻止对方拉动绳子,这种现象称为社会惰化。

(二) 群体极化

群体极化是指在群体中进行决策时,人们往往会比个人决策时更倾向于冒险或保守,向某一个极端偏斜,从而背离最佳决策。在阐述论点、进行逻辑论战时,一些成员变得具有防御性。当他们面对挑衅时,态度会变得更为固执甚至走向极端。在某些情况下,群体决策偏向保守一端;但在更多的情况下,群体决策偏向冒险的一端,比个体决策更倾向于冒较大的风险。这种倾向意味着与个人单独行动相比较,群体成员更愿意拿群体资源去冒险。虽然风险决策会有较高的回报,但是失败的决策常常带来灾难性的后果。

(三) 群体领导

领导作为名词时是指群体在特定的条件下,为实现既定目标,而对所在群体和所属成员进行引导和施加影响的过程中,致力于实现这个过程的群体中的特定人物被称为领袖或领导人。领导人与所属群体成员是人与人之间的相互关系的一种形式。领导就是要通过这种特殊的相互关系,激发每一个群体成员的积极性,为实现群体的既定目标而努力。心理学家勒温、利皮特和怀特通过有关研究，提出了领导人的三种领导方式：独裁式、民主式和放任式。独裁式的领导者自己独揽大权，所有的任务和工作计划、工作步骤都由他自己完全作决定，而不征求群体成员的任何意见。民主式的领导者与群体成员的关系密切，群体的任务和计划由群体成员讨论决定，或者领导者所作的决定能使每个成员都满意，领导者作为群体中的一个成员来领导群体。放任式的领导者完全处于一种被动的地位，对群体活动不闻不问，全权听凭成员个人做主，群体活动完全是自发的，群体成员完全是自由的。在民主式领导的群体中，工作效率最高，群体成员不仅完成了任务，而且彼此之间的人际关系良好，工作积极、主动，富有创造性。由此可见，不同的领导方式对群体工作效率、群体的人际关系具有不同的作用。

(四) 群体思维

群体思维是群体决策中的一种现象，是指群体对于从众的压力使群体对不寻常的、少数人的或不受欢迎的观点得不出客观的评价。也就是说：在群体就某一问题或事宜的提议发表意见时，有时会长时间处于集体沉默状态，没有人发表见解，而后人们又会一致通过。通常是组织内那些拥有权威，说话自信，喜欢发表意见的主要成员的想法更容易被接受，但其实大多数人并不赞成这一提议。之所以会这样，因为群体成员感受到群体规范要求共识的压力，不愿表达不同见解。这时个体的观点思辨及道德判断力都会受到影响而下降。这种情形下做出的群体决策往往都是不合理的失败的决策。当一个组织过分注重整体性，而不能持一种批评的态度来评价其决策及假设，这种情况就会发生。

三、社会影响

社会影响是指由于社会压力的存在，而使个人的行为方式与态度朝社会占优势的方向变化的过程。个体的社会化过程，正是在社会影响的作用下进行的。社会影响对个人的作用，主要表现在使个人产生从众、顺从、服从等社会行为与社会现象。

(一) 从众

从众是指个人的观念与行为在真实的或臆想的群体压力、群体规范与群体目标的影响下，向与群体中大多数成员相一致的方向而变化的现象。在社会生活中，从众是极其普遍的，我们平时所说的"随大流"就是一种典型的从众表现。

从众行为具有积极的和消极的两类。在现实生活中，对于社会上产生的良好风尚，就要进行大力宣传，以造成一种舆论压力，促使人们产生从众行为。而对于一些歪风邪气与不正之风,如果不加以严厉阻止,同样也会造成一种社会压力,使得一些意志薄弱者随波逐流,腐化堕落。这种消极的从众行为是我们应该加以反对的。

(二) 顺从

顺从是指在他人的直接请求下按照他人要求做的倾向,在做出顺从行为的时候,人们可能私下同意他人的请求,也可能私下不同意他人的请求,或者没有自己的主意。要想使他人顺从我们的请求,创建良好的顺从环境非常重要,其中有三个因素有助于建立一个使人们感到愉快的顺从气氛:一是积极的情绪,情绪好的时候,人们顺从的可能性更大,尤其是要求他人做出亲社会的助人行为时;二是强调顺从行为的互惠性,互惠规范强调如果他人给了我们一些好处,我们必须要相应地给他人一些好处;三是合理原因的效果,当他人能给自己的请求一个合理解释的时候,我们顺从的可能性也越大。

(三) 服从

服从是指在外界压力下,个体改变自己的观点或行为,以符合外界要求的现象。这个外界压力可以是权威,也可以是社会要求、群体规范等。权威是一种制度化了的权力,它包括团体规范与领袖意志。在人类社会中,个人服从权威与群体规范,是非常重要的。每个人都生活在一定的社会群体之中,"家有家规,国有国法",每个社会群体都有一定的规范和纪律,要求群体成员共同遵守和服从,从而保证群体的一致性和稳定性。而社会成员如果不服从群体规范,则会引起群体内部的紧张,造成人际关系的恶化,从而威胁甚至破坏群体的稳定和发展。在日常生活中,大家要注意在强调对群体规范、对权威的服从问题上,避免和反对盲目地服从。盲目服从表现为对领导或权威人士的盲目崇拜,毫无原则,听命于权威,而不管对错之分。其结果往往是由于缺乏反对意见,容易形成专制型群体,貌似团结,实则很容易走向错误的极端。

(四) 暗示

暗示一般是在非对抗性态度的条件下,用含蓄、间接的方式对他人的心理和行为产生影响,使他人的思想、行为与暗示者相一致。暗示有他人暗示和自我暗示两种方式。暗示的效果受暗示者的地位、名气、暗示技巧和被暗示者年龄、性别、个性特点等因素的影响。通过催眠等手段可以极大地提高被暗示者的可受暗示性。

(五) 模仿

模仿是指在无外在控制条件下,个体由于受到他人行为的影响,而使自己的行为与他人行为相同的行为方式。如看到别人穿的时装,自己也去买来穿上的行为就是模仿。有人说模仿是最好的称赞。模仿确实说明模仿者对被模仿者的肯定。

模仿实质上就是一种文化的传播、流行过程。模仿同时也是一种社会学习的过程,是个人实现社会化的一种重要手段。社会生活中大量简单的动作和规范,是人们赖以交往的行为基础,但这些东西一般没有人来进行专门而系统的传授,而是个体在日常生活中,通过有意或无意的模仿而掌握的。

四、利他与侵犯

人类可以表现出纷繁复杂、多种多样的社会行为,而如果以行为的后果作为划分的标准,可以将社会行为分成两类:一种是对社会或他人有益的行为,或者称之为亲社会行为;另一种是对社会有害的行为,即反社会行为。人类的亲社会行为是那些自发性地帮助他人或者有意图地帮助他人的行为,其中包括了助人行为和利他行为。而以侵犯行为作为典型代表的反社会行为则明显对他人和社会带来了不利的影响。

(一) 利他行为

利他行为是一种自发形成的,以帮助他人为唯一目的,且不期望任何外在酬赏的社会行为。它是以帮助他人为目的、不期望有精神或物质的奖励、自愿性及利他者可能会有所损失为主要特征的一种亲社会行为。然而,人们助人的动机并非都如此单纯,通常的利他行为中既包含利他的因素,也含有利己的因素。当一个慈善家大量捐款帮助穷人的时候,他可能也会期望在社会上获得声誉的回报。如此说来,利他行为可能有不同的动机,其中有些行为是以利他为手段、以利己为目的,有些行为有微妙的利己动机,有些是纯粹意义上的利他主义,即为他人的幸福而助人,丝毫没有想到自己的得失。

1. 利他行为的分类

利他行为可分为非紧急情境下的利他行为与紧急情境下的利他行为。非紧急情境下的利他行为发生在日常生活中,有明确线索与信息可以知道有人需要帮助,而帮助他人既不需要采取什么紧急措施,也不会带来生命财产的威胁。如在公交车上给老人让座,帮助同学补习功课等。紧急情境下的利他行为则是发生在比较少见的、事先无法预料到的特殊情境下,对他人提供帮助要冒比较大的生命与财产的威胁。

2. 影响利他行为的因素

利他行为的产生和利他者、受利者及利他情境都有关系。

首先，就利他者因素而言，个人的认知、移情、个人品质以及年龄与性别等都会对利他行为产生影响。在面对需要帮助的他人，人们是否愿意给予帮助主要是通过认知归因而作出决定的。如果人们认为他人的问题和困难产生的原因是由于其不努力、自我放松等原因造成的，则对他的利他行为就会受到抑制。而如果认为他人的困难是由于不可控因素与不可抵抗的力量所造成的，则人们往往愿意对其提供帮助。如面对一个年轻力壮的乞丐与一个风烛残年的叫花子，人们会去同情、帮助后者，而对前者往往进行指责，原因就在于人们认为年轻人完全有能力养活自己，是因为懒惰，才要求他人的施舍，而老年人则是因为年老体弱，失去了谋生的能力，不得已才要寻求他人的帮助。另外，个体个人品质是利他行为产生与否的重要因素，社会上一些自愿者的行为就与这种良好的个人品质密切相关。

其次，就被帮助者来说，其本身的特点，包括他的性别、年龄、外表等也对利他行为有影响。相对男性来说，女性接受他人帮助的机会更多，就年龄来说，老人与小孩比较容易得到他人的帮助。人们往往对穿着、举止古怪的人具有一定的排斥心态，如果这些人面对困境，往往会被人们认为是自作自受，罪有应得。

再次，从情境因素看，良好的社会文化环境的因素，包括个体所处社会的价值观念、行为规范、社会舆论、教育环境等因素；他人利他行为的示范作用；利他者单独一个人在场等因素都会有助利他行为的产生。

3. 利他行为的理论解释

(1) 社会生物学

达尔文曾经指出，经过一个自然选择的过程，有利他天性的生物更有可能使它们的物种留存下来。生物学家威尔逊进一步深入阐述了这一观点，他指出任何遗传上具有较高生存价值，即有助于个体持续生存的决定性特质，往往具有向下一代遗传的倾向，而帮助他人的倾向对团体的基因来说具有很高的持续生存价值。

(2) 社会进化论

社会进化论的代表人物坎贝尔指出在人类文化与文明的历史发展中，人类在逐步并有选择地演进某些能够增加群体繁荣幸福的技巧和信念。因为利他行为通常对社会有益，并且是遍布于整个社会中的行为，因此它们也在进化中得到提高，成为社会规范的一部分。

(3) 学习理论

学习理论认为儿童在成长过程中有关助人行为的规范的掌握是学习的结果，具体来说是通过强化和观察学习来实现的。当儿童帮助母亲干家务活，将好吃的东西留给别人，或在别人难过时试图进行安慰，父母可能会用赞扬的话、糖果甚至钱来奖励他们，父母对他们的赞扬就是一种社会性强化。同样，如果儿童不愿意帮助别人则会受到父母的指责甚至惩罚。

(4) 决策理论

任何行为的发出都包含了复杂的社会认知和理性决策的过程,利他行为也不例外。一个人必须首先注意到有事件发生,其次决定是否需要提供帮助。如果需要提供帮助,这个人就需要决定他自己个人的责任范围。再次,这个人要评估给予帮助和不给予帮助的成本和收益。最后,这个人必须决定什么样的帮助是必需的,以及怎样提供帮助。

(二) 侵犯行为

侵犯行为又称为攻击行为,是一种有意识、有意图、伤害他人身心健康的行为。侵犯行为不仅指给他人的身体造成伤害,而且还损害他人的心理,造成心理上的痛苦。

1. 侵犯行为的分类

按照侵犯时动机的不同,可分为手段性侵犯行为与目的性侵犯行为。手段性侵犯行为的目的是为了能够有所收益,而并非使受害者遭受痛苦,因此战争、恐怖活动等都属于手段性侵犯行为。目的性侵犯行为则完全是以伤害他人,损害他人的身心健康,给他人造成痛苦和不幸为目的的侵犯性行为。

按照侵犯行为的方式不同,可分为言语侵犯和动作侵犯。言语侵犯是使用语言、表情对别人进行侵犯,诸如讽刺、诽谤、谩骂等。动作侵犯是使用身体的特殊部位(例如手、脚)以及利用武器对他人进行侵犯。

此外,我们还可以将侵犯分为广义的侵犯和狭义的侵犯。广义的侵犯包括了亲社会、反社会和被认可的三种侵犯行为。狭义的侵犯只是指反社会的侵犯。

2. 影响侵犯行为的因素

首先,就个体方面来说,影响其侵犯性行为产生的因素主要包括:个人所受到的挫折(如个人需要得不到满足,曾受他人的攻击等),个人的性格与认知水平、道德观念等。如果个人的需要得不到满足,那么妨碍个人需要满足的一方往往会受到需要未能满足的人的侵犯。而如果个体在过去曾受他人的攻击与侵犯,则为了报复他人也会采取侵犯性行为。此外攻击性强的人比安分守己的人容易产生侵犯性行为。个人认知水平也是影响其侵犯性行为发生的一个重要因素。当人们认识到侵犯性行为与公认的社会道德规范不符,意识到侵犯性行为的不良后果时,则其侵犯性行为有可能被抑制。

其次,从客观外在条件来说,导致侵犯性行为产生的因素主要有:侵犯性榜样、社会媒体中的暴力宣传与当时的情景。此外,媒体中的暴力宣传对侵犯性行为的产生具有不可低估的作用。如有关研究发现,电视中的暴力行为存在两个极为严重的不良影响:第一是频繁地在电视中看到暴力行为,会使人对现实生活的暴力行为的反应迟钝；第二是经常接触暴力行为,会减少个体帮助他人的意愿。如儿童在观看了电视中的暴力场面后,看到另外两个儿童打架,其劝阻的愿望就会减弱。而当时情境也对侵犯性行为的发生具有一定的影响。如果有与攻击性观念相互联系的物体或事件的存在,则能够加强正在进行的攻击性行为。比如在有关"武器效应"的实验中,看见武器的被试比没有看见武器的被试具有更为强烈的攻击性行为。

3. 侵犯行为的理论解释

(1) 本能论

有关侵犯的早期研究主要是弗洛伊德的本能理论,即认为侵犯是人的本能行为,是与生俱来的。发生侵犯行为的动因来自人的内部。这些看法因为缺乏实证,并且对深入理解侵犯现象无所帮助,所以不太受当代社会心理学家的重视。

(2) 挫折—侵犯假设

此理论认为挫折是引起侵犯的原因,侵犯是挫折的后果,两者之间是单一的因果关系。厌恶事件是侵犯的诱因,在它的作用下,人很可能以侵犯行为缓解挫折感,但也可能选择其他的行为。除挫折外,厌恶事件还包括痛苦、饥饿、防御、需要等,都可能引起人的侵犯行为。其次,情景中的某些因素会增强人的侵犯行为,也有某些因素会抑制人的侵犯行为。

(3) 社会学习理论

班杜拉认为,人并不是生来就具有侵犯能力的,这种能力必须通过学习获得。对侵犯行为获得具有更大影响的不是生物因素,而是社会学习因素。这种学习是通过观察他人的行为及其结果而实现的,又称观察学习或替代性学习。在社会学习论者看来,学习在侵犯行为产生中起着重要作用,受到挫折或者愤怒情绪的唤起是行为产生的一个重要因素。但是人们是否表现出侵犯行为,这主要与学习有关。对于已经学到采用侵犯态度和侵犯行为以对付令人不快处境的人来说,挫折更可能引发侵犯行为。

关于利他行为和侵犯行为的研究也一直受到社会心理学家的重视,在社会高度发展的今天,如何鼓励社会利他行为,减少侵犯行为对于增强社会信任度和凝聚力依然有着重要作用。

 本章小结

● 社会化是个体在与社会的相互作用中,接受社会影响,掌握社会行为规范、价值观念,成为符合社会要求的社会人的过程。简单来说就是个体由自然人成长、发展为社会人的过程。

● 自我,亦称自我意识(或自我概念),是个体对自己存在状态的认知,包括对自己生理状态、心理状态、人际关系及社会角色的认知。自我意识包括"主我"与"客我"两个部分，前者是指主观的"我"，即个体是自己的觉察者；后者是指客观的"我"，即被觉察到的自己的身心活动。

- 社会角色是个体与其社会地位、身份相一致的行为方式及相应的心理状态。它是对在特定地位的个体行为的期待，是社会群体得以形成的基础。
- 社会认知也叫社会知觉，即个体对自己、他人和群体的认知。它是社会个体根据认知对象的外部特征和外显行为，依据自己的经验，对认知对象心理状态、人格特征和行为意向进行分析判断的过程，是其他社会活动的基础。
- 社会动机是指由社会需要产生的、引起、推动、维持与调节个体行为，使之趋向一定目标的心理过程。
- 社会态度指个体自身对社会存在所持有的一种具有一定结构和比较稳定的内在心理状态。态度具有内隐性，即态度是内在的心理倾向，是尚未显现于外的内心历程或状态；结构性，即态度有多种成分构成；对象性，即态度总是指向一定的对象，没有无对象的态度；稳定性，即态度一旦形成就会持续一段时间，不易随便改变。
- 人际关系是人们在社会生活中，人与人之间彼此为寻求满足各种需要而建立起来的相互间的心理关系，从交往由浅入深的角度来看，一般需要经过定向、情感探索、感情交流和稳定交往四个阶段。
- 人际关系的基本原则包括相互性原则、交换性原则、平等原则、自我价值保护原则、相容原则、信用原则。
- 人与人的沟通过程可以简单分为四大类，即输出者、接受者、信息、渠道四个主要因素。在日常沟通中，人们获取信息的线索基本来源于言语沟通和非言语沟通，两种方式都对人际之间的沟通有着重要意义。
- 人际吸引的因素包括熟悉性和临近性、相似性与互补性、外表、对等性或互惠性、能力、人格品质等因素。
- 亲密关系的特点有三个：一是两人有长时间频繁互动；二是在这种关系中包含着许多不同种类的活动或事件，共享很多共同的活动及兴趣；三是两个人相互影响力很大。朋友、恋人、夫妻以及家庭等关系都可以成为亲密关系。亲密关系的相关因素有依附、自我表露、公平等。
- 群体现象有社会促进与抑制、群体极化、群体领导、群体思维等，社会影响有从众、顺从、服从、暗示、模仿等。
- 利他行为是以帮助他人为目的、不期望有精神或物质的奖励、自愿性及利他者可能会有所损失为主要特征的一种亲社会行为，侵犯行为则与之相反，是反社会行为的一种表现。

本章思考题

1. 请举例说明首因效应和晕轮效应在印象形成中的定向作用。
2. 什么是归因?请结合具体事例,尝试运用不同归因理论追寻事情的真正原因。
3. 举例说明应该如何处理好与同事、上级、下级之间的人际关系。
4. 举例说明在日常生活中见到的群体现象,并尝试用社会心理学理论解释它们。

阅读材料(一):对美貌的刻板印象及美貌的相对性[①]

戴恩让大学生被试观察三个与他们年龄相近的人的照片,有魅力、中等魅力、缺乏魅力。要求被试在27项人格特质上逐个评价三个人(婚姻、事业),结果发现人们对长相漂亮的人的评价要高于一般的人,人们往往认为漂亮的人婚姻幸福,职业较好,威望也高。与不漂亮的人相比,漂亮的个体更为自信、温暖、诚实、强壮、谦虚、友好、合群和有知识。这恰恰表明了对美貌的刻板印象,即人们认为美的就是好的。

但是美貌并不是绝对的。比如影视世界往往被漂亮的人所占据,一些人认为这些完美的形象产生了一种不切实际的标准,很少有人能达到。这些传播媒体所造成的漂亮标准,在日常生活里是否确实会影响我们对他人的反应方式呢?为了验证这一点,肯贝利等人(1989)设计了一项现场研究。他们在男性大学生看一部"霹雳娇娃"(由三位漂亮女士主演的电视剧)的前后访问这些大学生。实验中两名实验者的助手到大学生宿舍,请他们帮忙解决一项私人争论,让大学生评定照片(这张照片事先已被评定为中等,在一个7分量表上得4分)上的女孩的漂亮程度。正如预测的一样,刚刚看过"霹雳娇娃"的男学生对相片上女孩的评价比未看过的低。该研究揭示了漂亮的对比效果:外貌一般的人常因为另一个刚出现过的异常漂亮者,而被认为较不具吸引力。

肯尼斯和维勒进行了进一步的研究,他们想知道对比效果在什么情况下产生,而与其相反的辐射效应又在什么情况下产生?他们假设是由于长相一般的人和漂亮者之间的关系造成了这种差异。为此,肯尼斯设计了一项研究,实验中被试看到两个人,其中一位是长相一般的目标个体,另一位是外貌较好或是其貌不扬的比较个体,这两个人有时扮作朋友,有时为陌生人。这两种不同的人际关系产生了不同的效果(陌生人、朋友);当他们被认为是陌生人时,产生对比;而当两人是朋友时,则产生辐射效应。

---

① http://course.zjnu.cn/fz66/elearning/resource/news_view.asp?newsid=118

阅读材料(二):克劳兹的故事①

克劳兹是纽约某一贫民区长大的孩子,刚刚过了他20岁的生日。他的父母在他10岁时离婚了,父亲因为吸毒和抢劫被判入狱,母亲也抛弃了他。克劳兹从小就和一群小流氓混在一起,偷窃、抢劫、吸毒,什么事都干过。去年的12月25日圣诞夜,他趁着一个小商店店主全家过圣诞节的机会,从小商店后面的窗户里爬进去,偷了一大包东西出来。在他刚刚觉得大功告成时候,正在附近巡夜的警察皮特突然出现在他的面前,皮特喝令克劳兹站在原地,但克劳兹并没有理会皮特,而是撒腿就跑。皮特鸣枪示警,这时克劳兹也拔出自己携带的手枪,向皮特射击,并打伤了皮特,克劳兹因此得以逃脱。一年后克劳兹在抢劫银行时候被警察抓捕归案,他因为一系列的罪行被判终身监禁。对于这件事,不同的理论会怎样解释克劳兹的攻击性呢?

在生物理论看来,攻击是一种本能,尤其是与人类的染色体特异性或激素水平的变化或大脑受伤等有关。而学习理论则会从学习的角度来看这一行为,此外,理性决策论、诱因理论、认知理论对克劳兹的行为都会赋予不同的解释。

阅读材料(三):中国人的人际关系②

对中国人的人际关系,东西方的研究者已经做了大量的研究。从人际关系的发展来看,中国人也许与西方人的人际关系有着一样的过程,但是如果从特征及其影响来看,中国人却有着自身文化所决定的独特的人际关系模式。

在20世纪80年代初,杨国枢等人对中国人人际关系社会取向进行了概括,主要包括:获得别人的赞赏或称赞;维持自己与他人的人际关系和谐;使别人对自己有好的印象;维护自己的面子;使别人接受自己;避免他人的责罚、讥笑和报复;避免困境与尴尬;避免与人发生冲突。

中国人人际关系的特征也有其显著特点,主要表现在以下几个方面:

1. 关系角色化:中国人强调在人与人的社会关系中来界定自己的身份,比如"我是某某的儿子"、"我是某人的学生"等。何友晖和赵志裕等人将这种以关系界定的身份称为"关系性身份",这种身份在现实生活中有着重要的作用。

2. 关系的互赖性:中国人的人际关系有着很强的互赖性,中国人与他人发展关系的目的之一就是要利用这种互相依赖性所引起的回报。

3. 关系的和谐性:在中国人的人际关系模式中,和谐性是非常重要的方面。中国人强调天与人、人与人的和谐性甚至到了不求理由的地步,如果有人破坏了这种

---

① http://course.zjnu.cn/fz66/elearning/resource/news_view.asp?newsid=118
② http://www.jiaoshi8.com/zjyxlx/x20101122017.htm

和谐,不论他是否有理,都是不对的。为了维持关系的和谐,个人要去做符合他人期望的事情,并且在做人的时候要处处小心,要注意给他人面子,尽可能地避免冲突。

4. 关系决定论:关系在任何社会中都存在着,但是在中国社会中关系的作用却远远超出在其他社会中的影响。中国人的人际关系依亲疏程度不同可以分为三类:家人关系、熟人关系和生人关系,人们往往依据与他人不同的亲疏程度决定利益的分配。

阅读材料(四):两性交往的差异①

著名的两性心理专家约翰·盖瑞(John Gray)就曾著书,认为男女鸿沟之大,就好像男人来自火星,女人来自金星。他曾提到:男人认为自己有能力达成目标、完成结果,是存活在世界上最重大的意义。而女人则是经由体会与表达感觉以及关系的品质来界定自己的存在价值。因此两性之间的误会、冲突,很多都是肇因于对于这些差异的不尊重与不了解。如果要建立良好的亲密关系,首要条件就是要检视并接受这些差异的存在。男女对于爱情关系的需求之差异包括:

她需要关心、他需要信任:对女人表示关心、有兴趣,她会觉得被爱的幸福;对男人信任他的能力,他会感到成就与满足。

她需要了解、他需要接受:对女人不加判断地倾听她的感受,她会觉得被了解;对男人则不要急于改变他,否则他会防卫。

她需要尊重、他需要感激:对女人要以她的需求为优先,她会感觉被尊重;对男人要表达感激与支持,他会欣然付出更多。

她需要忠诚、他需要赞美:对女人要给予特殊对待与崇拜,她会感觉自己受宠;对男人则需要用惊喜来表达对他赞美。

她需要认同、他需要肯定:对女人的感觉不要加以否定,她需要你的认同;对男人则用肯定的态度,表达对他的感激。

她需要安慰、他需要鼓励:对女人要给予情感上的抚慰,她会感到十分满足;对男人则要不断地鼓励,他才会更勇往直前。

若是能够了解这些差异,相信在性别界线的掌握上也就会更为恰当。

阅读材料(五):提升幸福感②

1. 认识到持久的幸福并不来自"制造它"。人们适应变化的环境——甚至适应财富或残障。因此财富就像健康:没有它会使人痛苦,但是拥有它也并不能一定保

---

① 〔美〕约翰·格雷著,于海生译:《男人来自火星,女人来自金星》,吉林文史出版社2009年版,第146—148页。
② 戴维·迈尔斯著:《社会心理学》第八版,人民邮电出版社2005年版,第441—442页。

证幸福。

2. 控制你的时间。幸福的人感觉到他们能控制自己的生命,这通常得益于他们对时间的掌控——设立目标,将它们分解为每天的小目标。尽管我们经常高估在任何给定的一天中我们能够完成多少任务(带来的结果是感到挫败),但是我们通常低估在一年内我们能够完成的工作量,考虑到每天只能有一点点进展。

3. 表现出幸福。我们至少可以使自己假装一个暂时的心情。做出一个微笑的表情,人们感觉会好一些;当他们皱着眉头板着脸,整个世界似乎也在怒视自己。因此给自己一个快乐的笑容吧。说话时也好像你感觉到积极的自尊、乐观和友好。体验这些情绪,便可以引发这样的情绪。

4. 寻找合适的工作与休闲方式,使得你的技能得以发挥。幸福的人通常处于一种叫做"全神贯注"的圈里——专注于一个挑战自我而不会压倒他们的任务。最奢侈的休闲方式比起从事园艺、交际或手工制作,通常提供的潮流体验要少得多。

5. 参加运动。大量的研究揭示,有氧运动不仅促进了健康和精力,也是消除轻度抑郁和焦虑的一剂良药。健全的心灵存在于一个健康的身体中。不要使自己成为一个笨拙的、终日懒散、无所事事的人。

6. 保证足够的睡眠。幸福的人们过着一种积极的、精力旺盛的生活,同时也预留时间来补充睡眠和恢复独处的宁静,从而避免受到睡眠债及随之产生的疲乏、敏感性下降以及抑郁心境的影响。

7. 优先考虑亲密的人际关系。与那些非常关心你的人建立亲密友谊,能够帮助你渡过困难的时期。倾听对于心理和身体都是很好的。要决心去精心培育你最为亲密的关系:不要认为他们对你好是理所当然的,要像对其他人那样对他们显示出你的友善,肯定你的伴侣,一起玩耍一起分享。如果要找回你的爱情,就要用这种深情表现的方法来达到。

8. 关注自我之外的事物。向那些需要帮助的人伸出援手。幸福能够促进人们的助人行为(那些感觉很好的人会做好事)。同时,做好事同样也能使人感觉很好。

9. 记录感恩日记。那些每天停下了思考他们生活中的一些积极方面(他们的健康、朋友、家庭、教育、感受自然环境等)的人体验了更多的幸福。

10. 照顾你的精神自我。对于许多人,信念提供了一个支持性的群体,一个超出自我关注的理由,一种生活目的和希望的意识。许多研究发现,虔诚的宗教信奉者报告自己更加快乐,而且他们能够更好地应对危机。

参考文献

1. 〔美〕埃利奥特·阿伦森著,邢占军等译:《社会性动物》,华东师范大学出版社 2007 年版。
2. 〔美〕戴维·迈尔斯著,张智勇等译:《社会心理学》,人民邮电出版社 2008 年版。

3. 〔法〕古斯塔夫·勒庞著,戴光年译:《乌合之众》,新世界出版社 2010 年版。
4. 侯玉波编著:《社会心理学》(第二版),北京大学出版社 2008 年版。
5. 〔美〕罗伯特·费尔德曼著,黄希庭等译:《心理学与我们》,人民邮电出版社 2008 年版。
6. 时蓉华主编:《现代社会心理学》修订版,华东师范大学出版社 2007 年版。
7. 〔美〕威廉·麦独孤著,俞国良等译:《社会心理学导论》,北京大学出版社 2010 年版。
8. 吴江霖、戴健林主编:《社会心理学》,广东高等教育出版社 2007 年版。
9. 张春兴著:《现代心理学》,上海人民出版社 2005 年版。

第七章 环境心理学

本章导读

> 环境心理学研究包括环境影响人的心理与行为以及人的行为影响环境两个方面。第一节介绍环境心理学的基本概念,主要有环境心理学、环境知觉、认知地图、个人空间与领地性;第二节介绍当前较为流行的环境心理理论,有助于我们理解环境对人们行为和心理的影响;第三节介绍关于当代城市环境问题研究的最新成果。通过本章的学习,能够帮助我们理解环境心理学的基本原理和规律,正确认识人与环境的关系,实现人与环境的和谐共处。

第一节 环境心理学概述

一、环境心理学的含义

环境是指人们所在的周围地方与有关事物,一般分为自然环境与社会环境。自然环境也称为地理环境,是指环绕于人类周围的自然界,包括大气、水、土壤、生物和各种矿物资源等。社会环境是指人类在自然环境的基础上,为不断提高物质和精神生活水平,通过长期有计划、有目的的发展,逐步创造和建立起来的人工环境,如城市、农村、工厂、矿区等。环境心理学研究的是人与环境的相互作用,在这个相互作用中,一方面个体改变了环境,另一方面人们的行为和心理也被环境所改变。环境心理学是研究人类行为和经验与环境之间关系的一门科学,其研究包括两个方面的内容:一是探索环境如何影响人的心理与行为,如建筑、噪声、温度、拥挤等环境对人们的心理和行为的影响;二是探索人的行为如何影响环境,如建筑设计以及城市景观设计中的心理因素等。

二、环境知觉

(一) 环境知觉的概念

认知心理学认为知觉是在感觉的基础上产生的,是一个人解释外在刺激信息并产生组织化和意义的过程,是人脑对直接作用于它的客观事物各个部分及其属性的整体反映。环境知觉依赖于两种不同形式的信息:环境信息和知觉者的自身经验。环境知觉包含的过程是:首先感官从外界获取信息,然后从众多的刺激中抽取被关注的信息作为知觉对象以及知觉对象的前后关系和背景参与的信息,最后形成对环境的知觉。例如,你刚刚进入了一个宾馆的大厅,在一面墙壁上你发现了一扇玻璃门,这一知觉过程可以解析为以下三个阶段:(1) 感觉登记,宾馆大厅以及墙壁向你提供的各种信息刺激;(2) 信息选择与模式识别,在众多的刺激信息中,你选择了墙壁上一处与众不同的信息,它是透明的,上面有把手以及它的形状和高度等,并且这部分知觉对象与墙体的关系等信息也被你收录其中;(3) 知觉加工,这些信息与你大脑中已经储存的各类经验进行比较,包括目标在墙上的位置,是否可能是窗以及与行走的关系等,最后确定这是一道玻璃门。在日常生活中的环境知觉有许多目的,可分为两类:功利性和美学性。在城市的街道上,人们更关注环境中的功利成分,如商店的打折广告、餐厅的位置和地铁的入口等,开车的人会格外注意红绿灯和警察的手势,只有在休闲时刻,人们才会更多地关注城市壁画、道路两边的花篮和广场雕塑等带有美学成分的环境刺激。

(二) 环境知觉的特点

与传统的知觉概念相比较,环境知觉具有以下特点:其一,个体信念影响环境知觉评价。例如,当你在森林里看到电锯伐木留下的刀痕时,有的人可能会想象成一条条难看的伤疤,有的人可能将其视为成就和繁荣的标志,环境知觉既包含着对眼前场景的评定,同时也涉及对所含要素优劣的评价,个体的固有想法和信念会参与其中,共同构成了对环境所持的态度。其二,个体的理解水平影响环境信息选择。如果你到一座城市公园去游览,有的人陶醉于湖光山色,有的人欣赏壁画雕塑,甚至有的人会被公园播放的背景音乐所感染,个体的兴趣爱好和理解水平决定了对刺激信息的取舍。其三,环境知觉过程还包含了人们自身的活动。人们对环境抱有期望,从环境中体会到经验、了解环境的价值和设定环境的目标,而环境不断地为我们的活动提供信息。这些活动中一部分是在环境中进行自我定位,另一部分是制定行动策略以便利用环境为我们的需要和目标服务。社会和文化的因素,如性别、社会地位和现代社会体系等,势必会影响到我们所了解和体验的东西。如当你站在繁华的上海南京路街头,有人可能被热闹的景象所吸引,有人发现了商机,也有人可能因嘈杂的环境而烦躁。

三、认知地图

为了生产和生活,人必须能在环境中确定方位和寻址,并能在付诸行动之前理解环境所包含的意义,这是生存的基本需要之一。心理学家认为,人之所以能识别和理解环境,关键在于能在记忆中重现空间环境的形象。曾经感知过的事物在记忆中重现的形象称"意象"或"表象",关于空间环境的意象称"认知地图"。

(一) 认知地图的构成要素

城市认知地图由五个基本要素组成。

1. 路径

路径即旅行的通道,如步行道、大街、公路、铁路、水路等连续而带有方向性的交通通道,其他要素沿路径分布。在大多数城市认知地图中,道路常常占主导地位,主干道构成城市环境认知的框架。

2. 标志

标志是具有明显特征而又充分可见的定向参照物,环境中的标志一定是引人注意的目标和醒目的图形。在没有路径(如沙漠和草原)或路径混乱(如大城市)的环境中标志尤其重要,因为无法看到或了解环境全局,只有依靠标志识别环境。标志可以是日月星辰、自然山川、岛屿、大树,也可以是人工建筑物或构筑物。在城市环境中,高度可见的电视塔、桥梁、纪念碑、雕塑、造型特殊的建筑都可能成为引人注目的标志。

3. 节点

节点是观察者可进入的具有战略地位的焦点,如交叉路口、道路的起点和终点、广场、车站、码头等行人集散处。行人在这些地点必须集中注意,清楚地感知周围环境,而后作出行动选择。因此,好的节点应该是方向感强的醒目标志。

4. 区域

区域是指具有共同特征的较大的空间范围。这一共同特征在区域内是共性,但相对于这一空间范围之外来说就成为与众不同的特性,从而使观察者易于把这一空间中的要素看作是一个整体。利用格式塔组织原则对要素的空间布局、造型、质感、色彩等特征加以合理组织,可能形成这种整体感,从而建立起足以引起人们注意的区域整体同一性。

5. 边界

边界是指不同区域的分界线,包括河岸、路障、围墙等不可穿越的障碍,也包括台阶、道路标识线等示意性的可穿越的界线。路径有时也起到边界的作用。认知地图是"头脑中的环境",因此可称之为"心理地图"。对于如何形成认知地图,环境心理学家持有两种不同的观点:即模拟观点和命题观点。模拟观点认为,认知地图是真实环境在记忆中的复制品,它与物质环境大致上一一对应,似乎是一幅贮存在头脑中的环境的图像;命题观点更加强调通过对信息赋予意义加以贮存。也就是说,客观环境被再现为很多相互联系的概念,每一种概念都会引起许多联想,如颜色、名称、相应的声音、高度等,人们借助于这种命题网络从记忆中寻找有关的各种联想,并由所画的草图体现出来。

(二)认知地图的特点

认知地图的特点包括以下三点。

1. 信息多维性

它是多维环境信息的综合再现,既包含具体信息,如街景、建筑造型、广告等;也包含抽象信息,如街区的繁华程度、安全状况以及环境氛围等,它们共同形成"头脑中城市"的结构。

2. 模糊性

认知地图来源于对环境的感知和体验,它并非客观环境的照片或测绘图,更不是精确的复制模型,而是经头脑加工过的记忆产物,有的部分可能清晰,有的部分可能模糊,甚至还包含许多错误,如把弯路和斜路认为是直路等。

3. 个体差异性

对于同一物质环境,不同个体具有与众不同的认知地图,表现出个体差异。其影响因素包括:第一,熟悉与陌生差异。当地居民对所在城市比较熟悉,对环境信息逐步简化,外来者要靠细心观察和探索适应新的环境,对环境细节更加敏感。第二,性别差异。有研究认为,女性更加关心区域和标志,男性更加关心道路和方向,男性比女性具有更强的方向感和认路能力,这种差异或许也是生存适应的结果。第三,年龄差异。儿童认知地图常常以学校和家为中心,并包括连接这两处的道路及其两侧要素,年轻人认知地图包含的范围较广,也能及时反映城市的变化,老年人对新事物的学习能力相对减弱,反应在认知地图中常出现旧的已拆除的要素,缺乏新的要素。第四,个性差异。由于个体价值观、兴趣不相同,对城市中不同要素注意的程度也不相同。家庭主妇注意杂货店和食品店,儿童注意玩具店和游戏场。环境心理学家研究发现,思维方式也影响个人的认知地图。文学家和艺术家的认知地图更多地反映了形象记忆的特征,而科学技术工作者更注重事物之间的逻辑关系。

(三)认知地图的功能

认知地图的功能包括以下三点。

1. 解决空间问题

人们凭借认知地图来实现对周围环境的了解和控制,解释自己与环境的关系,确定目标的空间方位、距离,寻找到达目标的路径,这是个人适应环境以及赖以生存的本领。如果面对客观环境无法解释,会使人产生难以抗拒的恐惧心理。较清晰完整的认知地图有助于个人充分利用和选择环境,满足自己的需要,从而使个人建立起对环境的安全感和控制感。

2. 接受新环境信息的基础

人类增长知识是一个循序渐进的过程,接受新知识必须在原有知识的基础上进行,靠原有知识对新知识作出解释,变成概念存入记忆。头脑中原有的认知地图就是接受新的环境信息的基础,随着人的活动范围不断扩大,原有环境的意象则成为更大范围环境认知的参照系,否则就会迷失方位,给接受新的环境信息带来困难。人适应环境的过程,就是逐步扩大认知地图范围的过程。

3. 交往功能

城市的重要特点之一就是使市民通过共用的符号系统和共同的交往模式联系起来。每一座城市都有大多数人公认的重要元素,这些公认的要素组成了城市的公共意象。环境的公共意象提供了社会交往所必需的公共符号系统,公共意象越清晰的城市,这种公共符号系统的作用就越突出,市民的公共活动与社会交往就越活跃,活跃的社会生活又进一步提高了市民对城市公共意象的清晰度。

四、个人空间与领地性

(一) 个人空间

个人空间是一个围绕在个体周围看不见的气泡,这一气泡跟随个体的移动而移动,依据个人所意识到的不同情境而胀缩,是个人心理上所需要的最小空间范围,他人对这一空间的侵犯与干扰会引起个人的焦虑和不安。

个人空间是人与人之间的边界调节机制。一方面,个人空间起着自我保护作用,是一个针对来自情绪和身体两方面潜在危险的缓冲区,以避免过多的刺激所导致应激的过度唤醒、私密性不足或身体受到他人攻击;另一方面,人们选择了不同的人际距离,表达不同程度的亲密感,传递着彼此关系的信息。

1. 人际交往距离

有研究表明,有四种不同的人际空间在信息交流的质和量上各有不同。分别是亲密距离、个人距离、社交距离和公众距离。

(1) 亲密距离:0~0.5米。小于个人空间,强烈意识到来自于对方的感官刺激,可以互相体验到对方的辐射热、气味;由于眼睛的中央凹视觉在近距离时难以调整焦距,因此在亲密距离内常常出现视觉失真,在近距离时发音易受呼吸干扰,触觉成为主要交往方式,适合爱抚和安慰,或者摔跤格斗;距离稍远则表现为亲切的耳语。在公共场所与陌生人处于这一距离时会感到严重不安,人们用避免谈话、避免微笑和注视来取得平衡。

(2) 个人距离:0.5～1.2米。与个人空间基本一致。眼睛很容易调整焦距,观察细部质感不会有明显的视觉失真。处于该距离范围内,能提供详细的信息反馈,谈话声音适中,言语交往多于触觉,适用于亲属、师生、密友促膝谈心,或者熟人之间的交谈。

(3) 社会距离:1.2～3.6米。随着距离的增大,中央凹视觉在远距离可以看到整个脸部,在眼睛垂直视角60度的视野范围内可看到对方全身及其周围环境,在这个距离内不能相互接触到对方,由视觉提供的信息没有个人距离时详细;其他感觉器官输入信息也较少,彼此保持正常的声音水平。这一距离常用于非个人的事务性接触,如同事之间商量工作;远距离还起着互不干扰的作用。观察发现,即使熟人在这一距离出现,坐着工作的人不打招呼继续工作也不为失礼;反之,若小于这一距离,即使陌生人出现,坐着工作的人也不得不招呼问询,这一点对于室内设计和家具布置具有参考价值。

(4) 公共距离:3.6～7.6米或更远的距离。这是演员或政治家与公众正规接触所用的距离。此时无细微的感觉信息输入,无视觉细部可见,唯有表达意义的差别,需要提高声音、语法正规、语调郑重、遣词造句多加斟酌,甚至采用夸大的非言语行为(如动作)辅助言语表达。

2. 影响人际交往距离的因素

有研究表明,影响个人空间的因素有个体情绪状态、个性特点、年龄、性别、文化、相似性以及环境因素等。由于个人空间从情绪和身体两方面对个人起着保护作用,因而它也随个人情绪的变化而变化。焦虑的或感到社会情境对自己有威胁的人需要比一般人更大的个人空间;自尊心强的人所需要的个人空间比自尊心弱的人要小,因为自尊心强的人对自己采取肯定和信任的态度,对别人也容易采取同样的态度;儿童越小,偏爱的人际距离越小。大约在青春期开始时显示类似于成年人的空间标准。在性别差异方面,女性通常会近距离接触所喜欢的人,而男性的空间行为不随吸引而改变;一般两位女性保持着比两位男性更近的距离,这一现象在多种情境中得到证明,这反映了女性具有合群的社会倾向,同时也反映了男性更注意与同性别的人保持非亲密状态。性别不同时所保持的距离一般比性别相同时更近。人类的空间行为具有某些共性,也存在跨文化的差异。在地中海文化中(包括法国、阿拉伯、南欧等),习惯使用嗅觉、触觉等进行人际交往,使用极近的交往距离甚至频繁的身体与目光接触,显示出极大的密切性;而在北美和北欧文化中(如德国、英国和美国白种人等),则喜欢较大的交往距离和个人空间,一般很少对他人使用非言语的密切行为。就相似性而言,一系列研究发现,友谊和人际吸引的程度会使人们保持更小的人际距离。尤其值得注意的是,人们所感觉到的彼此间的相似性会促使他们的身体相互靠近。年龄相近、人格相近、兴趣相同、共同的利害关系、同乡、同行、同学、同事,都会促使人们具有共同的兴趣和话题而彼此接近。关于环境对个人空间的影响,有研究发现,人们在顶棚较低的房间时比在顶棚较高的房间时需要更大的个人空间,并且个人空间随房间尺寸的减小而增大,随房间增大而减小。当人多时,在房间中设置隔断可减少空间侵犯感;在边界开放的环境中,个人空间相对较小,这可能是因为人们感到对于疏散有较强的控制感,因而满足于较小的个人空间。

(二) 领地性

1. 领地性的定义与类型

领地性是个人或群体为满足某种需要,拥有或者占用一个场所或一个区域,并对其加以人格化和防卫的行为模式。该场所或区域就是拥有个人或群体的领地。有研究认为,领地行为对生物体来说具有重要的本能意义,能满足生物体的某些生存需要,领地行为包括占领一个领域,对它实施控制,使之个性化,对它产生想法、信念和情感,并在一定情况下保卫它。

依据领地对个体或群体生活的重要程度来划分,可以把人类使用的领地分成三种类型,即主要领地、次要领地和公共领地。主要领地是使用者使用时间最多、控制感最强的场所,包括家、办公室等。主要领地为个人或群体独占或专用,并得到明确公认和法律的保护,外人未经允许闯入这一领域被认为是侵犯行为,会对使用者构成严重威胁,必要时用武力保卫也被认为是无可非议的。次要领地对使用者的生活不如主要领域那么重要,不归使用者专门占有,使用者对其控制也没有那么强,属半公共性质,包括私宅前的街道、自助餐厅或休息室的就座区等。这些场所向各种不同使用者开放。其中可能有的个人或群体是这里的常客,他们在这里比其他人显得更具有控制感。还有一些类型的次要领域,如住宅楼的公用楼梯间,房前屋后的空地,如果被某些人长期占用,则可能变成半私密领域而被占用者控制。公共领地是指可供任何人暂时和短期使用的场所,当然在使用中不能违反规章制度。一般包括电话亭、网球场、海滨、公园、图书馆及步行商业街的休息座位等,这些领域对使用者不是很重要,如果使用者暂时离开被其他人占用,也不会引起不愉快的反应。

2. 领地的功能

领地的功能主要包括以下两点。

(1) 领地是有效的"组织者"。领地提升了人们的预见性,个体在不同的领地有不同的行为,维持了生活秩序,保持了生活的稳定性,有时领地也能显示个体的地位,如老板的办公室、独立的工作间、豪华小区的住宅等。

(2) 私密性与控制感。领地有助于私密性的形成和控制感的建立。人们喜欢生活在私密性与公共性组合的环境之中,既可以方便交往,又可以躲避不必要的应激。例如,住宅中划分不同的功能分区,以满足家庭成员之间亲密而有间的良好关系。厅为家庭的公共空间,但每个人在餐厅的就座位置差不多形成了固定的习惯;卧室和书房是个人的私密空间,家庭各成员一般都尊重各自的领域性行为。有的研究者认为个人对自己的领地人格化,按自己喜欢的方式装饰,增加对个人有意义的饰物,选择自己喜欢的色彩等,都会提高使用者的满意度,增强归属感。有研究发现,在建筑物外部通过适当范围的空间围合,如草坪、树篱、栅栏等形成具有不同私密性层次的领域也有利于个人或群体的同一性。在老年居民较多的住宅前提供边界明确的半私密户外空地,以供老年人栽花养草,既有利于老年人身心健康,又有益于美化环境。而且由于环境条件的改善,促进了居民(尤其老年人)的户外交往,加强了对居住环境的监视与安全防卫,一举多得。

美国建筑师纽曼自1986年开始研究美国城市住宅区的犯罪问题,发现高犯罪率住宅区在规划布局与设计上具有户数多、层数高、区内可自由穿行、缺乏组团划分、公共空间缺乏监视等特点,高层住宅区犯罪率高于低层住宅区。因为低层住宅由于分组明确、居民较频繁使用门前的半公共领域(休息、停车、游戏),彼此熟悉,因而也便于共同负起管理和监视环境的责任,而高层住宅居民感到户外空间与己无关,结果互不相识,从而为犯罪分子提供了可乘之机。

第二节 环境与行为关系理论

在环境心理学从初期发展到逐步成熟的30多年时间里,众多的学者研究和探索了环境与行为之间的相互关系,形成了一系列较有影响和说服力的理论假说,主要包括唤醒理论、环境应激理论、环境负荷理论、刺激不足理论、适应水平理论以及行为约束理论等,这对于我们深刻理解环境对人们的心理影响和行为适应是很有意义的。

一、唤醒理论

唤醒是指当环境刺激作用于有机体时能够产生和提高有机体被激发的强度,从而引起身体的一系列反应与变化。这主要表现在生理反应上自主性活动增强,如心跳加快、血压增高、呼吸加速和肾上腺分泌增多等,也可能表现为行为反应上的肌肉运动增强。从神经生理学的角度看,唤醒是通过大脑唤醒中心网络结构引发的大脑活动的增强,人们的唤醒水平处于一个连续体中的某一状态,这个连续体的一端是睡眠,另一端是兴奋。由于唤醒通常被看做控制和干扰许多不同类型的行为方式的变量,许多环境心理学家以此来解释环境对人的行为所产生的影响。

唤醒模型通常可以预测低唤醒行为和高唤醒行为的不同结果,还可以有效地解释诸如温度、拥挤和噪声等环境因素导致的行为后果,无论是愉快还是不愉快的刺激,它们都能提高个体的唤醒程度,例如一次激动的约会、游乐场里过山车游戏、拥挤的电梯以及有害的噪声等。由于人们本能地希望保持好的心情,减少不愉快的感觉,因此,情绪影响着人们的唤醒水平:心情好时,人逢喜事精神爽,较高的唤醒水平可以强化喜庆气氛;而在情绪低落时,通过降低唤醒水平以缓解不愉快的情绪,同时减少对身体的伤害。从生理需要而言,人们总不能保持高唤醒状态,人们在不同的时间、不同的场合所需的唤醒水平是不同的。

当有机体的唤醒水平从连续体的一端转换到另一端时,我们的行为会发生变化。一方面,唤醒会促使我们去寻找有关内部状态的信息,即我们试图去解释唤醒的实质及原因。如在大街上行走时,突然听到一声巨响,我们会根据声音的来源、危险性等因素决定是接近还是远离。另一方面,当我们被唤醒时,试图去寻找别人的反应与看法。我们会把自己和别人的行为进行比较,以此来评价自己的行为是否适当,这一过程被称为社会比较。如自然灾害的受害者被高度唤醒时,他们会比较自己和别人的命运。

唤醒程度对绩效有重要影响,根据耶克斯—多德森定律(Yerkes-Dodson Low),当唤醒水平为中等程度时,绩效最佳。但当唤醒水平在这一最佳点上下浮动时,绩效反而会逐步降低。另外,唤醒水平和绩效之间的倒 U 型关系随着任务的复杂程度而发生变化。在难度较大的任务时,唤醒的最佳水平要比简单任务的最佳水平要低一些。根据这一观点,拥挤、噪声、空气污染以及其他的环境刺激会增强个体的唤醒水平,其任务绩效也会随之发生变化。这取决于在特定的任务下个体反应是高于还是低于其最佳的唤醒水平,低唤醒水平不会产生最佳的绩效,而太高的唤醒水平则很难让我们把注意力集中到当前的任务上来。

二、环境应激理论

令人不愉快的刺激所引起的个体紧张的反应称为应激,威胁人的安全与健康状况的不利环境被称为应激源,如工作压力、婚姻不和谐、自然灾害、噪声以及拥挤等。

1. 应激的界定

应激包含主观反应和客观刺激两个方面:一方面是指客观刺激的性质与强度可

能对主体构成威胁或干扰;另一方面是指主体的认知评价和承受力。因此,当主体感到面临挑战而应对能力不足时,就会产生应激反应。

2. 应激反应

应激反应包括生理反应、情绪反应和行为反应,这些反应是相互关联并同时发生的。生理反应一般称系统应激,行为和情绪反应一般称心理应激。

(1) 生理反应

生理应激指在应激状态下个体经历一系列的生理反应,可概括为连续发生的三个阶段:警戒反应阶段、抗拒阶段、衰竭阶段。警戒反应阶段是指当个体突然受某种环境刺激需要全神贯注进行探索和认知评价时,交感神经兴奋,以帮助人进行感觉判断,如扩大瞳孔获得更多的光刺激以便看得更清楚,扩张肺以吸收更多的氧气,分泌更多的荷尔蒙促使身体各方面变化做好迎战或逃跑的准备等。抗拒阶段又称为适应阶段,在警戒反应之后,个体需要对刺激重新评价,并准备面对任何可能的危险。此时在副交感神经的作用下,心率、呼吸和内分泌均恢复正常,食物消化重新开始,以便储备大量的体能维持身体的高警觉状态,同时为进一步应对环境变化做好准备。衰竭阶段是指如果应激持续过长时间,超过了个体的承受能力,就会导致体能衰减,主要表现是感觉、知觉能力下降,肌肉力量降低。对白鼠的实验研究显示,以低温为应激物,白鼠能在一定的时间内忍受寒冷,但持续几个月后,这些动物因体能耗尽而死亡。有关研究也表明,人们在警戒期会表现出一系列的生理唤醒,如心律、血压、呼吸速度、肌肉紧张、皮肤电导率增强等,这一阶段持续时间较短。抗拒阶段以厌倦、抑郁或疾病为标志,持续时间相对较长。若继续发展,过长时间的应激会导致高血压、中风等身体疾病以及抑郁症、人格障碍等心理问题。

(2) 心理反应

心理反应是指个体在应激状态下出现的情绪和行为反应。并非所有应激性刺激都会引起警戒反应和抗拒反应。个体开始产生应激反应,必定是把某一刺激经认知评价为对自身构成威胁。也就是说,同样的刺激在某一情境中不会引起应激;而在另一情境中则可能引起应激。这些刺激本身未变,但个人是否把它评价为威胁却因人因时而异,个人的认知评价取决于两方面:其一,个人心理因素,如智力、动机、知识或经验等;其二,对特定刺激情境的认知,如对刺激的控制感、预见性、紧迫性。个人有关的知识越丰富,控制能力越强,把该刺激评价为威胁的可能性就越小,该情境引起应激的程度越低。一旦把某刺激评价为威胁,就会顺序发生警戒反应、抗拒反应。在抗拒阶段,个体要全力以赴,随机应变,选择自认为恰当的对策和行动,如进一步的信息探索,应激源评价,排除、制止应激源或采取逃避行为等。如果抗拒阶段的应对未获得成功,则加剧了"把刺激评价为威胁"的倾向,这种认知应变过程常伴随不同程度的愤怒、恐惧、焦虑等情绪反应。不良的情绪反应必然引起不良的生理反应,导致对健康不同程度的危害。当全部应对能力消耗殆尽,则进入衰竭期。在多数情况下人们不会出现衰竭反应,原因可能如下:其一,当某种令人反感的刺激长时期作用时,随着对刺激的神经生理敏感性降低,人们对它的反应会越来越弱而变得适应;其二,随着有关知识与经验越来越丰富,个体的控制感加强,在认知方面把应激物评价为威胁的倾向越来越少,个人与环境在互动过程中建立起新的平衡。无论通过何种方式达到适应或平衡,个人都要付出相应的代价,如绩效下降、挫折耐受力降低以及身心疾病等。

3. 应激源的分类

按冲击强度和影响范围,应激源大致分为以下三类:灾变事件、个人应激源和背景应激源。

(1) 灾变事件

灾变事件是势不可挡的应激源,如自然灾害、战争、重大事故等。这些事件具有以下共同特点:往往是突然发生,几乎或不可能预先警告;具有强大的冲击力,需要当事的人们付出很大的努力才能有效地应对;波及范围广,影响人数多。出于灾变事件的不可预测性和突发性,有关的研究大多是针对事件发生后幸存者群体的反应。研究表明,在灾难初期,幸存者中极少发现惊慌反应,很多人表现出平静和理智。大多数幸存者由于共处患难,相互间产生了心理亲和。外界的社会援助对于增强灾民的控制感和灾后重建的信心起着相当重要的作用。灾后继续遭受心理折磨是那些在灾害中失去家庭和亲人的人,研究证明,劫后余生可能会出现很多心理问题并持续相当长的一段时间。主要表现有:① 焦虑,担心灾害以及由灾害所引起的生活方式的改变成为普遍现象;② 退缩或麻木,人们的情绪冷漠和反应迟钝;③ 抑郁,许多幸存者不能接受失去的东西,因而变得悲伤和压抑,生活失去动力,对所有事情不再感兴趣;④ 与应激有关的身体症状,包括肠胃不适、疼痛等;⑤ 无泄愤对象的气愤,幸存者感到既气愤又心烦,当灾害由人为因素造成时,这种气愤往往更加严重,原因在于,虽然存在该受谴责的对象,但又找不到应该受谴责的具体个人,无法宣泄个人情绪,个人会变得不可理喻,易激惹,处于激动状态;⑥ 回归,常常回归到儿童早期的行为阶段,表现出任性与固执、感性与无助;⑦ 梦魇,经常梦见自己在灾害中死亡,或梦见死亡的亲人,睡眠干扰现象十分普遍。

灾变事件,尤其是自然灾害,会给人类造成巨大的损失甚至浩劫,但同时也对人类有巨大的教育意义。它促使人类反省自己的行为,重新审视人类与自然的关系,人类是自然之子而非自然之主,自然灾害表明:自然环境出现过分的不平衡,这其中有我们人类的过错,我们应该学会与自然交流,时时根据自然反馈的信息修正我们的行为。

(2) 个人应激源

个人应激源是指个人经历的应激性生活事件和一些烦心的生活琐事,如疾病、亲人死亡或失业、迁居、婚姻问题、人际纠纷等。其冲击性强弱不等,有的以相当于灾变事件的强度向个人能力挑战,有的可能是微不足道的小事引起的烦恼。一般来说,当个人的应激源刚刚开始产生不利影响时,就可以采用一些应对方法来预防它的进一步恶化,但当许多大大小小的不幸或者不顺心叠加在一起并得不到解决时,有可能把人拖累得疲惫不堪,甚至被彻底拖垮,正如西方谚语所言:最后的一根稻草压死骆驼。

英国一位从事癌症研究的专家调查了 250 名癌症患者,发现在发病之前因重大生活事件使精神受到严重打击者竟有 156 人;国内学者研究发现,81.2%的癌症病人在患病前半年至 8 年内遭遇过重大生活事件的打击。这些劣性刺激必然引起心理应激反应,同时伴有生理应激反应,引起内分泌失调和免疫力下降。在应对这些个人应激时,个体的人格特征、物质环境条件以及社会支持系统对缓解应激均起着重要的作用。

(3) 背景应激源

背景应激源指的是持续重复的日常干扰以及整体的环境状态,如工作压力、每天上下班紧张的赶路、拥挤、噪声、空气污染等。其挑战性和强度不如灾变事件和强应激性个人应激源,但由于日常生活中难以躲避,这些稳定持续的刺激潜移默化地影响着人们的情绪状态,长期的负性情绪状态形成了个人的不良心境,这会干扰人的正常思维,损害人体免疫功能,常常构成事故的隐患、重大疾病的诱因,其后果也是不可忽视的。另外,经长时间地接触某一低强度的背景应激源,可能要比接触一些强度更大的应激源需要更多的适应性反应,如长期暴露在噪声环境里、长期超负荷的工作压力等。背景应激源与环境决策、环境设计与管理有着更为直接的关系,其中许多可以通过合理的环境设计与环境管理得到控制与缓解。在生活节奏日益加快、社会竞争日益激烈的现代城市,提供良好的生活与工作环境,有利于人们减少不必要的应激,提高生活质量与水平。

对应激的适应有利也有弊。几乎生活中的所有事件都具有不同程度的应激性。只有经历了一个应急事件并学会如何应对的人,才能更好地应对下一个应激事件。应对应激的经验能提高个体的自信心,也可以发展应对应激的技能。应激导致的唤醒状态有助于提高绩效,正所谓"没有压力就没有动力",因此,适度的应激对有机体是有益的。不过,面对并适应应激事件也可能需要付出代价,当出现巨大的应激源或者若干应激的持续积累超出了个体的应对能力时,就不可避免地导致身体素质下降或心理上出现障碍。

三、环境负荷理论

无论是视觉、听觉、嗅觉、触觉的环境刺激都会引起神经系统一定水平的唤醒。唤醒水平的高低在一定程度上取决于个体所接受的感觉信息的多少。我们把环境向个人传递的信息量称为环境负荷。高负荷的环境就是传递了大量感觉信息的环境;低负荷的环境就是刺激信息量较少。

(一)环境负荷理论的主要观点

环境负荷理论的主要观点包括以下几个方面。

1. 个体加工外部刺激的能力是有限的,每一次对输入刺激的注意力也十分有限。

2. 当来自环境的信息量超过个体信息加工的最大容量时,就会导致信息超载,信息超载的一般反应是视野狭窄,即会忽略一些与当前任务不太相关的信息,有关信息则给予更多关注。个体会积极地采取措施,以阻止无关或干扰信息的出现。

3. 当一个刺激出现时,就会要求个体有相应的适应性反应。一个刺激越强烈、越不可预测或不可控制,需要给予越多的注意力。

4. 一个人的注意力并不是恒定的。长时间的注意可能导致耗竭,注意力的总容量会超负荷。例如认真学习数小时后,就很难再去做其他需要集中注意力的事情。超负荷指向疲劳状态,导致心理错误的增加、注意力涣散和易怒。

5. 通过减少信息加工或者到有利于恢复健康和体力的环境,注意疲劳可以得到改善,如林荫小道、公园、电影院、动物园等。

一般来说,当超负荷发生时,对当前任务最为重要的刺激会受到足够多的注意,而次要的刺激会被忽略。一些城市规划者利用这一规律,提出在市区繁华的中心地段,把那些宽敞的街道修建得更窄一些,进而可把交通速度降下来,因为减慢速度会增加安全性,行人可以减少对开车的注意力,这就使行人不必担心过往的车辆,而更多地注意街道两旁的商业信息。

(二)环境负荷理论的影响

根据超负荷理论,一旦注意容量由于长时间使用而耗竭的话,即使很小的注意要求也可能引发超负荷,甚至当不愉快或过多的刺激已经终止,不良的行为后效仍会产生,如对挫折的承受力下降、心理功能失调和利他行为减少等。一些研究认为,旁观者见死不救等大城市症状,可能在一定程度上由于环境超负荷而引发的。因为每天繁忙的都市生活需要人们投入大量的精力,以至于人们几乎没有太多剩余的精力来关注周围的社会。一些城市居民可能被迫形成了一种对他人比较冷漠的态度,以便于能够腾出充足的时间来应对日常生活。

刺激的超负荷可能导致个体的注意指向疲劳,这是一种超负荷的心理疲劳状态。有研究表明,注意指向疲劳最有可能在恢复性环境中得以恢复。这种恢复性环境具有四个特点:(1)远离,或者不同于你平常所处的日常环境;(2)扩展,或者能提供一个时间和空间上有所扩展的经历;(3)入迷,或是产生兴趣并且参与其中;

(4) 兼容，即你想做的事情能从环境中获得支持。许多人认为，自然环境在恢复性方面是最为有效的。

四、刺激不足理论

按照环境负荷理论的观点，一些环境由于刺激过多容易引发人们的不良行为和情感。然而，许多专家也指出，有的环境与行为问题则是由于刺激不足或刺激过少引起的。如感觉剥夺的研究表明，剥夺个体所有的感觉刺激会引发严重的焦虑以及其他异常心理。有人认为，在某些时候，环境需要复杂并多样化一些，有利于人们的心理成长、精力恢复，更好地提高对周围环境知觉，建立归属感与认同感。如儿童和青少年的生活环境，如果过于单调和死板，对于其成长和成熟是不利的。有研究表明，身处南极的孤独状态会影响任务绩效和心理视野。一个长期脱离于群体的人，会导致性格孤僻、偏执、行为懒散甚至是低自尊。关于对城市环境的研究，有人认为，城市里的社会环境刺激可能过多，但居民所处的物理环境中的刺激则有可能不足。与乡村的田野、森林和山川有一种无穷的、多样的和变化的视觉刺激模式相比较，城市的街道和建筑大多是单调的、重复的刺激模式。尤其是许多成片开发的住宅区，每个房屋的结构都十分雷同，这种刺激不足会导致厌倦，也一定程度上引发了诸如青少年犯罪、公共财产破坏和教育落后等城市问题。

五、适应水平理论

根据超负荷理论和刺激不足理论的解释，在缺乏刺激的环境中，人们会感到无聊和厌倦，而环境刺激过度又会对行为和情绪带来负面影响。沃威尔(1974)提出了环境刺激的适应水平理论，即中等程度的刺激是最理想的刺激。环境刺激包括刺激的强度、多样性和模式三个维度。并且，每个人基于过去的经验都形成了自己最习惯的刺激，沃威尔称为最佳刺激，即适应水平。

(一) 环境刺激

环境刺激的强度是指个体感觉到的刺激量。太多的刺激会造成心理干扰，刺激太少也没有理想的效果。例如当我们正专心听讲座时，周围同学的小声说话让我们分心，当大人们正在谈话时突然响起了孩子的尖叫声等；相反，如果一个人在隔音的房间里待的过久，这种外界刺激的缺乏也会使其因刺激不足而变得迟钝甚至性情发生变化。

环境刺激的多样性是指在特定环境中同一时段内个体所感觉到的刺激种类的丰富程度。周围环境单调会使人们感到烦躁，想去寻找一些刺激和兴奋。不过如果太眼花缭乱的话也会引起人们的感觉疲劳。例如城市繁华街区夜晚耀眼的霓虹灯、穿梭的人流以及嘈杂的声音等会使我们烦躁不安。有研究表明，当人造景观的多样性达到中等水平时，就能最大限度地吸引人们并带来愉悦感。

刺激的模式是指个体对环境刺激的结构与不确定性的感知程度。即刺激缺乏整体的结构会使人对其进行编码困难而心烦意乱。如恒定音量和频率的警报声会使人们不安，而音乐变化的节奏能使人心旷神怡。有资料显示，笔直的高速公路由于刺激结构的单调容易使司机视觉疲劳，往往是交通事故多发地段。另外，刺激的不确定性太高会导致人们的信息加工困难，例如人们进入了一座迷宫式的建筑会感到心理不安，在复杂多变的交通路口也会引起混乱。

（二）适应水平

适应水平具有个体的差异性。每一个个体都有一个最佳的刺激水平，它是以个体过去经验为基础的。例如，在极度缺氧的高海拔地区，西藏人生活得很舒适，但对于我们初到西藏的人而言就会感到呼吸困难，胸闷气短。同样，与生活在农村地区的人相比，城市人对拥挤的忍耐性会高一些，但对于孤独的忍耐性可能会低一些。另外，随着时间的推移，各种不同水平的刺激也会导致个体的适应水平发生变化，例如到美国留学的中国留学生会逐步适应异国他乡的生活，大学毕业生到工作单位后能够逐步适应工作环境。对于某一特定维度的环境来说，环境与个体的适应水平差距越大，个体对此环境的反应强度也就越大。

研究发现，当环境刺激不符合个人的适应水平时，可以采用两种方式重新达到与环境的平衡。一种是改变自身对刺激的反应去适应环境，即适应；另一种是改变或选择环境刺激顺应自己的需要，即调节。如在高温的环境中，适应指的是通过出汗使我们更有效地逐步适应外在的温度，而调节是指减少穿衣服或者安装空调设备使我们感觉更为凉爽。在面临两种可能的选择时，人们常常是首先选择调节，因为这种方式不需要付出太多的认知努力和体力消耗便可以达到个人与环境的平衡。如果我们不喜欢自己家居的装修风格，我们可以随时把它们更换成让自己舒适的样子。总之，适应水平理论认为，若要在适应和调节做出选择，人们会选择那种相对容易便能减少不适感的方式。

六、行为约束理论

行为约束是指环境中的某些现象限制或干扰了我们想要做的事情，过多或不愉快的环境刺激有可能唤醒我们的信息加工能力，潜在的影响也可能丧失对环境的控制感。约束可能来自于环境的一种实际不良影响，或者是觉得环境对我们的行为有所限制的一种观念。

当个体意识到环境正在约束或限制了自己的行为时，会感到一种不舒服或者产生一些消极情绪。这时，人们首先做出的行为反应是试图做出努力以重新获得对环境的控制。这种现象被称为心理阻抗。如果人们的行动自由受到限制时，心理阻抗就会引导他们重新获得自由。例如当人们受到拥挤的威胁，可能会做出生理或行为反应让别人走开，或者自己离开。当恶劣的天气限制了我们的自由，我们可以待在家中或者可以使用技术设备（雨具、带空调的汽车等）重新获取控制感。有时人们并不需要体验到失控感后才开始进行反抗，人们能够对一些可能出现的环境因素进行预测，并事先采取必要的防范措施。

在我们重新获得自由的过程中，如果经过努力恢复了对环境的控制，任务绩效和心身状况都会得到改善；如果获得控制感的努力屡遭失败，丧失控制感的最终结果是导致习得性无助。无助感并非与生俱有的，所谓"初生牛犊不怕虎"，人的无助感是经过多次的挫折之后在认知上产生的一种消极心态。一旦产生了这种心态，便会放弃一切可能的努力而陷入被动无奈的境地，长期的无助感会导致个体的自信降低，行为退缩，甚至导致抑郁症等一系列身心疾病。

人对环境的控制感体现在两方面：一方面是指有能力通过自己的行动改变不顺心的环境，另一方面是指自己有条件避开干扰性的刺激。在任何时候控制感对人都是极其重要的，因为它体现着对生活的信心和勇气，有助于人克服面临的挫折与困境，有益于人的身心健康，有利于对环境的适应。许多经典的实验都证明了个体对环境控制感的重要性。例如，在一项关于噪声危害的试验中，一组被试被告知他们可以通过按一个按钮来减少有害噪声的音量，实际上，即使被试没有按那个按钮，但仅仅是简单地被告知这个情况，就可以减少甚至消除噪声所带来的许多消极影响。研究者还发现，对噪声的控制感，也能减少因噪声而产生的攻击行为，或者减少对助人行为的消极影响。一项对敬老院老人的研究表明，控制感能够有益于健康和幸福。例如，一组老人被告知工作人员会照顾他们（低控制组），而另一组老人被告知需要自己照顾自己（高控制组）。随后把一些植物分别交给两个组，一组由老人亲自栽培，另一组由工作人员代为栽培，三周以后发现，高控制组的老人比低控制组的老人表现更为幸福与快乐，心境更好并且表现更为积极，18个月后，高控制组的成员表现出更良好的适应结果与健康状况。

第三节　现代城市环境心理问题研究

随着现代城市的发展，越来越多的问题给人们的工作、生活、身体健康以及心理健康带来了不利的影响,如噪声、拥挤、空气污染、光污染等已成为现代城市中持续稳定的应激源,尽管其影响强度远不如灾变事件那么严重,但由于它们在环境中的普遍存在和长时间作用,对人的危害不可低估。如何减少各种环境问题对人们的伤害,让城市进行"人性化"回归,已成为人们普遍关注的大问题。

一、噪声

(一) 噪声的定义

关于噪声,最简单的定义是:不想要的声音。例如,当你用立体声播放你最喜欢的音乐时,如果打扰了室友的学习和休息,那么即使是天才的音乐家创作的乐曲,对他而言也是噪声。噪声在心理上造成的主要后果是烦躁,它会使人易怒,不耐烦。和其他应激源一样,对噪声的评价也取决于主客观两方面的因素,包括物理因素、生理因素和心理因素,具体体现是响度、可预见性和控制感。

1. 响度

把一个声音定义为噪声,首先要听到这一声音。声音越响,就越引起人的注意,引起的唤醒水平和应激水平也越高。测量声音响度级的仪器为声级计,读数称为"声级",单位是"分贝"。确切地说,人对环境中特定噪声的感知效果同对图形与背景的感知一样,除受其响度的影响之外,还取决于该噪声与背景噪声的对比强度。在喧嚣的闹市中,人们对一般的声音不那么敏感;而夜深人静即将入睡之际,窃窃耳语或水龙头的滴水声都有可能成为干扰你的噪声。

2. 可预见性

对于不太响的恒定不变的噪声,如房间内的空调器、附近变压器的嗡嗡声比较容易适应。时间久了常常听而不闻,而自然的风声、雨声还可起到催眠曲的作用。规则的周期性的爆发声比恒定的不可控制的响声对人们的情绪影响更小,如室内装修的敲击声、附近工地的施工噪声、房前屋后割草机发出的噪声等,这些不可预见的噪声是更令人不可接受的。

3. 控制感

如果有办法停止或隔离噪声,即使你不一定真的采取停止或隔离的行动,噪声所引起的烦恼也会明显减少。关键在于具有这种能够控制的感觉就可以大大缓解噪声所引起的烦恼和应激。

以上三种因素可能以任何组合形式出现,其中响度高、不可预见、不可控制的噪声对人的不利影响最大。在以下几种情况下,人们所感受到的烦躁程度会加剧:(1) 人们觉得噪声对于人们想要的或觉得有价值的东西来说没有用处;(2) 制造噪声的人毫不在意听到噪声的人的利益;(3) 听到噪声的人认为对他们的健康有危害；(4) 听到噪声的人把噪声与恐惧联系起来；(5) 听到噪声的人对周围环境的其他方面也感到不满。

(二) 噪声的影响

噪声给人所带来的不利影响主要表现在以下几个方面。

1. 噪声导致听力损伤

有研究表明，尽管极大的噪声（如150分贝）能使耳朵的鼓室破裂，但噪声过量对听力的损害往往发生在噪声处于较低的级别（90~120分贝），这是由于内耳耳蜗的毛细胞受到暂时的或永久的损伤。

2. 噪声影响身体健康

噪声对人的免疫系统有一定影响，它使人容易感染疾病。一项有关嘈杂环境和相对安静环境的调查表明，长期暴露在噪声中，会出现血压升高、肾上腺激素分泌增多以及儿茶酚胺和可的松、胆固醇增加等。有学者认为，高分贝的噪声能增强唤醒与压力感，那些与压力有关的疾病如高血压和溃疡的患病概率会因暴露于难以预见和控制的噪声中而上升。

3. 噪声影响心理健康

研究发现，高强度的噪声会导致应激反应增强，应激反应也是引发心理疾病的一个因素。多个工业区调查显示，高强度的噪声刺激能够造成头痛、恶心、烦躁、不安、焦虑、情感与情绪的变化，交通噪声可能导致心理紊乱。有证据表明，噪声与精神病的发生呈正相关，还可能会导致控制感丧失和习得性无助。

4. 噪声影响助人行为

社会心理学家认为，心境愉快时比不愉快时更愿意帮助别人。噪声会引起不愉快的心境，因而也影响助人行为。在一项实验研究中，分别让被试者暴露于48分贝的正常噪声中以及通过隐蔽的扬声器传送到实验室的65分贝及85分贝的白噪声。每一实验都安排一名助试人与被试者同时在场，并伪装正在阅读杂志，在他膝上还放着另外一些书刊报纸。几分钟后，主试人召唤助试人，助试人站起来时报刊恰好散落在被试面前，检测被试者是否帮助拾起来。实验结果显示，在高噪声中助人行为明显减少，在正常噪声中助人的被试者占72%；65分贝时占67%；而85分贝时仅占37%。

5. 噪声对绩效的影响。

噪声对绩效的影响不但取决于响度、可预见性和控制感，而且还取决于个人的个体适应水平和任务的性质。根据耶尔克斯—多德森定律和唤醒理论，噪声所引起的恰当水平的唤醒可以提高任务绩效，而过高水平的唤醒则会妨碍任务绩效；实验研究认为，90~110分贝的噪声对简单的体力和脑力劳动的绩效没有不利影响，而同样响度又不可预见的噪声会妨碍需要集中注意的任务、记忆任务、同时完成两种活动的复杂任务。研究还发现,对于那些自己认为能控制噪声的人来说,噪声对绩效的影响也明显减小。用环境负荷理论解释,噪声越是不可预见,越容易引起人的注意,对绩效的干扰也越严重。另外,有研究认为,噪声对绩效的干扰不仅表现在它的直接作用,还表现在它的后效作用,甚至噪声后效的严重性不亚于直接暴露于噪声时所产生的影响。

6. 噪声增强攻击性行为

攻击性理论认为,人们的攻击性与个体的唤醒水平有关,当噪声提高了人们的唤醒水平时,攻击性也就增强。关于攻击行为的试验,被试有机会电击别人(这个人是实验助手,在受到电击时假装难受,实际上没有被真正电击),而他们选择的电击级别作为反映其攻击性的指标。实验中,让一半被试处于实验室正常噪声水平之下,而另一半被试接受突发的持续两分钟的 69 分贝的白噪声的刺激。结果表明,突发噪音刺激会增加被试实施电击次数和级别,能够产生更强的攻击性。

二、拥挤

拥挤,是对高密度环境的心理知觉。环境心理学家常常采用控制社会密度和空间密度的操作方法。社会密度的控制操作是指在保持面积不变的情况下变化个体的数目,如在某一特定的面积内放入 15 只老鼠,这是一种低密度状态;在同一空间内放入 75 只老鼠,这时就会呈现一种高密度状态。空间密度操作法是通过保持群组个体数目不变,调整空间大小来实现对密度的操控。如把 15 只老鼠放在一个相对大的空间内,是一种低密度状态;把同样数量的老鼠放入一个相对较小的空间内,便形成了一种高密度状态。高社会密度给个体带来的主要问题是个体的生活会受到太多他人的影响,个体的生活空间太小。

(一) 对动物的拥挤研究

关于动物的拥挤研究,这一领域的先驱约翰·卡尔霍恩以硕鼠为被试进行了精彩的实验。他把公母硕鼠共 48 只同时放入到一个 3 米长 4 米宽的"观察室",让它们生殖繁衍,直到数量过剩。观察室用栅栏分为等面积的四个部分,每个部分可容纳 12 只硕鼠。观察室的特点是除了首尾两部分以外,每部分之间都有斜坡相连。在一般情况下,公鼠们都会选择与围栏内的母鼠为伴,与其配对繁殖,并共同承担着守护自己领地的任务(守护者围栏与外界的通道),很少发生战争,也很少与其他围栏内的母鼠发生关系,母鼠则忙于"建设家园,抚养子女。"但随着观察室个体数量的增多,无论公鼠还是母鼠都已不能成功地扮演好自己的角色了。观察发现,在高密度的生活空间内,80%～90% 的幼鼠在断奶前便已夭折,在不太拥挤的围栏内,只有

50%左右的幼鼠会遭此劫难。在高密度围栏内，发情的母鼠被大批公鼠疯狂追逐，从而使得大批母鼠在怀孕期间患病死亡。卡尔霍恩的研究对于我们了解拥挤对动物的行为影响有至关重要的意义。相关研究也证明，在高密度环境下，拥挤会导致动物的退缩行为，并影响到性行为和攻击性行为。

(二) 对人类行为的研究

1. 拥挤与情感反应

人们普遍认为拥挤是一种令人不愉快的状态，它会使人烦躁不安、抑郁消沉。各项调查也表明高社会密度给人们的情绪带来负面影响。有些研究发现，高空间密度在男性身上产生的消极影响要比女性更强烈一些，原因之一就在于男女个人空间需要不同，男性所需要的个人空间要大于女性。在生活中表现为女性更容易成群结伴，身体距离越近越亲密，而男性则更容易彼此竞争，把对方的靠近看作威胁。研究还发现，在高密度下女人们比男人们更加有可能相互合作来共同完成任务。

2. 拥挤与生理唤醒和疾病

心理学家埃文斯的实验研究表明，在高密度下被试的脉搏和血压高于低密度下的被试。来自多成员家庭中的男子的血压要高于家庭人口较少的男子的血压，一项对监狱犯人的调查表明，犯人患高血压的概率同他们居住的人口密度也密切相关，并且，拥挤的居住环境可能导致较高的死亡率和精神病的发病率。有研究发现，在高空间密度下生活的人们的皮肤电导率、肾上腺浓度以及可的松水平也会升高，说明他们的生理唤醒水平增强了，这可能是导致一些疾病多发的主要诱因。另外，高密度环境更加导致疾病的传播，因此人们更容易受到病毒的侵袭。

3. 拥挤与攻击性

在公共汽车上，在车船售票处，因拥挤而吵嘴打架是司空见惯的现象。因此，高密度导致攻击性似乎也是不争的事实。实验显示，增加空间密度时，男性的攻击行为随之增加，而女性则不发生类似现象。如果空间不受限制，仅仅是出现过多的人，人们往往是采取退缩行为而不是攻击行为。以上事实说明，攻击性是一个与空间大小有关的问题，并不是由于过多的人存在而引起的问题。对儿童的实验发现，如果孩子比玩具多，每个孩子都想得到一个玩具，在玩具不够分时提高空间密度能引起攻击性。这说明高密度引起的攻击性与资源的多少及其分配有关。

4. 拥挤与任务绩效

关于拥挤对绩效的影响，早期的研究大多针对简单任务，发现无论空间高密度或社会高密度对任务绩效都没有影响。后来针对复杂任务的研究得出了不同的结论。有研究表明，社会高密度和空间高密度都会导致复杂任务绩效的降低，而且在社会高密度条件下更为显著。高密度对简单任务与复杂任务具有不同影响的结论与唤醒理论中耶尔克斯—多德森定律十分吻合。作为应激物,拥挤能够带来人们高水平的唤醒,而在执行难度较大的任务时,唤醒的最佳水平要比简单任务的最佳水平要低一些,因此,同样的拥挤状况可能对复杂任务的不利影响更大。

5. 拥挤与亲社会行为

一些关于人口密度影响人们的助人行为的研究发现,拥挤会降低人们帮助别人的概率。贝克曼等人曾将一些宿舍划分为高密度、中密度和低密度三种类型,研究者故意将贴有邮票并且标明了地址的信封丢在宿舍楼的过道里,然后再依据人们捡起信封并将其投入信箱的次数来衡量人们的意识。结果发现,在高、中、低三种密度下,信封被捡起并将其投入信箱的次数分别是58%、79%和88%。关于在自助餐厅的研究也发现,自助餐厅的人们对饭后将餐具送往指定地点这一要求的乐意程度与就餐者的拥挤程度呈高相关。在高密度下,很少有人愿意按照要求在饭后把碗碟送到指定地点。这表明拥挤导致了人们社会责任感的降低。

三、空气污染

在当今世界,随着科技的发展,空气污染问题也成为重大的环境问题之一。空气污染导致大气臭氧层损耗,由此带来地球的温室效应,酸雨也是由于空气污染所带来的主要环境问题之一。雨水有净化空气、带走空气中污染物的作用,大气中酸性物质过多,会导致雨水呈酸性,有证据显示空气污染确实也降低了某些地区的降雨量。我们周围的空气充斥着来自汽车尾气中的有毒气体与颗粒物、装修所带来的溶胶喷涂散发物、工厂的废气以及工业废料中气态或固态尘埃,甚至是香烟、家庭燃烧煤气后残留的有害气体等,都会对健康造成严重的不利影响。最常见的污染物主要有一氧化碳、二氧化硫、二氧化氮、颗粒物质、碳氢化合物以及污染物与光、热形成的光化学污染。它们损害我们的健康、改变我们的行为,同时对社会的发展带来不利的影响。

(一)对空气污染的知觉

对空气污染的知觉取决于生理因素和心理因素。人们主要靠嗅觉和空气的可见度来感觉污染,但危害最大的几类空气污染用这两种方式都觉察不到。例如,一氧化碳是无色无味的气体,有些居民为了保暖而把家里设计成封闭式的房间,室内空气污染的程度比室外的要高2~3倍。有些细小的粉尘也是眼睛看不见的,但对人的肺部以及呼吸道系统带来的危害也不可小觑。

对空气污染的知觉同样也受到如压力和烦躁等因素的影响。对污染的态度可能影响人们对污染的意识。有调查显示,来自一家巧克力厂的污染给附近居民带来的烦躁,要远远低于一家酿酒厂、卷烟厂以及炼油厂的空气污染所带来的烦躁,这可能是因为巧克力厂所散发的气味"并不是那样难以接受"。这意味着污染物所带来的客观损害并不总是和它所引起的烦躁的知觉相一致。另外,人们大多是通过嗅觉来感知空气污染的,气态的化学品经过鼻黏膜时刺激了嗅觉细胞,向大脑传递信号,大脑在把这些信号"翻译"成各种气体的味道。由于受嗅觉阈限的影响,只有污染物在空气中的浓度超过了一定的量,这种刺激才能被感知到为"难闻的气味"。嗅觉的敏感性也是因人而异的,有的人对某种气味特别敏感,有的人的嗅觉能力会略显迟钝。另外,嗅觉也具有较强的适应性,长期在一个空气污染的环境中,人们对该污染气体的敏感性也会下降。

对污染的感性认识可能也会随着人们不断接触污染而改变。如不吸烟的人开始可能认为香烟中的有毒物质如尼古丁等对人的健康危害很大,对被动吸烟者的危害更大,但随着与吸烟者接触的增加,随着在吸烟的环境中待的时间延长,会慢慢地觉得吸烟对人们的危害没有那么严重了。有趣的是,人们往往会认为"他人"比自己受到更多的污染。也就是说,人们认为自己所住的地区比附近的其他地区所受到的污染要少。

(二) 空气污染与健康

空气污染对健康产生有害的影响,这一点已经成为人们的普遍共识。有调查显示,城市空气污染浓度过高导致城市死亡率上升,早在20世纪70年代的美国,每年有140 000人死于污染。其中,一氧化碳是一种常见的污染物,它会阻止体内各种组织(包括脑与心脏组织)接受新鲜的氧气,一氧化碳的主要来源包括机动车尾气、煤烟以及一些化工厂的废气等。长时间暴露在高浓度的一氧化碳之中会导致严重的身体问题,包括视觉与听觉损伤、癫痫病、头痛、心脏病症状、疲惫、记忆紊乱,甚至还会出现痴呆和精神病方面的症状。灰尘会引发呼吸系统方面的问题、癌症、贫血、神经系统功能紊乱等。同样,由于汽车、熔炉、烧烤所用的木料燃烧、干洗厂及炼油厂所产生的氮和硫的氧化物以及砷、苯等导致身体器官发炎或疾病,老弱病残的人最容易受到影响。

空气污染也影响人们的心理健康。数据显示,当空气质量较差时,人们户外活动减少,挫折感增强,增加人们之间的敌对和挑衅,并减少人们相互帮助的可能性。有证据显示,长期处于室内污染之中会出现抑郁、愤怒及焦虑等症状,流行病学研究显示出空气污染水平与精神病院门诊率之间有着紧密的联系。雅各布等人调查发现,抑郁症状一般与烟雾污染有关。埃文斯等人发现,较差的空气质量会增加生活压力引发痛苦的可能性。有调查显示,压力感越强的人,越可能因为污染而急躁,并且,那些经历了其他应激事件的人(如搬家、失业、独处等)显示出受空气污染的消极影响会更大,会表现出更多的情绪困扰和心理健康方面的症状。这些发现表明,空气污染同其他应激源一样,当与其他问题同时存在时,会产生叠加效应,那些处于应激状态的人会更容易受到空气污染的影响。

(三) 空气污染与作业绩效

多数研究证实,空气质量越差,对作业的影响越大。城市公路高峰期一氧化碳的典型值在 25~50 ppm,一项实验研究曾让志愿者在一氧化碳浓度范围在 50~250 ppm 的环境待上长短不同的时间段,然后让他们完成辨别时间长度的判断任务。结果发现,在 50ppm 浓度下待上 90 分钟严重影响了时间判断任务的绩效,这表明主要公路的空气污染足以影响驾驶员的能力从而导致交通事故率上升。另外,我们知道,人们在空气污染的环境中容易出现愤怒、急躁等情绪反应,根据行为约束理论,这也会导致工作效率的下降以及错误率升高。

(四) 空气污染与社会行为

多数研究显示了空气污染带来的异味影响人们的社会行为。罗顿研究了硫化氢和活性酸对人际吸引的影响。实验发现,硫化氢加强了人们与境遇相同的交流对象之间的吸引力,当人们处在令人不爽的有异味的环境中,会认为同样处在这一环境的交流对象更具有吸引力。同样的研究也发现,那些不想和别人打交道的人暴露在有硫化氢和活性酸的空气中,对别人的评价会低于空气中没有异味时。这说明,如果一个人处于污染的环境中,另一个人没有,则与环境污染有关的不愉快的情感状态会导致前者认为后者的吸引力下降。有研究还证实,油画的油墨如果带有恶臭的味道会降低人们的喜欢程度,逃避行为也增加。在罗顿等人另外的研究中还显示了空气污染会增强人们的攻击性、家庭暴力以及虐待儿童等行为的发生率。

四、城市问题的环境解决方案

城市,特别是现代化的大都市以独特的魅力展示着人类的鬼斧神工,其多样性、新颖性、便利性和提供选择的多样性等特点吸引着人们的不断聚集与向往,由此也带来了城市规模的急剧扩张。然而,随着城市的日益繁荣,它所带来的环境问题也越来越突出。城市环境问题的负面影响主要表现在:第一,应激源增多。随着城市的扩张,自然应激源(如噪声和污染)和社会应激源(如拥挤和离婚)的风险因素随之增加,而且穷人会遭受更多的干扰。第二,亲近行为越来越少。有报道显示,当在校大学生在街上走近一个陌生人并友好地伸出双手时,仅有 38.5% 的城市居民给予相同的回应,而小城镇的居民在相同的情况下有 66% 的人回应。第三,亲社会行为减少。许多研究证明,城市的过多刺激会导致我们忽略那些相对不太重要的信息输人,由此导致社会责任分散,产生对陌生人的漠视态度和助人行为的减少,甚至邻里之间也成为"熟悉的陌生人"。第四,犯罪行为泛滥。有大量的证据证明了犯罪现象在城市要比农村更为普遍。根据去个性化理论,当个体感觉自己在一个群体中只是一个无名小卒的时候,很少或者不会把反社会行为的禁令放在眼里,会觉得自己不太可能被别人认出来而能够避免惩罚。第五,无家可归现象较为普遍。针对城市众多的问题,环境心理学提出了一些可能的解决方案,主要包括以下几个方面。

(一)造一片自然天地

研究表明,自然风景对心理健康有许多益处,因此回归自然会对治疗"城市疾病"大有帮助。大片的树林和草地会增强人们的愉悦感和安全感。在城市的居民区附近建造一些公园和市区花园,可以调节人们的心情,陶冶情操,增加居民户外活动和交流的机会,帮助人们恢复体力和精力,从日复一日的生活压力中解脱出来。因地制宜地植树和多层次立体感的盆栽,有助于城市空间的合理利用,研究发现,经常逛公园的人更加乐观与自信,团队感更强,处理邻里之间的关系也更加友善。

(二)设计城市运动场

大部分的研究者都相信,玩耍和游戏对儿童的成长是非常重要的。孩子们喜欢在各种各样的环境中玩耍嬉戏,包括娱乐室、博物馆、荒废的空地和街道。而功能和设施齐全的运动场也许是孩子最好的去处。无论是传统型运动场(秋千、爬杆、沙坑、球类运动场和跑道等),还是现代型运动场(多级积木结构、组合健身器材等)对于锻炼孩子们的身心健康和培养孩子的想象力、创造力是非常必要的。同样,对于成人而言,也是休闲、锻炼以及放松心情的好地方。有研究表明,如果家长和孩子一起共同参与运动与锻炼甚至游戏,对于建立良好的亲子关系、培养人际合作能力等是大有裨益的。

(三)城市居住环境的重新建设

随着城市复兴运动的兴起,城市的平房和街道被高楼大厦所代替,往日破旧的贫民窟地带,一座座豪华的公寓住宅和办公大楼拔地而起,人们被迫搬迁而进入了新的家园。环境专家建议,新的居民住宅区的环境建设应该综合考虑防御空间、社会网络、安居工程与高档化等几个方面的因素。防御空间是属于一个人明确限定的或者至少是半专用的区域,当一个外来者到了这片领地上,他会意识到自己站在别人的领地上。防御空间应具有视觉的通达性,便于进行监督管理,同时能够增强邻里之间的社会凝聚力,降低犯罪率。如居民小区设有明显的领地界限、设置防御性标志(如保安和门禁系统)、文明行为公约等,并鼓励本社区的居民自觉参与清洁和美化的义务活动,共同建设美好家园。居民住宅区的社会网络是指居民的社区感、地点依恋感和街道社会关系网等,它反映了居民同社区之间的情感关系。研究表明,在邻近的区域内,人们来自于同一个种族、具有相似的社会经济地位、心理状态水平大体一致,对当前的生活状况感到满意并且立志向更加美好的生活奋进,这种情况使城市中的邻里关系会更加亲密。在较小的空间领域内,日常生活中人们相遇的概率和交流的机会增加以及优美的绿化环境等要素能够强化社区居民的凝聚力、社区感以及地点依赖。其实现条件还包括建议地方性组织(街区组织)以及良好的社区服务(包括家政、维修等)。对于低收入人群而言,政府的安居工程会让他们比独居或者杂居更加满意,这其中的原因可能是因为邻里的相似性。研究表明,一个人对他的邻居越喜爱,对住房和环境也满意;生活越开心,对生活居住的环境也会越感到满意,其实也是暗合了俗语所讲的"千金买房,万金择邻。"专家建议,在城市旧城改造的过程中,如果政府安居工程建设能够让原社区的居民整体搬迁,既保证了原有邻里之间的社会凝聚性,又提高了他们的社会同一性,同时设计者和规划者应该鼓励社区居民的参与,并且,还要注意因文化和亚文化的差异而引起的个人住房喜好的不同。住宅的高档化是当今更新城市改造的一个新趋势,是指针对中产阶级和贵族阶层所建设的居民社区。研究发现高档社区会导致暴力犯罪、盗窃案和抢劫案件的不断增加,部分原因在于它拉大了富人和穷人之间的距离,另一个弊端是高档社区建设使得原来那些居住在贫民窟的穷人被迫从自己原来的家园中搬出来,从而对他们的生活造成一定的压力,由于穷人得不到应有的行政上的支持和权力的维护,他们也会陷入一种困境之中。近年来在全国各大城市普遍存在的暴力搬迁事件便说明了这个问题。

(四)商业街区的复兴

近年来流行一种趋势,随着城市的改造,原有的一些商业街古建筑被拆除、古朴的街道被拓宽,取而代之的是清一色的高楼大厦和柏油马路,似乎只有这样才能彰显现代城市的气派与繁荣。有研究发现,一个商业区吸引人的地方在于它的街道、店面、公共步行广场、绿化带、咖啡厅和餐馆等地的历史积淀、文化保护和维修状况。同时,人们更加偏爱那些游客量适中的地方,对于过度拥挤和人口稀疏的公共场所不会喜欢。城市复兴对古老建筑的多样性造成了全面的破坏,一方面使我们丧失了历史(同重要历史人物和事件有关的历史性的建筑物),另一种可能是城市某种地域性韵味的丧失(如上海新外滩的改造)。如果城市改造不顾及和恢复其原有的风格,会导致人们"城市记忆"的丧失,同时导致市民更多的不适与焦虑。这也要求设计师们在商业街改造时必须把古老的建筑风格与现代的建筑技术和生活需求恰当的结合起来,既体现了现代建筑的功能,又维系了和历史的联系。

(五) 回归郊区

在大城市住久了的人们可能梦想着从城市中搬迁出去,其中重要的原因可能是与城市的过度拥挤、环境污染、噪声污染、住房条件恶劣以及交通堵塞有关。另外,郊区的房价也比城市中心区要低一些,这对于刚参加工作不久、积蓄较少以及低收入阶层也许是一个不错的选择。所谓郊区,是指在某个大城市的管辖范围内但又离城市的历史文化中心距离相对较远的地区。调查显示,郊区居民普遍对他们的住房条件以及社区整体生活质量的满意度更高。但是,郊区化的倾向也带来了一些新的社会问题。例如,当人们的居住地与工作场所距离较远时,上下班的长途奔波既浪费了人们宝贵的休息时间,也容易引发焦虑与不良心境,这给城市的管理者提出了新的要求,即方便快捷的现代化公共交通网络(如地铁)必须对郊区有较高的覆盖率。机动车的普及以及从城市中心通往郊区的快速交通干道也是解决这一问题的有效措施,但这往往会带来新的环境问题(如环境污染和交通拥堵)。郊区的社区服务功能状况(大型的购物广场、超市、体育设施以及文化娱乐设施建设等)也是影响人们是否愿意向郊区搬迁的重要因素之一。另外,就心理方面而言,在城市的中心区生活已经习惯了的人们来到郊区,对新环境的不适应可能会产生失落感、无助感、孤独感甚至是被抛弃的感觉,心理适应也许需要较长的时间。还有,随着郊区人口密度的急剧上升,原来的那些城市环境问题可能会快速地蔓延到郊区,这也是城市规划者、设计者和管理者应该关注的大问题。

本章小结

● 环境心理学是研究人类行为和经验与环境之间关系的一门科学,其研究内容包括探索环境如何影响人的心理与行为以及探索人的行为如何影响环境两个方面。其中,环境知觉、认知地图以及个人空间与领地性等是该学科较为重要的几个概念。

● 作为一门科学,环境心理学试图通过建立假设和数据验证来了解环境与行为之间的关系,这便形成了若干环境理论。唤醒理论指出,环境刺激导致唤醒增强,根据个体唤醒水平的高低,可以确定刺激增强是促进还是削弱行为的绩效;环境应激理论假设,一旦刺激被认为是有威胁的,应对策略就会被使用,当应对策略能够帮助人们学会更多的应对压力的有效方法时,这些策略就是有益的,但是长期处于压力之下会导致心理失调、绩效下降和对压力的抵抗力降低;信息超负荷模型指出,人们的信息加工能力是有限的,当信息输入过多时,次要信息就会被忽略;刺激不足理论认为,单调的刺激会导致厌倦和行动缺乏;适应水平理论认为,每个人对特定刺激都存在一个最佳的适应水平,当刺激水平高于或低于个体的适应水平就会引发不适感,从而导致个体试图去减少或增加刺激,行为约束模型提出,对于环境控制感的丧失会导致阻抗或重获自由的努力。如果努力不成功,则会导致习得性无助。环境心理学的理论模型为我们解释环境对人的影响提供了理论支持,也为我们预防和控制不良环境因素的影响提供了借鉴与参考。

● 关于现代城市的环境心理问题研究主要关注噪声、拥挤和空气污染等因素对人们心理和行为的影响。人们对噪声影响的评价包括响度、可预见性和控制感。声音越响,引起的唤醒水平和应激水平也越高;不可预见的噪声更令人心烦意乱;如果有办法停止或隔离噪声,即使你不一定真的采取停止或隔离行动,噪声所引起的烦恼也会明显减少。拥挤是人们对高密度环境的心理知觉,高密度会导致不愉快的情感反应和提高生理唤醒水平。空气污染问题也成为当今世界重大的环境问题之一。概括地说,噪声、拥挤和空气污染给人们带来的不利方面主要影响身体健康和患病、影响心理健康、减少助人行为、降低工作效率以及增强攻击性等。

● 针对当今的城市环境问题,心理学家们提出了一些可行性的解决方案,主要包括建造一片城市中的自然天地、设计多功能的城市运动场、改善居住环境、商业区改造的复兴运动以及回归郊区等措施,这对于解决城市环境问题无疑会起到良好的促进作用。

本章思考题

1. 简述环境知觉的概念与特点。
2. 简述认知地图的结构与功能。
3. 简述噪声、拥挤和空气污染给城市居民带来的危害。
4. 结合人际交往的实践,谈谈如何引导学生正确使用人际距离。
5. 结合应用环境心理学的唤醒理论和环境应急理论,谈谈如何改善校园环境,提高学生的学习和生活质量。

阅读材料(一):环境心理学的兴起与发展①

20世纪五六十年代,西方发达国家的城市环境严重恶化,对居民的身心和行为产生了各种消极影响。同时,不少新建筑因无视使用者的行为需求,导致社区崩溃,建筑拆毁,居民抗议等严重后果,并遭到社会的严厉批评。因此,建筑环境与行为的关系引起多学科研究者的深切关注。来自心理学、社会学、人类学、地理学、建筑学、城市规划等学科的研究汇聚,形成了一个新兴交叉领域——环境(建筑)心理学。

---

① 林玉莲、胡正凡编著:《环境心理学》,中国建筑工业出版社2006年版,第105—125页。

环境心理学首先于20世纪60年代末在北美兴起,此后在全欧洲和世界其他地区迅速传播和发展。当时北美的主要代表人物有人类学家霍尔(E. T. Hall),心理学家巴克(R. Barker)、伊特尔森(W. H. Ittelson)、普洛尚斯基(H. Proshansky)、萨默(R. Sommer),城市规划师林奇(K. Linch)等。

1968年6月,一个综合性专业团体"环境设计研究协会(EDRA)"在北美宣告成立,并于1969年举行了第一次年会,还形成了若干研究中心,如儿童与环境、环境认知、环境与年龄、残疾人与环境、居住区环境、室内环境、妇女问题等。

欧洲在20世纪50年代末和60年代初也形成了环境行为研究的潮流。其中英国是起步最早的国家,主要代表人物有心理学家特伦斯·李(Terence Lee)、戴维·坎特(David Canter)等。1970年,在坎特等人的倡导下,第一次建筑心理学国际研讨会(IAPC)在金斯敦召开。1972年,坎持和特伦斯创拟了这一领域的第一个高校环境心理学课程教学大纲,正式使用环境心理学术语,并替代了原有的建筑心理学名称。1979年,在坎特的指导下,《环境心理学》杂志创刊,它与北美1969年创刊的《环境与行为》杂志成为迄今这一领域最有影响的两种定期刊物。

与世界各国相比,我国这一领域的研究起步较晚。20世纪80年代初才从欧美和日本等发达国家引入有关的理论和方法,开始在建筑学等学科内从事研究,并引起了人们广泛兴趣和关注。1993年7月,中国建筑工业出版社、哈尔滨建筑工程学院、吉林市土木建筑学会在吉林市联合举办了"建筑与心理学"学术研讨会,这是我国这一领域的第一次民间性质的学术会议。这次会议的召开,对推动我国这一领域的发展,无疑起着极为重要的作用。

阅读材料(二):被动吸烟应受到更多的关注[①]

常识告诉我们,卷烟中的焦油和尼古丁影响吸烟者的身体健康。新的研究发现,不吸烟的人如果和吸烟的人同处一室并呼吸同样的空气,患病的可能性会更高。对78名城市不吸烟的高年级学生做的一项研究发现,1/3的学生在尿检中显示出尼古丁代谢变化,这是被动吸烟留下的证据。烟气中含有大量的一氧化碳,还可能有一定量的DDT和甲醛。一个非吸烟者吸入了正在吸烟的人周围的空气也会体验到心率、血压和呼吸频率的升高,这些影响对那些吸烟父母的孩子来说,尤其明显,尤其严重。Surgeon General(1986)对非自愿吸烟者的研究得到以下结论:被动吸烟引起疾病,不吸烟的孩子比吸烟的孩子更容易发生呼吸道感染,因此,整个社会都应该行动起来,最大限度地减少吸烟者对孩子以及其他非吸烟者的影响。

相关研究已证实:非吸烟者受吸烟者的干扰。Bleda(1977)发现,如果吸烟者和

---

① 保罗·贝尔等著,朱建军等译:《环境心理学》,中国人民大学出版社2009年版,第93—126页。

非吸烟者都在场,非吸烟者会对吸烟者给予消极评价,当非吸烟者暴露于吸烟环境中,非吸烟者的愤怒、疲乏和焦虑感会增强,并且,香烟厌恶可能不仅导致愤怒和敌意,而且当身边有人吸烟时,非吸烟者的攻击行为也会增加。因此,相对于吸烟者而言,非吸烟者可能受到香烟所带来的双重困扰。

目前,公共场所的戒烟运动在各大城市普遍开展起来,有证据表明创造无烟环境能够促使吸烟者减少吸烟数量或完全放弃吸烟行为。另外,家庭里的被动吸烟也是一个特别严重的问题,应引起人们更多的关注。

阅读材料(三):个人空间遭侵犯的性别差异[①]

有研究认为,男性偏向于与自己喜欢的人面对面,女性偏向于与自己喜欢的人肩并肩。由此,费希尔和伯恩推断:对于男性而言,陌生人以面对面的方式入侵自己的个人空间时,负面反应最大;而对于女性来说,陌生人从侧面入侵自己的个人空间时,负面反应最大。

研究地点是一所大学的图书馆,被试是那些单独坐在桌旁的男生或女生,研究者首先让实验助手"侵犯"被试,实验助手有男性也有女性,侵犯方式有两种,与被试坐在同一张桌子的对面或旁边。5分钟后,实验助手结束了自己的工作离开了这张桌子。然后实验者进入,向被试说明:自己是一名学生,为了完成一份心理学课程作业,请求被试协助完成一份调查。调查内容包括对刚才坐在被试对面(或旁边)座位上的那个人的评价以及对图书馆环境的评价。结果显示:不管侵犯者是哪种性别,当侵犯者坐在对面的位置上,男性被试对所有的评价内容都是消极反应,但当侵犯者坐在旁边的位置上,男性被试不受影响;当侵犯者坐在旁边的位置上,女性被试对所有的评价内容都是消极反应,但当侵犯者坐在对面的位置上,女性被试不受影响。进一步地观察也发现,在图书馆的阅览室里,男性喜欢把书或个人物品放在自己和对面的座位之间,女性喜欢把书或个人物品放在自己和旁边的座位之间。这说明对男性而言,面对面的位置具有特别的意义,而对于女性来说旁边的位置具有特别的意义。

导致这种现象发生可能的原因是:男性具有更强的竞争性,因而对竞争性的线索更加敏感;女性更具有合群性,所以对合群性的线索更加敏感。旁边的座位能激发女性的合群需要,女性喜欢让"她们感到安全的人"坐在相对亲密的位置上,当被陌生人占领了,女性就会反应消极。与此相反,对面的位置能激发男性的竞争需要,男性喜欢让一位值得信赖的朋友坐在这个位置上,陌生人的占领就会被男性视为侵犯。

---

① 徐磊青,杨公侠编著:《环境心理学》,同济大学出版社2002年版,第58—75页。

这也许是两性之间产生许多误解的根源之一。想对陌生男人表示友好的女性可能吃惊地发现，在自己看来并没有威胁的对视会使对方感到恐惧与彷徨。同样，企图向一位陌生女性讨好的男性，坐在这位女性的旁边，可能吃惊地发现，自己看来没有威胁的方式会使对方感到恐惧和不安。

参考文献

1. 保罗·贝尔等著，朱建军等译：《环境心理学》，中国人民大学出版社2009年版。
2. 林玉莲、胡正凡编著：《环境心理学》，中国建筑工业出版社2006年版。
3. 徐磊青、杨公侠编著：《环境心理学》，同济大学出版社2002年版。

第八章 管理心理学

本章导读

> 管理心理学是应用心理学的一个重要分支。早在20世纪20年代至30年代,心理学就注重对有关员工心理调节和影响组织效率的人的因素的研究,尤其是有关人员选拔、配备、评价和培训的人事心理学研究。之后,心理学研究的重心转移到群体社会心理因素和组织背景中的工作行为。本章中第一节介绍管理心理学中的人性假设问题,解析了管理心理学的理论基础;第二节介绍领导的心理和管理上的艺术,对如何做一名优秀的管理者提出了详细的理论阐述;第三节介绍人员激励与奖惩管理,用心理学的强化理论解释了激励和惩罚在管理中的重要作用;第四节介绍群体心理与团队管理。通过本章学习能够帮助我们学会科学管理人和充分调动人的原理和具体方法,对有效地进行学生管理具有启发意义。

第一节 管理心理学的人性假设

"人性"问题,历来是管理心理学的核心问题。这是由于,一个组织的领导人制定什么样的管理制度、采用什么样的管理方法、建立什么样的组织结构,都与他们如何看待人的问题有关。本节将根据人性假设理论,循着"经济人、社会人、复杂人"的路线,依次介绍与之相对应的管理心理学理论,例如科学管理理论、行为科学理论、现代管理理论、后现代管理理论等,以期回答究竟是什么使人们产生管理行为;在人的本性中,究竟是什么直接影响着人的工作积极性高低等这些基本的管理心理学问题。

一、经济人及其管理

(一)"经济人"假设及其基本观点

"经济人"(rational-economic man)可以被直译为"理性—经济人",又称"实利人"。

"经济人"的假设从一种享乐主义的哲学观点出发，认为人的一切行为都是为了最大限度地满足自己的私利。人都要争取最大的经济利益，工作是为了获得经济报酬。

最初的"经济人"假设是在工业革命时期提出的。工业革命是科学技术助推企业、经济发展的第一个里程碑，而它也带来了管理科学的系统化。有人认为，西方管理学中人性假说的提出与所发挥的作用，归根结底都是为了帮助资本主义寻找粉饰剥削并使之合理化的目的。"经济人"假设（Economic man）起源于享乐主义哲学和亚当·斯密关于劳动交换的经济理论，18世纪亚当·斯密在《国富论》中首次描述"经济人"的含义以后，约翰·穆勒依据亚当·斯密对"经济人"的描述和西尼尔提出的个人经济利益最大化公理，提炼出"经济人"假设。麦格雷戈将这种人性假设概括为X理论。

尽管"经济人"假设有各种各样的表述，但其基本观点可以概括为以下五个方面：

第一，多数人天生是懒惰的，他们都尽可能逃避工作。

第二，多数人都没有雄心大志，不愿负任何责任，而心甘情愿受别人的指导。

第三，多数人的个人目标都是与组织的目标相矛盾的，必须用强制、惩罚的办法，才能迫使他们为达到组织的目标而工作。

第四，多数人工作是为了满足基本的生理需要和安全需要，因此，只有金钱和地位才能鼓励他们努力工作。

第五，人大致可以分为两类，多数人都是符合于上述设想的人，另一类是能够自己鼓励自己，能够克制感情冲动的人，这些人应负责管理的责任。

可见，根据"经济人"假设，人是由经济诱因引发工作动机的；人总是被动地在组织的操纵、激励和控制下从事工作；人总是企图用最小投入取得满意的报酬；大多数的人缺乏理性，不能克制自己，很容易受别人影响，组织必须设法控制个人的感情。科学管理之父泰勒就是"经济人"假设的典型代表，"胡萝卜加大棒"的政策是其管理方法的通俗说法。

（二）基于"经济人"假说采取的管理措施

根据"经济人"假设，职工们基本上都是受经济性刺激物的激励的，不管是什么事，只要能向他们提供最大的经济收益，他们就会去干。所以职工的本质是一种被动的因素，要受组织的左右、驱使和控制。所以，基于"经济人"的假设，提高生产率被作为管理的中心目标，管理层与工人阶层相隔离，并以物质奖励来激励工人。具体来说，包括以下三点。

1. 管理工作的重点是在提高生产率、完成生产任务方面，而对于人的感情和道义上应负的责任，则是无关紧要的。简单地说，就是重视完成任务，而不考虑人的感情。从这种观点来看，管理就是计划、组织、经营、指导、监督。这种管理方式叫做任务管理。

2. 管理工作只是少数人的事，与广大工人群众无关。工人的主要任务是听从管理者的指挥。

3. 奖励制度方面,主要用金钱来刺激工人生产的积极性,同时对消极怠工者采用严厉的惩罚措施。通俗些说,就是采取"胡萝卜加大棒"的政策。

总结上面三点,基于人性对生存安全的需求应采取"经济人"假说理论的管理策略。适应人性对生存的需求,管理者应注意物质利益的激励。尽量保证职工有一个稳定的工作环境,给职工提供一份稳定的最少能够维持生存的收入。这一管理策略在对一线的职工具有很大的激励作用。

(三)"经济人"假设的局限性

"经济人"假设具有一定的局限性。其消极之处在于认为人天性懒惰,需要受到高控制的管理,从而忽略了人性积极的、发展的一面。

1. "经济人"假说只关注自我的观点是有缺陷的。尽管人类追逐自我利益是正确的,但是如果将其无限放大,其正确性就非常有限。

2. "经济人"假说关于个人与物质的人类世界相分离的观点是有缺陷的。对于处于较低发展阶段的个人来说,他还没有实现与外部世界的分离,而对处于向超我阶段发展的个人来说,他已经程度不同地和外部世界融为一体了。

3. "经济人"假说的理性是有缺陷的。在前个人阶段,年轻人还没有获得理性所需要的想象、概念和计算能力。而在超自我阶段,个人的确已经具有理性经济行为所需要的心理能力,但他们又不会以这种方式行事,因为他们的行为更具有整合性。只有那些处于个人阶段的人,才会大致按理性"经济人"的方式行事。人具有反思能力,人性不是一成不变的。

综上,"经济人"的假说把多数人看成是天生懒惰的,实质上是早已被驳斥的遗传决定论的人性观。把人划分为多数的被管理者和少数的管理者,代表了资本主义向垄断资本过渡早期阶段的管理,它的剥削实质是赤裸裸的、显而易见的。现在,在一些发达的资本主义国家,一般都认为该理论已经过时,但在个别中小型企业中还能看到实行该理论的制度和方法。至于该理论的思想影响,还是相当普遍的。

二、社会人及其管理

(一)"社会人"假设的提出

随着科技进步引起的社会需求结构的变化,"经济人"假说将得以变化或进化。例如19世纪,科技发展到一定阶段,除了剥削剩余价值以外,企业通过科学技术创新,或提升员工的素质以及主观能动性,同样能获取更高的利益,并且通过科学技术与经济发展,大众生活水平日益提高,员工的需求也随之发生了质的变化,这样,"社会人"假说应运而生。

"社会人"假设起源于1930年前后梅奥等人进行的"霍桑实验",认为人并非单纯地追求金钱,还会追求友情、安全感,还有社交等多方面需要;良好的人际关系是调动积极性的决定因素,情感、态度、士气等在非利益方面尤其重要。由此,管理工作应重视如何满足需要与鼓舞士气,与此对应的便是突出人际关系及强调培养归属和整体感的"人际管理"。

美国哈佛大学教授埃尔顿·梅奥是"社会人"假设说的代表人物。20世纪二三十年代,梅奥等人在芝加哥的西方电气公司霍桑工厂进行了一系列人际关系方面的试验研究。根据试验结果,提出了他的"人群关系理论"。

循着梅奥"工业人道主义"的轨迹,他的追随者们采用行为主义的研究方法,从不同的角度、层次对管理中的行为进行了研究,并由此形成了有关个体行为、团体行为和组织行为(包括组织同环境的关系)方面的理论。其中"社会人"假设在一定意义上提出了被管理者在组织中的民主、平等等问题,打开了人的社会性研究的大门,使人性第一次受到较大尊重。

后来,人本主义心理学家马斯洛提出的需要层次理论把人类行为中的利他行为视为最终利己的手段,是为了一种无形资产或满足自己的更高层次的需要。社会人假设和自我实现人假设的提出与梅奥(G. E. Mayo)的霍桑实验和马斯洛(A. H. Maslow)的"需要层次理论"有密切的关系,前者强调了个体的社交需要(归属和爱的需要)和尊重需要,后者强调了个体的自我实现的需要。基于这两种人性假设,西方管理理论进入人群关系理论阶段,与之对应的则是民主管理与参与管理的新型管理方式。"社会人"假设的管理理论的代表人物主要有梅奥、马斯洛、赫茨伯格和麦格雷戈等。

(二)"社会人"假设的基本观点

"社会人"假设认为,在社会上活动的员工不是各自孤立存在的,而是作为某一个群体的一员有所归属的"社会人",是社会存在。人具有社会性的需求,人与人之间的关系和组织的归属感比经济报酬更能激励人的行为。"社会人"不仅有追求收入的动机和需求,他在生活工作中还需要得到友谊、安全、尊重和归属等。因此,"社会人"假设的主要观点可以概括为以下五点。

1. 技术进步和工作合理化,使人对工作本身失去乐趣和意义,于是便从社会关系中寻求乐趣和意义。

2. 人是社会的人,影响人的生产积极性的因素除物质条件以外,尚有社会的、心理的因素。

3. 生产率的高低，主要取决于员工的士气，而士气则取决于家庭生活和社会生活，以及企业中人与人之间的关系。

4. 领导者要善于了解人，倾听员工的意见，沟通看法，使正式组织的经济需求与非正式组织的社会需求取得平衡。

5. 组织中存在非正式组织群体。这种非正式组织群体具有特殊的行为规范，对其成员产生很大影响。

所以，"社会人"的人性理论对人性的认识，较之"经济人"假设无疑前进了一大步。它不仅看到了人具有满足自然性的需要，而且认识到人还有安全感、尊重、友情、归属感等社会性需要。

(三) 基于"社会人"假设的管理方式和措施

"社会人"假设认为：人的行为绝不仅仅为了追求金钱，人还有一系列社会的、心理的需要，社会需要的满足对人的行为具有更大的激励作用。与"社会人"假设相对应的管理方式和措施就要重视以下几个方面。

1. 管理人员关心生产任务的完成情况，但是，注意的重点放在关心员工、满足员工的需要上。

2. 管理者高度重视员工之间的关系，培养和形成员工对企业的归属感和整体感。

3. 提倡集体奖励制度，不主张个人奖励制度。

4. 管理职能不断地完善和变化。管理人员不是只有执行计划、指挥、监督、组织和控制的传统职能，而是在员工与领导者之间起联络作用，既倾听员工的意见与要求，又将之及时汇报、反映给上级领导者。

5. 实施员工参与管理的新型管理方式，让员工或下属在不同程度上参与企业决策的研究和讨论。

因此，"社会人"假设使管理领域开始引入社会学和心理学理论，从过去的"人适应物"转向"以人为中心"，具有了一定的人文精神与伦理意味。"社会人"假设的提出，标志着西方管理思想发展到了一个新的阶段，管理的重心开始从"关心物，以人适应物"向"关心人，以人为中心"转变。自我实现人假设是"社会人"假设的继续和发展，它继承了"社会人"假设所提出的"只有满足人的社会需求，才能对人有最大的激励作用"的概念，并在此基础上做了进一步的发挥。

三、复杂人及其管理

(一) 非线性科学与"复杂人"的诞生

在牛顿时代，人们相信，宇宙是上帝意志的产物，因此它必然具有和谐的、稳定的结构。然而,高新技术的革命已经深刻地改变了这一观点。现在我们知道,我们生活的宇宙,远不是由一群和谐有序地变化运动的粒子所构成的,从天体运动,地磁场的变化,电、光与声波的振荡到人类的生理和心理,其实都处在非线性的"异动"之中。一个理想的自然科学模型,能够完美地处理一个线性系统,但在试图预测一段时间的天气变化、股票价格的波动和人的心理活动等复杂现象时,却难免会遗漏事实的动态多样性,结果很可能是"失之毫厘,谬以千里"。

自然科学中所观察到的非线性的、动态的、复杂的特征,已被一些学者引入到人的管理当中。组织管理大师埃德加·沙因(Edgar H. Schein)认为:不能将人简单地假定为只图利益最大化的"经济人",也不能归为以人际关系为主要导向的"社会人",因为人性是复杂多样、变动不居的,而非单一的、一成不变的。"人性是复杂的"这种认识促使莫尔斯(J. J. Morse)和洛希(J. W. Lorsch)提出了"复杂人"假说——也即所谓"超Y理论"(Super Theory Y)。这一理论既结合了"经济人"(X理论)和"自我实现人"(Y理论,在后一节将会提到),又不同于这两种理论。其基本假定是:人具有各种需要和动机,且会随着社会环境、年龄层次和具体情境的改变而改变。

莫尔斯和洛希通过一项有趣的实验研究来验证其观点。他们考察了四个机构或企业的工作效率、管理模式以及员工胜任感间的关系。其中,亚克龙工厂和卡梅研究室都采取严密的组织形式,实施指令式的控制管理(X理论),而哈特福工厂与史脱克顿研究室则采取了较宽松的组织形式,并且更仰赖于员工的自主性(Y理论)。结果发现,亚克龙工厂和史脱克顿研究室的效率明显高于哈特福工厂和卡梅研究室,换言之,在劳动密集、人员素质较低的企业中,X理论胜过了Y理论;而在技术密集、人员素质较高的企业中,则正好相反。此外,亚克龙工厂和史脱克顿研究室的员工更具有胜任感,更加适应于各自的工作任务。莫尔斯和洛希据此提出了以下结论:亚克龙工厂和史脱克顿研究所都能根据各自任务和人员的特点,选择适合自身发展的组织形态。由此可见,具体的某种管理模式并不能确保在任何工作环境中都取得高效率,更重要的是任务——人员适合度,或者说是工作、组织、个人、环境等众多因素的最优化搭配。在此后,莫尔斯和洛希又进一步完善了"复杂人"假设。

(二)"复杂人"假设的基本观点

"复杂人"假设可概括为以下几个方面。

第一,人的需要是多种多样且因人而异的,并会随着人的发展和外在条件的变化而改变。

第二,在同一段时间内,人的各种需要和动机会结合形成错综复杂的动机模式(Motive Patterns)。动机模式是内部需要和外界环境相互作用的结果。

第三,由于工作与生活的多变性,人们会不断产生新的需要和动机。

第四，人的需要还会随工作环境或具体情境的不同而有所差异。

第五，不存在普遍行之有效的最佳管理方法。

可见，由信念、目标、愿望、需求、动机等构成的人性，其复杂程度远不亚于自然界，而科学家们仅仅是在近几十年才开始以"复杂人"的观点去洞悉其较为深层的结构。我们对于复杂的人性现象的认知正在迅速起步，但仅有对于人的复杂性的洞察和理解是不够的。要使管理者们真正去尊重在他们眼中与自己同样复杂的员工，使组织的目标与个人的目标相协调，需要赋予人性以更积极的假设。

（三）基于"复杂人"假设应采取的管理措施

"复杂人"假说认为，人们是怀着不同的需要而参加工作的，有的人倾向于接受正规化机构和条例，而尽量避免做出决策和承担责任，这些人需要有人去激发他们的胜任感；有的人则倾向于自治，需要能发挥其创造性的空间，并会主动寻求胜任感。因此，运用"复杂人"假设进行管理就要注意五点。

1. 认真审视所面临的复杂的管理情境

为了直观地理解管理者所面临的复杂处境，让我们不妨想象自己是一位生态治理学家，试图使一个地区在获得可观的经济效益的同时，又不破坏经济基础所仰赖的生态环境。构成生态环境的地形地貌、阳光雨露、生物群落等形成一个能量与物质的循环，堪比人的特质、需求、内在和外在动机等周而复始地影响着人的行为。唯有以一种最优化、最具适应性的方式进行资源开发才能不打破微妙的生态平衡，但这需要治理者或管理者全面考量整个系统中的每一个环节，从而做到因地制宜。而一旦不加节制地从生态系统中抽走某种资源，或使某个物种数量递增或递减，或者人为地引入外来物种，都易于产生一个连锁效应，甚至使整个系统陷入恶性循环，其结果便是经济产出逐渐下降。在组织和企业的管理中，简单线性的管理压抑员工的创造性，使工作的动机水平下降，最终损害了组织或企业自身效益的情况也是屡见不鲜的。

2. 发挥管理的灵活性、主动性

Fiedler 等提出的"权变理论"（contingency theory）认为，要想充分发挥每个人的潜能以服务于组织的目标，就需要管理者灵活应变，根据具体情况做出决定，并采取适当的管理措施。也就是说，不存在一种放之四海皆准的管理方式，管理者所要做的不是依赖于一种固定的规章制度，而是要根据工作的性质和员工的特殊情况来决定组织的适当形式等。

3. 使组织机构和管理层次的划分、员工的培训和工作的分配、工资报酬和控制程度的设置，都要适应于工作和员工的需要，不能强求统一。当员工达成一个工作目标后，就能激起胜任感，使之为更高的目标而努力。

4. 实施"有原则"的管理

根据"复杂人"假设管理并不意味着"没有原则的管理"。除了全方位地考量员工的每一种需要和每一个方面,还需要知道其中哪种需要、哪个方面是应当优先考虑的,这是至关重要的。莫尔斯和洛希根据对亚克龙工厂和斯托克顿研究所这两个高效机构的追踪研究,将员工的"胜任感"确定为决定管理成败的重要因素。

5. 培育员工的胜任感

好的管理应当是可持续的,而要做到这一点必须切实关注员工与企业的共同成长——而这正符合人本主义的思潮。根据阿吉里斯(Chris Argyis)的观点,人总是处在从不成熟到成熟的连续发展过程之中。拙劣的管理会阻碍这个过程,使人格得不到成熟。良好的管理则会促进这个过程,例如:使员工获得从事多种工作的经验,采取参与式的、以员工为中心的领导方式;赋予员工以责任和权力;信任员工的自我调控力等等。

总之,"复杂人"假设试图超越以往的人性假设,成为最精确地描述管理与人的互动的假说。然而,研究表明,"复杂人"假设本质上离不开"经济人"、"社会人"和"自我实现人",因为一个人总是既受到外界环境的影响,又受到内在驱力的推动。在强调人性的复杂与多样的同时,我们也不应忘记,人所具有的相对稳定的心理结构、自我稳定能力和自组织能力,而且同一复杂人在不同情境下的思想、行为具有一定的连贯性。确切地说,"复杂人"并不是极端无序的、不可知的人性假设,而是一种灵活应变的元理论。

四、以人为本的管理

(一) 科技进步对"以人为本"管理的推动作用

人性假设的目标在转变,或者更精确地说是在不断扩大,科技力量在其中起了至关重要的作用。在 18 世纪,科技力量在组织发展中凸显威力时,人们还没有足够多的知识去驾驭它,员工们仅仅是简单的模仿操作,人的主观能动性和素质无法通过科技表达出来,并影响组织发展;当时的员工也只求温饱,没有更高层次的精神诉求。因此,"经济人"假设将员工视为一种需要支付金钱才会按要求生产的"工具"。

随着科学技术的发展,人们的主观能动性开始能提升组织绩效,人们的精神诉求随生活水平提高而萌发,且"经济人"假设在理论上遇到与实践的冲突和理论探索的瓶颈时,人们渐渐认识到,除了组织领导者,基层员工的作用日趋强大。特别是随着时间进一步推移,大多数组织将向两个方向发展,一个是将现有资源整合,形成一套集上中下游为一体的产业链,形成集团经营模式;另一个则是不断细分员工需求,通过需求上的个性差异得到进一步的发展。资源整合成产业链或者细分需求都是为了进一步为市场乃至国家服务,前者降低运行成本,后者则是开拓市场;与此同时,管理者由于有了科学技术提升与相关经验积累,他们必然会进一步创造市场,创造新的供给模式,并渗透到大多数领域中。因此可以把这种假设称为"以物为本",而"以物为本"是建立在"以人为本"的基础之上的。

根据世界银行①对全世界121个主要国家的统计,以1980年为基年,各国在职职工人均GDP贡献率(按1990年美元为基准)截至2008年大体增加了1~3倍(如图8-1),因此可以看出员工在整个经济中的重要性愈加突出,而这就催生了人本管理方案的提出。

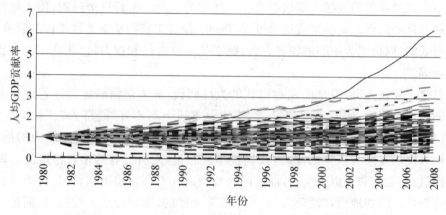

图8-1 在职职工人均GDP(按1990年美元为基准)②

(二)以人为本的管理始于人的不同需要

以人为本的管理和科技进步与社会水平所导致的人的需求提高息息相关。人本管理是把组织中的人视为人本身来看待,而不仅仅是将他们看作一种生产要素或资源。而人都具有各个阶段不同的需要,满足这种需要就可能激发起个体积极性的源泉。因此,只有对员工心理需要进行透彻的分析与研究,才能实施以人为本的管理。

马斯洛提出,人的需要由低级到高级可分为五个层次:

第一层次,生理需要。这是人类最原始的基本需要,指衣、食、住、饥、渴、性等方面的生理机能的需要。因此,这些需要是人类最强烈、最迫切的、最不可回避的需要。

---

① 来源:International Labour Organization, Key Indicators of the Labour Market database.
② Description:GDP per person employed is gross domestic product (GDP) divided by total employment in the economy. Purchasing power parity (PPP) GDP is GDP converted to 1990 constant international dollars using PPP rates. An international dollar has the same purchasing power over GDP that a U. S. dollar has in the United States.

第二层次,安全需要。这指能满足个体免于身体与心理危害恐惧的一切需要,如收入稳定、强大的治安力量、福利条件好、法制健全等等。安全需求包括对人身安全、生活稳定以及免遭痛苦、威胁或疾病等的需求。当一个人的生理需要得到一定满足后,就自然会有安全的需要。

第三层次,社交需要。当生理需要和安全需要得到相应的满足后,就会产生社交需要。社交需要包括社交欲和归属感,指能满足个体与他人交往的一切需要,如友谊、爱情、归属感等。

第四层次,尊重需要。尊重需要指能满足他人对自己的认可及自己对自己认可的一切需要,如名誉、地位、尊严、自信、自尊、自豪等。尊重需求既包括对成就或自我价值的个人感觉,也包括他人对自己的认可与尊重。

第五层次,自我实现需要,这是一种最高层次的需要。这指人们希望完成与自己的能力相当的工作,使自己的潜在能力得到最充分的发挥,成为自己所期望的人,实现个人理想、抱负,发展和发挥个人的能力与创造性。自我实现需要的产生,有赖于前面的生理需要、安全需要、社交需要和尊重的需要的满足。

马斯洛认为,一般来说,只有在较低层次的需求得到满足之后,较高层次的需求才会有足够的活力驱动行为,才有可能成为行为的重要决定因素。在管理过程中,管理者要充分调动员工的工作积极性,应了解和研究员工的需要状况,并力求满足员工不同层次的需要。

(三) 以人为本的管理措施与方法

查清并满足人的各种不同需要,是以人为本的管理方式的重点内容。对应于需求层次理论提到的五种需要,管理者在员工积极性激励管理中应采取相应的管理策略。

1. 满足生理需要

当员工还在为生理需要而奔波时,他们所真正关心的问题不是工作本身,而是工作之后所能得到的报酬。对于生理需要满足状况较差的员工,管理者可采取增加工资、提高福利待遇等措施。

2. 重视安全需要

对许多员工而言,安全需要表现为安全稳定的工作条件以及有医疗保险、失业保险和退休福利等。当企业管理者感到员工的安全需要非常迫切时,他们应在管理中强调安全措施、职业保障、福利待遇,并保护员工不致失业。在处理问题时不应标新立异,并尽量避免或反对冒险。

3. 支持社交需要

当员工的社交需要得不到满足时,就会影响员工的精神,导致高缺勤率、低生产率、对工作不满及情绪低落。因为当社交需要成为主要的激励源时,工作被人们视为寻找和建立温馨和谐人际关系的机会,能够提供同事间社交机会的职业环境会受到特别重视。管理者应注意支持与鼓励员工之间的各种正当社交行为,强调企业的团队精神和融洽的同事关系,并利用工作之余有组织开展文体比赛、集体聚会或旅游等活动,为员工提供更多的社交机会。

4. 关注尊重需要

尊重需要强烈的人关心的是成就、名声、地位和晋升机会。当他们得到这些时,不仅赢得了人们的尊重,同时就其内心因对自己价值的满足而充满自信。不能满足这类需要,就会使他们感到沮丧。管理者应注意满足员工的尊重需要,尤其是对于那些尊重需要强烈的人,在激励他们时应采取公开奖励和表扬的方式。布置工作要特别强调工作的艰巨性以及成功所需要的高超技巧等。管理者还可以通过颁发荣誉奖章、在公司的刊物上发表表扬文章、公布优秀员工光荣榜等方式来提高员工的工作自豪感。

5. 鼓励自我实现需要

追求自我实现需要的人,他们在工作中往往具有较高的自觉性,善于独立解决问题,创造性地完成工作任务,以充分显示自己的才能。企业管理者应重视并注意发展员工的自我实现需要,在安排工作岗位时要做到人尽其用,尤其要充分发挥高级人才或特殊人才在企业生产经营过程中的作用,给他们委以重任或委派特殊任务,使他们更好地施展才华,实现自我价值。在设计工作时应给员工以必要的自主性和灵活性,鼓励他们大胆创新。

当然,虽然人的需求满足是阶梯式的,但是真实世界中人的需求并不存在如此严格的界限划分。平凡的生活中孕育着不平凡的理想,平凡的人在简单层次需求的追求之外,也一定存在着自我实现需求的追求,也会因之产生超越基本需求的动力。而这种动力的激励,则需要寄托于充分的管理经验与天才予以发现。

第二节 领导心理与管理艺术

一、管理者的权力与影响力

美国前国务卿鲍威尔曾经说过:"权力是影响和鼓舞的能力。"影响力是在某个方面影响他人行为的能力,而权力是影响力的潜能或能力。当领导者实践权力的时候,他们才是有影响力的。要施加影响,一个领导就必须拥有能影响决策和控制的权力、潜能或能力。例如,假定一名教员是课外兴趣活动小组的非正式领导者,这名教师可以凭借他的才智和魅力对参加兴趣小组的学生施加少量的影响力。如果把这个教师放在教导处主任的位置(更加正式的权威),则他的影响力会增加。

(一) 客体性权力

按照权力的客体,可以分为人事权、事权、财权、制空权、制海权等权力。人事权,即对人事的调任、升降、奖惩;事权,即对各种事物(例如交通事务、环境保护事务)的领导和管理;财权,即对钱财的调拨、分配、管理,包括收税、拨款、开支等等;物权,即对物质的调拨、分配和管理;制空权,即对一定范围的天空的控制权;制海权,即对一定范围的海域的控制权。

(二) 影响性权力

按照权力影响的方式和手段,可以分为强制性权力、奖酬性权力、象征性权力。政治社会学家阿·伊兹热将权力分为强制性权力、奖酬性权力和象征性权力等几类。(1) 强制性权力,即利用物理制裁或威胁的权力。其手段包括使用刑罚、禁锢、流放、死亡威胁、对人的身体进行物理性制裁、阻止客体满足自身的某种需要以及其他威胁手段。(2) 奖酬性权力,即利用物质资源来奖励或处罚的权力。(3) 象征性权力,即利用象征性资源来奖励或处罚的权力。权力客体或受影响者由于社会化的作用,而内化了某种观念,形成了对某种象征性资源的追求,导致主体或影响者服从。

(三) 职位性权力

职位性权力主要有合法权力、奖励权力、强制权力和信息权力等。职位性权力影响力由上级赋予的职位、地位、权力构成,对领导者来讲具有外加性,对被领导者来讲具有很大的强迫性。

1. 合法权力

合法权力指的是做出决策并能得到遵守的合法的权力。在组织中处于最高位置的人比位于其下的人拥有更大的权力。在这当中,组织文化对于任何人的权力都是有所限制。

2. 奖励权力

奖励权力指由于雇员遵从决策而给予奖赏的权力。只有当某种意义的奖励能够被领导者自由支配时,领导者才能有效地使用奖励权力。

3. 强制权力

强制权力是对不服从行为进行惩罚的权力,这种权力的基础就是畏惧心理。强制权力是受到限制的,因为将惩罚和畏惧心理作为激励手段所造成的后果难以预料。领导者滥用强制权力将面临权力被剥夺的危险。

4. 信息权力

信息权力指由于正式地控制了人们工作所需要的信息从而具有的权力。一个能更多控制顾客需求信息的销售经理拥有更大的权力。

(四) 个人性权力

个人性权力主要有专家权力、参考权力、威望权力等。对领导者来讲具有很强的内在性,对被领导者来说具有资源性,通常受环境及手段、接受者及其意愿影响。

1. 专家权力

专家权力是指通过专业知识、技能和才干来影响别人的能力。专家权力会发展成一种感召力。

2. 参考权力

参考权力是指通过一些悦人的特质和性格来影响他人的能力。参考权力会发展成一种感召力。

3. 威望权力

威望权力来自一个人地位和声望。一个事业成功的经理人自然就获得了威望权力。正直的品格也会增强威望权力,因为它提高了一个人的声望。

个人性权力大多属于非权力性的,其影响力由品格因素、才能因素、知识因素、情感因素等构成。社会发展到今天,非权力影响力对领导活动的作用大大增强,甚至在成功领导的过程中起着决定性的作用。个人性权力的层次模型如图8-2所示。

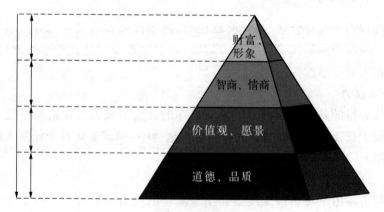

图8-2 非权力性影响力层次模型

此外,还可以按照权力对人身影响的范围,可以分为物理权力和心理权力。按照权力行使者的根据,可以分为合法的权力与不合法的权力等。值得一提的是,无论哪种权力的分类,权力与领导能力总是互相结合的,高效的领导人恰当地运用权力方式,在正确的时间,合理地发挥指导作用。领导者必须获得影响他人的权力。

二、管理有效性理论

管理一词的本义,就是指为达到目标而提出的有效解决方案或方法,是一种实现目的手段。然而,在实际的管理工作中,管理并非都是有效的。自从著名的美国管理学家彼得·德鲁克1967年经由哈伯·罗出版公司出版问世的《有效的管理者》,直至著名的德国管理学家弗洛蒙德·马里克1999年出版了《如何做一个有效的管理者》,整整半个世纪以来,几乎所有的管理大师都从不同的角度,提出了如何使管理有效的问题。

> 透过经理人的领导,资源将转变成产品或服务。
>
> ——彼得·杜拉克

作为管理的直接实施者,领导的有效性在管理有效性中起着决定性的作用。因此,讨论管理的有效性不妨先从领导的有效性入手。领导有效性是近几十年来管理心理学非常重视的问题,因此也形成了多种理论。

(一) 几种重要的领导有效性理论

1. 领导素质理论

领导素质理论源远流长,一般可分为传统素质理论与现代素质理论两个派别。

(1) 传统素质理论

传统素质理论认为,领导者的素质是与生俱来的,不具备天生领导素质的人不能当领导者。美国心理学家吉伯于1869年提出天才的领导者应具备以下七项天生的素质:善言辞、外表英俊潇洒、智慧过人、具有自信心、心理健康、有支配他人的倾向、外向而敏感。虽然某些领导者的确具备这些素质,但这种理论显然是片面的。首先它忽视了后天环境的作用,其次有些因素互相矛盾或与实际相抵触。

(2) 现代素质理论

20世纪70年代以来,人们逐步认识到领导者的个性特征是在实践中形成的,因而心理学家提出现代素质理论。这一学派的心理学家通常采用心理测量法对领导者进行多方面的测量,以研究领导者素质与遗传因素的关系,比较注重领导者素质的测量和改善;或是注意后天的环境因素等对领导者素质的作用,根据现代企业的要求提出评价领导者素质的标准,并通过专门的方法训练、培养有关素质。

2. 领导情境理论

领导的效率并非完全取决于领导的素质,同时也受环境因素制约。在诸多情境理论中,以下几种是比较有影响的。

(1) 领导的"连续带"模式

坦南鲍姆和施密特于1958年提出了连续体理论。他们认为在完全独裁和完全民主两种极端的领导行为之间,存在着许多中介性领导行为。它们与极端领导行为一起构成连续体。有效的领导既不偏向独裁的一端,也不可以追求民主。而是懂得根据实际情况决定决策方式,既用权力去影响部属同时也给其一定的自由。

(2) 道路—目标理论

道路—目标理论又叫目标导向理论,由加拿大多伦多大学豪斯创立。这一理论强调部属对领导行动的认可,只有当部属认为领导与大家共同努力的目标是会为自己带来利益的,领导的管理才会达到最大限度的效率。因此领导不应只是喋喋不休的指挥,应时刻关心员工的需要,作出明确的规定和安排,让员工心甘情愿地工作,以顺利达成自己的目标。

3. 参与决策领导理论

参与决策领导理论是美国心理学家弗鲁姆与耶顿于1973年创立的。该理论认为,有效的领导应该重视员工在决策中的重要性,并根据不同的情况,创造机会让员工不同程度地参与到决策中来。随着精英时代的流逝,现在是一个需要团队合作的年代,领导可以先做出决策然后征集员工意见,或是决策时与员工一同讨论,最终达成统一意见,确定切实可行的解决问题的方案。

(二) 实现领导有效性的具体途径

1. 用共同目标获取人员忠诚的协作意愿

组织是一个系统,但作为组织中的个人对组织的选择是自由的,在未形成共同目标时,个人是不会加入某个组织并产生协作意愿的。个人与组织的关系是在个人对组织认同后才自动产生的,这种认同来自个人对组织目标的判断,依据个人行动的有效性与效能来决定,而组织通过管理人员的职能,用影响和控制的手段对个人的行为和动机进行修正。"三个和尚"的故事告诉人们,正因为这三个和尚没有有效地分工、合作和激励,没有解决好个体与整体的关系,因而导致了没水喝的下场。所以说,如何架构一个有效的组织是提高管理有效性的必要前提。

2. 文化与制度控制

组织系统构成之后,作为对个人的控制,组织会有形或无形的对个人自由做出一定的约束。有形的约束来之规范、制度、条例等纪律性的规定,此属制度控制;无形的约束来自组织长期形成的价值判断、思维模式、行为方式等方面,此属文化控制。架构有效的组织,对于两者的控制都至关重要,但关键在于管理者如何控制那个"度"。只有将企业对成员内在的文化熏陶的"内仁"和使组织成员达到外在的协调的"外礼"有机的协调在一起,才可以实现组织的稳定与有效。

3. 赋予成员适度自由裁量权

今天的组织越来越臃肿,信息链变得漫长而效率低下,在瞬息万变的市场中,商机的争夺和突发事件的处理给高层管理者留下的反应时间越来越少。这时,给予每个活动单元适度的裁量权尤为重要,这样处于一线的组织更能代表企业利益准确地做出有利的决策。

4. 采用合乎职业道德、诚实的影响他人的策略

研究表明,效果最好的影响策略是理性说服、鼓舞性要求和咨询;最无效的策略包括压力、结盟和向合法权威提合法要求。合乎职业道德、诚实的影响他人的策略有,通过示范来领导、使用理性说服、发展专业专家(subject matter expert,SME)的声望、交换支持和交易、让相关人士支持你的立场、合法提出要求、进行鼓舞性的号召和情感表达、展示个人吸引力、咨询、结成联盟、成为团队行动者、尝试以身作则的领导等。而违背职业道德的影响策略有:玩弄权谋、温和地操纵人和情境、不合法的压力、玩游戏;在职业道德允许范围之内但被怀疑的影响策略有:降低姿态、向上请求、沉默对待、逢迎、开玩笑和哄骗。

一般情况下,影响策略应从最积极的、或者较少粗暴的策略开始,从低花费、低风险的策略开始,若效果不佳,可改换更强的策略。运用影响力策略的结果,体现在被影响者的承诺、顺从或抵抗,影响策略反过来也受到领导者的人格特征、领导者行为和情景的调节或影响(见图8-3)。

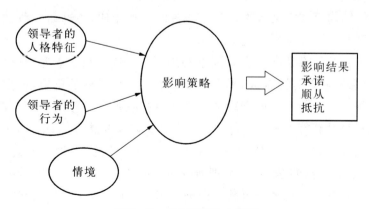

图8-3 权力和影响力模型

三、授权的艺术

 小贴士

> 夫运筹帷幄之中,决胜千里之外,吾不如子房;填国家,抚百姓,给饷馈,不绝粮道,吾不如萧何;连百万之众,战必胜,攻必取,吾不如韩信。三者皆人杰,吾能用之,此吾所以取天下者也。
>
> ——汉高祖 刘邦

(一) 什么是授权

尽管管理心理学对授权的问题进行了长期的研究,但究竟什么是授权,不同学者有不同的看法。

1. 授权就是权利、任务、能力三者的统一体

早期的授权研究主要是社会—结构范式研究,它的理论渊源来自民主政治的价值观和理论。社会—结构研究范式有关授权概念主要关注授权管理实践,例如降低决策层级,与下属分享更多的信息资源等。授权就是管理人员与组织其他人员共同影响决策的管理风格。从社会—结构的研究范式看,授权就是权利、任务、能力三者的统一体。但这种理论在很大程度上忽视了下属的素质和影响,某些情况下权利、知识、信息与奖酬已经与员工分享,但员工仍感到无权感。这些问题导致了心理研究范式的出现。

2. 授权由意义、胜任力、自主和影响四个方面构成

与社会—结构范式定义自主权分配与资源共享相比,心理研究范式认为授权能提高员工的自我效能感。运用 Tomas 和 Velthouse 的模型作为理论依据,Spreitzer 设计了一个四维度量表来测量心理授权。Spreitzer 认为授权由意义、胜任力、自主和影响四个方面构成,其中意义指的是工作目标的价值,根据某人的理想和标准来评估。一般人在做有意义的工作时会感觉自己被授权了。胜任力,或自我效能是对自己有能力做好某件事情的信任。自主是指在启动和规范行为时可以自行做出选择。影响是指某人在工作中影响战略性的,管理的或经营的结果。此外,在个体水平授权的基础上,心理研究范式还扩展到了群体的授权研究。但在心理授权研究范式中什么是权利值得进一步商榷的,这就是批判研究范式产生的原因。

3. 授权是将真实的所有权和公司的控制权授予员工

批判研究范式认为：如果没有直接针对员工所有权和代表性的正式权力结构，那么就会出现典型的授权干预面对无授权事实，因为真正的权力依然在组织高层。体验授权不是授权，而且授权干预产生更多的员工控制，这缺乏明显的意义。该理论认为除非通过真实的所有权和公司的控制权授予员工，就不能算是真正的授权。

可见，无论是社会—结构范式的授权，还是心理授权，抑或批判式授权，都强调了授权的不同方面，即谁在授权、向谁授权、授什么权。

(二) 影响授权的主客观因素

高层管理者在授权时，把权力交给什么样的下属才放心，这是比较头痛的事。因此，授权总要涉及各种主客观因素。

1. 授权者主观因素

(1) 不愿授权。究其原因有二：一是怕授权损害自己的利益，影响自己的分量和价值。在他们看来，只有事事自己决定，才能显示出自己的权威和本事。二是畏惧下属的潜力。因为他们担心这样的下属一旦被授权后会超过自己，给自己树立一个职务上的竞争者，在这种强烈权力欲的心理支配下，他们把权力握得紧紧的，不愿轻易授给下属。

(2) 不敢授权。有的领导者由于过分自信和过分谨慎而不敢授权。他们过分地相信自己的能力，总认为自己什么事都能办得好。他们不相信自己的下属，总担心把权力授给下属会出问题或滥用权力。因此，他们常常谨慎有余，魄力不足，不敢授权。

(3) 不会授权。有些领导大事小事都自己干，也觉得非常忙，他们虽然也想改变这种忙乱现状，从事务性圈子里跳出来，但却不知从何做起，不懂也不会把自己职权范围内的一些事授权下属，让他们去办。不愿授权的领导者，是他们没有树立起让下属掌权和用权的权力观。不敢授权的领导者不懂得"用人不疑，疑人不用"的用人原则，这是一个认识问题，而不会授权则是技巧问题。

2. 被授权者特征

授权在很大程度上，应取决于下属的情况。良好的被授权者应具有品德操守、良好的专业素养、执行力、综合协调能力、决策能力和创造力六个基本特征。对于具备这些特征的下属，应大胆授权；而对不具备这些特征的下属，则应缩减他们的权力。

(三) 如何有效授权

有效的授权，既能让下属分担工作，又可以人尽其才，减少资源浪费。有效的授权，既能让员工承担起责任，又可以激励员工有效的授权，既能培训员工，又可以让员工拥有成就感。有效的授权应包括以下几个方面：

1. 明确责任

授权就是让被授权者分担责任，而责任就是工作任务。管理者要为被授权者清晰地解释工作任务的内容，明确地划分责任中心，使被授权者在工作中不能相互推诿扯皮。这就需要管理者在授权前要广泛掌握信息。明确工作任务后，就要向被授权者指明完成任务后应取得哪些预定结果，达到什么预期目标。明确责任是管理者授权取得成功的重要步骤之一，管理者在分配责任时必须规定好被授权者应达到的预期目标、被授权者应负责从事的活动范围和任务、检验被授权者工作的标准。

2. 确定目标

亚里士多德说："要想成功，首先要有一个明确的、现实的目标——一个奋斗的目标。"任何组织都有自己的发展目标，管理者只有将组织的总目标进行科学地分解，授权下属共同分担，才能实现。因此，管理者在分权之后，应加强目标管理，及早发现和及时纠正局部存在的问题，以确保整体目标的实现。

3. 监督检查

权利和义务是对等的，一定的权利必须承担一定的义务。正确的授权程序包括坚持请示汇报制度和及时检查监督。被授权者负有向授权人汇报工作的进展和结果的义务。管理者应做到：建立健全请示汇报制度，以制度约束被授权者；了解实情，体谅被授权者工作中的困难；依据标准公正客观地检查，避免太多的主观倾向；上下及时沟通，齐心协力，共同履行职责，完成任务。

4. 不得重复授权

授权必须明确到具体的个人，不能含糊其辞，不能重复授权。有些管理者可能会不经意间将同一件事交给不同的两个人做，对管理者来说只是在口头上的随便交代，但是下级员工就会在领导语意不明确的情况下，都以为这是管理者交给自己的任务而开始工作。这样就会出现双头马车，造成组织资源的浪费，甚至造成组织员工的不团结。所以组织管理者授权时一定要清楚明白，不能出现重复授权的现象。

5. 责任和权力同时授予

授权有个误区，就是在授权时只给下属相应的责任而没有给下属充分的权力，这种授责不授权的做法是极端错误的。下属履行其职责，必须要有相应的权力。只有责任而没有权力，不利于激发下属的工作热情，即使处理职责范围内的问题也需不断请示管理者，这势必造成下属的压抑。只有权力而没有责任，又可能会使下属不恰当地滥用权力，这最终会增加企业管理者的过程控制难度。

6. 防止失控

授权的同时，要防止失控。如何防止呢？可以建立能够显示下属执行授权工作情况的反馈系统，以监测下属的工作进度。若下属的工作偏离目标，应立即采取措施纠正。有授有控,控授结合,合理授权应该授权而不失控。所谓"授权失控"是指授权后管理者对下属没有约束力,下级不听命于上级,出现侵犯上级职权即越权的现象。下级越权既损害了直接上级的威信,也会使企业出现指挥混乱局面,影响企业任务目标的完成。所以对越权的下属要严格管理,调整其授权,做到能放权也能收权,加强对被授权者的监督控制。

总之,管理的授权艺术是在长期的管理工作实践中总结并积累发展起来的,管理者在运用相关授权艺术时应根据特定的环境和条件,灵活运用各种方法和技巧,最终实现科学有效的授权。因此,每一个管理者都应在具体的工作实践中不断探索总结,将授权理论与管理实践结合起来,融会贯通,灵活运用,才能取得理想的管理效果。

四、管理者的时间管理

格里是威格利南方联营公司的经理。在他看来,正确的管理的基础是良好的时间管理。他说,专业管理要在"同样多的时间内完成更多的工作"中发挥作用,"我们在占用时间的数量上是相等的,我们在利用时间的效能上是不相等的。我们总是把时间用于重要的事情,没有足够的时间仅仅是借口,而不是理由。"在他的带领下,威格利南方联营公司成为美国最成功的超级市场之一,每年的销售记录和利润纪录不断被刷新。那么时间管理的秘密究竟是什么?以下将对其进行探讨。

(一)什么是时间管理?

小贴士

> 一寸光阴一寸金,寸金难买寸光阴。
> 逝者如斯夫,不舍昼夜。
> ——孔子
>
> 时间是最高贵而有限的资源。
> ——彼得·德鲁克

有人说时间管理是"有效地运用时间,降低变动性"。也有人认为,时间管理从目的上来看应该是"决定该做些什么;决定什么事情不应该做"。还有人觉得时间管理最重要的功能是"透过事先的规划,作为一种提醒与指引"。

事实上,时间管理的概念也在不断的发展中。第一代时间管理的概念是建立备忘录;第二代就是需要事先的计划和准备;第三代要求你会根据自己对任务的理解排列优先顺序。到了第四代,时间管理的概念更是扩展到了分工合作的授权管理。

根据这样一个发展脉络,时间管理的定义也从"充分利用时间","在可用时间内尽可能多做些事",到"不把时间浪费在不相干的事情上",再到"更好地控制时间","把更多的时间花在重要的事情上"。目前,较为先进的概念将时间管理定义为:"控制好时间的花费,并且更理性地决定花费时间的方式。"其中,概念的核心在于"效能"取代了"效率"。

效能是指适合目标的设定,以及未完成特定目标所需的适合手段的选择。有效能的管理者不但能够制定适合的目标,而且能够选择合适的手段以完成既定目标。

在结合时间管理的概念与你自身的情况时,我们可以从两个问题入手:你想达到什么目的?什么东西妨碍你达到这个目的?

(二) 时间管理中的认知误区

1. 时间管理就是充分利用时间做尽可能多的事情

如果你有这样的想法,你的有限时间很有可能被各种小事完全占据,以至于没有时间去做或是无限推后那些真正重要的事情。

这样的想法说明你完全没有分清迫在眉睫的任务和重要任务的区别,或是你一直在做自己感兴趣的事情,但却没有做对你最为有意义、最为重要的事情。迫在眉睫的工作并不是总有最高的回报率,却总是能得到比重要工作更优先的顺序,并且总是没有计划的插在你的日程表中,而真正可以帮助你达到最终目标的工作因此而被推后了。这其实是时间管理上的一大失败。如果你经常为优先顺序错乱而困扰,你的时间管理理念就值得警惕了。

2. 将突发事件直接插入已有的计划表中

这样一来,每时每刻都有可能发生的突发事件就持续不断影响着你已经计划去做的事情。在这种情况下,你的计划怎么可能很好地完成呢?更何谈时间管理!

3. 如果时间更宽松一些的话我能够更好地完成任务

帕金森定律——"宽松的时间造成了拖拉的工作作风"。如果你在确定某个任务所需用时间过于宽松的话,你的工作效率就会大打折扣。因此,在规定时间期限(或用时)时要格外谨慎。不要相信自己的这种借口!事实是你会因为时间过于宽松而使效率大打折扣!

(三) 时间管理的技巧和方法

1. 突发事件应对技巧与方法

有时候,一件事情是否值得马上去完成,需要进行评估。评估主要根据两个维度,即重要性与紧迫性。一般来说,对于紧迫性高而重要性低的事件可以请别人去做;对于紧迫性低、重要性也低的事情可以暂时别做;对于紧迫性低而重要性高的事件可以以后去做;而对于紧迫性高而重要性也高的事件则需要马上做,而且是自己亲自去做。具体措施如图8-4。

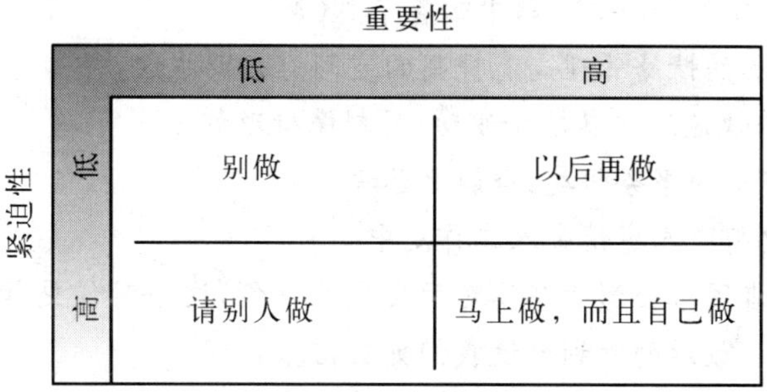

	重要性低	重要性高
紧迫性低	别做	以后再做
紧迫性高	请别人做	马上做,而且自己做

图8-4 事件应对措施

只要能坚持这样评估突发事件,相信你的日程表将会被更好地完成。

2. 日常时间管理技巧与方法

要有效管理日常时间,首要的问题是先了解自己的时间管理习惯。

（1）时间管理能力小测验

下面给出了15种常见的时间管理情形,请根据自己的情况用"是"或"否"回答以下问题。

Q1. 我不会因为巨大的压力而将工作延后
Q2. 我在情绪低落的时候依然集中精神工作
Q3. 我不会因为上一个项目的失败而搁浅现在的工作
Q4. 每一天我都会明确当天的目标
Q5. 我有制定项目时间表的习惯
Q6. 我能按照事件的轻重缓急安排完成的顺序
Q7. 我的办公桌面和电脑桌面总是整齐干净
Q8. 我与周围同事相处融洽
Q9. 我认为现在工作会议没有意义
Q10. 我要花费大量的时间收发邮件和打电话
Q11. 我总是能抓住问题的核心
Q12. 我敢于尝试新的变化
Q13. 我不会在决策的时候犹豫不决
Q14. 我会在固定的时间与朋友聚会
Q15. 我每周都会陪伴家人

统计一下,一共有____个 Y(是)。事实上,这些题目都是测定关于自我时间管理的能力,得到的 Y 越多,时间管理的能力就越强。

(2) 提高自我时间管理能力的一些建议

关于如何提高自我的时间管理,我们针对性地给出一些建议。

① 如果我在 Q1~Q3 题中回答了 N(否)

这说明你的情绪管理尚有提高的空间。我们建议:

A. 学会快速地平息情绪波动,时刻保持理智

B. 将当前的事务归类,冷静地思考

C. 不要将个人感情带入工作之中

失败或者困难会影响个体对于自我的评价,这个时候更加需要调整以发现积极的动机。最后的胜利会使我们更自信。

② 如果我在 Q4~Q6 题中回答了 N(否)

这说明你的计划管理尚有提高的空间。我们建议:

A. 将每日计划制作成图表

B. 把计划分为几部分,完成一部分就给自己一些奖励

C. 明确最终目的,区分最重要的目标

小贴士

80/20 原理——意大利经济学家帕累托在 19 世纪末提出在任何特定群体中,重要的因素通常只占少数,而不重要的因素则占多数,因此只要能控制具有重要性的少数因素即能控制全局。对于管理者的启示是,应当把时间投入到有较大意义的目标中去。

③ 如果我在 Q7~Q10 题中回答了 N(否)

你的工作管理尚有提高的空间。我们建议:

A. 每日整理文件和收件箱

B. 学会倾听和尊重,每周至少一次与同事共同进餐

C. 减少不必要的工作,将它交给其他人

富兰克林效应(Ben Franklin Effect)——当帮助了别人,我们以后会更加喜欢给予他人帮助——因为我们会通过这样的方式来证明自己对自己能力的评价。对于管理者的启示是:让人际间的帮助成为一种双赢。

④ 如果我在 Q11~Q13 题中回答了 N(否)

你的思维方式管理尚有提高的空间。我们建议:

A. 制作"思路图"

B. 在分析每一步的时候提问"为什么"
C. 避免过度的拖延症和完美主义倾向
⑤ 如果我在 Q14～Q15 题中回答了 N(否)
你的生活管理尚有提高的空间。我们建议：
A. 在制订计划的时候留出"8 小时"外的计划
B. 培养一个健康的运动习惯

第三节 人员激励与奖惩管理

在实际工作中,我们常看到这样的现象,不同的人,工作的努力程度不同,绩效也就不同。那么,如何才能在更大程度上开发员工的潜能,让他们变得富有创造力和活力？这是管理心理学中有关员工激励与奖惩的重要问题。下文将从激励的一般理解、激励的有关理论、激励的几种形式等几个方面介绍人员激励与奖惩管理的相关内容。

一、激励概述

在管理心理学中,激励指的是一种精神力量或状态,它对人的行为产生激发、推动、加强的作用,并且指引行为导向目标。简而言之,在组织管理活动中,激励实际上就是通过满足员工的需要而使其努力工作、实现所在组织目标的过程,是将员工的理想转化为具体行为的连接手段,也就是我们平时所说的调动人的积极性。

研究发现,一个人对组织和部门的价值并不完全取决于他的能力,在很大程度上取决于他的工作动机,也就是工作的积极性。人的工作动机并不是天生就有的,人没有生来就懒惰的,也没有生来就勤快的,人的努力水平取决于目标对他的吸引力,取决于目标能够在多大程度上满足员工的需要。激励员工就是要设法使他们看到满足自己的需要与实现组织目标之间的关系,从而产生努力工作的内在动力,勤奋工作。

美国哈佛大学教授威廉·詹姆斯在《行为管理学》一书中指出,通过对员工的激励研究,他发现,实行计件工资的员工,其能力仅发挥了20%～30%;在受到充分激励时,其能力则可发挥至80%～90%。也就是说,同样一个人在受到充分激励后发挥的作用相对于激励前的3～4倍。通过激励,可以使员工充分发挥其技术、特长和潜能,保持工作的高效率。工作效率的提高,自然有助于组织绩效的提高和组织目标的达成。此外,激励也是形成积极向上的品牌文化的有效途径。

作为一个管理者,团体和组织为了实现既定目标,就更加需要激励全体成员。在一般情况下,激励表现为外界施加的吸引力或推动力,激发成员自身的推动力,使得组织目标变为个人目标。一个人的行为必受到外界推动力或吸引力的影响,这种吸引力和推动力通过个体自身的消化和吸收产生出一种自动力才能使个体由消极的"要我做"转化为积极的"我要做"。

二、激励的有关理论

有关激励的各种各样的大量理论研究始于霍桑效应(Hawthorne Effect)。霍桑效应是通过1924年至1933年间的一系列实验研究,由哈佛大学心理专家乔治·埃尔顿·梅奥(George Elton Mayo)教授为首的研究小组提出此概念。霍桑一词是美国西部电气公司坐落在芝加哥的一间工厂的名称,是一座进行实验研究的工厂。实验最开始研究的是工作条件与生产效率之间的关系,包括外部环境影响条件(如照明强度、湿度)以及心理影响因素(如休息间隔、团队压力、工作时间、管理者的领导力)。霍桑效应研究表明,员工的情感需求与工作绩效之间存在着重要的关系。

之后,各种激励理论也如雨后竹笋般涌现,其中重要的包括马斯洛的需求层次理论、赫兹伯格的双因素理论、麦克利兰的成就需要理论、五因子工作特征理论、行为主义理论、弗洛姆的期望理论、亚当斯的公平理论等。

(一)早期的动机激发理论

早期的激励理论主要以X理论为基础。该理论假定大多数人是被动的、经济的、惰性的,他们不愿承担责任而宁愿服从,看重物质利益的满足,自我中心,无进取心且明哲保身。因而,只有通过物质利益的刺激和严格的规定和控制才能管理他们。比如管理科学之父泰勒的理论就是典型的代表。在"经济人"的假设上,他认为管理需要"萝卜加大棒",即使用经济手段刺激员工努力工作,并辅以强制性的监督和惩罚。

行为主义心理学代表人物斯金纳的理论则被称为强化激励理论。斯金纳依据他的"操作条件反射"原理指出,人和动物都会避免做出有不利结果的行为,而倾向于做那些会造成有利结果的行为。因此,要员工努力工作就要使这一行为造成对他们有利的结果作为强化物。虽然,这一理论不排除使用精神的报酬作为强化,但是仍然忽视了人内部的情感认知等,因而斯金纳的理论又被称为强化激励理论。

麦克利兰则将人的需要分为权力、合群和成就需要三种。其中成就需要指具有挑战性的工作完成以后的成就感,会使人增加奋斗精神。具有高度成就需要的人一般具有以下特征:采取适中程度的风险措施;要求及时得到工作的反馈信息;从工作的完成中得到很大满足,全神贯注于完成任务。

奥尔德弗则提出了一种与马斯洛的理论密切相关但有所不同的理论。他将需要分为生存、关系和成长等三类,由于这三类需要的英文名称第一个字母分别是E、R、G,因此,该类理论又被称为ERG理论。

赫兹伯格在做了许多研究之后,认为人的需求有两个因素:一是保健因素,指工作环境、人际关系、工资福利等,这是产生消极情绪的原因;另一个是激励因素,包括工作、成绩、赏识、责任等,这是产生积极情绪的原因。管理者应针对这两种因素的不同作用来激励员工。虽然这个理论受到许多批评,比如样本的代表性,将两因素截然分开是否妥当等,但是该理论也为我们考察激励的因素提供了一个很好的视角。

(二)综合激励理论

1. 波特和劳勒的内外激励理论

与赫兹伯格一样,波特和劳勒也从两个方面讨论激励,不过它们被称为内激励和外激励,而不是以"需要"的角度来划分的。内激励相当于"企业内",指工作条件、报酬、企业政策等;外激励则是社会心理方面的要素,包括认可、人际关系等。这一模型被称为综合激励模型。

2. 亚当斯的公平理论

美国心理学家亚当斯提出了公平激励理论。亚当斯认为,个体的满意不只是绝对满意程度的高低,而且还在对于其他人的比较之中。只有当自己与他人的付出与所得之间关系是均衡的,那么个体才会产生公平感,并维持和激发工作热情。

3. 目标激励理论

美国心理学家弗洛姆则探讨怎样的目标能激发人的潜能和动力这一问题,强调目标对人的激励作用。弗洛姆用了一个公式来描述目标和激励效果之间的关系,公式为 $M=V \times E$,其中 M 表示激发的力量;V 表示对目标效用的评价,简称效价;E 表示获得目标可能性的估计,称为期望值。因此,当人们面对很可能实现的有价值的目标时,动力是最大的,这就是他的期望目标激励理论的核心。

美国著名管理学家杜拉克提出的目标管理理论,将目标的设立放到了首要位置,统一个人需要与组织需要,从而激励员工,指导他们的行为。他认为要将愿景转化为具体的目标,分级地向下分解并最后落实到个人目标,以目标的达成作为管理、考评的手段。当然,这种繁琐僵化的形式使得实行起来有很多困难,但它也说明了目标的重要性,强调目标是一个非常重要的管理手段。

三、员工激励的具体形式和措施

基于激励理论的激励形式多样性,这里主要介绍经济激励、安全激励、自我激励、创造激励等几种形式。

(一) 经济激励

经济激励也即物质激励,是指以物质利益为诱因,通过调节被管理者的物质利益来刺激其物质需要的方式与手段。其中可包括奖酬激励(如工资、奖金、各种形式的津贴以及实物奖励等)、关心照顾(管理者对下属的生活给予关心照顾,是激励的有效形式。它可以使下属获得物质上的利益和帮助,而且能获得受尊重和归属上的满足,从而产生巨大的激励作用)以及善用处罚(在经济上对员工进行处罚,是管理上的负强化,属于一种特殊形式的激励)。但在运用处罚这种方式时要注意:必须根据可靠的事实根据和政策依据,令其心服口服。处罚的方式与激励量要适当,既要起到必要的教育与震慑作用,又不能激化矛盾。

(二) 安全激励

根据马斯洛的人格需求理论,"安全需要"是人最基本的生存需要,现今,在个别小学或幼儿园发生过学生意外死伤事件的情况下,安全激励对于每个员工就显得尤为重要。安全激励要求管理者加强安全管理,增加安全投入,提高科学管理水平,杜绝事故,改善劳动环境,建立良好、稳定的生产秩序,以此来调动职工的积极性、增强凝聚力。

1. 提供包括心理健康辅导在内的各种培训

一堂"如何迎接爱情"的心理健康普及讲座会令正处于迷茫阶段的青年厘清烦恼,正视现实,类似必要的心理卫生知识对于他们来说正是最需要的。除此之外,如果能够定期对员工的职业发展进行指导,并提供各种进修和技能培训,更可以培养员工对于组织的忠诚感,也可以深入了解员工的潜力,促进人力资源管理的良性发展,也能够树立组织的良好形象,给组织带来直接和间接的经济和社会效益。

2. 安全激励与经济激励相结合

由于安全激励形式是针对较底层员工的,因此与经济激励的结合是十分重要的,因为他们的物质生活(如食宿、医疗、法律等)的保障通常较低。只有满足了最基本的安全激励,员工的工作环境才是有保障的,即让员工感觉"我们是安全的"。

(三)自我激励

自我激励是指员工可以在工作中找到成长和自我实现的需要。这是工作与个人自我价值的相匹配,虽取决于个人价值,也可待企业的管理层寻找了解和去开发的途径。自我激励的方式多种多样,比如,建立员工意见反馈体系和员工自我管理体制就是一种很好的方法。

1. 建立员工意见反馈体系

具有自我价值实现需求的员工一般强烈要求独立、自主、创新、自尊。他们对权威和领袖有一套自己的看法,而且叛逆心理比较突出,他们强调个人价值。比如说,有很多 NGO 的员工收入并不高,或许他们在其他组织可以得到更高的薪酬,但是他们往往会选择留下,其中除了组织自身文化环境,还有一个很重要的因素就是在择业中"自我实现"的需求,这被马斯洛定义为人的最高层次的需求。这种情况下,在工作中给予个体"自我"的展现即成为一种有效的激励措施。例如,管理者可以充分尊重员工的建议,乐于倾听员工的心声,内部管理制度不能只停留在人的约束的表面层次上,而应该确保员工能够公开的提出意见,并且对意见的反馈能够公开、透明等,这样能调动他们的工作积极性。

2. 建立员工自我管理体制

现代社会员工普遍接受过一定程度的教育,且由于受到信息多元化因素的影响,他们对于工作本身的价值和意义具有较高的期望和追求,内心深处有着强烈的参与管理的愿望,此时对于自我管理权限的赋予即成为一种有效的激励措施。因此,领导层应正视这些特点,搭建平台,鼓励和引导员工自知,借助短信、OA 留言、E-mail、网上员工论坛、聊天工具讨论等方便快捷的沟通方式,让员工参与管理。

3. 提供进修机会,进行职业生涯规划和指导

提供进修机会,进行职业生涯规划和指导,对于知识型员工有着很强的吸引力,他们所关注的个人发展和自我实现等都可以在这个过程中得到满足和支持。将员工的个人发展与组织发展结合起来,可以建立起组织和个人的一种长期联系,增强员工的归属感,达到对知识型员工长期激励的目的。

(四)创造激励

创造激励是指可以让员工对工作本身保持一定的好奇心,其中包括对新经验的

需要和创新。创新对于一个组织而言是十分重要的，而对个人而言同样是重要的，一个一直在重复着机械劳动的员工不可能对于工作有太大的激情，而那些一直可以迎接新挑战、尝试新事物的员工对于工作一般会持较大的热情。特别是具有创造性的员工往往更有市场精神——公开表明自己的利益，不委曲求全，同时他们的等级观念不强，不会因为职务级别而尊重自己的上司，甚至有时会藐视权威。他们更具有自己的意见，更强调表现、彰显自我价值，他们厌恶传统的层级制度，更习惯民主协商的沟通模式。他们不迷信权威，渴望成功，不加掩饰地表达自己的野心。同时张扬的性格也常和现实的社会发生抵触，容易产生心理问题。

在进行创造激励的过程中，管理者应该担任设计者的角色，根据员工的能力为其提供具有挑战性而不过分超出其能力范围的工作机会，以满足员工挑战自我的需求。通常而言，具有较高激励性的工作包括五个因素：第一，工作技能的多样化，指工作要求员工使用多样的活动和技能来完成；第二，工作任务的完整性，要求员工完成整项任务，取得明显的工作成果；第三，工作任务的重要性，指员工的工作对他们的工作生活有重大影响；第四，工作的自主权，指允许员工独立、自由地决定工作程序和进程；第五，工作绩效的反馈，指员工可直接获得自己的工作绩效的信息。其中前三项会影响员工对工作意义的感知，第四项关系到责任感，第五项使员工理解实际成果，这是三项关键的心理状态，影响员工的态度和行为。

（五）参与激励

参与激励指的是让员工参与管理，其优势在于能够集思广益，使目标更加趋于科学化、合理化。运用这一模式的好处是，制订计划本身就作为一种奖励在激励着员工，同时自我制定的计划有更高的认同感和执行力。

在参与激励实施过程中，可以把组织的整体目标由参与者逐层转化为各阶层与各单位的子目标，形成一个目标体系，同时以设定的目标作为激励的工具，定期回馈上级，共同讨论以进行绩效评估。让员工与上司共同参与设定能客观衡量成果的目标。

针对员工自我意识、平等意识强的特点，管理者可以"顾问"的角色让员工自己做出决策，尽可能少地干预其选择，制定大致的阶段性目标引导员工，以管理权限为激励，使员工在独立完成目标的同时逐渐成熟起来。

总之，在上述几种激励形式中，经济激励和安全激励是最为基本的也是较易实现的激励形式，而自我激励、创造激励与参与激励则属较为高级的激励方式。这几种有效的激励方式的结合应用对于激励员工和建立良好的组织文化大有裨益，但具体的结合方式也要视组织本身的性质及员工所担任的工作而定。

第四节、群体心理与团队管理

群体成员的工作绩效并非个人绩效的简单相加,因此,研究人们在工作群体中的心理活动与行为以及团队管理的方式也是管理心理学的重要内容。本节将主要讨论群体中的人际关系、群体冲突、群体凝聚力、群体沟通等相关内容。

一、群体中的人际关系

群体中的人际关系是指组织环境中人与人之间的交往和联系,既包括心理关系,也包括行为关系。其特性包括:(1)社会性,即人的社会关系或通过社会关系表现出来的属性,它是人际关系的本质属性;(2)情感性,即以感情作为基础,人们才能建立起亲密的人际关系;(3)复杂性,即人们之间的交往过程中,各种关系交织在一起,错综复杂。

(一)人际关系的类型和分类

黄光国(2005)通过研究台湾地区家族式企业中人际关系的特点,并参考了西方的社会交易理论之后,提出了中国背景下人际关系的三种分类,主要包括:(1)情感性关系:以人与人之间感情需要为基础的直接交往关系,主要用以满足关心、温情、安全感、归属感等情感方面的需要。(2)工具性关系:个体为了获得所需要的某些物质利益而与他人建立的社会关系,这种关系大多是短暂且不稳定的。(3)混合型的人际关系:介于情感性关系和工具性关系之间的一种关系类型,在混合性关系中,人际交往的本质是特殊性和个人化,其交易法则是"以和为贵,礼尚往来"的人情法则。

(二)影响人际关系的因素

影响人际关系的因素主要包括客观因素与主观因素两个方面。

1. 客观因素

(1)空间距离:人与人之间在空间距离位置上越接近,双方接触了解的机会增多,越容易形成彼此之间的密切关系。

(2)交往频率:人与人之间相互接触次数的多少,一般而言,彼此之间交往的频率越高,越容易形成密切的关系。

(3)态度相似:人们对事情的看法的一致性和采取行动的相像性,态度相似的个体之间有更多的共同观念和兴趣,更容易相处和交流。

(4) 需求互补:人际交往的动机和目的是双方有交际的需求和满足需求的期望,如果交往双方的基本需要都能从交往过程得到满足,其人际关系就会密切、融洽,反之亦然。

(5) 人格吸引:人格的吸引力包含有外貌、仪表、才能、品行、性格等方面,随着人际交往的深入,外表的吸引力逐渐下降,内在吸引力逐渐上升。

2. 主观因素

(1) 人际安全:个体在人际交往中对自身状况保持有利地位的肯定性体验。

(2) 人际期望:个体对人际双方在一定条件下心理、行为的预期和愿望。

(3) 人际张力:个性在特定人际关系中所体验到的一种心理紧张状态。

(4) 人际报复:个体在人际交往中会无意识地报复曾经贬损过自己的对象。

(三) 常用的测量人际关系的方法

1. 社会测量法

社会测量法又被称作群体成员人际关系分析图,美国社会心理学家雅各布莫雷诺(J. L. Moreno)于1934年创立。他认为,群体成员相互作用的关键在于彼此好恶的感情。据此,群体中人际关系大体上可以划分为三类,即"好感"、"反感"、"不关心"。具体是提出一些供选择的问题,让被测群体中的成员对相互关系进行判断和选择,然后把人们互相选择的结果,通过图表整理和反映出来,揭示出该群体的人际结构,从而测出个人在群体中的地位,揭示人们相互的关系,发现群体中的亚群结构,把握该群体人际关系整体结构的性质、类型和层次。

2. 相互作用分析法

相互作用分析法是贝尔斯(R. F. Bales)创造的一种群体成员关系分析方法。他认为,在一个没有领导人的群体活动中,群体成员相互作用的行为可以分为两种:一种是成员对工作任务的行为,另一种是成员间相互关系行为。而当群体内存在着领袖人物时,可分为两类:一类是对工作任务意见和建议最多的领袖人物,被称为"工作任务专家";另一类是与大家关系很好,为大家所喜爱的领袖人物,被称为"群众关系专家"。

除此之外常用的还有行为测量法、参照测量法和层次测量法等。

(四) 改善人际关系的方法

1. 感情投资法

感情投资是对人倾注真挚、炽热的感情,舍得在密切感情方面花本钱、下工夫,以争取人心,更好地发挥群体成员的积极性。创设一种"心理磁力场",就能吸引群体成员团结一致,共同努力。

2. 深层了解法

人们的交往是由浅入深的。礼仪交往,互相关照;功利交往,促使事情办成;感情交往,建立一定友谊;思想交往,成为知己。心理动力学认为,深入了解别人,是要经过一定层次的。

3. 中和互补法

人际交往在本质上是一个社会交换的过程,交换的基本原则是个人期待人际交往对自己是有价值的,在交往过程中得大于失或得等于失,至少是别太少于失。人们之间互有差别,互有需求,互有补偿,相互接近,逐渐中和,成为好朋友,使群体达到和谐的状态。

4. 求同存异法

人们交朋结友,只要政治原则、基本倾向相同,至于个性特点、习惯爱好、生活情趣等有差异,不妨求大同,存小异,做到大事讲原则,小事讲风格,在枝节问题上不苛求于人,同样可以成为好朋友。

二、群体冲突

在组织行为学的框架内,群体冲突可以被定义为:行为主体在人际交往或工作互动中,一方感知另一方由于某种原因会对自己的利益和偏好产生了消极影响,或者将要产生消极影响而导致的对立的心理状态或行为过程。群体冲突可以划分为三类:即个人的心理冲突、群体中个人之间的冲突和群体与群体之间的冲突。

(一) 群体冲突形成的主要原因

1. 人的个性的侵略意识

美国行为科学家杜布林(Andrew J. Dubrin)认为,人的个性中存在着潜在的侵略意识,人的这种侵略意识总是寻找机会表现出来,人们在组织中的尖刻语言、争吵、中伤、对抗等行为,有时就是在发泄这种"侵略性",组织和群体是人们经常表现这种个性的主要场所。

2. 对于有限资源的争夺

资源的稀缺性与需求的无限性这对矛盾造成了个人和群体对于有限资源的争夺。由于不同的群体对于各个方面资源的占有不平均或不对等,不可能按照人们的愿望或者是完全合理的分配,所以对于资源占有的冲突是不可避免的。

3. 以竞争作为一种激励手段

管理者有时利用群体间的竞争作为激励工人的一种手段。这种策略的基本原理是：人在有压力时将会生产出更多的产品，因而群体间的竞争对组织来说是有益的。但如果群体之间工作上相互依赖，他们就可能花时间和精力去阻挠其他群体的活动，这样的阻挠行动在降低自身生产率的同时将降低其他群体的生产率。因此，实际上群体间的竞争常常导致群体间冲突的增加，而生产率却没有得到提高。

4. 工作协调问题

协调问题最主要体现在工作的分配模糊，即对工作职责缺乏明确的规定。工作模糊常常引起工作群体间的相互敌视，因为工作模糊往往使得重要的工作责任模棱两可，处于群体之间谁也不负责的真空之中，而每个群体却因为它所认为的是对方的缺点而感到义愤填膺。工作模糊在组织迅速扩大或组织环境显著变化时常常发生。

(二) 群体冲突带来的影响

群体冲突会引发群体内成员行为的变化，引起群体间关系的变化，同时对组织的绩效也会产生影响，有时甚至是破坏性的。压制所有的冲突往往会导致十分消极的后果。因为，如果对所有冲突都进行压制，人们就开始暗地里互相拆台而不是互相直接对抗。群体把精力花在企图削弱对手而不是努力去解决与对手间的问题上，将组织目标丢在脑后，却只考虑自己的输赢问题。

人们发现，尽管冲突的潜在消极后果相当严重，但与此同时，冲突也带来一些好处。冲突可能会成为组织变革的催化剂，它会促使组织重新评价公司目标或对优先顺序重新做出排列，迫使管理者发现那些过去一直被忽视的重要问题，并对这些问题做出高质量的决策。群体冲突往往会给组织带来冲击，使组织不满足于现状，从而走向革新。

(三) 合理解决组织内群体冲突的策略

冲突过高或过低都对组织的发展不利，应该被维持在一个合适的水平，遵循的一个总的原则就是：当冲突太多时，设法减少冲突；当冲突太少时，应采取些办法激发冲突，增加组织活力。

领导者应随时密切关注组织内部潜在的或已发生了的冲突，努力找出冲突的发生根源，采取适当措施加以处理。对于可能带来不利影响的破坏性冲突，其操作方法是多种多样的，像协商、仲裁、权威解决法适用于双方争执不下、冲突急需解决的情况，这不仅要以达成意见的一致为最终目的，更是对裁决者能力和责任心的考验。相比之下，若一时难以断定是非，又不是急需解决的问题便应该使用求同存异、另寻出路的思维模式，这样对解决重大问题的冲突，也有积极作用。冲突不应只是对立，还应相互启发，相互谅解和让步。

（四）冲突输赢的后果

赢得冲突不仅会强化对自己的肯定看法，而且会加深对其他群体的偏见。获胜群体对各成员的满意程度和需要更为关心，工作气氛变得更随和。群体凝聚力和群体合作也可能得到加强。

失利一方对群体冲突失利的反应往往是：企图否认或歪曲失败的现实。他们会花大量精力去为自己的失利寻找借口。如果失利群体能克服失败后最初的失望、愤怒，现实地承认失败，那么群体的情况将会向好的方面转变。群体将会加深对自身的了解，由于原来的偏见与框框已被失败打得粉碎，因而不得不重新对自身的长短做出评价。群体也可能进行重组以便更有效地运行，而且未来他们将会更努力地工作。

因此，作为群体冲突的参加者，无论是获胜还是失利，其影响都是两方面的。获胜能增加自我满意，但代价是自鸣得意；失利则使群体士气低落，但同时也可能刺激群体绩效的改进。

三、群体凝聚力

（一）凝聚力的概念

凝聚力又称内聚力，是群体成员愿意参加群体的活动和对群体活动赞助的强烈程度，既指群体成员之间的相互吸引程度，也指整个群体对每个成员的吸引程度。同时，它也是驱使一个团队中的成员能自愿地留在团体内的影响力量。组织的凝聚力与工作生产效率有着非常紧密的依存关系：当凝聚力与组织目标一致时，凝聚力越强，工作生产效率越高，越利于组织目标实现。研究表明，凝聚力与组织文化、心理契约具有密切关系。

1. 凝聚力与组织文化

组织文化的形成首先是领导者倡导的一种理念，这种理念被广大员工认同、吸收、内化，并广泛体现在组织行为规范、形象设计等之中。在现代企业的团体中，企业文化需要内化到员工的意识与行为中，对企业发展起到推动作用，同时，它也是一种整合的力量。

新的组织文化范式有三个主题词，除了组织文化与整合力量，还有一条暗线即团体凝聚力。要使共识压力增加，必须建设一个好的团队，而建设好的团队主要体现的指标是增强团队凝聚力，只有增强团队凝聚力才能更好地整合员工，使企业文化变成一种现实的整合生产力。

2. 凝聚力与心理契约

心理契约是组织与员工之间相互持有的、用以表明组织与员工之间隐含的和未公开说明的相互间期望的总和,即存在于个人与组织之间的、用以标明在彼此关系中双方所期望的付出和所得到的内容的一份内隐性协议。心理契约是个人的主观体验,受到个人经历、员工组织之间相互关系以及更广泛社会背景的影响。

凝聚力是基于心理层面的一个概念,它的形成是一系列心理原因、心理行为作用和发展的结果;心理契约和组织承诺是这一链条上的重要两环,而组织承诺其实又是心理契约的一种结果,正是由于个体对双方责任和信念的认知和对比才导致个体对组织产生不同的承诺方式和程度,并最终决定了组织凝聚力的形成与发展。由此可见,组织承诺是单维的,而心理契约则是一种双向的关系。

(二)凝聚力是如何产生的

1. 主动性凝聚力的产生

主动性凝聚力产生于企业成员共同的集体利益基础上,这对于核心层成员和普通员工来说是有所区别的。对于核心层成员,更多情况下是由血缘关系构成的凝聚力,也就是家族企业的家族成员之间血亲关系导致的共同利益;而对于普通员工,则较多是以整体利益构成的凝聚力,即建立在交易、契约等基础上的共同利益。除此之外还会有些其他共有利益形式构成的凝聚力,比如让公司的全体员工共同享有股份,或者建立在共同宗教信仰、同样社会纽带下的关系等。

2. 被动性凝聚力的产生

被动性凝聚力产生于个体受到外部因素的影响,通常是因为文化的引导和制度的强化这两个因素。制度对于企业凝聚力培育的作用体现在,一套健全完善、公平合理的制度规范体系能够使企业成员之间的行动一致和价值观念一致。制度不仅要规范和控制员工的行为,更需要有保障和激励功能,有助于进一步强化企业凝聚力的深度和广度。

(三)影响凝聚力的因素

凝聚力的主要影响因素包括:领导胜任力、凝聚力、人际关系、团队导向、物质刺激、情感关怀、组织发展与目标、体制变革、社会环境。

环境、个人、团队、领导四个因素对于团队凝聚力的影响效果都是显著的,而其中个人满意度、领导决策能力两个因素的影响更为明显。

(四)如何增强凝聚力

1. 增强组织目标与员工目标的一致性

管理者在强调组织目标重要性的同时,应当考虑到员工个体的目标,满足员工的个体需求。尽管这样可能会导致暂时的冲突和矛盾,但从长远来看,上下目标不一致,组织目标的实现只是一纸空谈而已。管理者可以鼓励员工参与制定组织的目标,并使之成为员工个人的奋斗目标。

2. 让员工觉得自己很重要

让员工感觉到自己工作很杰出,并能成就一番事业是非常重要的激励因素,有时候甚至比物质刺激更为重要。因此,员工应该被给予更多的空间,感受自己存在的价值,掌握命运从而发挥主观能动性。

3. 重视心理环境建设

心理环境又称组织氛围,多表现为一种无形的状态。管理者应该重视组织的心理环境是否使员工有较强安全感,能否激发员工的工作热情,能否使员工对组织有较强的认同感,是否有利于员工发挥自身的创造性。

4. 检查组织的公平系统

虽然公平与否更多的时候是员工的心理感受,也很难做到绝对公平,但体系内的公平系统依然是需要花力气检查和修补的。员工不仅在物质利益方面也会在精神需求方面寻求公平感,因此,管理者需要在制定政策、实施奖惩等方面均考虑到公平因素。

四、群体沟通的管理措施

管理学家 Coch 和 French 对 Harwood 公司做了关于群体沟通作用的调查。公司为了对工艺流程改造和工艺重组,采取了三种不同策略:策略1:仅告知将要进行的改革内容、意义、必要性等,然后待其反馈。策略2:需要对现有问题进行讨论并得出解决办法,最后派代表指定新的标准和流程。策略3:每人都讨论并参与设定,实施新标准和流程,要求团队合作。结果,第一组的生产效率没有任何提高,并且敌对态度明显,40天内有17%的工人离职;第二组在14天里恢复到原来的生产水平,并在以后生产效率进一步提高,无人离职;最后一组则在第二天就达到原来的生产水平,并在一个月里提高了17%的生产效率。由此可见,群体沟通对管理而言具有很重要的作用,员工的信息共享、参与程度和工作绩效等都会因充分而有效的群体沟通而得到改善。

(一)群体沟通的分类

群体沟通指的是组织中两个或两个以上相互作用、相互依赖的个体,为了达到基于其各自目的的群体特定目标而组成的集合体,并在此集合体中进行交流的过程。

根据组织系统划分,群体沟通可分为正式沟通和非正式沟通。信息通过组织明文规定的渠道进行的传递和交流是正式沟通。在正式沟通渠道之外进行的信息传递和交流称为非正式沟通,如员工间的私人交谈及一般流传的"流言"等。

根据信息流动的方向,群体沟通可分为下行沟通、上行沟通和平行沟通。下行沟通是上级向下级传递信息；上行沟通是指由下级向上级传递信息；平行沟通是指同级之间传递信息，如员工之间的交流、同一层级不同部门的沟通等。

根据发信者与接信者的地位是否变换，群体沟通可分为单向沟通和双向沟通。单向沟通只是一方向另一方发出信息，两者并无互动；双向沟通即指发信者和接信者两者有互动。

根据沟通形式区分，群体沟通可分为口头沟通和书面沟通。口头沟通是面对面的口头信息交流；书面沟通即指通过布告、通知、文件、刊物、书信、电报、调查报告等方式进行的信息交流。

(二) 群体沟通网络

1. 正式沟通网络

在正式群体中，人与人之间的信息交流结构称为正式沟通网络。

美国心理学家莱维特把组织中常见的沟通网络归纳为以下5种：链式、轮式、圆周式、全通道式、Y式。其消息流动情况如图8-5所示。

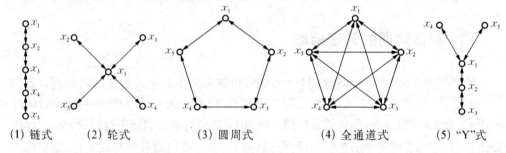

(1) 链式　　(2) 轮式　　(3) 圆周式　　(4) 全通道式　　(5) "Y"式

图8-5　正式沟通网络中的常见沟通模式

2. 非正式沟通网络

群体中信息的传播，不仅通过正式沟通渠道进行，还通过非正式渠道传播。美国心理学家戴维斯发现，非正式沟通途径有四种传播方式：单线式、流言式、偶然式、集束式。小道消息传播的最普遍的形式是集束式。

(三) 群体沟通的策略和方式

1. 注意正式沟通与非正式沟通相结合

非正式沟通不但表露或反映人们的真实动机，同时也常提供组织没有预料的内外信息，因此管理者可以利用私人会餐及非正式团体的娱乐活动等，多与员工接触并从中获取各种资料，作为改善管理或拟订政策的参考。

2. 注意上行、下行、平级沟通通道顺畅

在组织中，不仅要求下行沟通迅速有效，而且还应保证上行沟通畅通无阻且管

理者应重视自下而上的信息。因为只有这样,管理者才能及时掌握各种情况,从而做出符合实际的决策。另外,保证平行组织之间沟通渠道的畅通,是减少各部门之间冲突的一项重要措施。

3. 注意单向沟通与双向沟通相结合

单向沟通与双向沟通各有优缺点(见表 8-1)。

表 8-1 单向沟通与双向沟通的优缺点

	优　　点	缺　　点
单向沟通	消息传递速度快 沟通程序安静、规矩	需要较多计划性
双向沟通	信息内容传递准确、可靠 接受信息者对自己的判断有信心、有把握 增进彼此了解,建立良好的人际关系	沟通比较混乱、无秩序、易受干扰 发出信息者有较大的心理压力 双向沟通无法事先计划,需要当场判断与决策能力

4. 注意口头沟通与书面沟通相结合

传统的管理多偏重书面的沟通。现代管理中,口头言语沟通逐渐受到重视,但书面沟通仍然是一种重要方式。

口头沟通的优点是有亲切感,可以用表情、语调等增加沟通的效果,可以马上获得对方的反应,具有双向沟通的好处,且富有弹性,可以随机应变。但如果传达者口齿不清或不能掌握要点做简洁的意见表达,则无法使接受者了解其真意。沟通时如果接收受者不专心、不注意或心里有困扰,则因口头沟通一过即逝,无法回头再追认。书面沟通的优点是具有一定的严肃性、规范性、权威性,不容易在传达中被歪曲;它可以作为档案材料和参考资料,以及正式交换文件长期保存;它比口头表达更详细地供接受者慢慢阅读,细细领会。其弱点是沟通不灵活,感情因素少一些,对文字能力要求较高。

本章小结

● "人性"问题是管理心理学的核心问题,是一切管理理念、原则、方法的根本出发点和归宿,人性假设理论从经济人假设到社会人假设再到复杂人假设的演变,带来了相对应的管理心理学理论,如科学管理理论、行为科学理论、现代管理理论、后现代管理理论等。这些理论的提出与推广反映了管理思想从"以物为本"向"以人为本"的转变。

● 在领导心理与领导艺术方面,管理者的权力与影响力、管理有效性的理论构成了领导心理的理论基础,而管理者授权的艺术、领导者的时间管理则是领导艺术的重要组成部分。要施加影响,一个领导就必须拥有能影响决策和控制的权力、潜能或能力。重要的领导有效性理论有以下几种:领导素质理论、领导情境理论和参与决策领导理论。有效的授权应包括以下几个方面:明确责任、确定目标、监督检查、不得重复授权、责任和权力同时授予和防止失控。而在时间管理上,管理者要克服认知误区,掌握无论是日常还是突发事件的时间管理的技巧和方法。

● 如何才能在更大程度上开发员工的潜能,让他们变得富有创造力和活力,是管理心理学中有关员工激励与奖惩的重要问题。而无论是激励的一般理解、激励的有关理论还是激励的措施都无不与满足员工的需要相联系。有关激励的各种各样的大量理论研究始于霍桑效应。霍桑效应表明,员工的情感需求与工作绩效之间存在着重要的关系。之后,各种激励理论也如雨后竹笋般涌现,其中重要的包括马斯洛的需求层次理论、赫兹伯格的双因素理论、麦克利兰的成就需要理论、五因子工作特征理论、行为主义理论、弗洛姆的期望理论、亚当斯的公平理论等。而在激励员工的具体形式和措施上,主要有经济激励、安全激励、自我激励、创造激励等几种形式。

● 群体成员的工作绩效并非个人绩效的简单相加,因此,研究人们在工作群体中的心理活动与行为,以及团队管理的方式方法也是管理心理学的重要内容。群体中的人际关系是指组织环境中人与人之间的交往和联系,既包括心理关系,也包括行为关系。改善人际关系的方法主要有:感情投资法、深层了解法、中和互补法和求同存异法。群体冲突可以划分为三类:即个人的心理冲突、群体中个人之间的冲突和群体与群体之间的冲突。在解决群体冲突时,须遵循的一个总原则是:当冲突太多时,设法减少冲突,当冲突太少时,应采取些办法激发冲突,增加组织活力。组织的凝聚力与工作生产效率有着非常紧密的依存关系:当凝聚力与组织目标一致时,凝聚力越强,工作生产效率越高,越利于组织目标实现。研究表明,凝聚力与组织文化、心理契约具有密切关系。

本章思考题

1. 试用本章所学的理论,分析现实中的一位教师的影响力。
2. 良好的授权需要哪些条件?举例说明怎样的授权才是有效的授权?
3. 请用实例说明什么是时间管理?在日常工作生活中如何防止意外事件的干扰?
4. 群体沟通有哪些类型?在群体沟通中应该遵守哪些沟通原则?在教学管理中如何运用?

阅读材料　一个老师的自责、道歉与思考[①]

在昨天晚上的选修课上，我把三个学生礼貌、友好地请出了教室，这是我十几年来第一次在自己的课堂上遇到这样的学生，也是第一次把学生请了出去，尽管是礼貌而友好的。

整个晚上直到现在，我的心里都很不好受，有对自己的自责，更多的是深深的思考和沉重的责任感。

这三位学生从上课开始始终在偶有间断地接听手机和相互大声说话，在我友好地提醒了两次后还仍然是这样，其他学生都向他们投去了厌恶和无奈的目光，也向我投来了同情和征询的目光。我平静地对他们说，如果有什么事情没处理完，就出去说吧，不要影响讲课和听课。我以为他们会安静下来，但一个学生竟然真的站了起来走出去了，另两名学生在稍稍迟疑后也跟着走了出去。这时候课堂上很静，我反倒突然感到自己的不妥和尴尬，尽管整堂课充满了笑声和掌声，我心底还是多了一丝自责和沉重。在下课前，我当着近300名学生表达了自责和歉意。下课后，几个学生过来对我说，老师，你没有错，他们真的太过分了，也真的影响我们听课了，但我想的是更深层的问题。

我有很多政府、企业和教育、文化界的朋友，他们对大学生的成长、就业等问题很关心，也都在自己的能力范围内做了很多有益的工作，但他们也表达了对大学生的一些负面评价和些许失望。

我的一个学生在一家大型药业公司做人力资源总监。他对我说，有的学生在招聘现场站没站样、坐没坐样，还有的学生一副满不在乎、无所谓的样子，甚至有的学生连话都说不明白，这样的学生往往在第一关就被pass了。

另一位大型通讯公司的人力资源副经理对我说，现在很多大学生找工作很积极，干工作不积极；对别人要求的很多，对自己要求的很少；对将来的事想得不错，对眼前的事干得不实。现在大学生最缺乏的品质是自我约束能力和责任感。

一位机关的处长给我讲了一个例子。一个有点小背景的大学生进入机关工作，在一次开会时竟然在一位领导讲话时与别人说话和接听手机，会后的一次机会，领导对他的处长看似无意地表达了不满，结果是这个大学生调离了机关，现在还只是一个普通的科员。

在这里，我再次郑重地向这三位同学道歉，也把下面这些良言送给你们，送给所有我的学生：

1. 年轻人犯错误，上帝都可以原谅，何况是一个普通的老师。但请你记住：上

[①] http://zqb.cyol.com/content/2006—12/08/content_1602861.htm

帝能够原谅的事,社会不一定会原谅;老师能够原谅的事,老板不一定会原谅。你将生活在现实而复杂的社会,而不是大学和天堂。

2. 年轻就是资本,但年轻是学习知识和打拼事业的资本,而不是放纵自己和庸碌生活的理由。请你记住:不要以为年轻就一切还来得及,来不及的不是年龄而是在岁月流逝中所积累或错过的一切。

3. "勿以善小而不为,勿以恶小而为之。"人的品性和素质是一个长期养成的过程,而大学时的养成往往会影响你的一生。请你记住:上课说话的确不是什么大毛病,但如果养成一种习惯,就会决定你被"请出去"的命运。

4. 尊重别人是一种美德,它会赢得认同、欣赏和合作。请你记住:不尊重朋友,你将失去快乐;不尊重同事,你将失去合作;不尊重领导,你将失去机会;不尊重长者,你将失去品格;不尊重自己,你将失去自我。

5. 表达自我是一种本能,挑战权威是一种勇气。但表达自我不能伤害别人,挑战权威不能破坏规则,除非你在进行革命。请你记住:不要试图用带有道德色彩的另类行为去赢得关注,也许在目光关注的背后是心底的离弃。

6. 无知者无畏并不可怕,真正可怕的是无知者还无所谓。请你记住:不要用无所谓的态度原谅自己,对待一切,那会使一切变得对你无所谓,也会使你成为一个无所谓而又无所成的痛苦的边缘人。

说这些话,源于自责和道歉,但现在已经和这件事没有关系了。更多的是一个老师的良知和认知,希望你们能够理解。

发信人:ytg

2006年11月16日 于办公室

问题提示:这名教师在信中为什么要自责、道歉?透过这封信你怎样看待当前校园中的师生关系?根据你所学的管理心理学知识,说明如何改善师生关系、提高教育效果。

参考文献

1. Franken, R. (2001). *Human motivation* (5th ed.). Pacific Grove. CA:Brooks/Cole.
2. 关培兰:《组织行为学》,中国人民大学出版社2003年版。
3. Ian Flerning 著,项前译:《时间管理》(英汉对照管理袖珍手册),上海交通大学出版社2002年版。
4. 〔美〕库克著、王楚明译:《时间管理》,上海人民出版社2004年版。
5. Lorsch, J. W. & Morse, J. J. (1974). *Organizations and Their Members: A Contingency Approach.* New York:Harper & Row Publishers Inc.
6. 卢盛忠:《管理心理学》,浙江教育出版社1985年版。

7. 〔美〕罗伯特·L·马西斯、约翰·H·杰克逊:《人力资源管理精要》,机械工业出版社 2004 年版。

8. 〔美〕曼西尼著、何珺译:《时间管理》,机械工业出版社 2005 年版。

9. 彭剑锋、张望军:"如何激励知识型员工",《中国人力资源开发》1999 年第 9 期。

10. 任美淑:《经理人时间管理》,广东经济出版社 2004 年版。

11. 〔德〕赛韦特著、王波译:《时间管理》,中信出版社 2004 年版。

12. Wahba, A. , & Bridgewell, L. (1976). Maslow reconsidered: A review of research on the need hierarchy theory. *Organizational Behavior and Human Performance*, 15, 212-240.

13. World Bank, *World Development Indicators 2010*.

14. 王国猛、郑全全:"员工授权管理:起源,研究范式及其发展趋势",《科研管理》2008 年第 3 期。

15. 徐俊:"复杂性思维下的复杂人及其管理",《科技管理研究》2006 年第 5 期。

16. 于立东、王晓晖:"基于不同人性假设的人才激励机制设计",《商场现代化》2008 年第 7 期。

17. 岳秀红:"关于'人性假设'与人本管理的思考",《安徽农业科学》2007 年第 4 期。

第九章 咨询心理学

 **本章导读**

本章对心理咨询进行概要介绍。第一节主要介绍心理咨询的含义、对象、类型、原则、咨询过程、发展简史,以使读者对心理咨询有个概要了解;第二节主要介绍心理咨询的经典理论流派,通过介绍各理论流派代表人物的主要观点,同时运用该观点对个案进行具体分析,促使读者对经典理论流派有直观上的认识,并能够运用其进行具体案例分析;第三节主要介绍心理咨询其他常用咨询方法,以使读者掌握更多、更加实用的心理咨询方法。

第一节 心理咨询概述

一、心理咨询的含义、对象和类型

(一) 心理咨询的含义

心理咨询是心理学的一个分支,国外称之为"咨询心理学",国内习惯称之为心理咨询,本章统一称之为心理咨询。不同学者对心理咨询有着自己独特的见解,所以到目前为止,学术上对心理咨询还没有一个明确的定义。下面简述两种典型看法。

《美国哲学百科全书》对心理咨询的定义指出,心理咨询具有以下几个特征:(1) 主要着重于正常人;(2) 对人的一生提供有效的帮助;(3) 强调个人的力量与价值;(4) 强调认知因素,尤其是理性在选择和决定中的作用;(5) 研究个人在制定目标、计划及扮演社会角色方面的个性差异;(6) 充分考虑情景、环境因素,强调个人对环境资源的利用,以及必要时改变环境。

中国北京大学心理系钱铭怡教授认为,心理咨询具有如下特征:(1) 体现着对来访者进行帮助的人际关系;(2) 心理咨询的过程是涉及一系列心理活动的过程;

(3) 心理咨询属于一个特殊的服务领域。

综上所述,我们给心理咨询作如下定义:心理咨询是通过人际互动,运用心理学理论和方法,给来访者以帮助从而更好地启发、协助其自强自立的过程。通过心理咨询,可以使来访者在认知、情感和态度上有所变化,解决其在学习、工作、生活等方面出现的心理问题,从而更好地适应环境,保持身心健康。

小贴士

心理咨询认识上的误区:心理咨询师≠救世主

一些来访者把心理咨询师当作"救世主",将自己的所有心理包袱丢给咨询师,认为咨询师应该有能耐把它们一一解开,而自己无需思考、无需努力、无需承担责任。然而,心理咨询师只能起到分析、引导、启发、支持、促进来访者改变和人格成长的作用,他无权把自己的价值观和愿望强加给来访者,更不能替来访者改变或作决定。来访者只有改变自己、战胜自己,最终才能超越自我,达到理想目标。

(二) 心理咨询的对象

1. 精神正常状态下存在心理困扰的人群

心理咨询最主要的服务对象是健康人群,或者是存在心理困扰的亚健康人群,而不是人们常误会的"病态人群",病态人群例如精神分裂症、躁狂等患者是精神科医生的工作对象,不是心理咨询的对象。

2. 心理健康与心理不健康

许又新(1988)提出心理健康可以用三个标准(或从三个维度)去衡量,即体验标准、操作标准和发展标准。他同时指出,不能独立地只考虑某一类标准,要把三类标准联系起来综合地加以考虑和衡量。第一,体验标准,是指个人的主观体验和内心世界的状况,主要包括是否有良好的心情和恰当的自我评价等等。第二,操作标准是指通过观察、实验和测验方法考察心理活动的过程和效应,其核心是效率,主要包括个人心理活动的效率和个人的社会效率和社会功能,如工作及学习效率高低、人际关系和谐等等。第三,发展标准,即着重对人体心理发展状况进行纵向考察分析。衡量心理健康时要把三类标准联系起来综合考察。

(三) 心理咨询的类型

心理咨询常因时间、地点和对象的不同而采用不同的形式,因此按照不同的标

准可以划分出很多种类型。比如按咨询的性质,可分为发展咨询和健康咨询;按咨询的规模,可分为个体咨询与团体咨询;按治疗时程分类,可分为短程、中程和长期的心理咨询;按咨询的方式,可分为门诊面询、电话咨询和网络咨询等。

1. 按咨询的性质分类

(1) 发展咨询:在个人成长的各个阶段上,都可能产生困惑和障碍,如为适应新的生存环境、为选择合适的职业、为个人事业的成功突破个人弱点等等,所要进行的就是发展性心理咨询,即发展咨询。

(2) 健康咨询:当一个精神正常的人,因各类刺激引起焦虑、紧张、恐惧、抑郁等情绪问题或者因各种挫折引起行为问题时,也就是说,发现自己的心理健康遭到破坏时所进行的心理咨询就是健康性心理咨询,即健康咨询。

2. 按咨询的规模分类

(1) 个体咨询:咨询师与求助者建立一对一的咨询关系,在内容上着重帮助求助者解决个人的心理问题。

(2) 团体咨询:在团体情境中,咨询师向求助者们提供心理帮助和指导。它是通过团体内人际交互作用,促使个体在交往中观察、学习、体验,认识自我、探讨自我、接纳自我、调整和改善与他人的交往、学习新的态度与行为模式,以促进个人发展良好的咨询过程。

3. 按治疗的时程分类

(1) 短程咨询:在相对短的时间内(1~3周以内)完成咨询。资料收集和分析集中在心理问题的关键点上,就事论事地解决求助者的一般心理问题。追求近期疗效,对中、远期疗效不做严格规定。做好这类咨询,要求咨询师的思维要敏捷、果断,语言要准确、明快,有较长期的临床经验。

(2) 中程咨询:在1~3个月内完成咨询。可涉及较严重的心理问题,要求有完整的咨询计划,咨询预后,追求中期以上疗效。

(3) 长期咨询:在遇到严重心理问题或神经症性的心理问题时,可采用长期心理咨询,一般用时在3个月以上,应使用标准化咨询方法,要求制定详细咨询计划,追求中期以上疗效,并要求疗效巩固措施。对资历较浅的心理咨询师,除要求有详细咨询计划外,还要求写出案例分析报告。

4. 按咨询的形式分类

(1) 门诊面询:进行面对面咨询,这类咨询的特点是能及时对求助者进行各类检查、诊断,及时发现问题,及时做出妥善处理(如转诊、会诊等)。因此,它是心理咨询中最主要而且最有效的方法。

(2) 电话咨询:利用电话给求助者进行支持性咨询。早期多用于心理危机干预,防止心理危机所导致的恶性事件,如自杀、暴力行为等。咨询中心有专用的电话,心理咨询工作人员 24 小时轮流值班,并设有流动的应急小组。现在的电话咨询,涵盖面很广,是一种较为方便、迅速的心理咨询方式。

(3) 网络咨询:心理咨询师通过互联网来帮助求助者。网络咨询除了可以突破地域限制之外,可以凭借行之有效的软件程序,进行心理问题的评估与测量;可以将咨询过程全程记录,便于深入分析求助者的问题以及进行案例讨论;在一个付费咨询体系中,咨询协议的具体化和程序化将使得人们更容易接受。

(4) 信函咨询:以通信的方式进行咨询。其好处是不受空间条件限制,为那些不善于口头表达、或有难以启齿的问题、或不愿暴露身份的当事人提供了一种方便的途径。但咨询效果会受来访者的书面表达能力、理解力和个性特点的影响,而且信息单向传递,双方难以充分交流。

(5) 专栏咨询:在报纸、期刊、电台、电视台和网络开辟心理咨询专栏,对读者、听众、观众提出的典型心理问题进行公开解答。优点是受益面广,具有治疗与预防并重的功能;缺点是模糊、浅露、泛泛而论,同时缺乏双向交流。

(6) 现场咨询:由心理咨询人员深入到社会有关部门,协助解决有关人员心理问题的一种咨询形式。例如重大考试前深入学校进行考前心理辅导等。

小贴士

有勇气面对现实,只是学会生存的第一步。更重要的是以什么方法去正确地应对现实。人对现实事件的反应,大致有三类:(1)感性反应;(2)理性反应;(3)悟性反应。

(1) 感性反应是对外部事物的情绪化应对,应当说是一种儿童式的应对行为。因为儿童的理念系统尚未最后完善,所以面对外界事物,其反应方式包含着更多的情绪。

(2) 理性反应是用概念和事物之间的客观逻辑去反映外部事物,这是一个人心理发展成熟的表现。同时这种反应方式在心理健康人群中表现得最广泛。这能使人最准确地判断形势,最完善地形成决策,最有效地应对事件。

(3) 悟性反应是另一类超现实的反应形式。面对无常理可循的事件,面对超出个人能力的事件,面对烦乱无序、短期无法明朗化以及个人无法承受的事件,人们往往以一种超脱的态度,站在更高的位置上,用哲理把事物看穿。将外界事物,如与自己名、利相关的东西,从自身剥离出去,把它置于可有可无的地位,以此摆脱种种不必要的烦恼。

三者必备,但各有轻重。可以这样说:人的一生应该立足在理性上,左手握住些感性,右手握住些悟性。如此这般,大概可以活得平稳快乐。

二、心理咨询的原则

在咨询过程中能否遵循心理咨询的基本原则,关系到心理咨询工作能否顺利开展,也决定咨询工作的成败和效果。心理咨询的原则由咨询双方共同遵循,其基本原则可以概括为以下几个方面。

(一)保密性原则

保密原则是心理咨询中最为重要的原则,它既是咨访双方确立相互信任咨询关系的前提,也是咨询活动顺利开展的基础。这一原则要求在没有得到对方同意的时候,不得在咨询场合中将对方的言行随意泄漏给任何人或机关。公开案例研究或发表有关文章必须使用特定来访者的有关个人资料时,必须充分保护来访者的利益和隐私,并使其不至于被他人对号入座。但是,保密原则也并不是绝对的,有时需要咨询师智慧的判断能力。当涉及来访者生命安全或他人生命安全受到威胁时,咨询师要进行理智判断及时与相关人员或部门联系,确保安全。

(二)"来者不拒、去者不追"的原则

原则上讲,到心理咨询室求询的来访者必须出于完全自愿,这是确立咨访关系的先决条件。只有自己感到心理不适,为此而烦恼并愿意找咨询人员诉说烦恼以寻求咨询者的心理援助,才能够更有效的获得问题的解决。

迫于父母或老师、上司的催促前来心理咨询的来访者也大有人在。这一类来访者往往有较强的抵抗情绪和自我防御,因此开始不愿意谈论实质性问题。咨询者不能排斥这种迫于别人督促前来求询的来访者群体,但需要付出比对一般人更多的精力,才能够使来访者去掉被动态度,最终建立咨访关系并展开咨询活动。

代替他人(孩子、学生、父母、爱人等)前来咨询的情况也较多见。原则上,心理咨询是与当事人进行谈话,才能帮助解决其存在的心理问题。也就是说,要确定"谁"是"主角"。与"主角"进行对话,是咨询者的工作。但是,我们仍然不能拒绝代替"主角"前来咨询的来访者群体,不过要让代替者清楚,当问题的实质无法解决而又期望问题解决的时候,需要"主角"出场。

那么,既然是自愿前来,也可以自愿离去。也就是说,无论是在咨访关系确立的时候,还是咨询过程之中,以及咨访关系的打破、中止或结束,都不应该存在任何意义上的强制。"来者不拒,去者不追",是心理咨询工作中所应遵循的原则。

(三) 时限性原则

咨询时间一般规定为每次45分钟左右(初次受理时咨询可以适当延长),原则上不能随意延长咨询时间或间隔,只有对时间进行限制,才能让来访者充分珍惜并有效利用时间;再次可以使来访者进行现实原则的学习;还可以使来访者产生分离的体验。电话咨询不超过30分钟。

(四) 感情限定原则

存在即合理,每个人做任何事必有他自己的缘由。心理咨询师要站在一个客观立场上,对来访者进行无条件的积极关注,帮助来访者走出心理困扰,咨询师与来访者之间的沟通和接近也是有限度的,尽量避免双重关系(尽量不与熟人、亲人、同事建立咨询关系)。咨访关系的确立是咨询工作顺利开展的关键,也是咨询者和来访者心理的沟通和接近。

(五) 伦理性原则

心理咨询活动的开展必须以一定的伦理规范为约束力,这是心理咨询必须坚持的重要原则。心理咨询的伦理规范,主要表现为对从事心理咨询工作的咨询人员、团体的伦理要求。

三、心理咨询一般程序

心理咨询不是随便谈话和聊天,是按一定程序实施的特殊"治疗"过程。常用的心理咨询程序有如下一些。

(一) 首次会谈

1. 结构化工作

咨询师通常会先做一个结构化的工作,即咨询师要讲清楚咨询原则及其局限性,要对心理咨询的性质、工作方式以及咨询流程等有关事宜向来访者做一介绍,让来访者对自己的权利和义务有个比较清楚的了解。

2. 初步评估阶段

这一阶段需要解决以下几个问题:(1)初步诊断,需要判断是否有重症精神障碍,比如,精神分裂症等,这种情况应该寻求药物治疗,通常不是心理咨询工作的范围;(2)确定来访者希望解决的问题的焦点和框架;(3)确定来访者"是否适合接受心理咨询?"如果适合接受心理咨询,采用什么方式的心理咨询比较合适;如果不适合,建议转介。

(二) 判断评估,制定咨询方案

1. 判断评估

此阶段要通过各种途径搜集来访者具体信息资料,包括:(1) 人口学资料;(2) 个人成长史;(3) 个人健康(含生理、心理、社会适应)史;(4) 家族健康(含生理、心理、社会适应)史;(5) 个人生活方式、个人受教育情况;(6) 对自己家庭及成员的看法;(7) 社会交往状况(与亲戚、朋友、同学、同事、邻里的关系);(8) 目前生活、学习、工作状况;(9) 自我心理评估(优缺点、习惯、爱好。对社会、家庭、婚姻以及对目前所从事工作的看法。对个人能力和生存价值的评估);(10) 近期生活中的遭遇;(11) 求助目的与愿望;(12) 求助者的言谈、举止、情绪状态、理解能力等;(13) 有无精神症状、自知力如何;(14) 自身心理问题发生的时间、痛苦程度以及对工作与生活的影响;(15) 心理冲突的性质和强烈程度;(16) 与心理问题相应的测量、实验结果。将这些资料进行排序、筛选、比较和归因等方法进行综合评估。

2. 制定方案

咨询方案是心理咨询实施的完整计划,是心理咨询进入实施阶段时必备的条件。方案的制定,必须按着心理问题的性质、采用的治疗方法、咨询的期限、咨询的步骤、计划中要达到的目的等具体情况来制定。所以,每一次治疗的方案,很可能是有一定区别的。但是,不管具体治疗方案有怎样的区别,其一般原则和基本程序是一致的,它必须包含以下几方面的内容:(1) 求助者的概况(人口学资料、主诉、亲属介绍、临床观察等);(2) 诊断和鉴别诊断;(3) 与求助者协商制定咨询协议;(4) 确定使用的咨询、治疗方法;(5) 确定咨询的步骤和阶段;(6) 确定阶段性咨询预期目标及评估方法;(7) 确定最终预期目标及评估方法;(8) 确定预后;(9) 确定咨询意外和失败的对策及措施;(10) 确定本方案允许意外修改的可能范围。

(三) 执行咨询方案

整个咨询过程中,咨询师要营造一个温馨的、无条件接纳的氛围,对来访者充分倾听和无条件积极关注,帮助来访者分析自己问题的性质,寻找问题产生的根源,树立战胜困难的信心,提供指导意见,商讨解决问题的对策。但最后问题的解决要靠来访者自己的努力,通过改变他们的认知结构和行为方式来恢复心理平衡,达到心理成长的目的。

(四) 结束咨询

当咨询方案执行到末期,咨询也取得预期效果后,咨询活动可暂告结束,咨询师要渐渐退出自己的角色,引导来访者把在咨询过程中学到的新经验运用到日常生活中去,不需他人指点,也能自行解决困难。咨询师可说一些期盼和祝福的话,并欢迎他们有问题时再来。咨询之后,如有可能,应进行追踪研究,观察咨询的长远效果,以不断总结经验,改进工作。

四、心理咨询发展简史

(一) 心理咨询的发展

从世界范围来说,心理咨询始于20世纪初期。随着职业指导、心理测验技术和心理治疗的兴起,心理咨询才作为一门新兴学科出现。1909年,帕森斯出版了《选择职业》一书,为咨询心理学的诞生奠定了基石。1908年,比尔斯在美国发起精神卫生运动,促进了心理健康咨询的发展。这个时期内,心理咨询的主要对象是正常人,重点放在青年人的指导与教育方面。

第一次世界大战期间,美国军队出于对征募的士兵进行甄别与分类的需要,委托心理学家设计智力测验,推动了心理测量的发展。战后,军队使用的各种测验转为民用,测量兴趣、能力和态度的诊断技术为职业指导提供了科学手段。从1930年开始,卡特尔的个别差异和心理测验的科学研究带动了以整个人格为对象的心理咨询,其中包括职业、人格、情感、家庭与健康等方面。20世纪30年代后期,职业指导、心理测量和社会教育逐渐联为一体。

第二次世界大战的爆发以及20世纪30年代以后美国经济萧条局面的缓和,以心理测量为基础的指导性谈话的临床咨询模式转变为心理治疗的模式。到20世纪40年代出现了"心理治疗的时代"。罗杰斯的《咨询与心理治疗》一书是这一时期的代表作,它对心理咨询的发展产生了深远的影响。这一时期,心理咨询迅猛发展。它不仅从心理学的许多分支研究(如学习、动机、情绪、测量、人格和社会心理学等)中汲取营养,也借鉴教育学、社会学、心理卫生学、语言学等领域发展自己。

20世纪50年代是心理咨询发展历史上最为辉煌的时期,1952年分别成立了美国心理学会(APA)第17分会"咨询心理学分会"(DCP)和美国人事与指导协会(APGA)。与此同时,大量新的咨询理论和方法纷纷涌现且逐步成熟,如行为主义咨询理论(如J. Wolpe的系统脱敏法)、认知理论(如A. Ellis的合理情绪疗法)、E. Berne的交互作用分析法以及人本主义咨询理论、小组咨询方法等。这使心理咨询者的眼界大开,服务能力也得到了空前提高。此后,随着对心理咨询者专业角色的明确定义,建立了一系列州级和国家级的职业道德规范、培训标准、权力范围、资格证书、职业证书制度,心理咨询逐渐成为一种明确的专门职业。

小贴士

美国耶鲁大学学生比尔斯(C. M. Beers)曾因其兄患癫痫,唯恐这种病遗传给自己,在紧张、恐惧、焦虑的状态下,精神失常而住进精神病院。在3年的住院生活中,他受到种种粗暴残酷的对待,目睹了精神病院的恶劣环境及其他住院病人所受到的种种非人待遇。出院后,他立志将自己余生贡献给改善精神病患者待遇的事业。1908年,他的书《自觉之心》出版后,比尔斯得到社会各方面的鼓励和赞助后,于1908年5月成立了"康奈狄克州心理卫生协会",这是世界上第一个心理卫生组织。此协会工作的目标有5个:(1)保持心理健康;(2)防止心理疾病;(3)提高精神病患者的待遇;(4)普及对于心理疾病的正确认识;(5)与心理卫生的有关机构合作。经比尔斯和同行们的努力,1909年2月成立了"美国全国心理卫生委员会",发起美国乃至全世界心理卫生运动,他本人也被视为心理咨询的先驱者之一。

(二) 心理咨询在中国的发展

纵观我国心理咨询业的发展,特别是20世纪80年代以来的情况,从总体上说,心理咨询和心理治疗工作的分化不很明显,两者基本上是相互渗透、相互重叠、共同发展的,彼此之间并未有严格的区分。这与国外发达国家的情况有很大的不同。新中国成立后,心理咨询和心理治疗事业既有曲折、停滞,也有兴旺、发展。

钱铭怡将新中国成立后心理咨询和心理治疗的发展划分为4个不同阶段:启动阶段(1949~1965年)、空白阶段(1966~1977年)、准备阶段(1978~1986年)、初步发展阶段(1987年至今)。

现根据钱铭怡的观点,对新中国成立后心理咨询和心理治疗的发展历史作一简要介绍。

1. 启动阶段(1949~1965年)

在这一阶段中只有少部分专业人员进行了零散的心理治疗工作。在此阶段影响最大的工作是50年代末、60年代初对神经衰弱的快速综合治疗。1958~1959年,中国科学院心理研究所医学心理组、北京医学院精神病学教研组和北京大学卫生院及心理学系合作,首先在北京大学对患神经衰弱的学生们进行了快速综合治疗,而后治疗对象扩展到工人、军队干部和门诊病人。这种疗法综合了医学治疗、体育锻炼(如学习太极拳、气功、跑步等)、专题讲座和小组讨论等形式,以巴甫洛夫学说来解释神经衰弱的病因,以解释、鼓励、要求和支持等方式对病人进行治疗。从所发表的许多文章和研究报告看,治疗取得了较好的疗效。后来又将这一疗法应用于精神分裂症、高血压及慢性病中,同样取得了较好的疗效。80年代末、90年代初,李心天将此法作了总结和提炼,称之为"悟践疗法"。

2. 空白阶段(1966~1977年)

由于"文化大革命"的影响,心理学被斥为伪科学,心理咨询和心理治疗更是处于被批判的地位,当时思想政治工作代替了一切,因此在1966~1977年,这一阶段几乎没有一篇心理学文章或一本心理学著述发表,故称之为空白阶段。此阶段,很值得一提的是钟友彬等人从70年代中期开始,利用业余时间尝试采用心理分析疗法对某些神经症患者进行治疗,为此后创立认识领悟心理疗法奠定了一定的基础。

3. 准备阶段(1978~1986年)

这一时期有关心理咨询和心理治疗的文章开始在专业杂志上发表。这一时期还出版了一批西方著名心理治疗家的著作,如弗洛伊德、荣格、弗洛姆、霍妮等人的著作。

1979年成立了中国心理学会医学心理学专业委员会,这对心理咨询和心理治疗在全国范围内的推广起了积极的作用。从20世纪80年代初开始,一些精神病院和综合性医院精神科开始设立心理咨询门诊,开展临床心理咨询与治疗工作,三级甲等医院的评定条件之一是设置临床心理科;上海、北京的一些高校相继开展了大学生心理咨询工作。

4. 初步发展阶段(1987年至今)

1987年以后,我国心理咨询和心理治疗事业进入初步发展阶段。

(1) 有关论著增多

公开发表的有关心理咨询和治疗的论著在数量和质量上较之以前都有了较大幅度的提高。

(2) 相继成立了若干全国性的学术组织

中国心理卫生协会于1990年11月在北京成立了自己的下属分支——心理治疗与心理咨询专业委员会,1991年初,中国心理卫生协会中的又一分支——大学生心理咨询专业委员会成立。中国心理学会于2001年11月成立了心理咨询专业委员会(筹)。这些组织成立后,积极举办国际性、全国性学术交流与合作研究,组织撰写高水平的学术著作,培训从业人员,开展形式多样的科普工作,有力地推动了我国心理咨询与心理治疗事业的发展。

(3) 心理咨询与心理治疗机构大量出现

这一阶段全国城市已普遍在综合性医院建立了心理门诊,在高等院校成立了大学生心理咨询机构,一些城市甚至在条件较好的中小学也配备专职心理咨询人员,出现了专门的心理治疗中心及私人开业的心理门诊。

(4) 心理咨询与心理治疗专业期刊相继问世

中国心理卫生协会于1987年创办了《中国心理卫生杂志》,5年之后,又于1993年创办了《中国临床心理学杂志》和《健康心理学杂志》,这三个专业杂志的相继问世，促进了心理卫生领域的信息交流、学术研究、科学普及工作，推动了我国咨询心理学和临床心理学的发展。

(5) 心理咨询与心理治疗的本土化

我国专业工作者在将心理咨询和心理治疗与我国国情相结合方面进行了可贵的努力。主要表现在两个方面：

① 努力使心理咨询与治疗工作与我国的国情，特别是与文化相适应，在此基础上积极发展出独特治疗方法。

② 整理和挖掘中国传统思想及医学中与心理治疗有关的论述和方法。这方面目前有了一些研究报告，但尚未形成专门的理论体系和系统的技术方法，有待今后做出进一步的努力。

第二节 心理咨询的经典理论学派

心理咨询行业中有着众多的理论学派，其中经典的理论学派有"精神分析"、"行为主义"、"人本主义"、"认知主义"等。每一种理论学派对心理咨询有其独特的见解。本节以一则具体案例导入，从四种经典理论学派出发，通过简要介绍该学派的理论观点以及该学派如何看待某一具体问题，来具体分析案例中现象出现的原因以及相应的解决策略。

案例导入：考试焦虑的学生

王大勇，高三年级学生，学习刻苦努力，高一高二时成绩优秀，经常排进年级前20名，模拟考试发挥不理想，三门总分只排年级100名左右，开学后，几次参加高校自主招生考试，均因同一科目未考好而落选，感到备受打击，目前对该学科没有信心，担心高考，也会因为这一科而考砸，经常因想到这一点而分心，从小一起长大的一个同伴，参加自主招生进了一所名牌高校，那么好的学校，人家还不想去，自己却连一个稍差的学校都没通过，碰到班主任和其他任课老师，觉得自己让老师失望，不敢正视老师的目光，班主任越是安慰越是觉得对不起班主任，虽然爸爸妈妈说仍然相信自己，但还是能感觉到他们的无奈和失望，自己从小一直是父母的骄傲，现在感到让他们很失望，觉得对不起他们，压力很大。课堂上听不进老师的讲课，思维跟不上，有时头脑昏昏沉沉，一会趴桌子，一会目视老师，但目光茫然；有时拿起课本翻来翻去，放下这本书拿起那本书，不知看什么好，什么也看不下去，做练习题磨磨蹭蹭，疑疑惑惑，晚上经常失眠，感到饭食不香。

一、精神分析

精神分析理论,又称心理动力学理论,由弗洛伊德创立,迄今为止已经有100多年历史。精神分析从深层动力了解人,是了解人的内心世界的工具之一,在某种程度上,已成为几乎所有心理咨询理论与训练的基础。精神分析又是一个庞大的理论体系,大致可以分为经典精神分析、客体关系与自体心理学。

(一)弗洛伊德的理论观点

1. 潜意识假说

弗洛伊德认为人的心理结构,由浅入深可以分为三个层面,即意识、前意识和潜意识。最表层的是意识,就是平常我们可以观察到的心理活动;潜意识是我们看不到、日常生活中也觉察不到的那部分心理活动。前意识就是介于两者之间的心理活动,不同意识层面的心理活动,以不同的方式或程序进行。在弗洛伊德看来,对个体影响较大的是潜意识的心理活动,它是导致心理困扰的主要原因。

2. "三我"人格结构

弗洛伊德从功能上把个体人格分为本我(Id)、自我(Ego)和超我(Superego)三个部分。人的心理结构是在本我的基础上,逐渐进化发展出来的。本我代表人本能中原始的部分,里面蕴藏着大量的欲望、需要等驱力因素。本我的心理活动遵循快乐原则。自我代表人现实的部分,是本我需要的现实执行者,也是本我、超我、环境之间的协调者。自我执行功能遵循现实原则,并不单单依据本我需要、也不单单依据道德伦理、更不只是只考虑现实条件,而是综合各方面需要,做出现实的判断与选择。超我代表人道德的部分,是父母或权威的化身,是专门处理他人或集体利益的部分。超我的活动遵循道德原则。这三个部分是相互联系、相互制约的,共同构成了一个完整、统一的人格整体。

3. 对幼儿体验的重视

弗洛伊德非常重视幼儿期的体验,认为个体的性格、人格等强烈地受其幼儿期体验的影响,一切神经症都是由于被压抑在无意识中的那些幼儿期的精神创伤和痛苦体验所造成的。弗洛伊德认为神经症形成的根源,是那些未能得到解决而被压抑到无意识中的欲望,幼儿期所形成的症结在人生的其他时期则往往会以神经症或精神疾患的形式反映出来。因而,弗洛伊德十分重视对早期经验的分析,这些早期经验包括幼儿期的各种体验、亲子关系和家庭环境的状况、生活地区情况及幼儿园时所受到的对待等。

4. 自我防御机制

自我防御机制的一部分功能,是为了保护个体在基本稳定的内在心理环境下工作而产生的。它主要针对那些自己内在无法忍受的欲望或冲突。自我防御机制没有好坏之分,是人们保持自己内心平衡必不可少的工具,每个人的方式都不同,不同的人适合不同的防御机制,不同水平的防御机制适合不同水平的心理状态,所以要充分尊重自己和他人的防御机制。防御机制的根本区别在于是否适合、是否有效。心理障碍患者的防御机制往往是比较僵化、极端、效率低下的,因此需要探索和转化。防御机制方式多种多样,有多少内心世界的形态,就有多少种相应的防御机制。这里,简要介绍几种常见的防御机制:(1) 压抑;(2) 投射;(3) 反向;(4) 合理化;(5) 退化;(6) 补偿作用;(7) 幻想作用;(8) 转移作用;(9) 升华作用;(10) 替代作用;(11) 内化;(12) 认同;(13) 仪式与抵消。

5. 主要咨询技术

随着精神分析理论的逐步发展,精神分析的技术也得到了日益广泛的应用。特别是在心理咨询方面,涌现了诸多被咨询家们公认的有效方法,随着这些方法的推广,使精神分析也不仅仅局限于神经症的治疗,对一般心理障碍也具有一定的效用。我们常用的精神分析方法有释梦、催眠、自由联想和宣泄。

6. 弗洛伊德理论对个案的分析应用

弗洛伊德认为,一个人的心理障碍,来自本我欲望与超我之间的冲突,自我为了协调这个冲突,使欲望在超我许可的范围内得到不完全的满足,这种协调和妥协,是通过防御机制完成的。因而,我们看到的心理障碍,其实都是欲望满足的妥协状态,只不过这种妥协是不和谐的、效率低下的。

该个案表现出的是焦虑症状。依照弗洛伊德的理论观点分析如下。

弗洛伊德理论关于焦虑的观点:

(1) 焦虑的来源:① 本我、自我与超我之间为争夺心理能量而冲突的结果。② 幼年时期发展经验中,在意识或潜意识记忆中所遗留的恐惧感。③ 本我的危险冲动,例如性欲是一种禁忌。④ 来自超我的罪恶感。⑤ 自我处理冲突时,所体验到的不足感。

(2) 焦虑的形态:① 现实性焦虑(reality anxiety):其程度与外在环境的危险及威胁程度成正比。② 精神性焦虑(neurotic anxiety):是指对本我将失去控制的恐惧,及恐惧会去做某些遭受惩罚的事情。③ 道德性焦虑(moral anxiety):道德性焦虑则是对良心的恐惧。

弗洛伊德理论对该个案的分析:

此个案处于焦虑状态,其来源可能有两种:一是幼年时期发展经验中,在意识或潜意识记忆中所遗留的恐惧感,即也许在幼年时因考试失败体验过父母、老师对自己失望的心情。二是来自超我的罪恶感冲突,即也许父母、老师曾强调过只有成绩好,才是好孩子、好学生,否则就对不起他们。现实中的考试失败激发出该学生的恐惧感和罪恶感,所以他处于焦虑状态。

解决策略是通过自由联想或释梦等方法使该学生明白自己焦虑的真正原因,将潜意识里的矛盾冲突提升到意识层面,那么他的焦虑状态就会缓解。

(二) 阿德勒的理论观点

"思想是从生活中孕育出来的。"这句话并不一定适用于所有人,但用在阿德勒身上却是极其贴切的。我们透过他的生平可以明了他的几乎所有重要观点之来源。阿德勒出生于奥地利的维也纳,在6个孩子中排行第二,他在兄弟姐妹中的排行和童年身体疾病对其理论形成有着重要的影响。

1. 自卑情结与超越自我

自卑情结(inferiority complex)是阿德勒的《个人心理学》一书中的核心概念。阿德勒认为每个人都有先天的生理或心理缺欠,这就决定了人们的潜意识中都有自卑感存在,而人的自卑感又起源于幼年时的无能。自卑感在个人心理发展中有举足轻重的作用,即由身体缺陷或其他原因所引起的自卑,既能摧毁一个人,使人自甘堕落或发生精神病,在另一方面,它又能使人发愤图强,力求振作,以补偿自己的弱点。所以个人解决其自卑感的方式影响他的行为模式。

超越自我,又称"补偿作用",是个体对自卑感的对抗过程。补偿作用是推动一个人去追求卓越目标的基本动力,也就是说个体对"优越性"的渴望起源于人的"自卑感"。

关于自卑,心理学家阿德勒讲过这样一个小故事。

有三个小朋友,都是第一次到动物园去,他们站在狮虎山前,被狮子的威严吓坏了。一个小朋友躲在妈妈的背后说:"我要回家。"另外一个小朋友脸色苍白全身发抖,但他站在原地仰着头说:"我一点都不害怕。"第三位小朋友恶狠狠地瞪着狮子,问妈妈说:"我能向它吐口唾沫吗?"

听完了这个小故事,你能认为这三位小朋友当中,谁在凶猛的狮子面前自卑了呢?大家都对第一个小朋友表现出自卑没有疑义。对第二个、第三个小朋友的表现,就有些众说纷纭了。有人说,这也是自卑,更多的人说这不是自卑。

咱们还是听听阿德勒是怎样说的吧。

自卑感的表达方式有数千种。这三个孩子实际上都怕,都自卑,但每个人都根据自己的生活方式,以自己的方法表达了这种感觉。"自卑情结"是个体心理学最重大的发现,自卑感本身并不是什么异常的事情,它是人类处境得以改善的原因所在。因为你认识到了自己的无知,意识到了自己需要为将来有所准备,你才可能更加努力和进步。阿德勒甚至说:依我所见,人类的一切文化成果都是基于自卑感……在某些方面,人类的确是地球上最弱小的生物,我们没有狮子和猩猩的力量,许多动物比我们更适宜单独面对各种困难……人类的幼儿极为软弱,需要得到多年的保护和照看。因为每个人都是从最稚嫩、最弱小的儿童状态走过来的,自卑就是非常普遍和顺理成章的事情了。我们都有某种程度的自卑,因为我们处于想改善自己处境的努力当中。

看来自卑本身并不是耻辱,但如果久久地挣扎在自卑当中不能自拔,成了压力,这就成了一个问题。

2. 阿德勒理论对该个案的分析运用

阿德勒认为焦虑来源于自卑,焦虑让人们习惯无助的状态,不用承担责任,同时,焦虑者也通过焦虑来控制别人,焦虑的这些作用在于降低自卑感。

此个案中的学生因模拟考试以及高校自主招生考试没考好而备受打击。自此对自己的学习能力,起码是对该门课的学习感到担心,每天焦虑不安。没通过自主招生考试,便觉得自己对不起老师,对不起父母,让他们失望了,这反映出该学生内心的自卑感。该学生的焦虑源于自卑。

阿德勒认为人是有责任心、创造力、统一的、社会的人,其行为是有目的的并指向目标。所以该学生的自卑有着积极意义,即他认识到了自身的不足以激发他超越自我的潜力。

(三) 霍尼的理论观点

霍尼是新精神分析的代表人物,她虽然受到传统精神分析训练,但可贵的是她并不因此而受束缚,相反,却勇敢地举起了自己的旗帜,把文化因素引进了精神分析学说,形成了具有特色的理论。

1. 焦虑的种类

霍尼认为焦虑起源于人际关系。按照来源不同,焦虑可分成三类:(1)原始焦虑:由儿童与父母的分离引起;(2)惊时焦虑:由突发性意外、陌生环境、恐怖的电影引起;(3)期待焦虑:由对压力情境的预期引起。

2. 基本焦虑及控制策略

基本焦虑就是儿童所具有的,觉得自己是孤立的、无能为力地生活在这个危机四伏、充满敌意的世界上的一种感情。产生这种不安全感的因素甚多:奴役孩子、对他们漠不关心、父母行为怪异、不注意孩子的个人需求、嘲笑歧视他们等等。有基本焦虑的人认为自己渺小,无足轻重、无依无助、无能为力,并生存于一个充满荒谬、欺骗、嫉妒与暴力的世界。此后,孩子把减轻基本焦虑作为主要生活目标。霍尼提出了十种控制基本焦虑的策略,其实也是十种神经症倾向或神经症性的需要(neurotic trends or neurotic needs)：(1) 对友爱和赏识的需要。具有这种神经症性需要的人依靠他人的友爱而生存，需要得到他人的赏识。(2) 对支配其生活的伴侣的需要。这种人需要和别人生活在一起，要别人保护他，使他免于危险，并满足其需要。(3) 对狭窄的生活范围的需要。这种人极为保守，不愿尝试什么以避免失败。(4) 对权力的需要。这种人仰慕强者，轻视弱者。(5) 利用他人的需要。这种人生怕别人沾了自己的光，他们总认为自己没有从别人那里得到一点好处。(6) 社会认可的需要。这种人需要别人承认才能生活，如在报纸上出现了他的姓名。最后的目标是获得威望。(7) 赞美的需要。这种人需要别人吹捧和恭维，才感到满足，他们希望别人按照他自我想象的形象看待他。(8) 志向和成就的需要。这种人极力避免对任何人负责，不愿有任何束缚。(9) 自我满足和独立的需要。这种人对批评极为敏感，总是千方百计地寻求尽善尽美。(10) 对完美无瑕的需要。这种人对名望、财富怀有强烈的兴趣，他们为之奋斗，不顾后果。事实上，正常人也有上述需要。但是正常人的需要是适当的，或者适可而止的，不像神经症那样，一种需要发展得如此强烈，以至于排斥了别的需要。正常人不是把自己的生活完全束缚于一种需要上；当条件变化时，他们会入乡随俗地改变自己的需要。神经症患者却不同，他们把某一种需要作为"生活习惯"，把全部精力都投入到满足这种需要的活动中。但是各种需要对正常生活来说都是存在的，所以霍尼称神经症陷入了"恶性循环"。他们越是想通过某一策略（满足某一需要）从基本焦虑中解脱出来，其他的需要就越难以满足，基本焦虑就会越来越多。因此，他们越是想摆脱焦虑，越是顽固地越陷越深而不能自拔，以致形成恶性循环。

3. 霍尼理论对该个案的分析应用

上述个案中的学生处于焦虑状态之中，更具体来说处于预期焦虑状态之中，担心曾经失败的科目影响高考成绩。这种焦虑起源于人际关系，即万一考试失败，就意味着对不起父母，对不起老师，让他们失望了，这直接导致自己与父母和老师之间的关系转变，即由一个值得骄傲的孩子和学生变成了一个让人失望的人。该学生担心这样的结果，反映出他需要赞美、认可。所以按照霍尼理论，解决该个案的方法是满足该学生的被认可、被赞美的需要，即让他意识到即使他没考好，父母、老师也会认可他，父母、老师喜欢的是一个真实的他，而不是一个期待中的形象。

二、行为主义

行为主义的心理咨询是以学习理论和行为疗法理论为依据的心理咨询，认为人的问题行为、症状是由错误认知与学习所导致的，主张将心理治疗或心理咨询的着眼点放在来访者当前的行为问题上，注重当前某一特殊行为问题的学习和解决，以促使问题行为的变化、消失或新的行为的获得。

(一) 行为主义相关基础理论

行为主义的创始人是华生。但对心理治疗产生较大影响的却是巴甫洛夫的经典条件反射理论、斯金纳的操作性条件反射原理和班杜拉的社会学习理论。

1. 巴普洛夫条件反射理论

巴甫洛夫的条件反射理论,可以解释人的很多行为。人的日常生活极其复杂多变,但人可以随机应变,首先就在于人因为条件反射而处于一种自动化了的或半自动化了的状态。但是,如果这种条件反射产生负面作用的话,就会引起强迫症状、焦虑或不安发作,或也会形成某种癖病。不良习惯、辍学或恐怖多由此而形成。对于在无意识中的条件反射所形成的不良癖病、恶习或身心障碍、心理问题,在治疗和咨询时可以使用反条件刺激予以清除和击退。行为主义关于条件刺激的强化、条件反射的消退、奖励、惩罚、反馈、模仿、替代强化等概念和原理,为行为主义心理咨询方法开拓了广阔的前景。

2. 斯金纳的操作性条件反射

斯金纳的操作性条件反射是指强化动物的自发活动而形成的条件反射,称为"操作条件反射"。斯金纳的实验证明,人的反应可以用言语声音或手势来代替具体的强化物。同时,在实际治疗中,只要治疗者对期望的某种行为予以奖励,这种行为就会获得强化,反之就会消退。若施以惩罚,则会加快消退的速度。

3. 班杜拉的社会学习理论

班杜拉的社会学习理论特别强调榜样的示范作用,认为人的大量行为是通过对榜样的学习而获得的,不一定都要通过尝试错误学习和进行反复强化。和建立条件反射一样,榜样学习也是人类的一种社会学习的基本方法,其过程分为四个步骤:(1) 注意:榜样的特征引起学习者的注意,可以是有意识的,也可以是无意识的。(2) 记忆:将榜样特征、内容保持在记忆中以便必要时再现。在保持过程中应不断再现榜样的表象。(3) 认同:学习者将榜样的特征纳入自己的行为之中并赋予自身人格的特征。(4) 定型:当模仿的行为得到外部或自我的不断强化之后,习得行为相对稳定建立起来并保持一定的形态。

4. 条件强化的方法

下面简单介绍一种在心理疗法中经常使用的条件强化的方法——系统脱敏法。系统脱敏法是行为疗法的一项基本技术,由著名的精神病学家沃尔普(J. Wolpe)所创立。

例如在治疗恐惧症时,人为地引起与恐惧相矛盾的情绪反应,通过逐步递增引起恐惧反应的情境,增加耐受能力,达到消除恐惧反应的效果,这就是系统脱敏法的机理。如在对恐高症进行治疗时,可以将在地上的状态到高处的状态分为十个阶段,依次排列焦虑不安层次(从引起最轻微的焦虑不安到引起最强烈焦虑不安的恐惧的排列):(1)站台;(2)横断人行道桥;(3)从高层楼的下面向上看;(4)从比较低的楼窗向下看……(9)从楼房的螺旋阶梯上走下来;(10)高层楼房的建筑现场等。在训练病人或来访者松弛全身的同时,给其分阶段地放映以上各阶段的电影或录像。成功的关键是来访者能否从情景中走向现实情景,如能在原引起恐惧的情景中保持放松状态,焦虑不安情绪就不再出现,治疗即为成功。

> 我国金代医学家张子和医案中有一以惊治惊的病例,实际上就是运用系统脱敏的方法治疗恐惧症。该案记述卫某之妻,有一次外出旅途中住宿在一家客店楼上,不料当夜强盗来店劫财放火,店内大乱。她闻讯大惊,跌倒桌下,虽幸免于难,但从此得了对声响的恐惧症,一听到响声就会惊倒甚至晕厥。家里的人为此轻手而动,蹑足而行,不敢发出响声,多方求医无效。张子和为之医病,让她坐在椅子上,叫两侍女握住病人的双手,面前放一茶几,让病人看着茶几,张用一警木"啪"一声猛击茶几,病人大惊。张说,"我以木击茶几,有什么可怕呢?"等病人惊恐稍停,张又击几下,病人虽仍害怕但较前为轻,张又击三五次,惊恐程度渐轻。随后张让人用木击门、摇她背后的窗户,制造各种日常生活的声响,妇人逐渐适应而不再害怕。这是运用系统脱敏法治疗恐惧症的典型案例,它说明系统脱敏法在我国医学家中已早有应用。

(二)行为主义对个案的分析应用

根据经典行为主义者的观点,焦虑是一种对刺激的反应,是一种习得性行为,起源于人们对于刺激的惧怕反应,导致了焦虑刺激和中性刺激之间建立了条件联系,因此条件刺激泛化,形成焦虑。前文个案中的学生,本应该对失败的反应是害怕、担心、焦虑。因考试和失败联系到一起,所以变成了对考试的焦虑。

班杜拉的社会学习理论认为"几乎任何经由直接经验能得到的学习结果,也都能经由另一种方法得到:即观察别人的行为及其结果",所以,该学生的焦虑有可能就是观察学习别人行为的结果,也许是某个同学的行为。班杜拉同时认为"设立一个恰当的楷模确实能使学习加速,而社会学习治疗中的一种,便是设立一种楷模以达成我们所要建立的行为"。所以,对该学生可以让其观察某个曾考试失败过,但现在可以做到考试不焦虑的学生的行为,通过学习正向榜样的行为来克服现在的焦虑状态。

三、求助者中心疗法

求助者中心疗法又称来访者中心疗法,是人本主义心理疗法中的主要代表,创始人卡尔·罗杰斯。来访者中心疗法认为,任何人在正常情况下都有着积极的、奋发向上的、自我肯定的成长潜力。如果人的自身体验受到闭塞,或者自身体验的一致性丧失、被压抑、发生冲突,使人的成长潜力受到削弱或阻碍,就会表现为心理病态和适应困难。如果创造一个良好的环境使他能够和别人正常交往、沟通,便可以发挥他的潜力,改变其适应不良行为。

(一)"来访者中心疗法"要点

1. 人都有能力发现自己的缺陷和不足,并加以改进。所以心理咨询的目的不在于操纵一个人的外界环境或其消极被动的人格,而在于协助来访者自省自悟,充分发挥其潜能,最终达到自我的实现。

2. 人都有两个自我:现实自我和理想自我。其中前者是个人在现实生活中获得的自我感觉,而后者则是个人对"应当是"或"必须是"等的自我概念。两者之间的冲突导致了人的心理失常。人在交往中获得的肯定越多,则其自我冲突越少,人格发展也越正常。

3. 这一疗法很强调建立具有治疗作用的咨询关系,以真诚、尊重和理解为基本条件。罗杰斯认为,当这种关系存在时,个人对自我的治疗就会发生作用,而其在行为和人格上的积极变化也会随之出现。所以,心理咨询人员应该与来访者建立相互平等、相互尊重的关系。这样即可使来访者处于主动的地位,学会独立决策。

4. 在操作技巧上,这一疗法反对操纵或支配来访者,主张在谈话中采取不指责、不评论、不干涉的方式,鼓励来访者言尽其意,直抒己见,以创造一个充满真诚、温暖和信任的气氛,使来访者无忧无虑地开放自我。

(二)以人为中心疗法理论对个案的分析应用

以人为中心理论认为该学生的焦虑来源于现实自我与理想自我之间的冲突。该学生的理想自我是学习成绩优秀、值得父母老师骄傲的好孩子、好学生,但现实自我是成绩不好、整天焦虑不安的"坏学生"。这两者间的冲突导致该学生不能进行正常的学习生活,寝食难安。

来访者中心疗法理论建议对该生干预策略是:在充分真诚、尊重和理解的环境氛围里促使该学生通过倾诉、感觉被尊重、被理解来无忧无虑地开放自我,主动、独立地寻找解决策略,发挥内在潜能。

罗杰斯眼中的学生是一个完整的个体,是具有各种感情,埋藏着大量潜能的一个尚未完善的人。人本主义心理学家坚决相信人是有能力的、能自我引导的,并深信在尊重及信任的前提下,人类均具有以积极及建设性态度去发展的趋向,这种倾向使人无论在何种环境下,都潜藏着朝向自我实现的巨大能量。

四、认知主义

认知主义咨询理论有三条基本原理:第一,认知是情感和行为反应的中介,引起人们情绪和行为问题的原因不是事件本身,而是人们对事件的解释。第二,认知和情感、行为互相联系,互相影响。第三,情绪障碍患者往往存在重大的认知曲解,这些认知曲解是患者痛苦的真正原因,一旦认知曲解得到识别和矫正,患者的情绪障碍必将获得迅速改善。下面简要介绍认知主义典型代表咨询方法——理性情绪疗法。

(一) 理性情绪疗法

理性情绪疗法由美国心理咨询专家阿尔伯特·艾利斯(Albert Ellis)创立于20世纪50年代,其要点如下。

1. 人既是理性的,又是非理性的。人的精神烦恼和情绪困扰大多来自于其思维中不合理、不符合逻辑的信念。它使人逃避现实,自怨自艾,不敢面对现实中的挑战。当人们长期坚持某些不合理的信念时,便会导致不良的情绪体验。而当人们接受更加理性与合理的信念时,其焦虑与其他不良情绪就会得到缓解。

2. 人的不合理信念主要有3个特征:(1)"绝对化要求",即对人或事都有绝对化的期望与要求;(2)"过分概括",即对一件小事做出夸张、以偏概全的反应;(3)"糟糕透顶",即对一些挫折与困难做出强烈的反应,并产生严重的不良情绪体验。凡此种种,都易使人对挫折与精神困扰做出自暴自弃、自怨自艾的反应。

3. "ABC理论":在诱发事件A(Activating event)、个人对此所形成的信念B(Belief)和个人对诱发事件所产生的情绪与行为后果C(Consequence)这三者关系中,A对C只起间接作用,而B对C则起直接作用。换言之,一个人情绪困扰的后果C,并非由事件起因A造成,而是由人对事件A的信念B造成的。所以,B对于个人的思想行为方法起决定性的作用。

4. "理性情绪疗法"目的在于帮助来询者认清其思想中的不合理信念,建立合乎逻辑的、理性的信念,以减少个人的自我挫败感,对个人和他人都不再苛求,学会容忍自我与他人。

(二) 理性情绪疗法对前文个案的分析应用

阿尔伯特·艾利斯认为,焦虑起源于人们的不合理信念,这些不合理信念有:"一个成年人必然要得到他周围绝大部分人的赞扬和爱。""如果事情不能像我想要的那样发展的话,结果就是可怕的、灾难性的。""如果有些东西是可怕的或者危险的,人们就应该时刻关注这些东西,总是担心他们的发生。"有着这些不合理观念的人,在一定的情景下,就会出现焦虑。艾利斯近年又认为,所有不合理观念的核心都在于人们"苛求"自己。前文个案中学生的不合理信念可理解为是:一次考试失败,以后考试就会失败;考试失败是可怕的,我担心它;我必须做个父母老师赞扬喜爱的孩子、学生,只有成绩好他们才爱我等。

理性情绪疗法对该生的建议是:发现自己的不合理信念,建立合乎逻辑、理性的信念。放弃生活中对自己那些"必须"的苛求。

第三节 心理疗法在学校教学活动中的运用

本节第一部分重点介绍几种实用的心理疗法,如音乐疗法、阅读疗法、舞蹈疗法、绘画疗法心理暗示技术、短期焦点技术、放松技术和幽默技术。第二部分介绍学校心理危机干预相关知识,包括学校心理危机定义、危机状态下师生的心理行为表现以及相关干预策略。

一、几种常用心理疗法介绍

(一) 音乐疗法

1. 音乐疗法概述

早在四千多年前,古埃及人在尼罗河边请来巫医用婉转甜柔的歌声为难产妇女催产,他们坚信:音乐是心理的医生。我国两千多年前,《乐记》言道:"凡音之起,由人心生也。"音乐是自然赋予人类的礼物,也是人们心灵跳动的声音。音乐既是一种艺术,也是一种非常有效的心理治疗手段。音乐娱神悦性,宣调气血,自古以来就是治病的良方。音乐疗法有广义和狭义之分。狭义的音乐疗法强调音乐治疗是一个科学的系统治疗过程,其中包括各种不同方法和理论流派的应用,音乐治疗过程包括音乐、被治疗者和训练有素的音乐治疗师这三个要素。广义的音乐疗法除上述含义之外,还包括运用一切与音乐有关的活动形式作为心理疏导手段,如听、唱、器乐演奏、音乐创作、即兴表演、舞蹈等各种活动,这些活动可以没有治疗师的参与,是一种自娱、自助、自疗的心理保健方式。

2. 音乐治疗的适用对象与作用

音乐疗法适用于治疗儿童和青少年的常见症状。临床心理学研究表明,音乐疗法的主要适用对象有四个类型:(1)在身心机能方面有发展障碍的儿童或青少年,如自闭症、弱智、多动症等儿童。(2)在语言、情绪交流等方面有不适应表现的心理患者。如人际关系不适应、社交恐惧症、缄默症、学校恐怖症等等。(3)情绪有障碍者,如失恋、攻击情感、莫名其妙的不安、因感到不安而产生的失眠、压抑、惊恐等等。(4)某些有人格障碍或有退化倾向的人及老年痴呆症患者。而我们学校心理辅导工作的老师都清楚,上述第一类型所列问题主要是中小学学生中较为常见的症状。这类学生经常产生个体不适应问题,学习困难问题,心理辅导老师可运用音乐疗法对这些儿童进行身心机能、神经机能的康复训练。第二类型中的社交恐惧症、学校恐惧症、人际关系适应障碍,也是儿童和青少年中较为常见的现象。在心理辅导过程中一般应用"音乐对话"的技术,即通过音乐艺术表现手段,表达不能言传的内心情感,这种情感包括协调、对立、竞争、嫉妒、爱和恨等。具体的方法是逐渐让学生从音乐表现向语言表现过渡。至于第三类型中的失恋、攻击情感、失眠、压抑、惊恐等更是在高校中有心理问题学生的普遍症状。通过感情发散,神经和情绪趋于平静。

3. 音乐疗法具体实施

(1)要充分认识音乐疗法、音乐心理辅导中的重要意义,制定切实可行的音乐教学计划。

(2)要大力开展校园音乐文化活动,努力营造音乐教育和音乐活动的浓厚氛围。组织形式多样、丰富多彩的课外音乐活动,鼓励学生参与演唱、演奏、合唱、小品等各种表演活动,把音乐教育融入心理健康教育之中。

(3)开办心理咨询和心理治疗室。有条件的学校可以装修专门的房间做心理咨询与心理治疗室,面积以40~50平方米为宜。室内布置按音乐治疗室的标准设计,可以一房多用,既可以做音乐治疗室,又可以做心理咨询室,也可以用于团体心理辅导。室内要求干净整洁,无噪声,墙壁和窗帘色彩柔和,没有复杂的图案。箱式橱柜中放小型乐器,包括晃动、摇动乐器,如沙铃等;打击乐器,如鼓、木琴、水杯、编钟等;按键类乐器,如钢琴、电子琴等;吹奏类乐器,如口琴、笛子、萨克斯管等;弹弦类乐器,如古筝、古琴、吉他等;拉奏类乐器,如小提琴、二胡。

4. 音乐治疗曲目

(1) 抑制烦躁,镇静。中国乐曲:琴曲《流水》、二胡曲《汉宫秋月》、琴歌《阳关三叠》、《苏武牧羊》等。外国乐曲:贝多芬钢琴奏鸣曲《月光》的第一乐章、肖邦《e小调钢琴协奏曲》、勃拉姆斯的《摇篮曲》、德彪西的管弦乐曲《夜曲》等。

(2) 凝神。中国乐曲:琴曲《梅花三弄》、《雁落平沙》、《春江花月夜》、《雨打芭蕉》等。外国乐曲:巴赫的《b小调弥撒曲》、约翰·施特劳斯的《圆舞曲》等。

(3) 精神激励。中国乐曲:笛子独奏曲《喜相逢》、《姑苏行》、刘天华的二胡独奏曲《光明行》、小提琴曲《新疆之春》。外国乐曲:贝多芬的管弦乐曲《哀格蒙特序曲》、李斯特的钢琴曲《匈牙利狂想曲》、比才的管弦乐曲《卡门序曲》等。

(4) 消除疲劳,松弛。中国乐曲:民族管弦乐曲《彩云追月》、秦咏诚的小提琴独奏曲《海滨音诗》、贺绿汀的钢琴曲《牧童短笛》。外国乐曲:亨德尔的管弦乐组曲《水上音乐》、德彪西的交响素描《大海》等。

(5) 增进食欲,助餐。中国乐曲:黄贻钧的管弦乐曲《花好月圆》、彭修文的民族管弦乐曲《欢乐舞曲》。外国乐曲:穆索尔斯基的钢琴组曲《图画展览会》、莫扎特的管弦乐曲《嬉游曲》。

(6) 导入梦乡,催眠。中国乐曲:华彦钧的二胡曲《二泉映月》、吕文成的《烛影摇红》和《平湖秋月》、贺绿汀的钢琴曲《摇篮曲》。外国乐曲:莫扎特的《摇篮曲》、门德尔松的管弦乐序曲《仲夏夜之梦》等。

(二) 阅读疗法

1. 阅读疗法概述

(1) 阅读疗法的界定

阅读治疗是运用心理学原理,以文献为媒介,将阅读作为保健、养生以及辅助治疗疾病的手段,使自己或帮助他人通过对文献内容的学习、讨论和领悟,养护或恢复身心健康的一种方法,是图书馆学和心理学的交叉学科。阅读治疗也称图书疗法,图书具有营造良好心情、松弛紧张心理、激励培养人意志的作用。学生中常见的心理困扰和心理障碍,一般都能从书中找到问题的成因和解决办法,特别在增进自信、改变行为和人际关系方面效果较为显著。阅读疗法既能起到治疗的作用,也能起到预防和促进发展的作用。

(2) 阅读疗法的作用

① 阅读疗法能引起学生的情感共鸣,净化思想,缓解焦虑,消除不良情绪。因为思维发展的局限,大中小学生常会对社会上的各种不正之风产生比较偏激、片面的看法,生活中的真假美丑、理想与现实的矛盾、学业与交际中的挫折,也会使他们感到迷茫,从而产生困惑、愤怒、抑郁、焦虑、孤独、自卑等消极情绪,阅读能满足其对世

界探索的需要,找到问题的成因和解决的办法,提高心理免疫力,缓解焦虑,消除不良情绪。

② 阅读疗法能给中学生正确的价值导向,使其获得正确的人生观、价值观。中小学生的心理发展尚未全面,看待问题易出现片面化、过分概括化的非理性认知倾向,所以更需要具有内隐性、保护性、渗透性的阅读疗法。如中学生对朋友情义的认识比较片面,受不良影视作品的影响,容易出现反社会的不良非正式群体。他们虽然有时明白自己观念和认识的错误,但还是不容易接受老师或父母的劝教,这些通过良好的适宜信息阅读,可以隐性地调整其观念,合理地重构其认知,达到教育的目的。

③ 阅读疗法能给中学生提供成长成才的经验和处理问题的方法。中学生在成长的过程中,难免会遇到各种各样的问题,但闭锁性与开放性、反抗性与依赖性的心理发展特点容易导致他们在非正式群体中寻求帮助。阅读疗法能给中学生提供切实而具体的成长成才的经验和处理问题的方法,如一部好的文学名著教他们了解社会、了解人生,让其懂得许多做人处世的道理;青春期辅导书籍的阅读能解除其难以启齿的青春期性困惑、早恋等问题;而《卡耐基交际大全》、《交际与口才》、《做人与处世》等可以告诉中学生如何正确地交际,避免滥交朋友和不良的非正式群体的关系。

2. 阅读疗法的实施

① 要对各种图书进行质量评估。宫梅玲等曾作过"有助于解决大学生心理问题的书刊类别调查",调查结果显示,"几乎任何书刊对解决大学生的心理问题都能起到某种作用。而心理咨询、人生哲理、小说、休闲读物等书刊作用较大,求助的人次较多"。但总体来说目前我国阅读疗法尚处于经验阶段,阅读疗法书目的选择及其阅读效果还缺乏大量的科学的数据统计和质量控制,阅读改善中学心理健康问题的书目研究更是缺乏。因此,教师、图书馆工作人员、父母应事先对阅读物,尤其是新版文艺书刊详细阅读、认真分析,写出该书的心理影响分析报告,提出初步选择意见,对阅读疗法用书进行质量评估,列出可供选择的各种书目清单。

② 阅读疗法在中学生心理健康教育中的实施需要用多种方法进行正确的引导。阅读疗法的实施需要借助有选择的读物进行,要强调图书的有选择性。同样,阅读疗法更要强调指导者的引导性。中学生具有浓厚阅读兴趣,可引导其成立班级学生读书小组,指导不同性质的学生选择读不同的阅读材料,以用来心理自救、青春励志、价值引领。班主任和教师应掌握班集体的倾向,引导学生利用读报课、办墙报、黑板报、手抄报等形式,渗透正确的人生观、价值观和世界观。家长也要对孩子的阅读内容进行适当的监控与引导,在考虑孩子的自身兴趣的基础上,鼓励孩子读好书,提高其鉴赏力与自制力,提高拒腐防病的能力。

③阅读疗法注意事项。及时主动地与求询者沟通,启发学生的自我反思。在沟通中,若发现求询者的心理问题通过阅读疗法不能有效诊治时,应及时与学校、家长和专业心理医生联系,以使其心理问题得到及时解决。注意避免阅读疗法的副作用。阅读不健康的书刊可以使读者误入歧途,即使健康的书刊也要有选择和节制,避免心身疲惫。

(三) 舞蹈疗法

1. 舞蹈疗法概述

(1) 舞蹈疗法的界定

舞蹈疗法是"迄今最有效同时也是最容易推广的心理或生理疾病治疗方法"。伴随着音乐声,在一种近乎潜意识状态下起舞,用肢体语言宣泄自己的感情和内心冲突,从而达到缓解心理压力的目的。

(2) 舞蹈疗法的作用

舞蹈疗法是感知自己身体的过程。最初,舞蹈治疗的理论依据于弗洛伊德的精神分析,但舞蹈治疗采取的是以一种非文字的交流方式,即病人用动作诉说,医生用动作回答,这也是舞蹈治疗的最初级也是最直接的方式。舞蹈治疗家们认为,"在所有生命体内部都存在着能量的自然流动。心理冲突可以影响这种自然流动,进而造成混乱的涌流。这种混乱涌流的外在表现便是适应不良性运动、姿势和呼吸动作"。通过舞蹈这种运动形式,不仅可矫正人们的适应不良性运动、姿势和呼吸,而且使人们感受到自己对个人存在的控制能力。

在舞蹈疗法中最重要的是"指导"和"感悟",在台湾地区从事舞蹈治疗已有20多年的李宗芹教授说,"身体是永远不会说谎的,舞蹈治疗帮助人们找到适合自己的身体表达方式,不止是宣泄情绪,而且还能帮人认清自身的困境,并在现实生活中带来改善"。

2. 舞蹈疗法的实施

(1) 用于舞蹈疗法的舞蹈,主要为各种民间舞蹈和社会舞蹈

民间舞蹈大多载歌载舞,歌舞结合,因而有很强的心理感染力和身心康复功能。例如扬手舞袖、踏地为节的藏族舞蹈,热情奔放、移颈动肩的新疆舞蹈,动如柳丝、静如鹤立的朝鲜族舞蹈等。将民间舞蹈作为治疗手段,不必拘泥于舞姿技艺和艺术水平。社交舞蹈多为男女对舞的舞会舞蹈,具有明显的促进兴奋、消除紧张和疲劳的功能。例如节奏舒缓、动作活泼、潇洒、柔和,能给人以轻松舒适感受的伦巴舞;动作稳健、有力、敏捷、多变,能使人愉悦欢快的探戈舞;节奏强烈、动作热烈、快速、粗犷,能使热情焕发、意气昂扬的迪斯科舞。在体育舞蹈中,伦巴是最适合作为舞蹈疗法的舞种,因为它节奏舒缓,动作潇洒并且足够伸展,更因为要求非常多的情感投入,有利于跳舞者在舞蹈中回归心灵深处。

(2) 舞蹈疗法的注意事项

① 心理咨询师。请教专业的心理咨询师,确定你是否适合舞蹈疗法以及最适合治疗方案。自身问题的严重性也很影响舞种的选择,所以一定要问清楚。

② 课程场所。治疗的场所很重要,不能过于吵闹或者是太多干扰,在接受治疗初期你会比平常更敏感,所以寻找一个环境相对安静和颜色淡雅的场所。如果条件允许,早上起床后和晚上七点前后也是比较好的治疗时机。

小贴士

"即便是专业舞者,如果你有情感问题或是压力大无法释放,也可以选择舞蹈疗法,因为它和纯粹的舞蹈不同,更注重用音乐带动心理情绪,更注重发现你自己本身。"——华丝·凯(澳大利亚舞蹈治疗师)

(四) 绘画疗法

1. 绘画疗法概述

(1) 绘画疗法的界定

绘画所传递的信息量远比语言丰富,其天然就是表达自我的有效工具,除了天然性,绘画也更具有象征性,其象征性使绘画成为距离潜意识更近的一种工具,换句话说,绘画是一种投射技术,它能够反映人们内在的潜意识层面的信息。

(2) 绘画疗法的基本特征。① 与传统的心理治疗相比,绘画疗法是运用非语言的象征方式表达出潜意识中隐藏的内容,阻抗较小,有利于真实信息的收集。② 治疗的实施不受地点和环境的限制,并且可以灵活采取单独或集体进行的方式。③ 绘画疗法可以释放压抑的内在,使焦虑得到缓解,心灵得到升华。④ 绘画治疗的测验可以多次使用而不影响诊断的准确性。⑤ 绘画本身有助于个体认识自己无意识中内容,从而产生治疗的效果。

(3) 绘画疗法的作用

① 绘画疗法是一种和学生建立沟通的有效途径。前来咨询的学生中,有一些人本身对心理辅导与咨询存在质疑和抵抗,还有些学生不善于表达,两种情况都使得学生在说出自己的真实想法和感受方面有难度,使咨询的效果不佳。而绘画较语言能传达更多的信息量,学生在绘画过程中会减低阻抗,也会更多地接近学生的问题核心。所以,绘画疗法有助于在咨询中发现问题,顺利地与学生互动,更好地与学生进行沟通,了解其真正问题。

②绘画可以促进对自我的探索。这尤其适合帮助新生适应大学生活,很多大学新生对大学环境不适应,找不到自己合适的定位。利用绘画疗法帮助大学生表达情绪,表达自我理想,表达个性,在绘画后的分享和分析有助于绘画者的自我探索,帮助学生能更好地对自己有一个新的思考和定位。

③绘画可以探索人际关系和人际冲突。人际关系障碍一直是影响学生心理健康的重要因素,也是学生很受困扰的问题。用绘画团体辅导的方式,让学生在绘画后各自分享作品,当发现彼此画的意义不同后,就会认识到每个人看待人际关系的侧面不同,因此各自的心理感觉也不同,学会站在别人的角度考虑问题,对人际关系做新的思考,学会相互理解。

④绘画有情绪宣泄、改善的功能。现如今学生面对的是纷繁复杂的社会,为了适应社会,心理会产生各种心理冲突和不满,如果得不到宣泄,久了便会产生各种心理问题,甚至是心理疾病。自尊心强的学生不喜欢和别人倾诉,而绘画便是一种安全地表现自己情绪和情感的有效方式。

⑤绘画对于学生来说并不陌生,也是学生容易接受的一种艺术方式。学会用绘画的方法写日记,用图画反映自己最主要的问题,用图画表达自己的成长,用图画表达心声,将图画看成是一位可靠的倾诉对象,这些图画将成为珍贵的个人成长心理历程记录。

2. 绘画疗法的实施

(1) 绘画疗法的三个阶段

运用绘画疗法一般包括以下3个阶段。这3个阶段既可能在一次咨询中全部经历,也可能需要多次咨询,需因人而异。

①起始阶段。绘画治疗开始阶段的目标是要与来访学生建立良好的治疗关系,给他们介绍绘画作品是用来沟通的工具,而跟画的好坏没有关系,使学生适当降低焦虑。这个阶段可以运用一些热身活动,如涂鸦画、画此时此刻的感受等等。指导语可以鼓励学生通过绘画作品介绍自己如:请画出你自己;用画讲一个故事;画出一件最近发生的令你不开心的事,并画一些你希望有的改变……咨询师对绘画活动要表现出积极的兴趣,要接受来访学生所有的举动,哪怕是充满敌意或者有防备心理的举动。

②探索阶段。这一阶段的目标是逐渐加强来访者在探索问题时的自我表达。咨询师带领来访学生开始探索情感、想法和行为。在这个阶段可用的指导语有:"画一幅画来表示你为什么要来咨询"、"画一幅画表示出你家里的沟通情况"、"画出你想象中的学校生活"等。当学生画完后,咨询师的第一个问题一般可以是:"跟我讲讲你的画。"然后再问他们作品中反映出的但没有解释的问题如:"跟我说说你画的这个形象"、"你画的这个人在想什么?做什么?他有什么感受?"或者"这幅画表达

的是什么心情?"这一阶段也可以同过去的作品相比较。咨询师在这个阶段的作用是让来访者尽可能的探索。

③ 改变阶段。这个阶段的绘画指导语要帮助来访者继续自我表达、树立改变的目标并建立可以达到目标的行为模式。最后,绘画可以用来评估治疗的进展并巩固改变。这个阶段有一些特殊的指导语,比如:"画一画你希望的也确实发生了的改变,哪怕这一改变只发生了一点点"、"画一座桥,表明你现在的位置,还有当咨询结束时你将会在什么位置,在你前进的道路上碰到了什么困难,克服困难需要作出什么样的努力?""画出你从咨询开始到结束的这个过程"、"画出从现在开始的15年里你的样子,在这段时间里你需要达到什么目标?"采取行动阶段这个最后的过程更为具体和特殊,当然指导语应该针对不同的学生选择适合其年龄的表述方式。

此外,在团体绘画咨询中,还应当包括自愿向同伴展示自己的画,并让成员相互讨论每一幅展示的作品。以"作画"、"解释画"、"听取他人对画的理解"3个过程,促进当事人的"思考—生产—回顾—对照—反省"的一系列思维过程。

(2) 绘画疗法的注意事项。在学校情境下,绘画治疗既能作为一项单独的技术应用于咨询,也可以作为谈话治疗的一种辅助手段,与传统谈话疗法的理论取向相整合,比如人本主义疗法、行为主义疗法、认知疗法,包括焦点疗法。人本主义取向的绘画治疗鼓励学生通过在绘画过程中的自我探索和在对自我及周围环境理解基础上的知觉整合来达到自我实现。行为主义取向的绘画治疗帮助来访学生用绘画表达出改变的目标以及到达目标所要付诸的每一步行动,从而建立合理的行为模式。在认知疗法中运用绘画手段,可以更直观地使来访学生意识到自己合理的或不合理的观念。在焦点问题疗法中使用绘画,可以使来访者更容易辨别出他已经做得较好的方面,即他的强项所在。

(五) 心理暗示技术

1. 心理暗示技术概述

心理暗示,是指人接受外界或他人的愿望、观念、情绪、判断、态度影响的心理特点。是人们日常生活中,最常见的心理现象。它是人或环境以非常自然的方式向个体发出信息,个体无意中接受这种信息,从而做出相应的反应的一种心理现象。我们在生活中无时不在接收着外界的暗示。比如,电视广告对购物心理的暗示作用。在无意识中,广告信息会进入人们的潜意识。这些信息反复重播,在人的潜意识中积累下来。当人们购物时,人的意识就收到潜意识中这些广告信息的影响,左右你的购买倾向。

小贴士

望梅止渴与心理暗示

三国时期,曹操率领部队去讨伐张绣。时值七八月间,骄阳似火,万里无云,士兵们口渴难忍,行军速度明显变慢,有几个体弱的士兵竟然体力不支晕倒在路旁。曹操见状,非常着急,心想如果再这样下去,部队根本不能如期到达目的地,战斗力也会大大削弱。于是他叫来向导,询问附近可有水源?向导说最近的水源在山谷的另一边,还有不短的路程。曹操沉思一阵之后,一夹马肚子,快速赶到队伍前面,然后很高兴地转过马头对士兵说:"诸位将士,前边有一大片梅林,那里的梅子红红的,肯定很好吃,我们加快脚步,过了这个山丘就到梅林了!"士兵们一听,不禁口舌生津,精神大振,步伐加快了许多。

心理暗示总是被人们有意无意地广泛应用,比如著名的"罗森塔尔效应",就是一种权威性暗示,老师对孩子积极的期待,领导对下属适当的赞扬,都可以像曹操对士兵所描述的"一大片梅林"一样,让被暗示的对象"精神为之大振"。不止曹操,生活在社会中的每一个人,都会进行暗示活动。积极善意的心态,往往会给出积极的暗示,使人战胜困难、不断进取;反之,消极恶劣的心态,则会使人得到消极暗示,变得冷淡、泄气、退缩、萎靡不振等等。俗话说"好言一句三冬暖,恶语伤人六月寒",说的就是这个道理。因此,当我们发现他人有可能受到自己的暗示时,也要注意暗示的方式和度,尽量使他人接受积极的、适度的暗示。

2. 暗示技术实施

(1) 内省调心态

把自己内心的感受说出来或写出来。心理学研究中有一种"内省法",就是让人冷静地观察自己的内心深处,然后将观察的结果如实讲出来。这样可以使紧张的心情得到释放,人就会感到轻松一些。把每一次失败都当作是最后一次。每个人都会有不顺的时候,试着在最不开心和失败时对自己说:"这是最糟糕的了,不会再有比这更倒霉的事发生了。"既然"最糟糕的事"都已经发生了,还有什么可怕的呢?既然已经到了最低谷,那么以后就该否极泰来了!

(2) 关注正面信息

不要过频地向自己强调负面结果。我们不要总是给自己一些这样的提醒"昨天我就是在这里摔倒的"、"这段路总是出交通事故"等等。因为越是这样,我们心里就会越紧张。所以,聪明人应避免老用失败的教训来提醒自己,而应多用一些积极性的暗示,比如:"走稳些就不会摔倒了"、"经过这段路时应该减慢速度"等等。这种积极的暗示比总向自己强调负面结果的暗示效果要好得多。

(3) 预热出成效

用"汽车预热"的方式调整自己的心情。司机都知道,汽车上路前都要进行发动机预热,这样才能保证汽车良好的行驶状态,做事也是一样。当星期一早上你还未从"周末综合征"中彻底解脱出来时,先不必急于工作。可以先与同事们交流一下,或是先翻阅一下上周的工作日志,当你给自己的心情"预热"之后,再以崭新的面貌进入工作状态。

(4) 理性情绪周期

每个人都有自己的"情绪周期",难免会陷入莫名的情绪低迷状态。这时就应该先做些简单的工作,不要给自己增添过重的负担。我们可以在自己情绪高涨的时候处理那些令人感到棘手的问题,因为好心情能激发饱满的工作热情,促使人们增强信心,产生知难而上的挑战欲。人在良好的状态下迎接挑战,可以淡化为难情绪。别给自己贴上失败的"商标"。不要总是对自己说"我的能力实在不行"、"我缺乏变通的技巧"、"大家都不喜欢我"等等。要知道,真正能够击倒你的人有时恰恰正是你自己。因此,不要总是给自己贴上"这不行、那不行"的失败"商标",应该多给自己一些激励与信心,相信自己并不比别人做得差,成功一定会属于自信的人!

(5) 暗示越含蓄,效果越好。因此在心理咨询和教育中最好尽量少用命令方式去提出要求。若能用含蓄巧妙的方法去引导,就能获得更好的效果。

(6) 暗示应具有艺术性。教师要力求为学生的活动配上适当的艺术形式,如趣味性的故事、竞争性的游戏等,借助于形式、色彩、韵律和节奏,通过非理性直觉,直接诉诸人的情感。使学生在积极的氛围中接受教育,促进学生产生积极的心理倾向。

(7) 暗示技术注意事项。暗示的作用可以是积极的也可以是消极的。积极的暗示可帮助被暗示者稳定情绪、树立自信心及战胜困难和挫折的勇气,消极的暗示却能对被暗示者造成不良的影响,因此,教师应该注意有意识的给学生以积极的心理暗示,而避免消极的心理暗示。同时教师应该注意引导学生变消极的自我暗示为积极的自我暗示。

(六) 短期焦点技术

1. 短期焦点技术概述

短期焦点技术也称为消费者模式,即不以一个"模子"套在来访者身上来进行诊断、比较或处理,而是要让每个来访者选择他(她)的目标、决定目标。短期焦点技术是一个包括改变、互动与达到目标的整体模式。在确定目标的过程中,来访者便已经开始改变的第一步,而这些改变都是发生在问题解决的目标范围中。只有朝向目标导向的谈话,才是短期焦点技术所鼓励的。经由思考的方式、与来访者对话的方式、建构解决方法的方式三者交互作用,可以反映出有关改变、互动及达到目标的概念。

2. 短期焦点技术基本精神

(1) 事出并非定有因。短期焦点技术认为原因和结果间的关系很难认定。而且,许多问题发生的因果关系常常很难确定,问题往往是互动下的产物,原来的因演变成后来的果,后来的果又变成因,不断循环下去,到底谁是因？谁是果？实在很难确定。短期焦点技术主要是以"可以做什么让问题不再继续下去？"这样的问句,取代"问题发生的原因是什么？"以探究此时此刻可以做些什么的问句,取代探讨过去原因的问句。由于短期焦点技术专注于朝向问题解决的历程,而非探索原因的历程,所以有可能在不探究问题原因的情形下,就成功地解决了问题。"了解原因"在短期焦点技术中是不必要的,重要的是"解决"的历程。

(2) "问题症状"有时也具有正向功能。一个问题的存在,不见得只呈现出病态或弱点,有时也存在有正向功能。例如：小孩在学校打架滋事、问题不断,看起来这个孩子真是问题学生。但是深入探究其家庭背景之后,老师发现孩子的父母早已离婚,互不往来,只有在孩子出事时,父母双方才会一同来到学校,而孩子的幻想中仍然希望父母有一天能重修好,所以他通过打架滋事来完成他的梦想。在这个案例中,打架滋事虽然是个问题症状,但是隐藏在背后的却是一个正向的期待,有它的功能存在。协助学生寻求更好的方法取代打架滋事,而又能保有其正向的期待,是问题解决的关键。短期焦点技术的精神在于不仅看到问题症状,更能看到其背后的正向功能。

(3) 合作与沟通是解决问题的关键。在言谈的过程中,短期焦点技术认为来访者和咨询师是一直处于合作的互动关系；来访者总是会说明他们如何去思考改变的发生,而当咨询师了解他们的想法与作法时,咨询师和来访者合作解决问题是必然的。透过一步一步与来访者的情感、想法并速前进,倾听不仅止于倾听,而是配合来访者的声调、感情和用语,进入来访者的世界做积极的行动引导。其次,经由邀请,促进来访者做进一步的改变,协助来访者搜寻并创造新的意义,产生新的想法与行为。若来访者不接受新的邀请,试试第二个邀请。短期焦点技术认为没有抗拒的来访者,只有不知变通的咨询师。咨询师与来访者合作的方式永远是正向与未来导向的,支持来访者,通用正向的目标引导方式,并将模糊的陈述予以具体化。咨询师是解决问题"过程"的专家,来访者则是最了解问题的专家,两者合作,就有机会使问题迎刃而解。

(4) 不当的解决方法常是问题所在,问题本身不是问题。面对每个问题,应考虑问题的多面性及特殊性,发展弹性的问题解决方法,而且相信来访者是有能力、有责任发展出合宜的解决方法、克服困境,避免因为解决方法的无效而产生更大问题。

(5) 来访者本人是他自己问题的专家。短期焦点技术强调来访者是具有功能的个体。强调利用来访者本身的资源达到改变的目标，也相信来访者本身具备所有改变现状的资源。同时极为强调尊重来访者的能力，提供机会给来访者去积极发现改变的线索。来访者是他自己问题的专家，而咨询师则是改变过程的专家。咨询师只是"引发"来访者运用自己的能力及经验改变，而不是"制造"改变。

（6）从正向的意义出发。短期焦点技术强调人们的正向力量，而不是去看他们的缺陷；强调人们的成功经验，而不是他们的失败；强调人的可能性，而不是他们的限制。例如一位来访者谈到自己太胖了，想要减肥，希望恢复十年前的好身材，可是自己却一直吃，一刻也停不下来，甚至会跑到大老远的地方去享受美食，所以减肥一直失败，自己沮丧极了。咨询师可以在这样的案例中，引导来访者去看到自己可以为享受美食的愉悦而不辞辛劳的正向力量，或是同理现在不辞辛劳地想要改变；不辞辛劳是可以用来促成改变的毅力。咨询师也可以引导来访者回想十年前拥有好身材的正向感受，鼓舞来访者改变的决心；从发现正向力量，以及发现当年如何做到保有好身材，即是问题解决的契机。如果停留在现在失败的情绪，去探讨失败的原因，只怕会让来访者感到更沮丧。

（7）雪球效应。短期焦点技术看重小的改变，当小的改变发生时，所处的环境、系统就和原先的状态不一样了；只要持续小改变，就会累积成大改变。这就好比"雪球效应"，原先只是山上的一颗小雪球，开始向下滚，越滚越大，越滚越大，到了山下就会变成大雪球，具有足以造成山崩的气势。所以，咨询师要引导来访者看到小改变存在、看重小改变的价值，而愿意促进小改变的发生与持续。

（8）找到例外，解决就在其中。当来访者进入咨询室时，他可能完全笼罩在他自己的问题当中，他会说自己的状况一直很恶劣，总是陷在忧郁的情绪中，无法自拔。短期焦点技术的精神在于经由来访者的叙述，找到例外的可能，也就是"何时忧郁不会发生？"或是"何时忧郁会少一点？"短期焦点技术相信任何问题都有例外。透过研究个案做了什么而使例外情境发生，并加强、加多例外情境的发生，而使这些小小的例外情境变成改变的开始，逐步发展成更多的改变。这是短期焦点技术的基本精神之一。

（七）放松技术

放松技术是一种通过姿势、呼吸、意念调整，改变肌肉紧张状态，以缓解情绪上的紧张，从而达到精神上的放松，保持心情愉快的一种方法。放松技术也是缓解焦虑的一种常用方法，经常使用可以帮助个体克服焦虑、消除疲劳、缓解压力、稳定情绪。放松技术有很多种方法，如呼吸调整法、想象放松法、肌肉放松法等。每种方法均可在学习基础上自行使用，也可在他人指导下使用。下面简单介绍各种方法的基本步骤。

深呼吸放松法：(1) 在通风较好的地方，以自己感觉非常舒服的姿势坐、站或躺好，闭上眼睛，然后慢慢地深呼吸；(2) 呼吸节奏以慢数 1—2—3—4—5 的速度进行吸气，屏息片刻，再以 1—2—3—4—5 的速度呼气。(3) 重复上述动作，持续时间 15—20 分钟为宜。

想象放松法：(1) 以自己感觉最舒服、最放松的姿势坐或躺好，闭上眼睛，调整呼吸；(2) 回想自己曾经在什么情境中感觉非常舒适、非常放松，哪怕只是一个画面；(3) 让自己完全沉浸在舒服的画面里，感受身体放松的感觉。想象放松法要领主要有两个：其一，在整个放松过程中要始终保持深沉而均匀的呼吸；其二，要能体验随着想象地进行有股暖流在身体内流动。

肌肉放松法：(1) 以舒服的姿势坐或躺好，闭上眼睛，调整呼吸；(2) 按指导语的要求做，"放松头顶，好，放松眼眶，放松脸颊……注意感受放松每个部位后的舒适感"；(3) 按照由上到下的顺序，依次放松身体各部位肌肉，越精细越好。依个体和时间情况，可重复做 1 到 3 次。

(八) 幽默技术

幽默技术是指通过各种幽默形式引起愉快情绪、消除受压抑的不良情绪、增进身心健康的一种心理治疗方法。临床心理学家 Michael Titze 认为，幽默能够使人的认知和客观环境保持一定距离，从而起到自我保护的作用。弗洛伊德在 1928 年写到："毫无疑问，幽默使人能够以玩笑的形式来表达自己的情绪，从而避免与客观环境的可能冲突。"

幽默引发的笑能够缓解紧张情绪，使肌肉放松，减少忧郁，同时还能促进血液循环，激发免疫机能，提高抵抗力。欢笑可以淡化人的消极感受，缓解焦虑情绪，消除身体的疼痛感觉，甚至能够治愈疾病。喜欢笑的人，面对困难的调适能力比较强，容易与人建立亲密关系。因此，从某种程度上来说，欢笑有利于个体的生存。正如哲学家康德所说："有三件东西有助于缓解生命的辛劳：希望、睡眠和笑。"

国外有位专家认为笑对人体有十大作用，这也是对笑能治病的简要的生理与心理的分析。这十大作用是：(1) 增加肺的呼吸量；(2) 清洁呼吸道；(3) 抒发健康的感情；(4) 消除神经紧张；(5) 使肌肉放松；(6) 有助于散发多余的精力；(7) 驱散愁闷；(8) 减轻各种精神压力；(9) 有助于克服羞怯情绪、困窘的感觉以及各种各样的烦恼，并且有助于增加人们之间的交际和友谊；(10) 使人对往日的不幸变得淡漠，而产生对美好未来的向往。

为了更好运用幽默技术，使情绪愉快，有如下建议：(1) 学会用微笑来引发自己的愉快心情，运用这种微笑最直接的方式是，对着镜子先作微笑的动作，只要你笑了起来，就会笑下去，直到大笑一阵。每天定时地进行数次，每次 10 分钟左右。(2) 多和快乐的人在一块,现代研究证实:人的情绪有一定的"传播性",经常和快乐的人在一起,自己也会快乐起来。(3)常看自己喜欢的喜剧片。(4)每天看一些漫画书或笑话,剪切那些和自己生活相关的章节。将它们贴在记事板,电冰箱或是随便什么能经常看见的地方上。(5)当遇见朋友或同事,让他们给你讲讲最近发生在他们身边的趣事。(6)交一个幽默的死党。就是那种你只是为了告诉他一件趣事而打电话给他的人,那种也会打电话给你讲一些他所闻所见的趣事的人。(7)练习讲笑话。每周学习一到两个简单的笑话,给周围的人讲。(8)偶尔自嘲。

幽默技术适用于有情绪困扰的正常人,对某些精神病患者和孤独症患者不适用。因为前者由于受到多种因素的影响,他们常常察觉不出笑话的"笑点",或者笑话讲到一半他们就忘记前面讲了什么。后者由于缺乏同理心,也体会不出幽默所在。

二、校园心理危机干预

(一) 校园心理危机概述

1. 校园心理危机干预界定

危机是指那些完全无法预测的、对当事人产生巨大影响的灾难性事件。校园危机就是发生在校园里,对当事人(包括教师、学生、管理者等)产生巨大影响的灾难性事件。危机状态对人的影响程度依赖于当事人对所面临的急剧变化的危机的熟悉程度。如果不熟悉,就会产生无望的、害怕的感觉,伴随着软弱感和无助感。这种严重心理失衡状态将会导致学生的冲突性行为:轻生自杀、暴力攻击、离家出走,以及酗酒、性行为错乱等。如果这些冲突性行为只是在学校管理、社会安全或社会法律的层面上得到阻止和解决,而没能在心理层面上予以疏导和帮助,则可能转换成潜在的压力和焦虑,进而形成严重的心理障碍和心理疾病,直接影响青少年身心的健康发展。如果在心理层面上进行有效的疏导干预,当事人自身就会重新产生"世界是安全的、可靠的"的理念,并努力到达与周围环境之间的平衡。

心理危机干预是指运用心理学、心理咨询学、心理健康教育学等方面的理论与技术对处于心理危机状态的个人或人群进行有目的、有计划、全方位的心理指导、心理辅导或心理咨询,以帮助平衡其已严重失衡的心理状态,调节其冲突性的行为,降低、减轻或消除可能出现的对人和社会的危害。

2. 校园心理危机干预的范围与对象

校园心理危机干预是指建立在学校教育和学校管理(School-based)基础上的心理危机干预。学校心理危机干预的范围通常是在校园内发生的重大恶性事件。校园心理危机干预的对象主要是在学校学习的学生、学校教师和管理人员,以及与他们相关的亲属或亲属人群。

参与校园心理危机干预的成员主要是学校教育的管理者、学校心理健康教育教师、与学校教育相关的教育专家和心理专家,以及高级心理咨询师、医务人员、社会安全保障人员(公安、法律、火警等)和社区工作者等。学校心理危机干预包括三个方面的子系统:学校心理危机干预的预警系统、学校心理危机干预的应急系统和学校心理危机干预的维护系统。这里我们重点介绍学校心理危机干预的维护系统。学校心理危机干预的维护系统是指在重大恶性事件发生后对当事人或人群,以及对与当事人或人群相关的人或人群提供补救性的、维护性的心理干预系统。

(二) 危机状态下的心理行为反应

在危机发生的情景下,理解不同个体在危机情景下的典型反应是区分是否需要进一步接受专业性帮助的关键。如果所辨别出的反应越多,说明越需要接受专业性心理支持。

师生可能有的共同反应:震惊、失去知觉;否认,或者对已发生的情景无法知觉;交往行为错乱——无动于衷、麻木不仁、表达不真实的感觉;思维混乱;行为混乱;难于做决定;易受暗示。

学龄前儿童(1~5岁):吮吸手指;说话困难;尿床;食欲降低或增高;害怕黑暗;依恋和啜泣;对圆形物体无法控制;分离困难。

儿童(5~11岁):悲伤和哭叫;不愿上学;对身体抱怨(头痛);注意力下降;容易发火;害怕自己受伤害;行为退化(例如,依恋、哭啼);做噩梦。在学校或家庭里的侵犯性行为;尿床;焦虑和害怕;思维混乱;进食困难;退缩性行为、不愿与人交往(social isolation)、寻求他人注意(attention-seeking)。

青春初期少年(11~14岁):睡眠困难;退缩性行为;不愿与同伴交往;食欲下降或上升;对活动失去兴趣;反叛性行为;一般性焦虑;学习困难(包括打架);害怕个人受伤害;生理上失调(例如,内脏功能失调);学习能力下降;抑郁;注意力集中困难。

青少年(14~18岁):失去感觉;无法控制性的回想;睡眠困难;焦虑和内疚感;进食困难;注意力下降和注意力分散;心身性疾病症状(例如头痛);反社会性行为(例如偷窃);冷漠;侵犯性行为;过度兴奋或兴奋度下降;学习能力降低;抑郁;伙伴冲突;退缩性行为;物质滥用提高;对异性的兴趣下降;月经不调或月经困难。

教师(成年人):否认;各种分离的感觉;非意愿的、无法控制的回想;抑郁;注意力集中困难;焦虑;身心疾病反应;高度敏感;退缩性行为;饮食困难;烦躁、耐挫折力降低;睡眠困难;工作能力降低;对曾经喜爱的活动的兴趣降低;情绪疲劳和心理疲劳;情绪依赖;婚姻不合。

（三）校园心理危机干预的实施

1. 表达

教师应当给学生机会进行讨论，讨论他们所正在经历的感觉，讨论他们对危机所产生的各种反应。要帮助学生意识到，他们曾熟悉的环境已经受到威胁，他们的安全正在遭受破坏。要帮助学生明白，他们需要一起来讨论他们的感觉，分享他们的感觉。要给学生机会用其他交流方式来表达他们自己，特别要帮助那些不愿用语言来表达自己感觉的学生。例如，可以用书写的方式；对年幼的孩子，也可以用画画的方式。

2. 充分理解

当学生讨论他们的感觉时，教师需要认真听，要以同理心和心理支持的方式，不要加以任何批评或评价。在和学生交流时，教师要表达对学生的各种反应的理解。要让学生明白，他们的任何反应都是对不正常情景的正常反应。对不愿用语言来表达自己感觉的学生，要鼓励他们用语言说出来，但教师要避免用要求的方式要学生去说。

3. 可以设计一些班级活动、各种作业或家庭作业来帮助和引导学生表达出对危机的反应

设计一些作业作为小组讨论的媒介是很有作用的，或许是最好的方法，尤其是在很多学生个体感到无助、脆弱的时候。若是危机事件中，有人亡故，定要在班级内举行"告别仪式"，这是学生群体哀伤辅导重要的一部分。

4. 班级辅导要点

（1）班上同学或老师不幸过世时，要如何进行班级辅导？

提供表达情绪的机会；将生命教育融入讨论。

（2）有些和逝者较亲的学生，突然情绪变得不稳或沉默，怎么办？

尊重、关怀、鼓励学生将内心的不满表达出来，若是无法渡过悲伤情绪，则需寻求专业机构的个别辅导。

（3）老师应扮演何种角色？

倾听者：抛开教导者说服者的角色；支持者：同理、支持并引导思考，少用否定性言语；辅导者：了解悲伤历程与反应，适切的晤谈与辅导；转介者：寻求专业机构协助。

（4）老师如何协助丧亲的学生情感重建？

① 自我方面：确认自己兴趣；孤单是生活的一部分；学习和清楚自己真正的需要，寻找会使自己有好感受的活动。

② 人际方面：收集所有认识人的名单；平衡时间，安排空档；从熟人建立真正友谊。

③生活方面：照顾自己的身体，养宠物。
（5）哪些方法可以帮助学生渡过悲伤时期？
唤起现实感；易位法；仪式转移；创作发挥；放松练习；转念法；幽默法
（6）在教学中，有哪些方法可以进行班级辅导？
融入教学；主题活动；角色扮演；情境教学。
（7）对于班级环境如何做相对应的调整？
收集逝者遗物，一起讨论如何处理；请同学对座位写祝福的话或信，再利用班级辅导机会将座位移出。

（四）个别心理疏导

对那些与同伴相比表现出更强烈困扰的学生，教师要始终保持警觉，因为他们或许需要更进一步的、更单独的个人心理危机干预。教师可以向学生提出告诫，告诉他们正在经历着强烈的情绪波动，他们正在接受如何有效地处理危机问题的训练（例如，可以向他人谈出自己的感觉；可以向他人寻求心理支持）。在危机发生后的一到六个星期里，对危机情景所产生的强烈情绪反应通常会逐渐地被克服。前面所提到的各种长期性影响可能还需要若干星期或若干月才可能消失。有些学生可能在危机发生的情况下，或者在危机发生后的几天或几个星期中没有表现出对危机的反应。教师要对这些现象保持注意和警觉。有些学生或许会试图说服别人他们自己没有受到影响，然而，突然，他们就会表现出某种强烈的情绪反应。

（五）家长课堂

为家长提供必要的心理干预和专业技术支持，以帮助家长正确、快速的调整自己的心情，同时陪伴孩子科学应对事件冲击，走过"沼泽"。

 本章小结

● 心理咨询是通过人际互动，运用心理学理论和方法，给来访者以帮助从而更好地启发、协助其自强自立的过程。通过心理咨询，可以使来访者在认识、情感和态度上有所变化，解决其在学习、工作、生活等方面出现的心理问题，从而更好地适应环境，保持身心健康。心理咨询最一般、最主要的对象是存在心理困扰的健康人群，或者是存在心理问题的亚健康人群，而不是人们常误会的"病态人群"，病态人群例如精神分裂症、躁狂等患者是精神科医生的工作对象，不是心理咨询的对象。

● 心理咨询根据咨询的性质，可分为发展咨询和健康咨询；根据咨询的规模，可分为个体咨询与团体咨询；根据治疗时程，可分为短程、中程和长期的心理咨询；

根据咨询的方式,可分为门诊面询、电话咨询和网络咨询等等。
- 心理咨询原则有:保密性原则、"来者不拒、去者不追"的原则、时限性原则、感情限定原则、伦理性原则。
- 心理咨询一般程序是:首次会谈,确定是否建立咨询关系;判断评估,制定咨询方案;执行咨询方案;结束咨询。
- 心理咨询行业中有着众多的理论学派,其中经典的理论学派有"精神分析"、"行为主义"、"人本主义"、"认知主义"等。每一种理论学派对心理咨询都有着自己独特的见解。
- 心理咨询在校园中的使用也非常普遍。常用心理咨询方法有音乐疗法,阅读疗法,舞蹈疗法,绘画疗法,短期焦点技术,放松技术和幽默技术。而当面临校园心理危机时,应该注意观察危机状态下师生的心理行为反应,实施相应的干预策略。

本章思考题

1. 什么是心理咨询?简述你对心理咨询的理解。
2. 你是怎样理解心理咨询一般程序的?
3. 在心理咨询中应遵循哪些基本原则?为什么?
4. 校园心理危机事件中班级辅导的要点有哪些?

阅读材料:心理咨询师必备的 21 种素质[①]

咨询员的工作在助人,因此需具有一些异于一般人的特质。除了一般熟悉的同理心、一致、真诚等特质外,综合 Brown 与 Srebalus、Doyle、Gladding 及 Terry、Burden 与 Pedersen 之看法,并配合咨询过程咨询员的责任,专业心理咨询师一般具有这些优秀的素质:

一、同理心、真诚、一致
二、对不同亚文化的了解
三、对当事人积极的看法
四、对人的兴趣与关怀

咨询员进入咨询行业,是因为对人的兴趣。他深入了解正常与异常行为的内在运作,熟悉行为改变的方式。对于当事人之帮助,是因为他对于当事人的关怀,而非其他目的。

---

① 摘编自 http://www.cnpsy.net/p/shiyongjishu/youxi/zixue/200804/1096.html。

五、敏锐的倾听与观察能力

六、善于语言上的交谈

七、善于面对当事人不同的情绪反应

协助当事人探索情绪、表达情绪是必然的咨询过程。不管是令人丧胆的暴烈情绪,还是使人消沉的悲哀情绪,都是极平常的咨询情景,所以,咨询员需有能力面对与处理当事人的不同情绪,虽暴露在当事人不同的情绪下,依然能够自在、自信。

八、能将个人需求放下,视照顾当事人的需要为优先

咨询员之所以愿意帮助当事人,是基于他对人类幸福的关怀。咨询员对当事人的协助不是为了满足自己的成就感、优越感或炫耀自己的能力,而是对当事人的关怀。所以,咨询进行中,当事人是主角,咨询员需以照顾当事人的福祉为优先。

九、能面对人生事件悲苦的一面,并以幽默态度处之

咨询的目的之一,便是协助当事人以积极的态度看待生命中的重大事件,即使表面上看似悲苦的经验,也有正面的意义。咨询员要协助当事人从悲苦的经验中找到力量,首先必须以身作则,以积极的态度看待自己不如意的事,更重要的是,以幽默的态度转化自己的负面感觉与想法。

十、积极的自我概念

培养当事人的自信与自我肯定为咨询的目的之一,如果咨询员没有积极的自我概念,就没有办法协助当事人看到问题的盲点。换句话说,如果咨询员本身在某个地方有盲点,就无法协助当事人处理类似的问题。此外,咨询员需面对形形色色的当事人,咨询中当事人的状况千奇百怪,如果咨询员没有积极的自我概念,就容易被当事人的状况所左右,自然无法客观地看待当事人的问题。

十一、接纳自我

咨询的目的之一,在协助当事人自我接纳,将被否认的自我,透过自我接纳统整到人格中,成为自我的力量;同样的,如果咨询员无法自我接纳,当然就不知道如何协助当事人接纳自己,甚至看不到当事人问题的盲点。

十二、敏锐的觉察力

咨询员必须具有敏锐的觉察力,其原因有二:第一,如果咨询员能够随时随地觉察自己主观的感觉与想法,就可以避免对当事人产生偏颇的看法;第二,咨询员协助当事人探讨与了解问题时,必须敏锐地觉察当事人的语言与非语言行为的变化,才能协助当事人觉察未觉察的感觉与想法。总而言之,咨询员敏锐的觉察力,不但可以协助自己,也可以协助当事人不断自我成长。

十三、不断自我成长

咨询员的成熟度往往与咨询效果有关。咨询员的未完成事件越少,盲点就越少,就越能协助当事人看清自己,解决问题,因此,咨询员必须不断自我成长。

十四、开放自己的情感与经验

十五、能够投入当事人的经验中,也能够保持距离

十六、精力充沛

十七、忍受含糊情境的能力

十八、了解自己的长处与限制

咨询员并非完人,自然有其长处与短处。重要的是,咨询员必须了解自己的长处对哪些当事人有益,自己的短处对哪些当事人有害,以免误人误己。

十九、追求自我实现

二十、具有专业背景与素养

咨询是专业的助人工作、咨询员必须受过专业训练与具备专业素养(至于咨询员必须受过哪些训练,请参阅相关的书籍)。基本上,咨询员进行咨询时、必须有理论依据,并配合良好的咨询关系与适当的咨询技术,才能对当事人的问题有所助益。

二十一、遵守咨询伦理

咨询是专业的助人工作,必然有其伦理的规范。咨询员遵守咨询伦理,才能保证当事人的权益,尽自己的责任。相关的咨询伦理守则请参阅相关的书籍。

参考文献

1. 〔美〕彼得·班克特著、李宏昀、沈梦蝶译:《谈话疗法——东西方心理治疗的文化与历史》,上海社会科学出版社2006年版。

2. 边玉芳等著:《青少年心理危机干预》,华东师范大学出版社2010年版。

3. 〔美〕Irvin D. Yalom 著,李鸣等译:《团体心理治疗理论与实践》,中国轻工业出版社2005年版。

4. 江光荣:《心理咨询的理论与实务》,高等教育出版社2005年版。

5. 〔英〕米克姆斯(Bonnie Meekums)著,肖颖、柳岚心译:《舞动治疗》,中国轻工业出版社2009年版。

6. 钱铭怡:《心理咨询与心理治疗》,北京大学出版社1994年版。

7. 〔美〕Raymond G. Miltenberger 著,石林等译:《行为矫正原理与方法》(第3版),中国轻工业出版社2004年版。

第十章 健康心理学

本章导读

> 本章以健康为主题,围绕心理社会因素对健康的影响这一主线展开。第一节介绍健康的含义,以及联结心理社会因素和健康与疾病之间的两个重要的中介概念:应激与应对;第二节重点阐述学生常见心理问题以及疏导对策,并介绍了工作倦怠的概念,以及教师工作倦怠的成因与自我调节策略;第三节列举一些常见的心身疾病,目的在于使教师意识到:心理社会因素所产生的应激不仅可以导致心理健康问题,而且是一些常见疾病的致病因素。

第一节 应激与健康

一、健康的含义

(一)健康的概念

什么是健康?这是每个人都关心的问题,但许多人对健康的理解存在误区。人们大多根据自身有无躯体异常症状、自我感觉好坏以及能否如常从事日常工作和生活来判断是否有病,以为没有病就是健康。

随着医学模式的转变,世界卫生组织在1948年从人是一个统一整体的观点,提出了健康新概念:"健康不仅仅是没有疾病和残缺,而且应在生理上、心理上和社会适应能力都处于完好的状态。"此概念一经提出便普遍为人们所接受,该定义更新了传统生物医学模式下人们对健康的认识,将心理、社会的因素引入健康的概念,充分体现整体人的健康观,对指导人们维护健康发挥了重要作用。

(二) 健康状态的认知与判定

根据 WHO 的健康定义,健康的标准应包含 3 个部分,即生理、心理状态和社会适应能力。

1. 躯体健康态

这指机体各部分结构和功能的正常状态,可依据一系列生物学标准加以判定。人体的许多生物学特性,一般可通过统计学的标准判定。运用统计学方法确定常态人群范围,如身高、体重等人体发育状况;红血球、血红蛋白等血液构成情况;血压、脉搏等生理数据都服从正态分布,医学上将 95% 人群所在范围列为常态,即躯体健康态。尽管生物学标准是判断躯体健康的重要依据,但仍有不同社会文化背景下认识的差异,生物学标准只有和社会文化标准整合,才能作为实用的判定标准。

2. 心理健康

目前尚无统一概念,有学者提出的以下观点得到较广泛认同。即"心理健康,指人们对于环境及相互间具有最高效率及快乐的适应情况。不仅是要有效率,也不仅是要能有满足之感,或是能愉快地接受生活的规范,而是需要三者具备。心理健康的人应能保持平静的情绪、敏锐的智能、适于社会环境的行为和愉快的气质。"

3. 社会适应能力

这指个体外显行为和内在行为都能符合复杂的社会环境变化,能为他人所理解,为社会所接受,行为符合其社会身份,与他人保持正常的社会关系。具体可用下列标准来衡量:

(1) 充沛的精力:能从容不迫地应对日常生活和工作压力,而不感到过分紧张。

(2) 能正确认识和适应社会:使自己的理念、行为跟上时代发展,适应社会需要。

(3) 应变能力强:能适应自然和社会环境中各种变化,体内环境处于平衡。

(三) 健康的动态观点

世界卫生组织提出了健康的三分法观点,将健康限定在生理、心理和社会三个方面。这个解释是一个比较全面的解释,很多年来,人们一直用这个解释去评价人们的健康状态。20 世纪 70 年代后期,很多学者对世界卫生组织的解释进行了反思,认为这个解释是一个过于理想化的解释,依据这个解释,没有人会是健康的。它提出的完全健康,如完全的生理健康就很难成立,如果这样,残疾人永远是不健康的。20 世纪 80 年代汤纳特尔(R. J. Donatelle)等人提出健康要符合现代人的实际,健康也是一个动态变化的过程,因此他们认为:"健康是个体在现实可能状态下获得最佳完善感",尽管并非人人都可以达到完全健康水平,但是人们可以通过努力获得最佳健康水平。这种健康水平不仅仅是生理方面的,也包括社会关系和人们日常的生活方式。

90年代格林伯格(J. Greenberg)提出了五级健康水平模式。他用"健康—疾病连续体"分析健康水平(图10-1)。

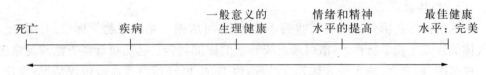

图10-1 格林伯格健康水平示意图

死亡是人们要避免的根本目标,这个目标是健康最低水平的要求。疾病是仅次于死亡的一种不健康状态,这里的"疾病"主要是生理方面的疾病,是人们要避免的状态。很多行为与疾病有关,因此如何通过改善环境和行为避免疾病的产生,是健康心理学的重要内容。一般意义上的生理健康主要是指人们的体质,是人们对疾病的敏感性,主要与人们的免疫系统的功能有关。情绪和精神水平的提高是健康的心理层面,是健康高要求,不仅没有心理疾病,而且有正常积极的情绪状态,有良好的精神面貌。这是人们健康的目标。最佳健康水平——完美是身心的完美结合,是人们无法完全满足的需要。

(四) 亚健康状态

20世纪80年代中期,前苏联学者N·布赫曼通过研究发现,除健康状态和疾病状态外,人体还有一种非健康、非疾病的状态,即"亚健康状态"。亚健康状态指人虽然无明显的疾病,但呈现出活力降低、适应性减退、机体各系统功能和代谢功能低下等不够健康的生理状态。亚健康状态的范畴相当广泛,一般认为,躯体、心理常有不适应感觉,却在相当长时间内难以确诊为某种疾病、但有可能趋向于疾病的状态,又称"次健康状态"、"第三状态"、"灰色状态"等。它是当代医学专家从"健康→次健康→疾病→死亡"这个"人的生老病死的连续过程"中有其独特征兆和特点的一个阶段,如体力衰减、疲劳综合征、神经衰弱、更年期综合征等均可被涵盖其中。亚健康状态的产生源自多方面,衰老、社会生活事件、不良生活方式以及环境污染等都可使机体呈现亚健康状态,其中社会因素的影响最重要,约1/3起因于或兼有心理问题。有调查显示,处于亚健康状态人群多在20~45岁之间,且多数是高压力人群。处于亚健康状态的人一般多表现为身体或精神的不适,如疲劳乏力、心神不宁、头痛、胸闷、失眠、饮食状态欠佳等,但均未达到疾病状态、无阳性体征。随着社会的发展,亚健康状态的人群日益增多。专家指出,现在人们对健康的认识普遍存在着两种错误倾向,一是只注重躯体健康而忽视心理健康,二是注重疾病医治而忽视早期预防。正是这些错误认识,使许多人对自身慢性疾病前期出现的"亚健康状态"视而不见,甚至忽略了疾病缓慢渐进的发展过程,直到病情严重后才追悔莫及。

二、应激及其对健康的影响

(一) 应激与应激源

1. 应激的概念

应激一词源自英文 stress,意为"紧迫、逆境反应、紧张、压力、应力"。它作为联结心理社会因素和健康与疾病之间的中介概念备受关注。首先提出应激概念的是加拿大病理生理学家塞里(H. Selye)。塞里通过大量动物实验证实,处于失血、感染、中毒等有害刺激作用下以及其他紧急状态下的个体,都可出现肾上腺增大和颜色变深、胸腺、脾及淋巴结缩小、胃肠道溃疡、出血等现象。塞里认为,每种疾病或有害刺激都有这种相同的非特异性生理生化反应过程。塞里的应激概念是从医学或病理生理学角度提出的,忽略了应激的心理成分。

20 世纪 60 年代,马森(J. W. Mason)通过研究证明塞里所提出的所有应激反应其实都包括不同程度的情绪反应、不适或疼痛等心理成分。拉扎勒斯(R. Lazarus)等也在同期提出了认知评价在应激中的重要性。塞里应激理论的积极意义在于首先在现代病因学认识中体现出一种系统论的思想,同时也为此后的应激理论的研究开了先河,此后许多应激研究都是在此基础上的修正、充实和发展。

国内也有学者从另外一个角度来讨论应激。当人们谈及应激时,通常指他所感到的来自其周围的压力,日常生活中每个人在不同时期都会遭遇不同"压力",如学习、生活、经济、工作等压力对于身心健康者,不至构成对其生存发展的威胁,适当的压力还有益于锻炼人们的意志,促进个体追求高质量的生活目标。只有当上述压力过大以致个体难以适应或个体自身原因不能正确面对压力时,才进入"应激"状态,出现一系列应激反应。生理方面:内稳态系统失去平衡;心理方面:心烦意乱、情绪震荡、焦虑不安、出现认知偏差、行为刻板、工作效率下降;社会文化方面:原有人际关系受到威胁、社会支持获得缺失、对生活的观念和态度也随之改变,甚至影响其自信心,此即对个体察觉威胁时心身反应的描述。

总之,应激是个复杂概念。目前对应激的科学定义各家有所不同,在当代科学文献中,关于应激有以下描述:(1)应激指那些使人感到紧张的事件或环境刺激;(2)应激是一种主观反映,应激是紧张或唤醒的一种内部心理状态,它是人体内部出现的解释性的、情感性的、防御性的应对过程;(3)应激也可能是人体对需要或伤害侵入的一种生理反应。综上所述,有学者将应激定义为:应激是个体"察觉"各种刺激对其生理、心理和社会造成威胁时系统反应过程,所引起的反应可以是适应或适应不良。这一定义把应激看作是一连续的动态过程,它认为应激是一种刺激物,是一种反应,也是刺激物与机体的互动作用。

2. 应激源

应激源指能够引起个体产生应激反应的各种因素。人在自然界生存,又在社会环境中活动,无数自然和社会的变化,其中包括个体生理和心理的变化,都可以作为应激源而引起应激。一般可将应激源分为躯体性应激源、心理性应激源、文化性应激源、社会性应激源。

(1) 躯体性应激源,指直接作用于躯体而产生应激反应的刺激,包括理化因素、生物学因素。如高低温度、湿度、噪声、毒物、振动、微生物和疾病等。

(2) 心理性应激源,指各种心理冲突和挫折情境、人际关系的紧张、焦虑、恐惧和抑郁等多种消极情绪。心理性应激源中,挫折和心理冲突是最重要的两种。

(3) 文化应激源,指当一个人从一种熟悉的生活方式语言环境风俗习惯迁移到陌生环境中所面临着各种文化冲突和挑战。如迁居异国他乡,文化性应激对个体影响是持久而深刻的。

(4) 社会性应激源,社会应激源是最广泛的应激源,它又可分为:① 大事件,是指各种自然灾害和社会动荡,如战争、动乱、天灾人祸,重大政治经济制度变革;② 生活事件,是正常生活中经常面临的各种问题,是造成心理应激并可能进而损害个体健康的重要应激源。目前心理应激研究领域将生活事件作为最重要的应激源进行研究。

美国学者赫莫斯(Holmes)和偌黑(Rahe)在他们编制的"社会再适应等级量表"中汇集成 43 项对人影响较大的生活事件条目,并以生活变化单位(life change units,LCU)的大小来表示每项生活事件对人影响的严重程度(表 10-1)。他们通过大量调查发现,假如一个人在 1 年之中的 LCU 不到 150,在来年可能健康安泰,LCU 150~300 单位之间在来年患病的可能性为 50%,若 LCU 大于 300,则来年患病的可能性高达 70%。当然,这种分析有一定的片面性和绝对化,在应用时还应考虑到个体生理和心理素质对健康的影响。当然赫莫斯和偌黑汇集的 43 项生活事件,只是社会性应激源中一部分。事实上,生活中每一件事,诸如,弄丢了钥匙,账单越堆越高,不断被打扰,没有足够的闲暇时间,在最匆忙时候鞋带却断了等,这些生活琐事都会对我们产生影响,可以用"小应激"来表达我们频繁遭遇的这些生活琐事,并指出小应激虽然没有应激的灾难性类型那样强烈,但是却具有持久性,就像肉中之刺,如果把小应激与生活中的变迁如离婚或丧偶相比,小应激与疾病的关系大于生活变迁与疾病的关系,这个结果也得到了跨文化研究的证实。

表 10-1　社会再适应等级量表

变化事件	LCU	变化事件	LCU
1. 配偶死亡	100	23. 子女离家	29
2. 离婚	73	24. 姻亲纠纷	29
3. 夫妻分居	65	25. 个人取得显著成就	28
4. 坐牢	63	26. 配偶参加或停止工作	26
5. 亲密家庭成员丧亡	63	27. 入学或毕业	26
6. 个人受伤或患病	53	28. 生活条件变化	25
7. 结婚	50	29. 个人习惯的改变（如衣着、习俗、交际等）	24
8. 被解雇	47		
9. 复婚	45	30. 与上级矛盾	23
10. 退休	45	31. 工作时间或条件的变化	20
11. 家庭成员健康变化	44	32. 迁居	20
12. 妊娠	40	33. 转学	20
13. 性功能障碍	39	34. 消遣娱乐的变化	19
14. 增加新的家庭成员（如出生、过继、老人迁入）	39	35. 宗教活动的变化（远多于或少于正常）	19
15. 业务上的再调整	39	36. 社会活动的变化	18
16. 经济状态的变化	38	37. 少量负债	17
17. 好友丧亡	37	38. 睡眠习惯变异	16
18. 改行	36	39. 生活在一起的家庭人数变化	15
19. 夫妻多次吵架	35	40. 饮食习惯变异	15
20. 中等负债	31	41. 休假	13
21. 取消赎回抵押品	30	42. 圣诞节	12
22. 工作责任变化	29	43. 微小的违法行为	11

（二）应激反应

应激反应指个体因为应激源所致的各种生物、心理、社会行为方面的变化，也可称之为应激的心身反应。应激反应在健康和疾病过程中具有重要的意义。首先，应激反应是个体对变化着的内外环境所做出的一种适应，这种适应是生物界赖以生存发展的原始动力。对个体来讲，一定的应激反应不但可以看作是个体及时调整与环境的和谐关系的过程,适当的应激反应还有利于人格和体格的健全,能提高个体适应环境的能力。因此,应激反应并不一定都对人体有害,这已被研究结果所证实。其次,各种应激反应毕竟要涉及个体的心身功能的整体平衡,临床医学中的许多问题实际上就是平衡与不平衡的关系。从应激的心身反应到心身疾病,在逻辑上显然存在着某种联系,这就是心理病因学的重要研究领域,也是心理应激研究中的重要课题。

1. 应激的心理反应

应激的心理反应可以涉及心理和行为的各个方面,以下重点讨论与健康和疾病关系最直接的情绪反应和行为反应。

(1) 情绪反应,个体在应激时产生什么样的情绪反应以及其强度如何,影响因素很多,差异很大。以下介绍几种常见的情绪反应。

① 焦虑,是应激反应中最常出现的情绪反应,是人预期将要发生危险或不良后果的事物时所表现的紧张、恐惧和担心等情绪状态。在心理应激条件下,适度的焦虑可提高人的警觉水平,伴随焦虑产生的交感神经系统的被激活可提高人对环境的适应和应对能力,是一种保护性反应。但如果焦虑过度或不适当,就是有害的心理反应。

② 恐惧,是一种企图摆脱已经明确的有特定危险会受到伤害或生命受威胁情景时的情绪状态。恐惧伴有交感神经兴奋,肾上腺髓质分泌增加,全身动员,但没有信心和能力战胜危险,只能回避或逃跑,过度或持久的恐惧会对人产生严重不利影响。

③ 抑郁,表现为悲哀、寂寞、孤独、丧失感和厌世感等消极情绪状态,伴有失眠、食欲减退、性欲降低等。抑郁常由亲人丧亡、失恋、失学、失业,遭受重大挫折和长期病痛等原因引起。

④ 愤怒,是与挫折和威胁有关的情绪状态,由于目标受到阻碍,自尊心受到打击,为排除阻碍或恢复自尊,常可激起愤怒。愤怒时交感神经兴奋,肾上腺分泌增加,因而心率快,心输出量增加,血液重新分配,支气管扩张,肝糖原分解,并多伴有攻击性行为。

上述应激的负性情绪反应与其他心理功能和行为活动可产生相互影响,可使自我意识变狭窄、注意力下降,判断能力和社会适应能力下降等。

(2) 应激的行为反应,伴随应激的心理反应,机体在行为上也会发生改变,这是机体顺应环境的需要。

① 逃避与回避:都是为了远离应激源的行为。逃避是指已经接触到应激源后而采取的远离应激源的行动;回避是指事先知道应激源将要出现,在未接触应激源之前就采取行动远离应激源。两者的目的都是为了摆脱情绪应激,排除自我烦恼。

② 退行与依赖：退行是当人受到挫折或遭遇应激时，放弃成年人应对方式而使用幼儿时期的方式应付环境变化或满足自己的欲望。退行行为主要是为了获得别人的同情支持和照顾，以减轻心理上的压力和痛苦。退行行为必然会伴随产生依赖心理和行为，即事事处处依靠别人关心照顾而不是自己去努力完成本应自己去做的事情。

③ 敌对与攻击：其共同的心理基础是愤怒。敌对是内心有攻击的欲望但表现为不友好、谩骂、憎恨或羞辱别人。攻击是在应激刺激下个体以攻击方式做出反应，攻击对象可以是人或物，可针对别人也可针对自己。

④ 无助与自怜：无助是一种无能为力、无所适从、听天由命、任由他人摆布的行为状态，通常是在经过反复应对不能奏效、对应激情境无法控制时产生，其心理基础包含了一定的抑郁成分。自怜即个体对自己感到怜悯惋惜，其心理基础包含对自身的焦虑和愤怒等成分。自怜多见于独居、对外界环境缺乏兴趣者，当他们遭遇应激时常独自哀叹、缺乏安全感和自尊心。

⑤ 物质滥用：某些人在心理冲突或应激情况下会以习惯性的饮酒、吸烟或服用某些药物的行为方式转换其对应激的行为反应方式。尽管这些物质滥用对身体无益，但这些不良行为能达到暂时麻痹自己、摆脱自我烦恼和困境之目的。

2. 应激的生理反应

应激的生理反应累及了机体各个系统所有器官，迄今学者们仍然用赛里提出的一般适应综合征（GAS）来表述其反应形式，随着应激反应研究的深入，有关应激生理反应心身中介机制备受关注，成为研究热点。它涉及神经系统、内分泌系统和免疫系统。这3条中介途径其实是一个整体，其中有关细节问题正是继续研究的领域。

(三) 应激的理论模式

在塞里提出应激学说的同时，心理应激的研究也随之展开，因为在学术界不少学者已意识到塞里的应激学说忽略了应激的心理成分，于是他们开始关注应激刺激对心理的影响以及心理因素在应激中的意义。20世纪60年代，拉扎勒斯等提出认知评价在应激中的重要性。目前解释心理应激的理论体系有多种，如适应模式、过程模式、社会环境模式等。无论何种模式其共同点都强调了个体的认知评价及应对策略在适应应激情境时的重要性。

1. 认知评价

所谓评价是指个体对遇到的生活事件的性质、程度和可能的危害情况做出估计。福克曼（Folkman）和拉扎勒斯（Lazarus）（1984）将个体对生活事件的认知评价过程分为初级评价和次级评价。初级评价是个体在某一事件发生时立即通过认知活动判断其是否与自己有利害关系。一旦得到有关系的判断,个体立即会对事件是否可以改变即对个人能力做出估计,即次级评价。伴随着次级评价,个体会同时进行相应的应对活动。如果次级评价事件是可以改变的,往往采取问题关注应对;如果次级评价为不可改变,则采用情绪关注应对(图10-2)。

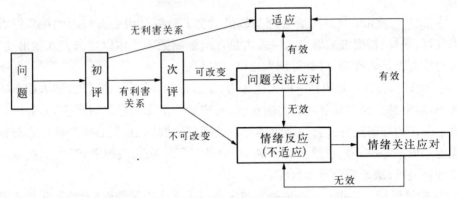

图 10-2　认知评价过程

认知因素在应激过程中的作用,是认知评价研究中重要内容,因为对生活事件的认知评价直接影响个体应对活动和心身反应。因而认知评价是生活事件到应激反应的关键中间因素之一。拉扎勒斯早期曾认为,应激发生于个体察觉或评估一种有威胁的情景之时,认为应激不取决于具体的刺激和反应。但认知评价本身受其他各种应激有关因素的影响,如社会支持在一定程度上可以改变个体的认知过程,个性特征也间接影响个体对某些事件的认知,而生活事件本身的属性也不能说与认知评价无关。所以,在近年的许多实际病因学研究中,虽仍将认知因素作为应激的关键性中间变量,同时也比较注重其他相关应激因素综合作用的研究。

2. 社会支持

这指个体与社会各方面包括亲属、朋友、同事、伙伴等社会人以及家庭、单位、党团、工会等社团组织所产生的精神上和物质上的联系程度。在应激研究领域,一般认为社会支持具有减轻应激的作用。是应激作用过程中个体"可利用的外部资源"。

社会支持概念所包含的内容相当广泛,包括一个人与社会所发生的客观的或实际的联系。同时社会支持还包括主观体验到的情绪上的支持,即个体体验到在社会中被尊重、被支持、被理解和满意的程度。许多研究证明,个体感知到的支持程度与社会支持的效果是一致的。多项研究证明社会支持与应激事件引起的心身反应成负相关,说明社会支持对健康具有保护作用。

3. 个性

个性特征作为应激反应的中间变量,它与生活事件、认知评价、应对方式、社会支持和应激反应等因素之间均存在相关性。个性可以影响个体对生活事件的感知,有时甚至可以决定生活事件的形成。态度、价值观和行为准则等个性倾向性,以及能力和性格等个性心理特征因素都可以不同程度影响个体在应激过程中认知评价。如事业心太强或性格太脆弱的人就容易判断自己失败。个性特质在一定程度上决定应对活动的倾向性,不同个性类型的个体在面临应激时可表现出不同的应对策略。个性特征间接影响客观社会支持的形成,也直接影响主观社会支持和对社会支持的利用度。

三、应对

(一) 应对的概念

近20年来,人们在研究应激与健康之间的机理过程中发现,个体的应对方式是介于应激与健康和疾病之间的中间变量,尤其是社会生活事件所导致的疾病,与个体的应对方式密切相关。

应对又称应付。由于应对可以被直接理解成是个体解决生活事件和减轻事件对自身影响的各种策略,故又称为应对策略。目前一般认为,应对是个体对生活事件以及因生活事件而出现自身不平衡状态所采取认知和行为措施。应对是个体为了实现被自己评价为超出自己能力资源范围的特定内外环境要求,而做出的不断变化认知和行为努力(Lazarus,1984)。拉扎勒斯关于应对定义,一般更为大家所接受。此定义包含了4个要点:(1) 应对是有目的的努力,这种努力包括不断地改变个体认知和行为,其目的旨在缓解或消除由应激源所引起的应激反应。例如,为了缓解或消除失业对个体的影响,个体可能采取正视现实(认知),并努力去寻找新工作(行为)。(2) 应对与自主性适应行为不同,它被限制在对心理应激的应付(即应激源—认知评价—应激反应—应对),而把那些不需要经过努力即发生的自主性行为排除在外,例如动物在危险情境中逃避行为就是自主性行为。(3) 应对指向个体努力去处理些什么,无论是去做或去想,都不涉及所做、所想的错与对。(4) 应对中处理事物不同于控制或掌握,"处理"一词在这里含义主要包括降低、回避、忍受和接受应激条件,当然也包括试图对环境加以控制。由此可见,现代的应对概念强调的是个体有意识采取的行为。

(二) 应对方式种类

应对方式种类很多,目前对此学术界尚未达成一致认识,以下仅介绍两个分类。

1. 根据应对的指向性分类

拉扎勒斯(1966)提出可把应对方式分为问题取向和情绪取向两类，问题取向应对方式主要着重于改变现存的人与环境关系，个体针对已察觉的问题(应激源)或者采取积极的努力，寻求解决问题的办法，或者回避问题。情绪取向方式则着重于调节和控制应激时的情绪反应，从而降低烦恼并维持一个适当的内部状态，以便能处理各种信息。

2. 根据应对努力的方式分类

莫斯(Moos)和斯卡夫(Schaefer)(1993)首先把应对方式分为认知性和行为性两类，然后结合应对的综合性概念框架，考虑应对取向性因素，在前两种分类的基础上，又形成认知探索型、行为探索型、认知回避型、行为回避型共4大类8个亚型(表10-2)。

表10-2 类应对方式及其亚型

基本类型	亚型(询问方式举例)
认知探索型	(1) 逻辑分析型(考虑过不同处理问题的方法吗?)
	(2) 择代型(遇到和别人同样的问题，怎样比别人更好?)
行为探索型	(3) 寻求指导和支持型(与朋友谈论过这个问题吗?)
	(4) 采取行动型(制订计划并执行吗?)
认知回避型	(5) 忘记事件型(试图忘却整个事情吗?)
	(6) 转换目标型(想过另一个目标会有转机和希望吗?)
行为回避型	(7) 寻求新欢型(参加过其他新的活动吗?)
	(8) 情绪释放型(试过不停地喊叫直到筋疲力尽吗?)

面对人类种类繁多的应对方式，我们很难单纯地区分其好坏，任何应对方式的好坏只有看它在处理具体的应激情景中是否有效来进行判定。但是，个体要想有效地处理自己面对的各种应激情景，可遵循以下几个指导原则：(1)了解应激与应对的基本知识和各种应对方式，为自己应对应激情景提供理论指导；(2)保持积极应对的心态。应激无处不在，人不可能生活在"无刺激的平静社会"中，面对应激应主动去应对或处理，否则个体容易陷入消极情绪而不能自拔，危害自身的身心健康；(3)灵活运用应对方式。有研究表明，个体的应对方式具有一定的稳定性，这是长期生活经历习惯化的结果。因此，当个体觉察到已采取的方式无效时，应果断尝试新的应对方式；(4)积极寻求他人支持。每个人的资源都是有限的，寻求他人的帮助同样是一种积极的应对方式。

第二节 心理健康

一、心理健康的标准与分类

(一) 心理健康的标准

目前对心理健康的标准可谓仁者见仁，智者见智。1946年第三届国际心理卫生大会上将"心理健康标准"划分为四个方面：(1) 身体、智力、情绪十分调和；(2) 适应环境、人际关系和谐，并能彼此谦让；(3) 有幸福感；(4) 在工作和职业中能充分发挥自己的能力，过有效率的生活。

世界卫生组织的心理健康标准：(1) 具备健康心理的人，人格是完整的、自我感觉是良好的、情绪是稳定的，积极的情绪多于消极的情绪，并有较好的自我控制能力，能保持心理上的平衡；(2) 有比较充分的安全感，一个人在自己所处的环境中，能保持正常的人际关系，能受到别人的欢迎和信任；(3) 健康的人对未来有明确的生活目标，切合实际地，不断地进取，有理想和事业上的追求。

马斯洛和米特尔曼在合著的《变态心理学》中提出的心理健康标准：(1) 有足够的自我安全感；(2) 能充分地了解自己，并能对自己的能力作出适度的评价；(3) 生活理想切合实际；(4) 不脱离周围现实环境；(5) 能保持人格的完整与和谐；(6) 善于从经验中学习；(7) 能保持良好的人际关系；(8) 能适度地发泄情绪和控制情绪；(9) 在符合集体要求的前提下，能有限度地发挥个性；(10) 在不违背社会规范的前提下，能恰当地满足个人的基本要求。

我国也有学者把心理健康标准(王登峰、张伯源)可归纳为以下几个方面：

(1) 了解自我、悦纳自我

一个心理健康的人能体验到自己的存在价值，既能了解自己，又能接受自己，有自知之明，对自己的能力、性格和长短处都能作出恰当的、客观的评价；对自己不会提出苛刻的、非分的期望与要求；对自己的生活目标和理想也能定得切合实际，因而对自己总是满意的；努力发展自身的潜能，即使对自己无法补救的缺陷，也能泰然处之。一个心理不健康的人则缺乏自知之明，并且总是对自己不满意；由于所定的目标和理想不切实际，主观和客观的距离相差太远而总是自责、自怨、自卑；由于总是要求自己十全十美，而自己却又总是无法做到完美无缺，于是总跟自己过不去，结果心理状态永远无法平衡，无法摆脱将要面临的心理危机。

(2) 接受他人，善与人处

心理健康的人乐于与人交往，不仅能接受自我，也能接受他人，悦纳他人。能认可别人存在的重要性和作用，同时也能为他人和集体所理解、所接受，能与他人相互沟通和交往，人际关系协调和谐；在生活的集体中能融为一体，既能与挚友相聚时共享欢乐，也能在独处沉思时无孤独感；在与人相处时，积极的态度（如同情、友善、信任、尊敬等）总是多于消极的态度（如猜疑、嫉妒、畏惧、敌视等），因而在社会生活中有较强的适应能力和较充足的安全感。而心理不健康的人可能常常置身于集体之外，与周围的人格格不入。

(3) 正视现实，接受现实

心理健康的人能够面对现实，接受现实，能动地适应现实，进一步改造现实，而不是逃避现实；对周围事物和环境能作出客观的认识和评价，并能与现实环境保持良好的接触；既有高于现实的理想，又不会沉湎于不切实际的幻想与奢望；对自己的力量有充分的信心，对生活、学习和工作中的各种困难和挑战都能妥善处理。心理不健康的人往往以幻想代替现实，而不敢面对现实，没有足够的勇气去接受现实的挑战；总是抱怨自己"生不逢时"或责备社会环境对自己不公而怨天尤人，因而无法适应现实环境。

(4) 热爱生活，乐于工作

心理健康的人能珍惜和热爱生活，积极投身于生活，并在生活中尽情享受人生的乐趣，而不会认为生活是重负；他们在工作中尽可能地发挥自己的个性和聪明才智，并从工作成果中获得满足和激励，把工作看作是乐趣而不是负担；他们能把工作中积累的各种有用的信息、知识和技能存储起来，随时提取使用，以解决可能遇到的新问题，使自己的工作行为更有效。

(5) 能协调与控制情绪，心境良好

心理健康的人愉快、乐观、开朗、满意等积极情绪总是占优势，当然也会有悲、忧、愁、怒等消极情绪体验，但一般不会长久；他们能适度地表达和控制自己的情绪，喜不狂、忧不伤、胜不骄、败不馁，谦而不卑，自尊自重，既不妄自尊大，也不退缩畏惧；对于无法得到的东西不过分追求，争取在社会允许范围内满足自己的各种需要；对于自己所能得到的一切都感到满意。

(6) 人格完整和谐

心理健康的人，气质、能力、性格和理想、信念、动机、兴趣、人生观等各方面平衡发展，人格作为人的整体的精神面貌能够完整、协调、和谐地表现出来；他们思考问题的方式是适中和合理的，待人接物能采取恰当灵活的态度，对外界刺激不会有偏颇的情绪和行为反应；他们能够与社会的步调合拍，也能和集体融为一体。

(7) 智力正常，智商在80分以上

智力正常是人们正常生活工作和学习的基本心理条件，是心理健康的重要标准。一般智商低于70分者为智力落后,而智力落后是很难称为心理健康的。

(8) 心理行为符合年龄特征

在人的生命发展的不同年龄阶段,都有相对应的心理行为表现,从而形成不同年龄阶段独特的心理行为模式。心理健康的人应具有同年龄多数人所符合的心理行为特征。如果一个人的心理行为经常严重偏离自己的年龄特征,一般是心理不健康的表现。

(二) 心理健康问题的分类

心理健康问题按其严重程度可以分为两类:一类是一般心理问题;另一类是心理障碍。其中心理障碍又可分为非精神病性的和精神病性的。

一般心理问题往往与个人所遭遇的事件、面临的困境有关,持续时间不长,常随着时间或个人自我调整而很快消失。一般心理问题是生活中常见的问题,如学习问题、婚姻与家庭问题、人际关系不良、职业压力问题等,常表现为个体情绪的困扰。

心理障碍是较严重的心理异常,对心理障碍的诊断应严格遵循医学诊断标准。这类标准有世界卫生组织的《国际疾病诊断》第10版(ICD-10),美国精神病学协会出版《心理障碍的诊断和统计手册》第4版(DSM-IV),中国精神科学会编写的《中国精神障碍分类与诊断标准》第3版(CCMD-3)。

二、学生常见心理问题及对策

(一) 学习心理问题及对策

学习问题是学生最主要的心理问题之一。具体与学习相关的心理问题包括学习习惯问题,学习动机不足,考试焦虑等。要解决学习方面的问题必须先仔细了解造成学生学习问题的根源,才能对症下药,取得效果。

学习习惯问题多始于小学,这一阶段,正是学生培养良好学习习惯的重要时期。因此,从小学一年级开始,家长和老师都应该重点关注孩子的学习习惯,一旦发现有不良的学习习惯倾向,应立即予以纠正。在小学里,最大的收获莫过于良好的学习习惯,这些好习惯能令孩子终身受益。但是,有的家长和老师忽视了这点或者在帮助孩子建立好习惯时采取了错误的方式,以至于孩子养成了一些不良学习习惯,如做作业拖拉、上课注意力不能集中、作业不认真等。由于不良习惯已形成,要扭转和改变老习惯、建立好习惯就变得困难了。要解决这样的问题,必须老师与家长配合,采取基于强化理论和小步子原则的行为塑造法,逐步渐进地纠正坏习惯或形成好习惯。

学习动机不足的极端表现是厌学。厌学是指学生对学习持否定态度的内在反应倾向,包括厌学情绪、厌学态度和厌学行为,其主要特征是对学习厌恶反感,甚至感到痛苦,因而经常逃学或旷课。厌学的一个直接后果就是导致学生学习效率下降。厌学是目前学习活动中比较突出的问题,不仅是学习成绩差的同学不愿意学习,一些成绩较好的同学亦出现厌学情绪。导致厌学的原因多种多样,如学习压力过大、长期的学习失败体验、教学方法不当、缺乏学习目标等。对厌学学生的疏导先应该分析其具体原因,在消除不利因素的基础上,重点提高学生学习的自我效能感。

考试焦虑是中学生较为常见的一种心理问题,它是在一定的应试情境诱发下,受个体认识评价能力、人格倾向与其他身心因素所制约,以担忧为基本特征,以防御或逃避为行为方式,通过不同程度的心身反应所表现出来的一种心理状态。其症状主要表现为:注意力难以集中,记忆力下降,烦躁不安,考前无法以正常状态投入复习,考试时出现心跳加快、手心出汗、紧张、脑子一片空白等症状,严重的甚至出现类似疾病的躯体症状。考试焦虑者往往对考试抱有较高期望,却又对考试结果存在消极预期。一般对考试焦虑的学生可采取认知行为疗法的原理进行疏导,先纠正其存在的认知偏差,然后运用系统脱敏或放松法消除焦虑症状,严重者可配合药物来处理。

(二) 人际关系问题及对策

人际关系问题是中学生反映最多的问题之一。尽管中学生人际关系相对简单,不外乎师生关系、同学关系和亲子关系三个方面。但是,中学生正处于多事之秋的青春期,身体迅速发育和心理不成熟的矛盾,导致他们的人际交往常常出现各种困扰,影响学生的学习和身心健康。

步入中学阶段,学生对老师提出了更高的要求,希望得到老师的信任、理解和关心,如果老师忽视了学生的心理需求,而一味关注成绩,容易导致师生关系紧张,最常见地表现在教师对学生的不理解,过多干涉学生的业余生活和正常交往而引起的困惑和烦恼。

中学生除希望得到老师的理解与支持外,也希望在班级、同学间有被接纳的归属感,寻求同学、朋友的理解与信任。由于同学关系不融洽,甚至关系紧张,有的同学就流露出孤独感,想恢复与同学的关系,而又不知该怎样去做。与同学的关系问题,主要集中在交友方面,因处理不好朋友之间的关系而苦恼。另外中学生心理正处于发展时期,情绪性格不稳定,缺乏人际交往的技巧,社会经验也不足,人际冲突时有发生,明显的表现就是吵架、骂人、打架斗殴,也有暗暗的隐性斗争。

逆反常常是父母对孩子抱怨的焦点,许多家长不知道怎样与青春期的孩子相处,孩子也时时觉得得不到父母尊重和理解。因而,亲子之间的冲突时常发生,这种状况既困扰家长,也影响孩子。究其原因,一方面青春期的孩子独立意识、批判意识增强,但又容易偏激;另一方面,家长总感到孩子还幼稚,仍然以过去习惯的角色和方式对待孩子。一方说"自己长大了",另一方说"你还幼稚",于是冲突难免。

处理中学生人际关系问题,无论是老师还是家长,首先,应了解青春期孩子的特点,关注其心理需求,尊重、理解和关心他们。其次,要培养和锻炼他们的人际交往能力。再次,老师和家长应及时处理学生出现的人际冲突,尽早发现人际交往中出现的不良现象,避免积累为严重的社交障碍。

(三) 自我意识问题及对策

自我意识,简单地说就是一个人对自己的认识和态度。当一个人步入青春期后,随着抽象思维、独立意识和自我意识的发展,对周围事物形成批判性的见解,开始把自己当成被观察对象,较为强烈地关注自己,开始自我审视和评价。正确认识自己,解决自我确立的危机,是每个青少年不容回避的主要课题,也是他们塑造自我形象,健全人生的重要条件,可以说自我意识的发展是青春期个性发展的核心内容。

中学生由于心理尚未成熟,对自我的认识处于发展中,这时学生特别关心自己的形象,因此,经常会在极端自卑和极度自信之间摇摆不定。

中学生自我意识问题主要表现为自卑与自负两种心理。自卑是因对自己能力及某方面品质的评价偏低,而产生的不如别人的一种自我意识。在生活和学习中,自卑感较强的学生,常有如下一些心理行为表现:(1)为人处世自信心不足;(2)人际交往缩手缩脚;(3)消极的自我防御机制表现明显,例如贬低他人来平衡自己失重的心态,用自负清高加以掩饰或否认等。对学生的自卑心理,可以从以下几个方面进行疏导:(1)引导学生正确运用参照系对自己进行客观评价,消除不合理的认知;(2)鼓励学生发挥补偿和升华作用,把自卑转化为发展动力;(3)增加成功体验,提高学生自我效能感。

中学生自负心理一般表现为如下几种情况:(1)自视过高,有强烈的优越感;(2)自以为是,具有排他性;(3)独立自主,但又缺乏客观性;(4)过度防卫,有明显嫉妒心理;(5)孤独离群,人际关系不良。自负心理往往源自自我意识膨胀或者自卑的自我防御反应,无论哪种情况,都会造成中学生人际交往的困难,抗挫能力弱,影响学生人格健康发展。对自负心理的疏导,首先应调节学生自我评价水平,既要看到自己的优点和长处,也要看到自己的缺点和不足。其次要建立平等交往的心态。同时训练挫折的耐受力。

(四) 性心理问题及对策

1. 中学生性意识与性行为问题

(1) 性意识困扰的问题

个体在进入青春期后,伴随着性生理的发育成熟,性意识也开始觉醒。中学生的性意识活动通常表现为被异性吸引、渴望了解性的知识、常想到性问题、性幻想及性梦等。对这些性意识活动,许多青少年都能够给予恰当的应对,对自己的心理行为活动没有构成不良的影响,这是属于正常的情况。但是,也有一些青少年因为不能较好地认识和对待自己的性意识活动,而出现性意识困扰。这些性意识困扰会引起他们不同程度的心理冲突,使他们出现焦虑、烦躁、厌恶及内心不安、恐怖、自责等不良情绪表现。少部分性意识困扰者,还会出现失眠、注意力不集中、情绪忧郁、不愿与他人(尤其是异性)交往等症状,从而影响学习和工作,有的甚至导致严重的心理障碍。

(2) 性冲动与性行为的问题

性意识的出现,必然会在行为方面反映出来。这些性行为包括手淫、抚弄性器官、边缘性性行为和婚前性行为等,其中以手淫的发生率最高。

手淫,又称自慰行为,是指用手或辅助工具刺激性器官以获得性快感的行为。一般来说,发生手淫的高峰年龄段男生为13~15岁,女生为13~14岁,正值男女青春期。有资料显示,男青少年中有70%~90%的人曾有过手淫,女青少年中30%~60%有过手淫。可见,就统计学角度来看,手淫是个体性发育过程中普遍存在的现象,不能视之为异常行为。但是,如果由于各种原因导致手淫过度,影响了个体的心理健康状况,则应给予关注。

一般来说,过度手淫的原因主要与性生理失调、遭受压力和挫折、性知识缺乏和外界性刺激的诱惑等因素有关。过度手淫的危害性在于它会影响青少年的精神状况,尤其是令他们产生强烈的"自我道德谴责"感,使其自卑,进而影响其正常地学习与人际交往,有的甚至产生社交恐惧症。这是因为在一些不正确观念的影响下,仍有不少青少年认为手淫是一种"很坏的"行为。其实,手淫是性成熟过程中普遍存在的一种自限性性行为,它不仅没有那么多可怕的恶果,而且还存在一种自然的、生理的调节作用。

青少年的性行为还包括边缘性性行为和婚前性行为。边缘性性行为,是指童年或少年期的游戏性性交、青春期及青年期的接吻、拥抱、抚弄性器官等。这些性行为,如果青少年不能给予较好的控制和应对,也会导致心理的困扰和心灵的伤害。而婚前性行为,更是令青少年在心理上出现严重不安、自我否定和恐惧焦虑。这是因为婚前性行为是社会文明和校规校纪所不容许的,也会受到社会、家庭的指责。而且,一旦发生性行为,当事双方都会因此而产生很大的心理压力,不仅造成当时的心身痛苦(尤其是对女方),还会影响到以后的恋爱或婚姻。

2. 中学生异性交往问题

渴望与异性同学或朋友交往这是人类性心理发展的必然,它对于个体从儿童时期过渡到成人期有着重要的意义。但是,由于传统观念的影响,对学习的过度关注,学校和家庭对青少年的异性交往总是持过度敏感或反对的态度,这使得一些青少年在异性交往方面难以自如应对,他们或是感到有压力,不敢与异性交往,导致异性交往经验的缺乏,甚至导致异性交往的害怕或恐惧;有的则因为缺乏异性交往的正确指导,不能把握好异性交往的尺度,而陷入各种异性交往的困扰当中,比如被异性误会、过早谈恋爱、出现性行为等。这些情况会影响青少年的学习和生活,也会导致苦恼与痛苦。

尤其是有部分中学生遇到了早恋的困扰。如今中学生的早恋现象已成普遍现象。首先,青春期身体一系列变化,心理出现渴望与异性交往的需求,加上流行文化,对许多学生的影响很大。其次,青春期,自我克制能力,鉴别是非能力相对较弱。另外,攀比与虚荣心也是造成早恋的因素。再次,家长不能正确对待异性交往,不经调查怀疑,以单纯的、粗暴的行为加以制止,造成孩子的逆反心理。最后,青少年升学压力过大,同学间的相互慰藉,产生同感,认为"世界上只有你能理解我",而陷入情网,不能自拔!

青春期个体性生理和性心理的发展,是个体成长过程中的重要阶段,如何处理此阶段学生的性心理问题,不仅学生自身存在困扰,老师和家长也表现出或多或少的疑惑。家长和老师应该意识到,学生所表现出来的性心理变化,大多是正常,关键在于加强引导和教育,鼓励正常的异性交往,尤其是青春期性教育,事先预防性的知识传授和观念引导是面对这类问题的最佳选择。

(五)行为不良及对策

青少年不良行为是指青少年违反社会公共生活准则和有关行为规范,或者不能良好适应社会,从而给社会、学校、他人和本人造成不良影响或者危害的行为。青少年不良行为主要包括品行不良行为和物质滥用与成瘾行为两类。

品行不良行为常见的有逃学、打架斗殴、经常说谎、偷窃等。在中学有不良品德行为的学生虽属少数,但消极作用大,经常干扰学校和班级教育教学工作,有的带坏其他同学,甚至走上犯罪道路。研究表明13～15岁是初犯品行不良行为的高发期,15～18岁是青少年犯罪的高峰期。这说明中学生中品行不良行为是一个不容忽视的社会问题。

物质滥用与成瘾行为包括吸烟、酗酒、吸毒、滥用药物以及网络成瘾等行为。其中青少年网络成瘾是近几年社会高度关注的一个普遍性话题。王玉龙等抽取36 000名中小学生被试的一项大样本调查表明,我国中小学生网络用户中网络成瘾整体发生率为6.6%,占中小学生总调查人数的3.6%。从年级来看,中小学生网络成瘾在初中阶段的三个年级里都有比较高的发生率,而初一和高三是明显的高发阶段。可见,青少年网络成瘾逐渐出现年轻化的趋势,成为影响青少年的身心健康的一大社会性问题。

青少年不良行为的成因比较复杂,涉及家庭、学校、同伴群体和社会影响多个方面,其中家庭因素是导致不良行为的基础,社会不良诱惑是其诱因,而学校氛围和不良同伴群体是其推手。因此,对青少年不良行为的矫正需要家长、老师和社会多方面的干预,尤其是家庭环境与功能的改善以及老师耐心的帮助是矫正青少年不良行为的关键。另外及时发现学生不良行为苗头,防微杜渐,是避免学生出现严重的品行障碍或网络成瘾的重要原则。

(六) 心理障碍及对策

1. 抑郁症

抑郁症是指以持续的情绪低落、消沉、负性的自我评价及自杀念头和行为为主要症状的一种心理障碍。目前,在我国抑郁症的发病率逐年增高,中学生抑郁症患者也明显增多。抑郁症常见的具体症状有:(1) 持续性的情绪低落;(2) 兴趣丧失、无愉快感;(3) 精力减退或疲乏感;(4) 自我评价过低、自责,或有内疚感;(5) 自觉思考能力下降;(6) 反复出现想死的念头或有自杀、自伤行为;(7) 睡眠障碍,如失眠、早醒,或睡眠过多;(8) 食欲降低或体重明显减轻。对中学生抑郁症的治疗主要采用认知行为疗法,症状严重者应进行药物治疗,对有自杀念头或行为的,必须评估自杀的危险性,采取危机干预措施。

2. 强迫症

强迫症是青少年发病率较高的一种心理障碍。所谓强迫症,是一种以强迫观念和强迫动作为特征的神经症。强迫观念表现为反复出现各种无意义的观念,思想及冲动。例如总是怀疑自己在考卷上没写上姓名,头脑里反复回忆与某个同学发生争执的情形等。强迫行为的主要表现是无意义的、刻板的、重复的、仪式化的动作。例如天天数上学途中看到的电线杆,一旦出错,就会从头来过;反复检查等。所有患强迫症的青少年,都有以下两个特点:(1) 清楚知道这些观念和行为完全不必要,但自己无法加以控制;(2) 为这些症状苦恼窘迫,虽极力抵抗,但不能奏效。

强迫症的治疗以心理治疗为主,找到强迫症患者强烈的内心冲突是治疗关键。通常的治疗方法有认知领悟疗法和行为疗法,必要时可采取药物治疗。

3. 焦虑症

焦虑症是一种以持续不安、紧张、恐惧等情绪体验为症状的神经症。它或者是缺乏具体指向性的心理紧张和不愉快的期待情绪,常感到莫明其妙的紧张和不安;或者是在接连遭受不如意事件的冲击,心理上招架不住,身心均陷入过度疲惫状态而逐渐形成的紧张和不安情绪;或者是"预感"、"设想"某种事件的产生而带来的恐惧情绪。其精神状态可表现为以常疑惑、忧虑、抑郁、惶惶然有如大难临头。常因小事而烦躁,发脾气、坐立不安,并有睡眠障碍。还会伴有发抖、心悸、眩晕、尿频尿急、脑部有压迫感、咽部障碍感、腹胀腹泻、多汗、四肢麻木等躯体症状。这些生理异常正是由于情绪紧张,使大脑过度敏感,以及植物性神经系统感受性增高的缘故。

青春期焦虑症严重危害中学生的身心健康,长期处于焦虑状态,还会引发神经衰弱,因此必须及时予以合理治疗。对于焦虑症的治疗可采取认知调节和放松疗法,如果焦虑过于严重时,可遵照医嘱,服用一些抗焦虑的药物。

4. 社交恐惧症

社交恐惧症是中学生群体中常见的心理障碍,是指个体对正常的社交活动有一种异乎寻常的强烈恐惧和紧张不安的内心体验,从而出现回避反应的一种人际交往障碍。中学生渴望友谊,希望广交朋友,但有些学生一到具体交往或别人主动与自己打交道时,就出现恐惧反应。表现为不敢见人,遇生人面红耳赤,神经处于一种非常紧张的状态。社交恐惧症往往会发生泛化,严重者拒绝与任何人发生社交关系,将自己孤立起来,对日常生活和学习造成极大障碍。

社交恐惧症是一种由心理紧张造成的心因性疾病,只要积极治疗,是完全可以治愈的。一般的做法有:(1) 消除自卑,树立自信。对自己要有正确的认识,过于自傲和盲目自卑都没有必要。力求摆脱那种过多考虑别人评价的思维方式。可以暗示自己:我只不过是集体中的一分子,谁也不会专门注意我一个人的。(2) 改善自己的性格。害怕社交的人多半比较内向,故应该加强锻炼。多参加一些文体活动或集体活动,尝试主动与同学和陌生人交往,逐渐去掉羞怯和恐惧感。(3) 系统脱敏法。其一般做法是:先用轻微、较弱的刺激,然后逐渐增强刺激的强度,使行为失常的患者消除焦虑和恐怖情绪,最后达到矫正异常行为的目的。例如,可以先引导患者与家人接触、一步一步引导脱敏,并通过奖励、表扬使其巩固。此外,中学生要克服社交恐惧症,还必须掌握人际交往的知识和技能。

三、教师工作倦怠与自我调节

(一) 工作倦怠概述

"倦怠"(burnout)是美国大众常用的一个语汇,用以描述一种歪曲的人职关系。1974年,临床心理学家弗罗登伯格(Freudenberger)首次将工作倦怠(job burnout)应用在心理健康领域,特指从事助人职业的工作者无法应付外界超出个人能量和资源的过度要求,而产生的生理、心智、情绪情感、行为等方面的身心耗竭状态。

弗罗登伯格的观点继而引发了众多学者对工作倦怠进行广泛深入的讨论,产生了许多理论与模型。其中最有名的是马斯拉奇(Maslach)提出的工作倦怠三维度理论模型。该模型认为,对于从事服务性职业的人,人们往往存在一种期望,希望他们在工作中一贯地为他人提供优质的服务。这种社会期望造成他们在进入职业之后不得不持续地投入大量的情绪、生理等方面的精力来应付服务对象的要求,久而久之,就容易形成身心俱疲的症状。马斯拉奇把这种由于长期对情绪及人际应激源做出反应而产生的心理综合征称为工作倦怠。

马斯拉奇将工作倦怠从三个维度加以定义,即情感耗竭、去人格化、个人成就感降低。其中,情感耗竭反映了工作倦怠的压力维度,描述了个体感到自己有效的身心资源过度透支,表现出没有精力、过度疲劳等现象;去人格化反映了工作倦怠的人际交往维度,描述了个体以一种负性的、冷漠的或是极端逃避的态度去面对服务对象或工作,表现出易怒、消极、缺乏情感投入等现象;个人成就感降低反映了工作倦怠的自我评价维度,描述了个体感到无能、工作没有成效,表现出士气低下、缺乏成就感等现象。这个多维的概念,不仅精确地描述了工作倦怠中的压力成分,而且还考虑了由压力所导致的个体对他人和自我的反应与评价,因而也就奠定了其在工作倦怠研究中的主导地位。

随着研究的发展,马斯拉奇等人对理论模型做了一定的修正,以使其不只局限在专业助人行业中。一些研究显示,当把工作倦怠量表(MBI)用于其他非专业助人行业时,去人格化与情感衰竭两个维度的重叠很大。因此,马斯拉奇等人将 MBI 着重人与人之间的关系,修改为着重人与工作间关系,形成了 MBI-GS(MBI-General Survey)量表,并将原有理论中的三个维度调整为耗竭、疏离和无效能感。耗竭是指个体的心理资源(包括情绪资源和认知资源)被耗尽的感觉;疏离,特别是工作中的疏离本是组织行为学中一个独立的概念,这里被用来描述个体产生的对工作多个方面(包括对人、对事等)的一种消极的、冷漠的或与工作极度分离的反应;而无效能感则是自我效能感低、缺乏成就感与创作能力等几个方面的综合。马斯拉奇等人提出的新三维度理论在一定程度上反映了工作倦怠现象的本质,成为目前工作倦怠研究领域影响最大、居主导地位的理论模型。

工作倦怠的概念一经提出,立即引起了广泛关注,被视为现代社会的一种职业疾病,普遍发生在各种助人职业的人群中。2001年的一项调查在美国、加拿大、德国、英国和苏格兰五个国家的医院展开,发现医院中的工作倦怠现象非常严重。在参与调查的 5 个国家中,有 4 个国家 40% 的护士对目前工作不满意。在美国,所有护士中有 1/5 声称将在一年内停止工作,而年轻护士则有 1/3 表示将在近期辞职。此外,教师的工作倦怠也引起了普遍重视,法波(Farber,1991)估计,有 30%~35% 的美国教师对自己的职业强烈不满,而 5%~20% 的人则已在工作倦怠状态。由于国内改革开放、经济转型,人们面临越来越大的工作压力,而工作倦怠也越来越成为人们日常工作和生活中不可回避的问题。

(二) 教师工作倦怠的表现与影响因素

1. 教师工作倦怠的表现

工作倦怠是个体在长期的工作压力下逐渐形成的、以身心极度疲惫为主要特征的一种综合征。研究表明,教师是工作倦怠的高发人群。教师工作倦怠是教师不能有效应对工作压力而出现的一种极端反应,表现为情绪、态度和行为的衰退状态。它使得教师个体不能顺利应对工作压力而产生身心的疲惫与困乏,属于一种非正常的行为和心理。典型症状是工作满意度低、工作热情和兴趣的丧失以及对他人情感的疏远和冷漠。在行为方式上主要表现为:(1) 情绪低落,即教师情绪情感处于极度疲劳状态,对教育教学工作丧失热情和积极性,工作马虎,烦躁易怒,容忍度低,对生活和工作感到无助、漠然和悲观;(2) 处事的非人性化,即教师以消极、麻木、否定的态度对待同事和学生,逃避社会交往,对人缺乏同情心,无心教育教学工作,容易迁怒学生或视学生为宣泄的对象,丧失了往日的爱心和耐心;(3) 低成就感,即教师的自我评价和价值取向降低、不思进取、厌学、厌教、厌生、得过且过,消极对待。工作倦怠对教师本人、学生、学校和社会都会带来消极的负面影响,最终必然带来教育质量的下降。

2. 影响因素

造成老师工作倦怠的原因是多方面的。这些原因既与职业有关,也与个人有关,还与社会支持有关。

职业因素包括:(1) 工作负荷。工作倦怠源于长时间或高负荷的工作压力,这是工作倦怠研究所达成的共识。中小学教师的工作压力越大,其工作倦怠感越严重。可见,适当减少中小学教师的在校及工作时间、明确和细化中小学教师的本职工作和核心任务、废除加在中小学教师头上的各种各样的用于检查和考核的不必要的文书工作和形式主义是减轻中小学教师的工作倦怠的当务之急。(2) 角色冲突。教师是一个多角色的职业,如果教师不能顺利地进行角色转换或面对多种角色期待不能顺利的调节,就会出现角色冲突。由于教师在各种不同的人们心目中扮演着不同的角色,所以出现角色冲突及压力是不可避免的。(3) 期望与现实的差距。教师一般都有较高的成就动机,他们追求个人成功的价值,渴望在工作中得到应有的反馈。可在现实生活中,教师的职业成就感不是那么明显,会造成理想与现实的冲突,工作责任与工作疏离感的冲突,自尊心与自卑感的冲突。(4) 组织气氛。缺乏校领导的支持是老师产生工作压力和倦怠的重要因素。有研究发现,缺乏欣赏与支持性回馈是助人工作者的重要压力来源。

个人因素包括:(1) 教学效能感。中小学教师的教学效能感与其工作倦怠存在显著的负相关。也就是说,中小学教师的教学效能感越高,他们的工作倦怠感越低。(2) 自尊。自尊作为一种人格特质,自尊程度对中小学教师的工作倦怠具有显著的负向预测作用。即是说,中小学教师的高自尊可能有助于缓解其工作倦怠。(3) 控制点。控制点指的是可以用来解释为什么有些人会积极、主动地应对困难处境,而另一些人则表现出消极态度的一种人格特质。心理学家根据个体的控制点特征,把人们分为外控型和内控型。内控型个体相信自己应对事情的结果负责,即个人的行为、人格、能力是事情发展的决定因素,而外控型个体则认为事件结局主要由外部因素所左右,如运气、他人、社会背景等。研究发现,中小学教师越多地表现为外控,他们的工作倦怠则越严重。这表明中小学教师的内控倾向可能有助于减轻其工作倦怠感。而外控倾向则可能会加重其工作倦怠。(4) 应对策略。中小学教师越多地使用主动应对的策略,其工作倦怠感越轻微;相反,中小学教师越多地使用被动应对的策略,他们的工作倦怠感则越严重。可见,中小学教师应对职业压力的策略的确对工作倦怠的产生具有一定的调节作用。

社会支持系统,研究表明中小学教师的工作倦怠和其所拥有的社会支持之间存在着显著的负相关。也就是说,教师所拥有的社会支持越多,相应的,教师就表现出更少的工作倦怠。这表明社会支持对教师的工作倦怠有一定的缓解作用。

(三) 教师工作倦怠的自我调节策略

工作倦怠是由多种因素引起的,且不同因素对工作倦怠三个维度具有不同的影响。因此缓解教师工作倦怠是一个复杂的系统工程,它不仅需要社会各界、各阶层的广泛关注,还必须在学校和教师个人层面上采取有效的措施,改善学校办学和管理的现状,为教师的工作提供支持和保障,减轻教师的工作压力和负担,缓解其倦怠的心态。从适应的角度,许多研究者提出,缓解工作倦怠应从自身角度出发积极主动地采取应对措施才是至关重要的。

1. 了解自己的工作压力模式

教师需意识到,每个人都有自己独特的压力来源和应对方式,当发现自身身心状况不佳时,应及时检讨压力的来源,主动作出适当的调整,选择积极有效的方式加以应对,维持自己身心健康。

2. 建立合理的职业期望

作为教师个体应在充分了解自己性格特点、能力特色、职业兴趣、价值观以及社会与现实要求的基础上,清醒地认识到自己事业的可能与其限制性,建立合理的职业期望,减少自己因现状与预期目标相差太大而产生失败感。同时教师应以发展的眼光看待学生,以爱护之心善待学生,避免因对学生的过高的期望带来的挫败感。

3. 构建良好的社会支持系统

教师的社会支持来自组织、同事、家庭成员和朋友四个群体。通过建立和谐的工作关系，平衡家庭生活与工作的关系，加强朋友间的沟通交流，有助于教师构建自己强有力的社会支持系统，其对工作倦怠的缓冲是显而易见的。

4. 学会自我放松

调查表明，过重的工作负荷是导致教师工作倦怠的重要因素之一，而平衡工作生活休息时间，发展放松的生活方式等都可以增强应对倦怠的个人资源。因此，教师应注重劳逸结合，坚持进行适宜的运动，发展个人的兴趣爱好，保证与家人在一起时间。在休息、运动、兴趣和家庭温暖中放松身心，缓解工作压力。

第三节 心身疾病

一、心身疾病的概念与分类

（一）心身疾病的概念

心身疾病或称心理生理疾病是一些与心理、社会因素密切相关疾病的总称。这些疾病的发生、发展都程度不同受到心理社会因素影响。临床表现以身体症状为主，同时伴有病理学改变。对于这类疾病诊治需要采用心身统一观点及注重个体与环境的协调。

（二）心身疾病的分类

关于心身疾病分类，国内外学者各执己见，分法不一，如按年龄分类，按学科分类，按器官病变分类等，现将目前比较常用的分类方法叙述如下：

1. 按器官系统分类

（1）消化系统：胃、十二指肠溃疡、溃疡性结肠炎、肠道激惹综合征、神经性呕吐等。

（2）心血管系统：原发性高血压、冠心病、心肌梗死、心律失常、心脏神经症等。

（3）呼吸系统：支气管哮喘、过度换气综合征等。

（4）皮肤系统：神经性皮炎、荨麻疹、瘙痒症、斑秃、银屑病、多汗症等。

（5）内分泌代谢系统：甲状腺功能亢进、突眼性甲状腺肿、糖尿病、低糖血症、肥胖症、更年期综合征等。

（6）神经系统：紧张性头痛、偏头痛、抽搐、书写痉挛、痉挛性斜颈、自主神经功能失调等。

(7) 泌尿与生殖系统：遗尿症、激惹性膀胱炎、月经失调、经前紧张综合征、功能性子宫出血、性冷淡、不孕症等。

(8) 骨骼肌肉系统：类风湿性关节炎、肌痛、颈臂综合征、腰背部肌肉疼痛等。

(9) 其他：癌症、口腔炎、口臭等。

2. 按躯体病变状态分类

实施这种分类方法的学者认为，躯体病变状态主要分躯体功能性病变和器质性病变两种，所以，身心疾病也可依此分为两大类：

(1) 心身症：指由心理、社会因素引起躯体功能性改变的一类临床疾病，这类疾病虽以功能性病变为主，但亦有躯体症状和一定程度的病理生理改变，基本处于心身病临界状态。常见心身症如心脏神经症、冠脉痉挛、偏头痛、贲门或幽门痉挛、神经性尿频、心因性呼吸困难、心因性胸痛、过度换气综合征等。

(2) 心身病：主要指由心理社会因素引起、伴有明显的躯体器质性病理改变的一类疾病。如原发性高血压、冠心病、消化性溃疡、过敏性结肠炎、甲状腺功能亢进、糖尿病、原发性青光眼、神经性皮炎等。

持这种分类观点学者认为，在一定条件下，以功能性病变为主的心身症，可演变为以躯体器质性病变的心身病。例如，冠状动脉痉挛如果持续过久，可因冠状动脉长时间阻断而发生心肌坏死，继而导致急性心肌梗死。

二、常见心身疾病及其心理社会致病因素

从当前心身疾病病因学研究结果可以证实，个性特点与行为方式既是心身疾病的发病原因又影响疾病转归，因此掌握各常见心身疾病患者人格特征、行为方式和社会环境特点，对于防治这类疾病都十分重要。

(一) 冠心病

冠心病是最常见心身疾病之一。大量研究结果表明，冠心病的病因涉及多种因素，但人格特征、心理应激以及生活方式等心理社会因素在冠心病的发生发展过程中起着重要的影响作用。

1. 人格特征

弗雷德曼(1959)把人的行为特征分为 A、B 两型，并首先提出 A 型行为类型者容易发生冠心病，此后许多研究者又进行了大样本的前瞻性研究，发现冠心病患者中 A 型者 2 倍于 B 型者，1977 年这一论点又得到了国际权威学术机构的认定。A 型行为的特点：(1) 过分的抱负及雄心勃勃；(2) 过高的工作标准，常对自己的工作

成就不满;(3)富于感情、情绪易波动;(4)有闯劲和进取心且表现好斗;(5)过分的竞争性和好胜性;(6)时间紧迫感与匆忙感;(7)变幻不定的敌意;(8)习惯做紧张的工作,休息时间难以得到放松;(9)不耐烦,急于求成;(10)常同时进行多种思维活动和工作安排;(11)言语与动作的节奏感快等。有些学者还认为 A 型者遇到应激性事件时,容易紧张、激动、愤怒、攻击和对人敌意,体内的儿茶酚胺与促肾上腺皮质激素过量分泌,过量分泌使血压波动,血粘度增加,血小板黏附力和聚集性增加,血脂增高,加速血栓形成,导致冠状动脉供血不足。A 型行为类型与冠心病患者病情加剧也有关系,有研究结果表明 A 型行为者患冠心病继发心肌梗死的可能性约 5 倍于非 A 型行为的冠心病患者。

2. 心理社会因素

社会生活中的应激因素如亲人死亡、环境变化等常被认为是冠心病的重要病因之一。有研究结果表明,与冠心病相关的常见应激源包括夫妻关系不和睦、与子女关系紧张、工作不顺心、事业受挫与失败、离婚、丧偶等。有研究者曾对一批 54 岁以上丧偶男性进行调查统计,在其配偶死亡 6 个月内,本人死于缺血性心脏病的发生率比无丧偶的对照组高 67%;还有统计报道显示事业中有 4 次或更多重大挫折者的冠心病发生率比未遭挫折者高 4 倍,新近研究结果显示,强烈、持续的心理应激可伴有机体儿茶酚氨过量释放、心肌内钾离子减少,血压升高和局部心肌供血下降,使有冠心病素质或原先有心供血不足者发生冠心病。心理社会因素的影响不仅限于对冠心病发病方面,对其转归也存在相当重要的影响作用。

3. 社会环境与生活方式

冠心病发病率与社会环境中不同社会结构、不同社会分工、不同经济条件、不同的社会稳定程度有一定相关性。有研究结果证实:社会发达程度高、脑力劳动强度大、社会稳定性差等均为促使冠心病高发的原因。另外,吸烟、饮酒过量、高脂与高胆固醇饮食、缺乏运动、过食、肥胖等既是冠心病易感因素,也是冠心病病情发展和治疗困难的重要因素。

(二) 原发性高血压

原发性高血压,是最早被确认的心身疾病,尽管近年来较多研究表明原发性高血压与基因遗传密切相关,但普遍观点仍然认为高血压由综合因素所致,其中心理社会和行为因素在原发性高血压的发病学中有重要作用。

1. 社会和环境因素

流行病学调查证明,城市居民的高血压发病率高于农村,患者群中有一定职业特点,从事注意力高度集中、精神紧张而体力活动较少以及对视听觉形成慢性刺激的职业者,容易发生高血压病。如驾驶员比一般职业人群患病率高。另外长期的慢性应激性事件的刺激也是促发原发性高血压的影响因素,有研究表明,失业、离婚、长期生活不稳定、环境中有高噪声者,高血压发病率高。有研究证实,应激情绪反应中焦虑、愤怒、恐惧容易引起血压升高,而沮丧或者失望引起血压变化较轻。一般认为情绪反应伴随的"神经—内分泌—心血管反应",是一种人类种系发生过程中形成的防御反应,对多数人而言,一旦刺激消失,反应也随即停止。但如果个体的这类情绪反应消失很慢,或通过"学习机制"与其他心理因素建立联系,其情绪状态下发生的阵发性血压升高就会逐渐发展为持续性血压升高,最终导致原发性高血压。

2. 人格和行为因素

原发性高血压患者,虽不具有某种特定的人格类型,一般认为原发性高血压患者的人格特征,表现为求全责备、刻板主观、容易激动、具冲动性、过分谨慎、不善表达情绪、压抑情绪但又难以控制情绪,并且提出这种人格特征可能与遗传因素有关。一些研究认为具有这种人格特征的人遇到应激刺激时,总想压抑自己的情绪,但又难以控制自己的情绪,导致长时期心理不平衡,伴随着机体自主神经系统功能紊乱,促使高血压病发生,所以焦虑情绪反应和心理矛盾的压抑,即抑制性敌意是高血压发病的重要心理原因(T. C. Buell,1980)。流行病学调查发现高血压发病率与高盐饮食、超重、缺乏锻炼、大量吸烟和饮酒等因素有关。而这些不良行为因素又直接或间接受心理社会因素影响。

原发性高血压的治疗,除酌情使用药物外,心理行为治疗也可取得明显疗效,尤其是对临界高血压或轻型高血压患者,心理行为治疗可作为基础治疗法之一。心理行为治疗主要包括:采用情绪宣泄,使者的怨恨、愤怒、敌意等情绪及时得到疏泄,指导患者保持开朗心境,切忌强行压抑,避免过度喜怒,尽量回避那些可能使血压升高的应激情绪,也可运用放松治疗或生物反馈疗法,让患者掌握主动进行身心放松和自我控制血压的方法。以提高机体对各种紧张状态的耐受力。通过调整患者的观念,增强其自身的社会适应能力,保持平和稳定的情绪,对原发性高血压的治疗均有益处。

(三) 消化性溃疡

消化性溃疡是最常见的心身疾病,在一般人群中预期的终身患病危险率被估计高达10%,消化性溃疡特别是十二指肠溃疡,与心理社会的密切相关性早已被人们所认识。

1. 个性与行为因素

消化性溃疡患者的主要个性特点是竞争性过强、过度自我控制,其精神生活过于紧张,节假日休息仍不能松弛;情绪容易波动但又惯于克制,遭受挫折时特别容易产生愤怒或忧郁,他们自制力较强喜怒不形于色,不良情绪虽被其压抑,但却导致更强烈的自主神经系统反应,并构成消化性溃疡的重用中介。

2. 心理社会因素

在心理社会因素与消化性溃疡关系中,十二指肠溃疡比胃溃疡表现得更为密切,主要因素有:(1)严重的精神创伤,特别是在毫无思想准备的情况下,遇到重大生活事件或社会环境改变,如失业、丧偶、失事、离异、自然灾害或战争;(2)持久不良的情绪反应,如长期家庭矛盾,人际关系紧张,事业发展不顺利等因素导致的失落感;(3)长期的紧张刺激,如不良的工作环境,缺乏休息等。近年来有研究结果显示,消化性溃疡患者发病前血液中胃蛋白酶原的水平较高,并认为此是发生十二指肠溃疡的重要生理始基。又有研究结果证实,具有高胃蛋白酶原血症的个体,当他们在心理社会因素这一"扳机"作用的激发下,比普通人更容易发生溃疡病。

对消化性溃疡的治疗,通常需采取包括心理治疗在内的综合治疗措施。应以咨询、认知疗法,了解和帮助患者分析不利于疾病治疗的心理社会应激因素,指导患者调整各种不良的生活方式与饮食习惯,帮助患者建立正确的自我观念,适度疏泄不良的情绪,消除各种心理社会压力,学会放松自我。对一些在溃疡创面愈合后仍有疼痛持续发作或胃部不适的患者,必要时可选用精神药物治疗,以消除或抑制各种致病精神因素。

(四)支气管哮喘

支气管哮喘是较早被列为几种经典的心身疾病之一。虽然近年来支气管哮喘的"变态反应机制"被逐步阐明,但心理社会因素仍然被认为是诱发或加重支气管哮喘发作的影响因素。有学者主张可以根据生理因素和心理社会因素对患者所起作用的主次程度把支气管哮喘分为两大类,心身疾病类特点:发作时间短,常能自动缓解;躯体疾病类特点:病情较重,发作时间长,必须使用支气管解痉剂或类固醇皮质激素方能缓解病情,并认为两类支气管哮喘患者各占50%。

1. 人格特点

支气管哮喘患儿多表现出过分依赖,希望受人照顾。有学者认为母亲对孩子要求过高或过分保护的不良母子关系,可导致支气管哮喘病的形成或发作。据观察,一些患儿在离开母亲住校、住院或离家工作等独立生活时,哮喘发作趋于减少。由于支气管哮喘病程较长,发病时患者体力支出过度,导致体质虚弱,影响正常的学业和社交活动,长此以往,患者容易产生抑郁或自卑心理,也可表现为敏感、多疑、冲动等行为特点。反过来,这些人格行为特点又会进一步阻碍他们人际交往和社会活动,在形成心理社会刺激因素、诱发或加重病情。

2. 心理社会因素

有研究表明,半数以上的支气管哮喘患者可以找到引起他们哮喘发作的心理社会因素,一般认为母子关系冲突、亲人死亡、弟妹出生、家庭不和、意外事件、心爱玩具被破坏、突然环境改变等都可以作为诱发或加重发作的心理社会因素。另有研究证实心理应激可以引起支气管平滑肌收缩和气喘症状,气管阻力的增减也可由于暗示和条件反射性刺激而改变。如有些患者因对自然界花粉敏感而发生外因性支气管哮喘,当他们看到同样形色花粉的图片,也会引起支气管哮喘的发作。

心理治疗对支气管哮喘的作用,早在一百多年前即被人们所认识,用催眠方法治疗支气管哮喘已经使用多年,系统脱敏法等行为疗法可减轻哮喘的发作程度(症状);放松训练治疗也能减轻发作症状减少用药剂量,生物反馈治疗的控制呼吸道的阻力可缓解发作症状,使用安慰剂等暗示性疗法同样能使支气管哮喘得到有效的缓解。

(五) 癌症

癌症是一多因性疾病,尽管癌症的病因学十分复杂,并未完全明了,但近年来已经有许多研究证据提示心理社会因素在癌症的发生和转归中起着一定作用。目前关于心理社会因素与癌症之间的关系大致涉及以下几个方面的认识:(1) 具有某些情绪或个性行为特征的人,其癌症发病率较高;(2) 直接影响癌症发展和转归的内分泌和免疫防卫功能,受患者本人情绪和行为反应的影响;(3) 具有某些心理行为特征的患者,其生存期较长;(4) 采用情绪支持和行为干预等心理治疗方法,可以使癌症患者平均生存期延长。

1. 个性特征

有研究结果提示,过分谨慎、细心、忍让、追求完美、情绪不稳而又不善于疏泄负性情绪等个性特征,易使个体在相同的生活环境中遭遇生活事件,在相似不幸的事件当中也容易产生更多的失望、悲伤、忧郁等情绪体验。这些个性特征已经被证实与癌症的发生有联系。近年来行为医学界,已将上述个性特征概括为"C"型行为,并进一步探讨此与癌症之间的关系。

2. 生活事件

大量的研究证实,负性生活事件与癌症的发生有联系。国内外不少研究发现,癌症患者发病前的生活事件发生率较高。其中由于家庭不幸等事件,如丧偶、近亲死亡、离婚等为显著。Lrshan(1966)指出肿瘤症状出现前最明显心理因素是对亲密人员的感情丧失。姜乾金(1987)调查发现癌症患者发病前的家庭不幸事件发生率比对照组(普通患者)高。

3. 心理社会因素

社会事件与癌症的关系,还取决于个体对生活事件的应对方式,那些习惯于采用克己、压抑而不善于疏泄生活事件造成的负性情绪体验者,其癌症的发生率较高。另有研究结果提示,缺乏社会支持的癌症患者复发率较高。关于应激水平与癌症发生、发展的关系,尚有争议。但心理行为特征与癌症病程之间的关系,则结论比较肯定。斯托尔(B. stoll,1982)的研究证实具有以下心理行为特点的癌症患者平均生存期明显延长:(1)始终抱有希望和信心;(2)及时表达或发泄负性情感;(3)积极开展有意义和有快乐感的活动;(4)能与周围人保持密切联系。

结合癌症患者具体的心理行为反应,及时给予必要的心理行为疗法对提高其生活质量,增强信心,改善其心身反应过程,都具有重要的临床意义。

本章小结

应激与健康:
- 世界卫生组织:"健康不仅仅是没有疾病和残缺,而且应在生理上、心理上和社会适应能力都处于完好的状态。"
- 格林伯格(J. Greenberg)的五级健康水平模式:死亡——疾病——一般意义上的生理健康——情绪和精神水平的提高——最佳健康水平——完美。
- 亚健康状态指人虽然无明显的疾病,但呈现出活力降低、适应性减退、机体各系统功能和代谢功能低下等不够健康的生理状态。
- 关于应激有以下描述:① 应激指那些使人感到紧张的事件或环境刺激;② 应激是一种主观反映,应激是紧张或唤醒的一种内部心理状态,它是人体内部出现的解释性的、情感性的、防御性的应对过程;③ 应激也可能是人体对需要或伤害侵入的一种生理反应。
- 应激源指能够引起个体产生应激反应的各种因素。应激源分为躯体性应激源、心理性应激源、文化性应激源、社会性应激源。
- 应激反应指个体因为应激源所致的各种生物、心理、社会行为方面的变化。包括应激的心理反应和生理反应。
- 应激的心理理论强调了个体的认知评价及应对策略在适应应激情境时的重要性。认知评价是指个体对遇到的生活事件的性质、程度和可能的危害情况做出估计。
- 应对是个体解决生活事件和减轻事件对自身影响的各种策略。

心理健康:
- 心理健康的标准与分类。
- 学生常见心理问题:(1)学习心理问题;(2)人际关系问题;(3)自我意识问题;(4)性心理问题;(5)行为不良;(6)心理障碍。
- 工作倦怠指从事助人职业的工作者无法应付外界超出个人能量和资源的过度要求,而产生的生理、心智、情绪情感、行为等方面的身心耗竭状态。马斯拉奇(Maslach)工作倦怠从三个维度加以定义:耗竭、疏离和无效能感。

- 教师工作倦怠的影响因素：职业因素包括：（1）工作负荷；（2）角色冲突；（3）期望与现实的差距；（4）组织气氛。个人因素包括：（1）教学效能感；（2）自尊；（3）控制点；（4）应对策略。
- 教师工作倦怠的自我调节策略：（1）了解自己的工作压力模式；（2）建立合理的职业期望；（3）构建良好的社会支持系统；（4）学会自我放松。

心身疾病：

- 心身疾病是一些与心理、社会因素密切相关疾病的总称。这些疾病的发生、发展和转归都程度不同受到心理社会因素影响。
- 常见心身疾病及其心理社会致病因素：（1）冠心病；（2）原发性高血压；（3）消化性溃疡；（4）支气管哮喘；（5）癌症。

 本章思考题

1. 阐述你对健康的理解。
2. 什么是应激？举例说明应激反应、认知评价和应对之间的关系。
3. 针对以下中学生常见的几种心理问题分别阐述如何进行心理疏导：（1）考试焦虑；（2）同学关系不良；（3）早恋；（4）自卑；（5）网络成瘾。
4. 什么是工作倦怠？结合个人经验阐述如何应对教师工作倦怠。
5. 阐述心身疾病的概念和分类。

阅读材料：测测你的工作倦怠程度[①]

根据你近一段时间的实际状况，请选择最符合你的答案，在您认为最合适的等级上划√。

（1）工作让我感觉身心疲惫

    0. 从来没有这种感觉
    1. 几乎没有这种感觉
    2. 很少出现这种感觉
    3. 有时出现
    4. 有点频繁的出现
    5. 比较频繁的出现
    6. 非常频繁的出现

---

① http://wenku.baidu.com/view/84f5d721af45b307e871979b.html?from=rec&pos=0&weight=45&lastweight=19&count=5

(2) 下班的时候我感觉精疲力竭
　　0. 从来没有这种感觉
　　1. 几乎没有这种感觉
　　2. 很少出现这种感觉
　　3. 有时出现
　　4. 有点频繁的出现
　　5. 比较频繁的出现
　　6. 非常频繁的出现

(3) 早晨起床不得不去面对一天的工作时,我感觉非常累
　　0. 从来没有这种感觉
　　1. 几乎没有这种感觉
　　2. 很少出现这种感觉
　　3. 有时出现
　　4. 有点频繁的出现
　　5. 比较频繁的出现
　　6. 非常频繁的出现

(4) 整天工作对我来说确实压力很大
　　0. 从来没有这种感觉
　　1. 几乎没有这种感觉
　　2. 很少出现这种感觉
　　3. 有时出现
　　4. 有点频繁的出现
　　5. 比较频繁的出现
　　6. 非常频繁的出现

(5) 工作让我有快要崩溃的感觉
　　0. 从来没有这种感觉
　　1. 几乎没有这种感觉
　　2. 很少出现这种感觉
　　3. 有时出现
　　4. 有点频繁的出现
　　5. 比较频繁的出现
　　6. 非常频繁的出现

(6) 自从开始干这份工作,我对工作越来越不感兴趣
　　0. 从来没有这种感觉

1. 几乎没有这种感觉

2. 很少出现这种感觉

3. 有时出现

4. 有点频繁的出现

5. 比较频繁的出现

6. 非常频繁的出现

(7) 我对工作不像以前那样热心了

0. 从来没有这种感觉

1. 几乎没有这种感觉

2. 很少出现这种感觉

3. 有时出现

4. 有点频繁的出现

5. 比较频繁的出现

6. 非常频繁的出现

(8) 我怀疑自己所做的工作的意义

0. 从来没有这种感觉

1. 几乎没有这种感觉

2. 很少出现这种感觉

3. 有时出现

4. 有点频繁的出现

5. 比较频繁的出现

6. 非常频繁的出现

(9) 我对自己所做的工作是否有贡献越来越不关心

0. 从来没有这种感觉

1. 几乎没有这种感觉

2. 很少出现这种感觉

3. 有时出现

4. 有点频繁的出现

5. 比较频繁的出现

6. 非常频繁的出现

(10) 我能有效地解决我工作中出现的问题

0. 从来没有这种感觉

1. 几乎没有这种感觉

2. 很少出现这种感觉

3. 有时出现

4. 有点频繁的出现

5. 比较频繁的出现

6. 非常频繁的出现

(11) 我觉得我在为单位作有用的贡献

0. 从来没有这种感觉

1. 几乎没有这种感觉

2. 很少出现这种感觉

3. 有时出现

4. 有点频繁的出现

5. 比较频繁的出现

6. 非常频繁的出现

(12) 在我看来,我擅长于自己的工作

0. 从来没有这种感觉

1. 几乎没有这种感觉

2. 很少出现这种感觉

3. 有时出现

4. 有点频繁的出现

5. 比较频繁的出现

6. 非常频繁的出现

(13) 当完成工作上的一些事情时,我感到非常高兴

0. 从来没有这种感觉

1. 几乎没有这种感觉

2. 很少出现这种感觉

3. 有时出现

4. 有点频繁的出现

5. 比较频繁的出现

6. 非常频繁的出现

(14) 我感到我完成了很多有价值的工作

0. 从来没有这种感觉

1. 几乎没有这种感觉

2. 很少出现这种感觉

3. 有时出现

4. 有点频繁的出现

    5. 比较频繁的出现

    6. 非常频繁的出现

  (15) 我自信自己能有效地完成各项工作

    0. 从来没有这种感觉

    1. 几乎没有这种感觉

    2. 很少出现这种感觉

    3. 有时出现

    4. 有点频繁的出现

    5. 比较频繁的出现

    6. 非常频繁的出现

  记分方法与说明：(1) 每题得分为你所选择的等级序号,如选 3,则记 3 分；(2) 把1~5题的得分相加除以 5,所得分数反映工作倦怠中的情感耗竭维度,以 3 分为临界值,分数越高,表示越缺乏活力,有一种情绪资源耗尽的感觉。把 6~9 题的得分相加除以 4,所得分数反映工作倦怠中的疏离维度,以 3 分为临界值,分数越高,表示对工作多个方面(包括对人、对事等)的一种消极的、冷漠的或与工作极度分离的反应;把 10~15 题的得分相加除以 6,所得分数反映工作倦怠中的无效能感维度,以 3 分为临界值,分数越低,表示自我成就感丧失程度。(3) 如果你的得分超过临界值(前两个维度)或低于临界值(第 3 个维度),表示你需要自我调整,缓解工作压力。

参考文献

  1. 陈筱洁编著：《初中生常见心理问题及疏导》,暨南大学出版社 2006 年版。

  2. 季建林主编：《医学心理学》,复旦大学出版社 2005 年版。

  3. 刘永芳主编：《管理心理学》,清华大学出版社 2007 年版。

  4. 王金道、刘勇、郭念锋主编：《临床疾病心理学》,北京师范大学出版社 1994 年版。

  5. 王玲编著：《高中生常见心理问题及疏导》,暨南大学出版社 2006 年版。

后 记

编写《心理学概论》这本书起意于2010年冬天，历时一年多时间，几经修改校对与完善，在多方努力下终于完成。

基于为教学者服务的考量，整本书充分考虑知识性、系统性、实用性、可读性和趣味性，我们把书的体系分为十章来阐释：第一章导论、第二章普通心理学、第三章发展心理学、第四章学习心理学、第五章教学心理学、第六章社会心理学、第七章环境心理学、第八章管理心理学、第九章咨询心理学、第十章健康心理学。

基于为学习者服务的考量，每一章的体例由本章导读、章节内容、本章小结、思考题以及阅读材料这些部分组成。本章导读向读者概述主要知识点，有提纲挈领的引导作用；章节内容详述各知识点，有的章节根据内容需要插入小贴士或小测验，以变化的方式，丰富阅读者的接受路径，在保证知识性的前提下增加趣味性和可读性；本章小结对于章节内容进行梳理，利于温故知新；思考题便于学习者从问题出发，整合知识要点；阅读材料是对章节内容的补充和扩展，起到开阔视野的作用。

我们邀请了来自复旦大学心理学系、华东师范大学心理学院、上海师范大学心理学系、中国人民解放军南京政治学院上海校区心理学系、第二军医大学心理学系、山东科技大学文法学院等超过6所高校多年从事心理学专业的教师参与撰写，也有研究生在搜集资料等方面的协作，共同完成本书的工作。

孙时进教授完成第一章导论和第六章社会心理学的撰写，心理学系研究生何晓东和陈佳协助工作；高旭晨博士完成第二章普通心理学的撰写工作；贺岭峰教授完成第三章发展心理学的撰写，研究生朱沐蓉、谢松峰协助工作；贺雯副教授完成第四章学习心理学的撰写工作；王金丽教授完成第五章教学心理学的撰写工作；王金丽、刘洋完成第九章咨询心理学的撰写工作，余鸿章、高宇、姜杭在资料搜集与整理方面予以配合；卢会志副教授完成第七章环境心理学的撰写工作；陈晓云教授完成第八章管理心理学的撰写工作；邓光辉教授完成第十章健康心理学的撰写工作。

在这本书的统筹与撰写过程中，我们参阅了相关书籍与资料，为此对这一领域的同仁表达谢意。对各位作者的笔耕劳作表达谢意。对复旦大学出版社马晓俊编辑在整个过程中努力与辛苦表达谢意。同时对研究生朱沭蓉、高宇等在校对方面的付出表达谢意。

  书虽完稿,但离满意总有一段距离。好像书写出来就是要遗憾的。有请业界同仁、使用者及读者对本书多提宝贵意见,推动我们在以后的工作中不断完善。

编 者

于复旦大学

2011 年 11 月 28 日

图书在版编目(CIP)数据

心理学概论/孙时进、王金丽主编.—上海:复旦大学出版社,2012.2(2022.2 重印)
(复旦博学·心理学通用教材)
ISBN 978-7-309-08424-5

Ⅰ.心… Ⅱ.①孙…②王… Ⅲ.心理学-概论 Ⅳ.B84

中国版本图书馆 CIP 数据核字(2011)第 182230 号

心理学概论
孙时进　王金丽　主编
责任编辑/马晓俊

复旦大学出版社有限公司出版发行
上海市国权路 579 号　邮编: 200433
网址: fupnet@ fudanpress.com　http://www.fudanpress.com
门市零售: 86-21-65102580　团体订购: 86-21-65104505
出版部电话: 86-21-65642845
上海新艺印刷有限公司

开本 787 × 960　1/16　印张 24.5　字数 433 千
2022 年 2 月第 1 版第 5 次印刷
印数 7 401—8 500

ISBN 978-7-309-08424-5/B·404
定价: 58.00 元

如有印装质量问题,请向复旦大学出版社有限公司出版部调换。
版权所有　侵权必究